조충지,
천 년을 앞서간
과학의 이름

●

조충지 과학 저술 교석

지은이

옌둔제 嚴敦杰(1917-1988)
중국 현대 저명한 수학사학자이자 과학사학자. 중국 수학사 분야의 선구적 연구자로, 리옌, 첸바오충과 함께 '중국 수학사 연구 3대 거장'으로 불리며 중국과학원 자연과학사연구소에서 주로 활동하였고 중국 고대 수학사와 천문역법사 연구에 크게 기여했다. 200여 편의 학술 논문을 발표하였으며 『중국 고대 수학사 논문집』, 『송원 수학사 연구』, 『중국 과학기술사 논고』(공저) 등을 남겼다.

궈쑤춘 郭書春(1941-)
중국 현대 저명한 수학사학자이자 과학사학자. 중국 고대 수학사 연구의 권위자로, 특히 『구장산술』 연구 분야에서 탁월한 업적을 남겼다. 중국과학원 자연과학사연구소에서 오랫동안 연구 활동을 펼쳤으며, 중국 수학사 연구의 제2세대 학자로 평가받고 있다. 주요저서로 『구장산술 교주』(1983), 『중국 고대 수학』(1994), 『구장산술 연구』(2009), 『중국 과학기술사·수학편』(공저, 2010) 등이 있다.

옮긴이

장건위 張建偉
한국 국립목포대학교 기계공학 박사. 현재 루동대학교魯東大學 울산조선해양대학蔚山船舶與海洋學院에 재직 중이다. 주요 업적으로 연태시 과학기술 발전 계획 프로젝트煙台市科技發展計劃 1건 주관하여 완료하였으며, 산동성山東省 중대重大 프로젝트專項 1건에 참여하였고, 발명 특허發明專利 1건과 실용신형實用新型 특허 7건을 보유하고 있다.

유효려 劉曉麗
한국 국립목포대학교 국어국문학과 문학박사. 현재 루동대학교 국제지역학대학에 재직 중이다. 주요 역서로 『중국문화사 - 중국 고대 문화의 설명서』, 『중국 종교사상 통사』 등이 있으며, 중국사회과학기금 중화학술외역中華學術外譯 프로젝트 1건 주관, 국가사회과학기금, 성(省)사회과학기금 프로젝트 다수 참여한 경력이 있다.

祖衝之科學著作校釋　　嚴敦傑 著

Copyright © 2017 by Shandong Science and Technology Press Co., Ltd.
Korean copyright © 2025 by Minsokwon Korea
Korean edition is published by arrangement with Shandong Science and Technology Press Co., Ltd.
ALL RIGHTS RESERVED
B&R Program

이 책의 한국어판 출판권은 산동과학기술출판사와의 독점 계약으로 한국 민속원에 있습니다. 저작권법에 의해 한국 내에서 보호를 받는 저작물이므로 민속원과 협의없이 무단전재와 무단복제를 금합니다.

중국학
총서
19

조충지祖衝之
과학 저술 교석

조충지,
천 년을 앞서간
과학의 이름

옌둔졔嚴敦杰
지음

궈쑤춘郭書春
정리

장건위張建偉
유효려劉曉麗
옮김

민 속 원

차례

정리 작업에 앞서 궈쑤춘(郭書春) _ 6
서문 시저중(席澤宗) _ 14

제1부 조충지 과학 저술 교석

    대명력법(大明曆法) 교석 ································· 22

    상대명력표(上大明曆表) 교석 ························· 100

    대명력역(大明曆議) 교석 ································· 108

    - 부록 『대명력의』 금역 ································· 132

    조충지 원주율 교석 ······································ 161

    - 부록 조충지 『구장산술』 원전술(圓田術) 주석 ····· 166

    개립원술(開立圓術) 교석 ································ 172

    조충지 지중법(地中法) 구하기 교석 ················· 179

제2부 조충지 부자에 대하여

    『철술(綴術)』에 대하여 ·································· 184

    조충지전 교석 ··· 197

    조충지 저술 목록 ·· 206

    조긍 별전 ··· 210

    대명 6년 천문 연력 ···································· 230

증보1 중국 수학자 조충지와 그의 원주율 연구에 대하여 ············ 246

증보2 『수서·율력지』중 조충지 원율 기사에 대한 해석 ·············· 272

부록 1 조충지 『술이기』 ·· 349

- 첨부 조충지 『술이기』 일실문 ·· 369

부록 2 조충지 고향 뢰수현 방문 보고서 - 역현 문화관 ·············· 371

- 첨부 역사를 읽으며 조충지를 기리다 ····································· 373

부록 3 조충지 연구 목록 ·· 374

- 첨부 1 조충지 연구 목록 보충 ··· 394

- 첨부 2 조충지 연구 목록 재보충(2017-2020) ························ 410

부록 4 옌둔제 선생 저술 목록(증정고) ···································· 414

정리 후기 _ 437

증보 재판 후기 _ 452

정리 작업에 앞서

궈쑤춘(郭書春)

2017년은 옌둔제(嚴敦杰) 선생 탄생 100주년이며, 제가 그를 위해 정리한 『조충지 과학 저술 교석(祖沖之科學著作校釋)』이 출판된 지도 17년이 되었습니다. 그 책은 제 친구이자 당시 요녕교육출판사 사장이었던 위샤오췬(俞曉群) 선생이 2000년 10월 조충지의 고향인 하북성 래수현(淶水縣)에서 개최된 조충지 서거 1500주년 기념 국제학술연구회에 전폭적인 지원을 해주셨고, 편집자들이 주야로 초과 근무하여 급히 인쇄해 낸 것입니다. 2000년 9월 30일, 저와 함께 조충지 기념회를 계획한 하북성 조충지중학의 장저(張澤) 교장이 북경에 와서 저를 데리고 회의 참석하러 라이수로 가려던 마침 그날 오전에 요녕교육출판사가 막 인쇄된 『조충지 과학 저작 교석』을 제 집으로 배달해 주어, 회의 참석자들에게 한 권씩 나눠줄 수 있었습니다.

현재 이 책은 이미 품절된 상태입니다. 하지만 우원쥔(吳文俊, 1919-2017), 린췬(林群) 원사(院士) 등의 도움으로 지난 십수 년 동안 조충지에 대한 지식이 끊임없이 보급되어 대중화되었으며, 2012년에 조충지 연구회를 설립하고 조충지의 고향인 라이수이에 조충지 과학 기술 단지도 건설하고 있다는 등 조충지 연구 사업이 연발 발전해 왔습니다. 뿐만 아니라 조충지의 정신을 고양시키는 차원에서 작년에 전국에서 온 조씨 종친들이 라이수이에 한데 모여 조씨 종친회까지 설립하였답니다. 이 대목에서 옌둔제 선생의 『조충지 과학 저서 교석』의 재판이 필요하고도 절박한 일이라 하겠습니다. 그러므로 이 자리를 빌어 올 연말에 개최 예정인 옌둔제 선생

탄생 100주년 기념 학술 심포지엄 전까지 이 책을 재판하겠다고 기꺼이 응낙해 주신 산동과학기술출판사 자오맹(趙猛) 사장께 감사드립니다.

현재 이 책은 이미 오래전에 품절되었습니다. 우운퀀, 린천 원사 등 선생님들의 도움으로, 십여 년 동안 조충지에 관한 지식이 계속 보급되었고, 조충지 연구 사업이 활발히 발전해 왔습니다. 2012년에는 우리가 조충지 연구회를 설립했고, 현재 조충지의 고향인 라이수에 조충지과기원을 건설하고 있습니다. 작년에는 전국에서 조씨 종친들이 라이수에 모여 조씨종친회를 설립하여 조충지 정신을 발양하고 있습니다. 우리는 옌둔제 선생의 『조충지 과학 저작 교석』을 재판하는 것이 매우 필요하고 시급한 일이라 하겠습니다. 이 자리를 빌어 올 연말에 개최 예정인 옌둔제 선생 탄생 100주년 기념 학술 심포지엄 전까지 이 책을 재판하겠다고 기꺼이 응낙해 주신 산동과학기술출판사 자오맹 사장께 감사드립니다.

이번 재판에서는 2000년판의 주요 부분을 기본적으로 그대로 재인쇄하였으나, 조충지 부자가 원주율 계산과 볼 부피 공식 해결에 있어 뛰어난 공헌을 했음을 강조하고자 『조충지 구지중법 교석(祖衝之求地中法校釋)』을 『개립원술 교석(開立圓術校釋)』 뒤로 옮겼습니다.

전체 책에서 주요한 삭제 및 보충 사항은 세 가지입니다. 첫째, '『신세기 과학사 시리즈』 출판 서언'을 삭제한 것은 자연스러운 일입니다. 둘째, 장조화(蔣兆和) 선생이 그린 조충지의 초상을 삭제했습니다. 셋째, 조충지의 『술이기(述異記)』를 보충했습니다. 여기서 후자의 두 가지에 대해 좀 더 설명하고자 합니다.

장조화 선생이 20세기 50년대에 그린 장형(張衡), 조충지, 승일행(僧一行), 이시진(李時珍) 등 중국 고대 4대 과학자의 초상은 중국 고대 과학 지식을 보급하고, 사람들의 애국심을 고취하며, 당시의 과학 진군 운동에 유익한 역할을 했습니다. 그러나 이러한 초상화는 결국 실제 역사 자료가 아니므로, 이에 대해 올바른 태도를 취해야 합니다. 이와 관련하여 우윈췬 선생은 본보기가 될 만합니다. 1975년 가을, 우리가 첸바오충(錢寶琮) 주편의 『중국수학사(中國數學史)』에 대해 우윈췬 선생을 방문했을 때, 그는 이렇게 말했습니다.

"첸바오충의 『중국수학사』는 내가 읽은 수학사 저작 중에서 가장 훌륭한 작품입니다. 사료부터 관점까지 모두 훌륭하여 많은 것을 배웠습니다. 유일한 단점은 장조화가 그린 조충지와 승일행의 초상을 사용한 것입니다. 이러한 초상화는 현대 화가의 상상에 불과하며, 역사 문헌이 아닙니다. 사용해서는 안 됩니다. 원시 문헌을 근거로 한 학술 저작에 이러한 초상화를 사용하면, 독자들은 그 역사적 사실도 상상에 불과하다고 오해할 수 있기 때문입니다."

2007년 봄, 제가 『중국과학기술사中國科學技術史·수학권數學卷』[1]의 '서문' 초고를 우윈췬 선생께 지도를 받고자 제출했습니다. 우 선생은 즉시 다음과 같은 답장을 보내셨습니다.

"당신이 말한 내가 현대인이 고대 학자에 대해 상상하여 그린 초상화를 사용하는 것에 반대한다고 언급했다는 일은 잘 기억하지 못하지만, 그런 의도를 가지고 있었던 것은 사실입니다. 덧붙여, 저는 ○○○ 선생이 어떤 저서에 현대 화가가 그린 유휘(劉徽)의 초상을 실은 것에 대해서도 매우 못마땅한 일이라고 생각됩니다."

이로 인해, 제가 위에서 회상한 내용이 정확하지는 않더라도, 그 요지는 정확하다고 할 수 있습니다. 우리는 우윈췬 선생이 학술 저작에 현대

---

1 궈쑤춘 주편, 『중국과학기술사·수학권』. 북경: 과학출판사, 2010년.

인이 고대 과학자에 대해 상상하여 그린 초상화를 사용하지 말아야 한다는 가르침이 학술 저작의 엄숙성과 신뢰성을 유지하는 데 매우 중요하다고 생각합니다. 이러한 이유로 우리는 장조화 선생이 그린 조충지의 초상을 삭제했습니다.

우리는 예술 창작으로서 역사적 인물의 초상을 그리는 것이 문제가 없다고 생각합니다. 일부 대중 서적이나 전시회에서 역사적 사실을 왜곡하지 않는 초상을 사용하여 사람들에게 시각적인 영감을 주는 것도 매우 효과적일 수 있습니다. 그러나 장조화 선생이 그린 4대 과학자 초상은 모두 50~60세로 너무 나이가 많습니다. 나중에 인터넷에서 본 두 점의 조충지 초상화는 장조화 선생의 그림보다 더 나이가 많아 보였고, 험악한 표정은 과학자의 깊은 사색을 담지 못할뿐더러 오히려 평범한 사람처럼 보였습니다. 이는 화가가 최소한의 역사적 사실을 조사하지 않았음을 보여줍니다. 1981년경 '늙어야 좋다'는 유행 속에서 장조화 선생이 『구장산술(九章算術)』을 주석하는 유휘를 노인으로 그린 것은 역사적 사실과는 거리가 멀었습니다. 실은 『구장산술』을 주해하던 당시 유휘는 기껏해야 30대밖에 안 되는 젊은이였습니다. 우운췬 선생이 비판한 것도 바로 이 초상화입니다. 『중국대백과사전·수학권』 초판은 주편인 우운췬의 반대에도 불구하고 이 초상화를 게재하여, 우운췬 선생을 매우 화나게 했습니다.[2]

고대와 현대를 막론하고 대과학자 중에는 늦게 성공한 사람도 있지만, 대부분의 과학자들은 젊었을 때 가장 뛰어난 과학적 업적을 남겼습니다. 수학자는 특히 그러하며, 고대도 예외는 아닙니다. 장형(張衡), 조충지, 승

---

2 『중국백대과전서』 관련 책임자는 우리의 의견을 받아들여 제3판 인쇄에서 현대인이 그려 준 고대 과학자의 화상을 싣지 않겠다고 밝혔다.

일행(僧一行)은 모두 30세 전후에 수학과 천문학에서 중요한 창조를 이루었고, 장형은 37세에 태사령(太史令)이 되었으며, 조충지는 33세에 『대명력(大明曆)』을 완성했고, 승일행은 44세에 사망했습니다. 고대 과학자의 나이를 높이는 것은 역사적 사실에 부합하지 않을 뿐만 아니라, 청소년들이 일찍부터 뜻을 세우고 과학의 정상에 도전하도록 격려하는 데도 도움이 되지 않습니다. 이러한 이유로, 저는 조충지 과학기술원에 여러 차례 조충지의 초상을 사용하려면 장조화 선생의 그림이 아닌, 20~30대의 젊은 모습으로 그리거나 조각할 것을 권장했습니다.

이번 『조충지 과학 저작 교석』 재판에서 우리는 조충지의 『술이기』를 보충했습니다. 이로써 현재 남아있는 조충지의 저작이 기본적으로 완전해졌습니다. 『술이기』는 지괴소설(志怪小說)로 과학 저작의 범주에 속하지 않기 때문에 본문에 포함시키기에 적절하지 않아, '부록 1'로 삼고 기존의 부록을 '부록 2'와 '부록 3'으로 변경했습니다(기존의 『조충지 연구 목록』은 '부록 3'으로 별도 기재하고, 주대해(鄒大海) 등 선생의 보유를 첨부했습니다).

남북조 시기의 남조 송, 제, 양 시대에 두 종류의 『술이기』가 있었습니다. 조충지의 것 외에도 임방(任昉, 460-508)의 동명 작품이 있었습니다. 임방은 조충지보다 20-30년 늦은 시기의 인물입니다. 『송서(宋書)』, 『양서(梁書)』, 『남사(南史)』의 조충지와 임방 본전에는 그들이 『술이기』를 저술했다는 기록이 없습니다. 『수서(隋書)·경적지(經籍志)』, 『구당서(舊唐書)·경적지(經籍志)』, 『신당서(新唐書)·예문지(藝文志)』 등에는 모두 조충지의 『술이기』 10권이 기록되어 있으나, 원서는 이미 유실되었습니다. 『북당서초(北堂書鈔)』, 『예문류취(藝文類聚)』, 『법원주림(法苑珠林)』, 『태평광기(太平廣記)』, 『태평어람(太平御覽)』, 『사류부주(事類賦注)』 등의 유서(類書)에 일부 일문(逸文)이 있으며, 조충지의 『술이기』라고 명시되어 있습니다. 그러나 청대까지 집록본은 없었습니다. 노신(魯迅)의 『고소설구침(古小說鉤沉)』이 90조를 집록한 것이 조본(祖本) 『술이기』의 첫 집록이었습니다. 정학도(鄭學陶)의 『열이전 등 오종(列異傳等五種)』이 다시 1조를 집록했습니다.

임방의 『술이기』는 북송 초의 『숭문총목(崇文總目)』에 처음 나타나며, 2권으로 되어 있습니다. 후에 『중흥관각서목(中興館閣書目)』 등에도 같은 기록이 있습니다. 임방의 『술이기』는 송대에 이미 집록본이 있었고, 청대에는 더 다양한 판본이 있었습니다. 그 내용은 조충지의 『술이기』와 많이 혼재되어 있습니다. 임방과 조충지는 동시대 인물이지만 임방이 후대이고, 그들의 서명도 같아서 일부 사람들은 임본(任本)의 존재 여부를 의심했습니다. 그러나 학계에서는 대체로 임본이 존재한다고 인정하며, 조본과 임본을 구분하는 대체적인 기준을 정했습니다. 임본은 박물지괴소설로, 지리 박물, 특히 기이한 짐승과 이상한 풀의 묘사에 뛰어나고, 조본은 『수신기(搜神記)』 계통에 속하여 신괴요이(神怪妖異)한 이야기를 잡기(雜記)한 것입니다. 아마도 청 이전의 주류 사회는 조충지의 수학과 천문역법에 대한 공헌을 중시하지 않았고, 임방의 관직과 문학사적 지위가 조충지보다 높았기 때문에 임본의 집록이 조본보다 훨씬 빨랐을 것입니다.

우리는 『노신전집(魯迅全集)』 제8권 『고소설구침』에 집록된 조충지의 『술이기』를 인쇄했고,[3] 동시에 관련 학자들이 집록한 6단의 일문을 첨부했습니다.[4]

옌둔제 선생의 학술적 공헌에 대해서는 제가 2000년에 쓴 '정리 후기'에서 간략히 언급했으니, 독자들께서는 참고하시기 바랍니다. 여기서는

-
3 루쉰, 『루쉰전집』. 북경:인민문학출판사, 1973년.
4 리샤오샤(李曉霞), 『조충지 「술이기」 연구』, 산동대학교 2011년 석사논문.

중복하여 설명하지 않겠습니다.

　우리는 옌 선생의 고상한 인품을 찬양하고, 그의 광범위한 지식에 감탄하며, 수학사, 천문학사 및 전체 과학기술사에 대한 그의 뛰어난 공헌을 존경하는 동시에, 옌 선생이 생전에 그의 학식에 상응하는 저서를 출판하지 못했다는 사실에 대해 무한한 유감을 느끼지 않을 수 없습니다. 문화대혁명 종료 후부터 1982년까지의 5-6년 동안, 저는 여러 차례 옌 선생에게 수학사와 천문학사 외에는 다른 학문 분야의 학술회의에 동태 보고를 하지 말고, 연구 범위를 좁혀서 자신의 중국 수학사 전공 저서를 빨리 정리해 출판할 것을 제안했습니다. 처음에는 그가 별로 신경 쓰지 않고 그냥 웃고 넘겼습니다. 1982년 가을, 제가 다시 한 번 그에게 제안했을 때, 그는 조금 수긍하는 듯 했습니다. 그는 "자네 말이 맞네. 이 노(李老, 이연 선생을 지칭함)가 내 나이 때는 이미 일을 할 수 없었지. 내 건강이 이 노보다 좋지만, 일할 수 있는 시간도 길지 않을 걸세. 이제 내 연구를 정리해야 하네"라고 말했습니다. 그는 또 "앞으로 다른 학문 분야의 동태 보고는 하지 않겠지만, 이번에는 거절하기 어려웠네. 다음부터는 가지 않겠네"라고 덧붙였습니다. 저는 안심했지만, 사실 이미 늦었습니다. 1982년 겨울, 옌 선생은 광주에서 열린 지리학사 회의에서 동태 보고를 하던 중 갑작스럽게 중풍을 맞았고, 6년 후 71세의 나이로 세상을 떠났습니다. 이는 이연 선생의 수명과 같습니다. 옌 선생이 광주에서 북경으로 돌아온 후 협화병원에 입원했을 때, 저는 아내와 함께 그를 문병했습니다. 그는 저를 안고 눈물을 흘리며 "자네 말을 일찍 듣지 않은 것이 후회되네"라고 말했습니다.

　옌 선생의 교훈은 우리도 배워야 합니다. 한 사람의 시간과 에너지는 한정되어 있기 때문에, 연구 활동에서 전선을 너무 넓고 길게 늘리는 것은 바람직하지 않습니다. 자신의 연구 성과를 제때 정리하여 사회와 국민에게 기여해야 합니다.

    이번 정리 작업에서, 중국과학원 자연과학사연구소의 장백춘 소장님이 귀중한 의견을 주셨고, 고봉 선생님이 조충지와 그의 수학적 업적을 기록한 고서의 사진을 촬영해 주셨으며, 옌쟈룬 선생님이 옌둔졔 선생의 초기 논문 사진과 가족 사진을 제공해 주셨습니다. 이 자리를 빌어 감사의 말씀을 드립니다.

2017년 7월 27일

서문

시저중(席澤宗)

1.

다윈은 1837년에 이미 그의 진화론을 형성했으며, 1842년에 연필로 35페이지의 개요를 작성했고, 1844년에 이를 230페이지로 확장했지만, 오랫동안 발표하지 않았습니다. 1858년에 와서야 그는 월리스(A. R. Wallace)로부터 논문 원고를 받았고, 월리스가 자신과 동일한 결론에 도달했음을 발견했습니다. 다윈은 즉시 이 원고를 지질학자 라이엘(C. Lyell)에게 전달하며, 이를 발표할 것을 제안하고, 자신은 발견의 영예를 월리스에게 양보하겠다고 선언했습니다. 이후 라이엘과 식물학자 조셉 후커(Joseph Hooker)의 적절한 처리로 월리스의 논문과 다윈이 1857년에 미국 식물학자 아사 그레이(Asa Gray)에게 보낸, 그의 이론을 반영한 편지가 동시에 발표되었습니다. 나중에 월리스는 다윈을 매우 존경하며 다음과 같이 말했습니다.

"나는 그저 성급하고 조급한 젊은이였지만, 다윈은 인내심이 강하고 열심히 연구하는 학자로, 자신의 발견을 증명하기 위해 증거를 성실하게 수집하며, 명예를 위해 자신의 이론을 발표하지 않았습니다."[1]

다윈과 월리스 사이의 이러한 겸손과 양보의 미덕은 과학사에서 아름다운 이야기로 전해져 왔습니다. 중국 학자 후스(胡適)은 방법론적 관점에서 다윈의 이러한 행동을 논했습니다. 후스는 "학문에서 성과를 거두는 것은 논리학을 공부했는지 여부에 달려 있는 것이 아니라, '근(勤), 근(謹), 화

---

1 장빙륜(張秉倫), 정시성(鄭士生)의 『다윈』 197쪽 재인용. 중국청년출판사, 1982년.

(和), 완(緩)'이라는 좋은 습관을 기르는지에 달려 있다"고 말했습니다. 이 네 글자는 원래 송나라의 한 참정(부재상)이 말한 '관직 수행의 네 가지 비결'이었지만, 후스는 이를 학문에 적용하는 것도 좋은 방법이라고 생각했습니다. '근(勤)'은 성실하게 열심히 노력하는 것이고, '근(謹)'은 엄격하고 부주의하지 않으며, 대충하지 않는 것이며, '화(和)'는 겸손하고 고집스럽지 않으며, 무단하지 않고 화를 내지 않는 것이며, '완(緩)'은 성급하게 성과를 추구하지 않고, 쉽게 결론을 내리지 않으며, 쉽게 발표하지 않는 것입니다. 다윈의 진화론이 20년 동안 발표되지 않은 것은 '완(緩)'의 전형적인 예입니다. 그리고 이 네 글자 중에서 '완(緩)'이 가장 중요합니다. 만약 '완(緩)'하지 못하면, '근(勤)'하지 않고, '근(謹)'하지 않으며, '화(和)'하지 않게 됩니다.

현재 독자 앞에 놓인 이『조충지 과학 저작 교석』도 '완(緩)'의 전형적인 예입니다. 옌둔제선생은 1957년에 이 책을 완성했지만, 1988년 그가 세상을 떠나기 전까지 발표하지 않았습니다. 그 보류 기간은 다윈의 진화론보다 10년이 더 깁니다. 비록 두 사람의 성취와 공헌은 다르지만, 그들의 학문적 정신과 방법은 동일하며, 우리는 이를 영원히 배워야 할 것입니다.

2.
이 책은 옌둔제 선생이 세상을 떠난 지 12년 후에 출판되었으며, 이는 궈쑤춘 선생의 공로입니다. 곽 선생은 옌 선생의 '근(勤), 근(謹), 화(和), 완(緩)'의 학문적 방법을 계승하였습니다. 이런 점에서 그의『구장산술회교(九章算術彙校)』[2]는 그 전형적인 예입니다. 그는 이 책에서 자신에게 다음과

---

2 요녕교육출판사, 1990년.

같은 원칙을 제시했습니다. "고문과 그 수학적 내용을 깊이 이해하는 것이 『구장산술』교감의 기초이다. 이해하지 못하는 글귀를 만났을 때, 먼저 원문에 오류가 있는지 의심하지 말고, 자신이 정말로 이해했는지 고려해야 하며, 고대인에게 억지로 나의 기준을 맞추게 해서는 안 된다."(147쪽) 이는 그의 엄격한 태도를 충분히 보여주며, 그가 책에서 쓴 1,720여 개의 교감 기록은 이 정신을 철저히 반영하고 있습니다.

곽 선생은『구장산술』연구를 완료한 후, 최근 몇 년간『중국과학기술전적통회(中國科學技術典籍通彙)』의『수학권』[3](5권)과 10권 본의『리옌첸바오충과학사전집(李儼錢寶琮科學史全集)』[4]을 주편했습니다. 이들 모두는 방대한 작업으로, 많은 시간을 필요로 하며, 자신을 희생하여 남을 위한 일입니다. 높은 공익 정신과 '근(勤), 근(謹), 화(和), 완(緩)'의 좋은 습관이 없이는 이러한 일을 하려 하지 않을 것입니다. 그는 지금 또 옌 선생이 오래 전에 완성한 이 작품을 정리하여 출판함으로써, 모두가 볼 수 있게 했습니다. 이는 또 하나의 좋은 일을 한 것입니다. 저는 곽 선생이 앞으로도 이와 같은 작업에 기여하기를 기원하며, 젊은 동료들이 선현의 작업을 정리하는 일에 적극 참여하기를 희망합니다.

3.

올해는 조충지 서거 1500주년입니다. 그의 과학 관련 저작을 모아 교석하거나 번역하여 출판하는 것은 기념적 의미뿐만 아니라 현실적 의미도 있습니다. 현재 "중국 고대에는 과학이 없었다"는 논조가 널리 퍼지고 있

---

3 하남교육출판사, 1993년.
4 요녕교육출판사, 1998년.

는 상황에서, 옌둔제 선생이 18세 때 쓴 첫 번째 글『중국 수학자 조충지 및 그의 원주율 연구』는 이러한 논조에 대한 반박입니다. 그는 다음과 같이 말했습니다.

"최근 일반인, 특히 고등학생들은 서양 수학을 접한 후, 청나라의 수학자들이 두씨(杜氏)의 구술(九術)을 보고 놀란 것처럼 모두가 한 목소리로 '외국인들은 참 똑똑하구나! 서양인들은 어떻게 이런 깊고 어려운 학문을 생각해냈을까?'라고 말한다. 잠깐만요, 다른 사람의 기세를 높이고 우리 자신의 기세를 꺾지 말자. 우리 중국, 5000년의 문명을 가진 중국에 수학을 이해하는 사람이 없었겠는가? 그렇지가 않다. 어디 '있었다' 뿐인가? 수학의 몇 가지 정리(定理)와 방법은 우리 중국 수학자들이 발견한 것인걸! …… 조충지의 원주율 발견은 중국 수학사에서 큰 영광일 뿐만 아니라 세계 수학사에서도 중요한 위치를 차지한다. 지금 많은 사람들이 원리를 연구할 때, 반드시 이 $\pi(=3.1416)$의 값을 사용하는데 마음속으로는 외국인이 만든 것이라고 생각하지만, 이 값은 확실히 우리나라에서 나온 것이며, 조금도 외국의 영향을 받지 않았다. 여기까지 쓰고 나니, '중국인은 참 똑똑하구나!'라는 말이 절로 나온다. …… 이러한 이유로 이 글을 쓰게 되었다."[5]

현재 일부 사람들은 이러한 동기가 잘못되었다고 말합니다. 애국주의에서 출발하여 과학사를 연구하면 역사 왜곡으로 이어질 수 있다는 것입니다.

이러한 관점을 가진 사람들은 애국주의와 진리 추구 정신을 절대적으로 대립시키는 오류를 범하고 있습니다. 애국주의는 우선 역사적 진실성에 복종해야 합니다. 만약 조충지가 $\pi=3.1416$을 계산하지 않았는데 옌둔

---

[5] 상하이『학예(學藝)』, 1936년 15권 5호.

제가 애국주의를 선전하기 위해 고의로 있다고 말한다면, 그것은 당연히 잘못입니다. 그러나 고서에 명백히 기록된 사실[6]을 찾아내어 이를 홍보하는 것은 어떻게 역사 왜곡이라고 할 수 있겠습니까?

이와 같은 이유로, 우리는 조충지의 과학적 업적을 기념하고 널리 알리는 것이 중요하며, 이는 역사적 진실성에 기반한 애국주의와 진리 추구의 정신을 동시에 실현하는 것입니다.

조충지가 정한 원주율의 정밀한 값 355/113은 일본 수학사 학자 미카미 요시오(三上義夫)에 의해 '조률(祖率)'로 불리며 세계를 1000년 이상 앞섰다고 평가받고 있습니다. 이로 인해 모스크바 대학은 조충지의 동상을 세웠고, 미국의 길리스피(C.C. Gillispie)의 『과학자 대사전』에 그의 전기가 실렸으며, 국제천문학연합회는 1888번 소행성과 달 표면의 한 환형산(環形山)에 조충지의 이름을 붙였습니다. 전 세계가 조충지를 과학자로 인정하고 있습니다. 그런데 중국에서 오히려 "중국 고대에는 과학이 없었다"고 말하는 사람들이 있습니다. 과학이 없었다면 당연히 과학자도 없었을 것이고, 조충지의 이름은 전세계 사람의 마음에서 지워져야 할 것입니다.

"없다"고 말할 수는 있지만, 그 근거가 충분해야 합니다. 그러나 "중국 고대에 과학이 없었다"고 말하는 사람들 중 일부는 중국 고대에 '과학'이라는 단어가 없었다는 것을 근거로 삼고 있습니다. '과학'과 '과학자'라는 두 단어는 모두 유럽 산업혁명 이후의 산물로, 전자는 1830년경 프랑스의 실증주의 철학자 콩트(A. Comte)가 제안했고, 후자는 1840년 케임브리지 대학 교수 휴얼(W. Whewell)이 제안했습니다. 이들의 논리대로라면 그 이전의 유럽에도 과학이 없었고, 갈릴레오, 케플러, 뉴턴 등도 과학자가 아니

---

6 『수서·율력지』 참조, 이와 관련하여 본서에서 전문적으로 다루는 내용이 나온다.

었다는 말이 되어 우스운 일이 되고 맙니다!

문제 연구는 사실 분석에서 출발해야 합니다. 중국 고대에 과학이 없었다고 주장하는 분들께 이 『조충지 과학 저작 교석』을 꼭 읽어보시기를 권합니다. 읽고 나서 비판의 글을 쓰셔서 여기에 나온 내용이 모두 과학이 아니라 기술이나 다른 무엇이라는 것을 증명할 수 있다면, 그것이야말로 실질적인 과학적 작업을 한 것입니다. 하지만 그것도 여러분의 논증 작업의 작은 한 걸음에 불과할 것입니다.

저는 리붜충(李伯聰) 선생이 1999년 1월 26일 『과학시보·해외판』에 발표한 「있다고 말하기는 쉽고, 없다고 말하기는 어렵다 - 중국 고대 과학 유무에 관한 방법론적 분석」에서 말한 바에 동의합니다. 중국 고대에 과학이 없었다고 주장하는 사람들은 중국 과학사를 연구한 모든 문헌을 조사하고, 그 중 중국 고대에 어떤 '자연과학'이 존재했다는 것을 '증명'하는 모든 논거와 논점(하나도 빠짐없이)을 반박해야 합니다. 이렇게 해야만 결론을 내릴 수 있습니다. 결국 다시 '완(緩)'자로 귀결됩니다. 중국 고대에 과학이 없었다고 주장하는 분들께서는 쉽게 결론을 내리지 말아주시기 바랍니다.

이야기가 너무 멀리 갔습니다. 다시 돌아와서: 옌 선생님과 저는 30여 년을 함께 일했고, 그는 제가 가장 존경하는 스승이자 벗입니다. 그의 인품, 처세, 학문하는 태도 모두 제가 배워야 할 모범입니다. 수학자 관자오지(關肇直)은 생전에 "발표되지 않은 글은 자신의 것이지만, 발표되면 전 사회의 재산이 된다"고 말했습니다. 이제 옌 선생님이 많은 심혈을 기울인 이 원고가 사회의 재산이 될 것을 보니 매우 기쁩니다. 이에 서문을 씁니다.

2000년 2월 29일

1부

조충지祖沖之
과학 저술 교석校釋

대명역법 교석[*]

역법[△]

上元甲子至宋大明七年癸卯, 五萬一千九百三十九年算外.

元法五十九萬二千三百六十五.

紀法三萬九千四百九十一.

章歲三百九十一.

章月四千八百三十六.

章閏一百四十四.

閏法十二.

月法十一萬六千三百二十一.

日法三千九百三十九.

餘數二十萬七千四十四.

歲餘九千五百八十九.

沒分三百六十萬五千九百五十一.

沒法五萬一千七百六十一.

---

[*] 이글은 1957년에 완성되었다. 초고 '대명력 해석'의 속표지에는 "1955년 11월부터"라는 글자가 적혀 있다. 옌둔제 선생은 금릉서국(金陵書局) 출판의 『송서』 권13「역지」를 저본으로 하여 북경도서관 관장의 송간(송·원·명나라 보수)에 따라 교정한 것이다. 이하 중국어로 된 부분은 원문 본문이고, 한글로 번역된 것은 해석문이다. 특별히 설명하지 않은 경우 각 편 제목에 대한 주석은 모두 편집자가 추가한 것임을 밝혀둔다.

[△] 각 본의 '송서'에는 모두 '역법'이라는 두 글자가 있으므로 여기서 보충한다. 삼각형 기호(△)로 표시되는 주해는 정리자가 이번 정리 작업에서 새로 추가한 것이다. 반괄호 안에 로마 숫자로 번호가 매겨진 주석은 정리자가 첫 차례 정리 작업 때 추가한 것이고, 원 안에 아라비아 숫자 번호가 매겨진 주석은 옌둔제 선생의 원 주석이다. 그리고 옌 선생의 주석 중 별표(*) 뒤의 내용은 정리자가 첫 차례 정리 때 추가한 것이며 삼각형 기호(△)로 뒤의 내용은 정리자가 이번 정리 작업 때 추가한 것임을 밝혀둔다.

周天一千四百四十二萬四千六百六十四.

虛分萬四百四十九.

行分法二十三.

小分法一千七百一十七.

通周七十二萬六千八百一十.

會周七十一萬七千七百七十七.

通法二萬六千三百七十七.

差率三十九.

이상은 『대명력』의 각 용수로 당시 계산에 사용된 천문 상수들이다. 이들 용수에는 다섯 주요 숫자가 있다.

(1) 회귀년 일수

$$365\frac{9589\ (歲餘)}{39491\ (紀法)}\text{일}.$$

(2) 삭망월 일수

$$\frac{116321\ (月法)}{3939\ (日法)} = 29\frac{2090\ (朔餘)}{3939\ (日法)}.$$

(3) 항성년 일수

$$\frac{14424664\ (周天)}{39491\ (紀法)} = 365\frac{10449\ (虛分)}{39491\ (紀法)}.$$

(4) 근점월 일수

$$\frac{726810\ (通周)}{26377\ (通法)} = 27\frac{14631}{26377\ (通法)}.$$

(5) 교점월 일수

$$\frac{717777\ (會通)}{26377\ (通法)} = 27\frac{5598}{26377\ (通法)}.$$

아래에서 단락을 나누어 자세히 설명하겠다.

역법의 기본 주기는 1회귀년 일수와 1삭망일 일수이다. 조충지는

1회귀년=365.2428⋯일,

1삭망월=29.53059⋯일.

의 산식에 근거하여 소수부[①]를 근사 분수로 다음과 같이 환산했다. 즉

$$1회귀년 = 365\frac{9589}{39491},$$

$$1삭망월 = 29\frac{2090}{3939}.$$

조충지는 9589를 '세여(歲餘)'로 칭하였으며, 고대 역법에서는 '두분(斗分)'이라는 용어가 존재하였다. 고대 역법에서는 세차(歲差)를 고려하지 않은 경우, 항성년(恒星年)과 회귀년(回歸年)이 동일하였다. 이는 고대인들이 항성년의 일수를 당해 동지로부터 익년 동지까지의 간격으로 측정하였기 때문이다. 고대 역법에서 동지 시 태양은 이십팔수(二十八宿) 중 두수(斗宿)에 위치하였으므로, 불완전한 분수를 '두분(斗分)'이라 칭하였다.[②] 2090은 고대 역법에서 삭여(朔餘)라고도 칭하였으며, 3939는 일법(日法)이다.[③]

당나라 이전의 고대 역법에는 이미 장세(章歲)와 장윤(章潤)이라는 중요한 숫자가 있었다. 우리는 12개 삭망월의 일수와 1회귀년의 일수를 비교할

[①] 고대에는 벌써 소수의 개념이 있었지만 소수 표기법은 발전이 더디었고 원대에 이르러서야 소수 표기법이 생겼다. 자세한 내용은 옌둔제 『중국 고대 수학의 성취』(1956), 9쪽 참조 바란다. △ 13세기 중엽 남부지방의 남송과 북부지방의 원은 모두 소수 표기법이 있었다.

[②] 하승천(何承天, 370-447)의 『원가력(元嘉曆)』은 당해 우수(雨水)로부터 익년 우수까지를 1년으로 산정하였으며, 우수 시 태양이 실수(室宿)에 위치하였으므로 『원가력』에서는 불완전한 분수를 '실분(室分)'이라 명명하였다.

[③] 삭여와 일법은 '조일법(調日法)'의 방법을 통해 구할 수 있다. 조일법의 자세한 방법에 대해서는 별도로 상세히 다룰 것이다.

때 약 10일 정도 차이가 난다는 것을 알고 있다. 즉 2년 간격으로 1 삭망월 일수의 차이가 발생한다는 것인데 이를 맞추기 위해 윤달을 추가해야 한다. 1회귀년의 일수를 1삭망월의 일수로 나누면 『대명력(大明曆)』에서는 다음과 같은 값을 얻을 수 있다.

$$\frac{365\frac{9589}{39491}}{\frac{116321}{3939}} = 12\frac{144}{391}.$$

즉, 조충지의 계산에 따르면, 1회귀년은 $12\frac{144}{391}$개의 삭망월에 해당한다. 이에 따라 391년 동안 144개의 윤달이 있어야 달력의 주기가 완전히 정렬된다는 뜻이다. 따라서 391을 장세라 칭하고, 144개의 윤달을 윤장이라 명명하며, 391×12+144=4836개월을 장월(章月)이라 정의한다.

고대 역법은 19년 주기에 7개의 윤달을 포함하는 체계를 채택하였으며, 이는 1년이 $12\frac{7}{19}$개월에 해당함을 의미한다(이하 연월을 특정하지 않는 경우, 모두 회귀년과 삭망월을 지칭한다). 조충지의 『상대명력표(上大明曆表)』에는 다음과 같이 기술하고 있다. "옛 역법(舊法)에서는 1장(章)이 19년에 7윤(閏)을 포함하며, 윤달의 수가 과다하여 200년마다 1일의 오차가 발생한다."[1] 『대명력』의 각 수치를 사용하여 이를 추산하면,

---

[1] 『대명력의(大明曆議)』에서 대법흥(戴法興)이 언급한 '139년 동안 2월마다 4분의 1일씩 감소하여, 7429년마다 1윤달을 상실하게 된다'는 내용은 다음을 시사한다.

(i) $x\left(\frac{1}{4} - \frac{9589}{39491}\right) = 1, \quad x = \frac{157964}{1135} \approx 139\frac{2}{12},$

(ii) $\left(\frac{7}{19} - \frac{144}{391}\right) = \frac{1}{7429},$

즉, 7429년마다 1윤달의 차이가 발생한다는 것이다.

$$\left(12\frac{7}{19}\times 200\right)\times\frac{116321}{3939}=72049.36일,$$

$$\left(12\frac{144}{391}\times 200\right)\times\frac{116321}{3939}=73048.56일.$$

1일 오차가 난다는 것이 맞다.

19년 7윤법을 쓰지 않게 된 것은 북량(北凉) 조비(趙厞)의 『현시력(玄始曆)』(412)부터이다. 그의 역법에서는 600을 장세(章歲)로, 221을 장윤(章閏)으로 설정하였다. 하승천의 『원가력』은 기존의 장법을 개혁하려 했으나, 계산의 복잡성을 우려하여 결국 구장법을 유지하였다.① 『송서』 권12 『역지』에서 하승천은 "19년 7윤법은 미세한 오차가 있으며, 법을 개정하고 장(章)을 변경하면 계산이 더욱 복잡해진다"고 언급하였다. 이로 인해 시간 계산의 정확성이 떨어지게 되었다. 조충지 이후부터 당 초기까지는 모두 파장법을 채택하여 사용하였다.

파장법의 계산 방식에 대한 기록은 『위서(魏書)』에서 찾아볼 수 있다. 후위(後魏)의 『정광력(正光曆)』에서는 505년을 장세로, 186개의 윤달을 장윤으로 설정하였다. 이 역법에서는 "505년 동안의 윤달 수에 기존의 19분의 1을 감소시킨 것이라"고 명시하고 있다. 즉,

$$505\times\frac{7}{19}-\frac{1}{19}=186.$$

『현시력(玄始曆)』, 『대명력』의 수치들도 모두 이 산식에 적용될 수 있다.②

---

① 『송서』 권12 「역지」에서 하승천은 "19년 7윤이 수가 작고 오차가 많으므로 장법을 바꾸려다가 계산이 번잡해진다"고 말한 바 있다.(十九年七閏, 數微多差. 復改法易章, 則用算滋繁.)

② 『신당서』 권27상 『역지』에 따르면, 『현시력』은 "유홍(劉洪)의 방법(589년)을 기반으로 11년을 더해 장세로 삼고, 윤여(閏餘)의 19분의 1을 감소시켰다. ... 후대의 역

윤달 계산의 주요 목적은 절후(節候)를 조정하여 시령(時令)에 부합하도록 하는 것으로, 이는 고대 역법에서 매우 중요한 작업이었다.

1년은 24절기로 구성되며, 각 절기는 평균 15일 남짓이다. 이를 항기(恒氣)라고 한다. 이 여분이 하루를 채우는 날을 몰일(沒日)이라고 부른다.[①]

$$\left(\frac{365.2428}{24} - \frac{360}{24}\right) \cdot c = 1,$$

$$c = \frac{24}{5.2428} = 4^+.$$

즉, 대략 4개 이상의 절기에서 발생하는 여분이 하루를 채울 수 있으며, 한 항기(恒氣)의 일수와 c를 곱하면 몰일(沒日)의 시간을 구할 수 있다.

$$\frac{24}{5.2428} \times \frac{365.2428}{24} = 69^+.$$

즉, 약 69일마다 하나의 몰일(沒日)이 발생한다. 『대명력』에서는 다음과 같이 계산한다.

$$365\frac{9589}{39491} - 360 = 5\frac{9589}{39491} = \frac{207044}{39491},$$

여기서 207044를 여수(餘數)라 한다.

법 학자들은 모두 『현시력』을 따르되 가감을 하여 때로는 오차가 발생하였다"고 한다. 이는 곧 『현시력』의 경우 $(589+11) \times \frac{7}{19} - \frac{1}{19} = 221$이며, 『대명력』의 경우 $391 \times \frac{7}{19} - \frac{1}{19} = 144$임을 의미한다.

[①] 『원사』 권172 『제이겸전(齊履謙傳)』에는 다음과 같은 기록이 있다. "많은 이들이 몰일에 대해 논쟁을 벌였으나 결론을 내리지 못하자, 이겸이 말하기를 '본래 절기(氣)는 15일이지만 간혹 16일인 경우가 있는데, 이는 여분이 축적된 것이다. 그래서 역법에서는 이렇게 축적된 날을 몰일이라 명명하는데 본래의 기(氣)를 벗어나지 않는 것이 옳다'고 하였다. 모두가 그의 의견에 수긍하였다."

$$\frac{365.2428\cdots}{5.2428\cdots} = \frac{365\frac{9589}{39491}}{\frac{207044}{39491}} = \frac{3605951}{51761},$$

따라서 3605951을 몰분(沒分)이라 하고, 51761을 몰법(沒法)이라 하는 것이다.

고대에는 지구가 태양 주위를 돈다는 사실을 알지 못했고, 태양이 지구 주위를 돈다고 여겼었다. 태양이 매일 1도씩 움직인다고 생각했기 때문에, 1년 365여 일은 곧 태양이 365도여를 움직이는 것과 같다고 보았으며, 차이가 없다고 여겼었다. 진(晉) 나라 때 우희(虞喜)가 처음으로 이것이 정확히 일치하지 않음을 깨달았다. 즉, 올해 동지에 태양이 두수(斗宿) 어느 도에 있다가 내년 동지에는 원래의 수도(宿度) 위치에 있지 않고 미세한 차이가 있음을 발견하여, 처음으로 세차(歲差)를 정립하였다.

『대명력』에서 주천(周天)을 14424664분으로 나누고, 이를 기법(紀法)39491로 나누어 $365\frac{10449}{39491}$을 얻었다.[①] 여기서 10449를 허분(虛分)이라 부르며, 허분과 세여(歲餘)의 차이는 860이다.

$$10449 - 9589 = 860.$$

$$\frac{860}{39491} \times x = 1, \quad x = \frac{39491}{860} = 45\frac{791}{860} = 45\frac{11}{12}.$$

45년 11개월마다 1도의 차이가 나는 것이 곧 『대명력』의 세차(歲差)이다.[②]

[①] 이 항성년(恒星年) 일수이다.

[②] 『대명력의(大明曆議)』에 실린 대법흥(戴法興)의 의견에 따르면 "45년 9개월마다 1도씩 이동한다"고 하였다. 이에 대해 조충지는 "또한 연수의 나머지가 11개월인데, 9개월이라고 하였다. 수를 다룰 때마다 어긋나는 것이 모두 이러한 경우이라"고 반박하

또한 기법(紀法)을 인수분해하면 39491=23×1717이 되는데 여기서 23을 행분법(行分法), 1717을 소분법(小分法)이라 부른다. 만약 $\frac{a}{39491} = \frac{b\frac{c}{1717}}{23}$ (a,b,c는 모두 양의 정수인 경우)이라면 b를 행분, c를 소분이라 부른다.

『대명력』에서 조충지는 월의 주기는 삭망월 외에도 근점월(近點月)과 교점월(交點月)을 다음과 같이 계산하였다.

$$\text{근점월} = 27.55468\cdots\text{일} = \frac{726810}{26377} = \frac{통주(通周)}{통법(通法)},$$ ①

$$\text{교점월} = 27.21223\cdots\text{일} = \frac{717777}{26377} = \frac{회주(會周)}{통법}.$$

원법(元法)과 기법(紀法)의 개념은 고대 역법의 발전 과정에서 유래되었다. 후한(後漢)의 『사분력(四分曆)』에서는 "동지와 합삭이 같은 날에 위치하는 것을 장(章)이라고 한다. 세수(歲首), 월수(月首), 일수(日首)가 같은 시각에 위치하는 것을 부(蔀)라고 한다. 부의 첫날의 일간지(日干支)가 갑자(甲子)에서 시작하여 다시 갑자로 돌아오는 것을 일기(一紀)라고 한다.

였다. 이는 조충지 자신이 45년 11개월마다 1도 차이가 난다는 것에 대한 설명이었다. 후에 주종(周琮)의 『명천력(明天曆)』에서 "그래서 조충지가 『대명력』을 수정할 때 처음으로 세차를 설정하여, 45년 9개월마다 1도씩 후퇴한다고 하였다"고 말한 것도 잘못된 것이다. 『상대명력표(上大明曆表)』에서 언급한 "100년이 채 되지 않아 2도의 차이가 난다"는 것도 이를 가리킨다.

① 『송사(宋史)』 권74 『율력지(律曆志)』 '명천력(明天曆)' 부분에서는 "옛 역법에서 과전분(課轉分)을 계산할 때, 9분의 5를 강률(強率)로, 101분의 56을 약률(弱率)로 삼아, 강률과 약률 사이에서 초(秒)를 구하였다"는 기록이 나온다. 『대명력』의 계산은 다음과 같다.

$$\frac{726810}{26377} = 27\frac{14631}{26377} = 27\frac{5\times 619 + 56\times 206}{9\times 619 + 101\times 206}.$$

세명(歲名)과 삭일(朔日)이 모두 원래의 상태로 돌아오는 것을 원(元)이라고 한다"고 하였다.① 『사분력』에서는 19년을 1장(章)으로, 4장을 1부(蔀)로, 20부를 1기(紀)로, 3기를 1원(元)으로 삼았다. 1장은 총 235개의 삭망월(朔望月)로 구성되어 있어, 삭일(朔日)이 주기적으로 반복된다. 그러나 19년은 4로 나누어 떨어지지 않기 때문에, 4장을 1부로 삼아 기일(氣日)이 주기적으로 반복되게 하였다. 1원은 총 60부로 구성되어 있어 60으로 나누어 떨어지므로, 일명(日名)이 주기적으로 반복된다. 이 때문에 "세명과 삭일이 다시 시작되는 것을 원이라 한다(岁朔又復謂之元)"고 표현한 것이다.

『사분력』이후의 각 역법들은 여전히 19년 7윤법을 사용했지만, 허산(虛算)이 너무 많기 때문에 더 이상 이전과 같은 방식을 사용하지 않게 되었다. 예를 들어, 『건상력(乾象曆)』은 31장(章)을 1기(紀)로 삼고, 2기를 1원(元)으로 삼았다. 『건상력』에서 1기는 2,151,030일인데, 이는 이미 기(氣)와 삭(朔)이 주기적으로 반복되는 기간이다. 그러나 이 일수는 60으로 나누어 떨어지지 않기 때문에, 기를 두 배로 늘려 원(元)을 만들어 기, 삭, 일명(日名) 세 가지가 모두 주기적으로 반복되게 하였다.

『대명력』도 이와 같은 원리를 따른다.

『대명력』의 1기는 39,491년으로,

      488,436개의 삭망월(朔望月),

      14,423,804일에 해당한다.

---

① 이는 『후한서(後漢書)』의 『율력지(律曆志)』에서 인용된 내용이다. 고대의 육력(六曆) 또한 사분법(四分法)을 채택하고 이 원리를 따랐기 때문에 거기에도 입부년(入蔀年, 부로 들어가는 해)을 추산하는 방법이 나왔다.

이 14,423,804일은 60으로 나누어 떨어지지 않기 때문에, 기법(紀法)을 15배로 하여 원법(元法)을 만들었다.

$$39{,}491 \times 15 = 592{,}365$$

즉, 592,365년 후에 기, 삭, 일이 각각 주기적으로 반복된다.

推朔術：置入上元年數, 算外, 以章月乘之, 滿章歲爲積月, 不盡爲閏餘. 閏餘二百四十七以上, 其年有閏；以月法乘積月, 滿日法爲積日, 不盡爲小餘. 六旬去積日, 不盡爲大餘. 大餘命以甲子, 算外, 所求年天正十一月朔也. 小餘千八百四十九以上, 其月大.

求次月, 加大餘二十九, 小餘二千九十, 小餘滿日法從大餘, 大餘滿六旬去之, 命如前, 次月朔也.

求弦望：加朔大餘七, 小餘千五百七, 小分一, 小分滿四從小餘, 小餘滿日法從大餘, 命如前, 上弦日也；又加得望, 又加得下弦, 又加得後月朔也.

推閏術：以閏餘減章歲, 餘滿閏法得一月, 命以天正, 算外, 閏所在也. 閏有進退, 以無中氣爲正.

이는 보삭(步朔, 삭일을 구하는 것)과 보윤(步閏, 윤달을 추산하는 것)에 관한 것으로, 즉 삭일(朔日)의 일진(日辰)과 삭소여(朔小餘)를 구하고, 해당 연도에 윤달을 둘 것인지, 둔다면 어느 달에 둘 것인지를 추산하는 것이다. 고대 역법에서는 동지가 있는 11월을 천정(天正)이라고 불렀다. 역법상 삭일과 절기의 추산은 모두 11월부터 시작한다(11월을 자월(子月)로, 다음 해의 정월을 인월(寅月)로 삼는다).

상원년에 들어가는 것(入上元年數)은 후대 역법에서 말하는 적년(積年)

이다(자세한 설명은 후술). 계산 시 산외(算外)를 사용하는 경우도 있고 산상(算上)을 사용하는 경우도 있는데, 산상은 산외보다 1년 차이가 적다.

갑자(甲子)를 명하여 산외의 갑자는 육십갑자표를 대표한다. 십간(十干)과 십이지(十二支)를 조합하면 육십갑자가 되는데, 고대에는 이를 육갑(六甲)이라고 불렀다. 중국은 고대 은상(殷商) 시대부터 현대에 이르기까지 3천 년 동안 간지(干支)로 날짜를 기록해 왔으며, 고대에 역법을 계산할 때도 간지를 이용해 위로 상추하거나 아래로 하산(上推下算)하여 정확성을 검증하는 경우가 많았다. 육십갑자표는 다음과 같다.

0 甲子	1 乙丑	2 丙寅	3 丁卯	4 戊辰	5 己巳	6 庚午	7 辛未	8 壬申	9 癸酉
10 甲戌	11 乙亥	12 丙子	13 丁丑	14 戊寅	15 己卯	16 庚辰	17 辛巳	18 壬午	19 癸未
20 甲申	21 乙酉	22 丙戌	23 丁亥	24 戊子	25 己丑	26 庚寅	27 辛卯	28 壬辰	29 癸巳
30 甲午	31 乙未	32 丙申	33 丁酉	34 戊戌	35 己亥	36 庚子	37 辛丑	38 壬寅	39 癸卯
40 甲辰	41 乙巳	42 丙午	43 丁未	44 戊申	45 己酉	46 庚戌	47 辛亥	48 壬子	49 癸丑
50 甲寅	51 乙卯	52 丙辰	53 丁巳	54 戊午	55 己未	56 庚申	57 辛酉	58 壬戌	59 癸亥

이 갑자표에 대해서 후에 '정일령(定日鈴)'이라 부르는 경우도 있었다(鈴은 이 도표를 의미하고 날짜를 정하는 표는 곧 정일령이라 함). 갑자 산외는 0으로 갑자를 의미함을 설정한다. 만약 구해진 대여(大餘)가 32일 때 갑자 산외 갑자부터32번째까지 세는데 32가 대응하는 일진 명은 병신(丙申)이니 이날의 간지가 병신임을 알 수 있다. 또 갑자로부터가 아니라, 기해(己亥)로부터 세라고 정하는 역법도 있는데 그런 경우에는 기해일로부터 세고 계산하는 것이다.

『대명력』은 양(梁)나라 천감(天監) 9년(510)부터 채택되었다. 이와 관련하여 청나라 왕왈정(王曰楨1813-1881)의 『장술집요(長術輯要)』에는 다음과 같이 기술한다. 양나라 천감(天監) 9년:

『대명력』을 처음 사용하는데, 상원(上元) 갑자 이래로 모두 51,987년이다. 正甲戌, 二癸卯, 四壬寅, 六辛醜, 七庚子, 九己亥, 十二戊辰朔, 閏六.
육경오대서(六庚午大暑),
칠경자처서(七庚子處暑).

왕왈정이 또한 『대명력』의 방법으로 계산한 것이다. 하지만 그의 계산 원고는 전해지지 않았다. 결과가 같은지 확인하는 차원에서 여기서 우리는 그 방법대로 다시 한번 계산해 보자.

자세한 계산법은 다음과 같다.

대명 7년에서 천감 9년까지 총 47년, 즉 대명 6년 11월부터 천감 8년 11월까지 총 47년이라는 뜻이다. 그래서 천감 9년의 상원 적년(積年)은 51986이고, 왕왈정이 천감 9년 당해로 계산한 것이니 산외(算外)은 51987이다.

$$\frac{51986 \times 4836}{391} = 642977 \frac{289}{391}.$$

위의 산식에서 642977은 적월(積月), 곧 그 많은 해에 누적한 달의 수이다. 289는 윤여로 적월 미만의 수이다. 1년은 $12\frac{144}{391}$월이고, 391-144=247로 윤여가 247 이상이면 한 달이 더 들어갈 수 있으므로 윤달이 필요하다. 현재 윤여가 247 이상이므로 천감 9년에 윤달이 있음을 알 수 있다.

그 다음에는 적일(積日)을 구하는 것이다.

$$\frac{642977 \times 116321}{3939} = 18987491 \frac{568}{3939}.$$

18987491은 이 많은 적월 동안 쌓여진 총 적일이다.

$18987491 \equiv 11 \pmod{60}$,

11로 갑자(甲子)로 하여 산외는 을해(乙亥)이고, 즉 천감 8년 11월 삭일은 을해이라는 것이다. 568은 소여(小餘)인데, 소여가 1849 미만이므로 11월은 소월(小月: 작은 달)임을 알 수 있다. 소여가 1849보다 크면 2090+1849=3939이니 하루가 더 많아지는 것으로 대월(大月: 큰 달)이 된다. 또 한 달에 $29\frac{2090}{3939}$일이므로 한 달을 추가되는 것이다.

천감 8년 12월은 다음과 같다.

$$11\frac{568}{3939} + 29\frac{2090}{3939} = 40\frac{2658}{3939}.$$

40으로 갑자로 하여 산외는 12월 갑신삭(甲申朔)이라 큰 달이다.

또 천감 9년 정월은 다음과 같다.

$$40\frac{2658}{3939} + 29\frac{2090}{3939} = 70\frac{809}{3939},$$

70=60+10.

10으로 갑자로 하여 산외는 정월 갑술삭(甲戌朔)이니 작은 달이다. 그 뒤로 $29\frac{2090}{3939}$이 누가되면 각 월삭(月朔)의 일진을 얻는다.

$$29\frac{2090}{3939} \times \frac{1}{4} = 7\frac{1507\frac{1}{4}}{3939}$$ 로 상현(上弦 first quarter), 망(望 full moon), 하현(下弦 last quarter)의 일진을 구할 수 있다.

윤한(閏限) 이상이면 윤여가 큰 경우, 윤달이 빨라지고 윤여가 작은 경우, 윤달이 늦어진다. 옛날에 윤달을 추산하는 방법은 다음과 같다.[①]

$$\frac{12 \times (장세(章歲) - 윤여(閏餘))}{장윤(章閏)}.$$

『대명력』의 장윤144의 $\frac{1}{12}$은 마침 12이므로 조충지는 12를 윤법으로 하여 윤달을 구하는 방법을 간소화하였다. 앞의 예를 보자.

$$\frac{391 - 289}{12} = \frac{102}{12} \approx 8.$$

천정(天正) 11월 산외로부터 세어나가면 이듬해 6월이 7이 되고, 그 8번째는 윤6월이 된다.

역법에는 12절기와 12중기(中氣)가 있다. 절기와 중기가 서로 번을 갈아 차례로 이루어지는데 보통 24절기라고도 한다. 동지가 11월의 중기, 대한이 12월의 중기, 우수가 정월의 중기인 것처럼 모든 중기는 특정 달 내에 한정되어 있다. 윤달이 있으면 13개월과 24절기를 대응시켜 배열함으로써 중기가 없는 달이 곧 윤달이다. 이같은 방법으로 계산해서 중기가 없는 달이 윤달이 든다. 만약에 윤달이 중기가 있는 달과 겹치면 윤달은 한달 앞당

[①] 윤여(閏餘) $+ n \cdot \frac{章閏}{12} = $ 장세(章歲)이므로 $n = \frac{章歲 - 閏餘}{\frac{章閏}{12}}$이다. 여기의 $\frac{章閏}{12}$은 훗날에 월윤(月閏)이라 불리게 되었다.

기거나 다음 달로 미루는 것이 원칙이다. 이는 곧 앞서 말한 "윤달은 당기거나 미룰 수는 있지만 중기가 없는 것이 기준이라(閏有進退, 以無中氣爲正)"는 것이다.

윤달에 중기가 있는지 여부를 추산하는 방법은 아래 추24기술(推24氣術)에 나와 있다.

推二十四氣術：置入上元年數, 算外, 以餘數乘之, 滿紀法爲積日, 不盡爲小餘. 六旬去積日, 不盡爲大餘. 大餘命以甲子, 算外, 天正十一月冬至日也.

求次氣, 加大餘十五, 小餘八千六百二十六, 小分五, 小分滿六從小餘, 小餘滿紀法從大餘, 命如前, 次氣日也.

求土用事：加冬至大餘二十七, 小餘萬五千五百二十八, 季冬土用事日也. 又加大餘九十一, 小餘萬二千二百七十, 次土用事日也.

推沒術：以九十乘冬至小餘, 以減沒分, 滿沒法爲日, 不盡爲日餘, 命日以冬至, 算外, 沒日也.

求次沒, 加日六十九, 日餘三萬四千四百四十二, 餘滿沒法從日, 次沒日也. 日餘盡爲滅.

이것은 보기(步氣)로[①] 즉 기일(氣日, 절기와 중기)의 일진과 기소여(氣小餘)를 구하는 것이다. 역시 천감 9년의 각 수를 다음과 같이 계산해 본다.

$$\frac{51986 \times 207044}{39491} = 272552\frac{38352}{39491},$$

[①] 이 절과 앞 절 내용은 후대의 역법에서 한 절의 내용으로 묶어 통틀어 '보기삭(步氣朔)'이라고 총칭한다.

272552는 기적일(氣積日)이다. (이것은 모든 적년(積年)의 적일(積日)이 아닙니다. 『대명력』에서 남머지로 구해진 적일은 이미 매년 360일을 뺀 것이다. 360은 육십으로 완전히 나눌 수 있기 때문이다.)

$$272552 \equiv 32 \pmod{60}$$

32를 갑자로 하여 산외는 병신(丙申) 이다. 11월 을해삭(乙亥朔)부터 세어나가면 천감 8년 11월 22일 병신일이 동지이며 38352는 기소여(氣小餘) 이다.

그 뒤로 한 기(氣)씩 $\frac{1}{24}\left(365\frac{9589}{39491}\right) = 15\frac{8626\frac{5}{6}}{39491}$ 를 더하면 곧 다음 기의 일진을 구할 수 있다.

$$32\frac{38352}{39491} + 14 \times 15\frac{8626\frac{5}{6}}{39491} = 6\frac{1158\frac{4}{6}}{39491} + 4 \times 60.$$

동지부터 열다섯 번째 (절)기는 대서 6월 중에 있으며 그 일진의 대여(大餘)가 6이며 갑자로 하여 산외는 경오(庚午)이다. 6월 초하루 신축(辛丑朔)일부터 경오까지 세어가면 6월 30일 경오 대서 중일 것이며 한 기를 가하면 윤6월 15일 을유(乙酉)일 입추 절기를 얻고 한 기를 더하면 7월 삭일 경자(庚子)일이 처서(處暑)에 있음을 추산하게 된다.

왕왈정(汪曰楨)의 계산과 일치한다.

위의 계산식에서 상원 적년을 구하는 방법을 알 수 있다. 가령 상원 적년을 A 이고 어느 해의 천정 윤여가 289이고, 동지의 기소여가 38352라고 가정하면,

$$144A \equiv 289 \pmod{391} \quad (1)$$

$$9589A \equiv 38352 \pmod{39491} \quad (2)$$

391×7 - 144×19 = 1이니, 식(1)로부터

$A \equiv 374 \pmod{391}$임을 알 수 있다.

또 식(2)로부터

$A \equiv 12945 \pmod{39491}$를 구할 수 있다.

이렇게 하면 『손자산경(孫子算經)』의 '물건이 있는데 개수를 알 수 없는 (物不知數)' 식의 문제와 같은 것이다. 『손자산경』의 방법에 따라 A=51986을 구할 수 있다.

A=0일 경우, 천정의 윤여일, 삭적일, 기적일은 모두 0임이 분명하다. 즉 이 해는 갑자년 정월 11월(子月) 삭일 갑자 야반(子正)이 동지 시각이 된다는 것이다. 이런 해를 상원(上元)이라 한다. 상원에서 구하고자 하는 해까지의 중간 거리를 적년이라고 한다.

『대명력』에는 '퇴토용사(推土用事)'만 있는데, 오행을 추산한다는 의미일 것이다.[①] 오행을 추보하는 방법은 『삼통력』을 참조 바란다. 1년을 20등분하는데, 『대명력』의 산법은 다음과 같다.

$$365\frac{9589}{39491} \div 20 = 18\frac{10352\frac{1}{5}}{39491},$$

20은 사계절과 오행을 곱한 수치이고, 4행(금, 목, 수, 화)이 각각

$$18\frac{10352\frac{1}{5}}{39491} \times 4 = 73\frac{1917\frac{4}{5}}{39491}$$ 이며, 중앙은 각각 $18\frac{10352\frac{1}{5}}{39491}$이다.

$$3 \times 15\frac{8626\frac{5}{6}}{39491} - 18\frac{10352\frac{1}{5}}{39491} = 27\frac{15528.3}{39491},$$

[①] 오행용사(五行用事)를 추산하는 것은 후대 역법에서 '보발렴(步發斂)' 부분에 포함시켜 다룬다.

이니 곧 동짓 이후 $27\frac{15528.3}{39491}$일부터 겨울 토용사일(土用事日)이 된다. 그 뒤로

$$6 \times 15\frac{8626\frac{5}{6}}{39491} = 91\frac{12270}{39491},$$

씩 누계되면 각각 봄, 여름, 가을의 토용사일이 되는 것이다.

오행용사(五行用事)는 일종의 사소한 절기일 뿐, 역리(歷理)상 아무런 의미가 없다.

몰일(沒日) 구하기. r 을 동지 소여로 설정한다.
$$360 : 207044 = x : r,$$
(餘數)
$$x = \frac{360r}{207044} = \frac{90r}{51761}.$$

그러니 90에 동지소여를 곱하여
$$\frac{3605951}{51761} - \frac{90r}{51761}$$

가 몰일이다.

다음 몰일 구하기.
$$\frac{3605951}{51761} = 69\frac{34442}{51761}$$

를 가한다.

"몰일의 나머지가 딱 떨어지면 멸일이라(日餘盡爲滅)" 하는데 곧 소여가 없는 몰일이 멸일(滅日)이 되는 것이다.

推日所在度術：以紀法乘朔積日爲度實, 周天去之, 餘滿紀法爲積度, 不盡爲度餘, 命以虛一次宿除之, 算外, 天正十一月朔夜半日所在度也.

求次月, 大月加度三十, 小月加度二十九, 入虛去度分.

求行分, 以小分法除度餘, 所得爲行分, 不盡爲小分. 小分滿法從行分, 行分滿法從度.

求次日, 加一度. 入虛去行分六, 小分百四十七.

날짜의 도수를 추산하는 것은① 하늘에 있는 태양이 움직이는 각거리를 구하는 것이다. 고력에는 태양이 매일 1도씩 움직이는 것으로 여겨졌었다. 『대명력』에서 "상원의 시작은 갑자년에 있고 천정 갑자년 초하루 야반(자정)이 동지의 입기 시각이며 그때 일, 월, 오성이 허수(虛宿)에 모인다(上元之歲, 歲在甲子, 天正甲子朔, 夜半, 冬至, 日、月、五星聚於虛度之初)"고 했다. 그러니 허수 1도부터 지나는 수(宿)의 수도(宿度)를 감한 다음 1도를 더 세어나가면 바로 11월 초하루 양반 시각의 태양이 위치하는 도수다.

허수는 28수 중의 하나로 앞서 언급된 두수와 실수처럼 하늘에 있는 위치를 정하는 기준이다. 태양이 하루에 1도씩 움직인다고 가정하면, 1년에 365도 남짓하므로 각각 28수로 나누어 배정하면 순서는 다음과 같다.②

---

① 후대 역법에서 이것을 '보일전(步日躔)'이라 한다.
② 이것은 적도 도수이다. 한나라의 『삼통력(三統曆)』은 당나라 『대연력(大衍曆)』이 반포되기 전까지 사용되었었다. 실은 『대연력』도 그중의 필수(畢宿), 자수(觜宿), 참수(參宿), 귀수(鬼宿)의 4수만 변동되었을 뿐 그외에 달라진 것이 별로 없었다. 28수의 기원은 매우 오래됐다. 그 기원에 대해서 두 가지 설이 전해졌다. 하나는 수천 년 전에 28수가 마침 적도에 가까웠기 때문에 당시에는 하늘의 참조물로 사용되었고 그 후의 역법에서 계속 이어 사용했다는 설이다. 다른 한 가지의 설에 의하면 28수가 바로 황도 부근에 있었으며 또 고대 사람들이 적도로 도수(度數)를 기록했기에 역법에서도 모두 28수 적도도수를 사용했다고 한다. 적도 도수에 황도와 적도(黃赤道)의 차이값을 더하면 황도 도수를 얻을 수 있다. 황적도차(黃赤道差)를 구하는 기록은 『사분력』에 나와 있다. 적도 도수의 진퇴차(進退差)를 이용하여 구한 것이었는데 후에 당송 때 '감하여 곱

斗二十六　牛八　女十二　虛十　危十七　室十六　壁九　北方七宿九十八度

奎十六　婁十二　胃十四　昴十一　畢十六　觜二　參九　西方七宿八十度

井三十三　鬼四　柳十五　星七　張十八　翼十八　軫十七　南方七宿百一十二度

角十二　亢九　氐十五　房五　心五　尾十八　箕十一　東方七宿七十五度

위의 표는 『대명력』에 없고 『대엽력(大葉歷)』에서 따온 것이다.①

예를 들어, 구해진 도수 58일 경우, 허수 1도부터 계산하는데 차례로 지나간 수(宿)수도(宿度)를 감하면 규(奎)7도를 얻는다.

다음의 예를 보자. 대명 6년 동지날의 태양이 위치하는 도(度)를 구해 보자.

삭적월(朔積月) 구하기:

$$51939 \times \frac{4836}{391} = 642396\frac{168}{391}.$$

삭적일(朔積日) 구하기:

$$642396 \times \frac{116321}{3939} = 18970333\frac{3429}{3939}.$$

한(相減相乘)' 근사식으로 계산하게 되었다. 곽수경(郭守敬, 1231-1316)부터 근대 구면 삼각술과 같은 공식을 사용하여 정확한 방법을 찾았다.

① 수나라 장주현(張胄玄)의 『대업력』에 이 표가 실렸다. 사서에 의하면 "주현의 역학 학문은 조충지로부터 배웠고 조충지 학파의 역산법(歷算法)을 전수받았다"고 하는데, 당연히 『대명력』에도 이 표가 기록되었을 것이다.

$$18970333 \equiv 13 \pmod{60}.$$

대명 6년 11월 초하루의 일진은 정추(丁醜)일이다.

기적일(氣積日) 구하기:

$$51939 \times \frac{207044}{39491} = 272306\frac{22070}{39491},$$

$$272306 \equiv 26 \pmod{60}.$$

대명6년 11월14일 경인(庚寅)일이 동지의 입기 시간이다.

천정11월 초하루 야반의 태양이 위치하는 도를 구하기:

$$18970333 \times 39491 \equiv 12495663 \pmod{14424664},$$

$$\frac{12495663}{39491} = 316\frac{16507}{39491}.$$

316도는 허수1도부터 계산하여 지나간 수의 수도를 감하여 9도를 얻게 되며, 11월14일 동지가 입기하여 다음날 1도를 누계하면 동지의 태양이 두수(斗宿) 11도에 있음을 알게 된다. 『상대명력표』에서는 "이제 중성(中星)을 참조로 삼고 월식(月食)으로 교정하여 동지날의 태양이 두수(斗宿) 11도에 있다는 것으로 추산될 수 있다"고 하는데 위의 계산 결과와 같다.

다음 날을 구하기: $\frac{10449}{39491} = \frac{6\frac{147}{1717}}{23}$ 이므로 행분(行分)에 6을 감하고 소분(小分)에 147을 감한다는 것이다.

推月所在度術：以朔小餘乘百二十四爲度餘. 又以朔小餘乘八百六十爲微分. 微分滿月法從度餘①度餘滿紀法爲度, 以減朔夜半日所在, 則月所在度. 求次月, 大月加度三十五, 度餘三萬一千八百三十四, 微分七萬七千九百

---

① 원서에 '餘'자가 빠졌기에 여기서 보완한다.

六十七, 小月加度二十二, 度餘萬七千二百六十一, 微分六萬三千七百三十六, 入虛去度 [i])也.

추월소재도술(推月所在度術)은 하늘에 달의 위치를 구하는 것이다.[①] 고력에는 달이 하루 움직이는 평행(平行, 곧 평균속도) 거리는 $13\frac{7}{19}$도이며, 『대명력』에서 계산된 하루 달의 평행거리는 $13\frac{14573\frac{14231}{116321}}{39491}$도이다.

계산법은 다음과 같다. 달의 하루 평균 속도를 α 라고 가정하면 산식은 다음과 같다.

$$a = 1 + \frac{\frac{14424664}{39491}}{\frac{116321}{3939}} = 1 + 12\frac{42925\frac{8989}{39491}}{116321}$$

$$= 1 + 12\frac{14573\frac{14231}{116321}}{39491}$$

$$= 13\frac{14573\frac{14231}{116321}}{39491}.$$

대월(大月):

$$13\frac{14573\frac{14231}{116321}}{39491} \times 30 = 35\frac{31834\frac{77967}{116321}}{39491} + 365\frac{10449}{39491}.$$

소월(小月):

[i)] 중화서국 교점본 『송서·율력지』(1974) 권13의 교감기(校勘記)에는 모든 간행본에 '度' 뒤에 '分'자가 탈락했으나 역리(歷理)에 의하여 보완한다고 설명하고 있다.

[①] 이 절과 아래의 '지질력(遲疾歷)'이 후대 역법에서 '보월리(步月離)'라고 한다.

$$13\frac{14573\frac{14231}{116321}}{39491} \times 29 = 22\frac{17261\frac{63736}{116321}}{39491} + 365\frac{10449}{39491}.$$

또 14424664 - 860 = 14423804이니,

14423804는 월법(月法) 116321의 124배이다. 태양이 하루 1도씩 움직이고 달이 매일 13여도 가므로 둘의 차이는 12여도이다. r은 삭소여분(朔小餘分)이라 가정하면 다음 산식이 나온다.

$$1:12\frac{14573\frac{14231}{116321}}{39491} = \frac{r}{3939} : x.$$

x는 태양과 달의 하루 움직이는 차이로 위 산식을 통해 다음과 같이 구할 수 있다.

$$x = \frac{124r\left(1 + \frac{860}{14423804}\right)}{39491} = \frac{124r + \frac{860r}{116321}}{39491}.$$

따라서 삭소여분에 860을 곱하면 미분(微分)을 얻게 되며, 월법을 차면 월법을 감하고 도여(度餘)에 1을 가한다. 삭소여에 124를 곱한 것이 도여(度餘)를 얻는데, 도여가 기법(紀法)을 차면 도수(度數)에 1을 가한다.

이 같은 조충지의 계산 방법은 당나라 왕효통(王孝通) 『집고산경(緝古算經)』의 첫 번째 문제와 일맥상통하다. 왕효통이 새로운 방법(新術)이라고 자랑했던 이 산법은 실은 조충지가 진작부터 사용한 일이 있었다.

遲疾曆

	月行度	損益率	盈縮積分	差法
一日	十四行分十三	益七十	盈初	五千三百四
二日	十四十一	益六十五	盈百八十四萬二千三百一十六	五千二百七十
三日	十四八	益五十七	盈三百五十五萬七百六	五千二百一十九
四日	十四四	益四十七	盈五百五萬八千二百七[i]	五千一百五十一
五日	十三二十[ii]二	益三十四	盈六百二十九萬七千八百五十七	五千六十六
六日	十三十七	益二十二	盈七百二十萬二千六百九十一	四千九百八十一
七日	十三十一	益六	盈七百七十七萬二千七百一十一[iii]	四千八百七十九
八日	十三五	損九	盈七百九十四萬九百五十二	四千七百七十七

---

[i] '二百七'은 각 간행본에 '三百'으로 되어 있는데, 옌둔졔 선생은 계산·교정하여 '二百七'로 변경했다. 중화서국본 『송서·율력지』는 '28'로 고쳐놓았으며, 다음과 같이 설명을 덧붙였다. 『대명력』에 따르면 월행(달의 운동) 지질력 표의 각 수를 구하는 방법은 다음과 같다. (1)손익률: 달이 하루 평균 운동 5227분에 각 날에 실제 움직이는 수를 감하여 손익율 소분(小分)을 구하게 된다. 이에 일법(日法)을 곱하고 통법으로 나누어 소수를 반올림하여 위 표의 손익률이 구해진다. (2)영축적분(盈縮積分): 각 일의 영축율(盈縮率) 소문(小分)에 101을 곱하고 30으로 감하여 나머지에 39를 곱한 다음에 34 또는 35를 가하여 일별 영축분을 얻는다. 각 일 앞의 영축분을 누계하여 각 일의 영축적분을 얻게 된다. (3)차법(差法): 그 날의 달의 실제 행분(行分)에 하루 태양의 행분 391을 감하여 그 날의 차법을 얻는다. 이 표의 숫자는 모두 교정·계산되었으므로 아래에서는 교정 및 수정 사항만 지적해 두고 구체적인 계산 방법은 생략하겠다.

[ii] 중화서국 본 『송서·율력지』에서는 '二十二'가 다른 간행본에 '二十一'로 잘못 표기되어 있으나, 오로지 본사(중화서국 출판사)의 간행본이 '二十二'로 되어 있는데 이것은 수정·계산과 부합한 수치이기에 고친 바이라고 밝혔다.

[iii] '十一'은 중화서국 본 『송서·율력지』에서는 '十'으로 변경했지만 계산대로 하면, '十一'이 마땅하다.

九日	十二²⁰₂	損二十四	盈七百七十萬七千四百一十五	四千六百七十五
十日	十二₊₁₆	損三十九	盈七百七萬二千一百	四千五百七十三
十一日	十二₊₁	損五十二	盈六百三萬五千七	四千四百八十八
十二日	十二₈	損六十	盈四百六十六萬三千一百	四千四百三十七
十三日	十二₆	損六十五	盈三百九萬三百三ⁱ⁾	四千四百三
十四日	十二₄	損七十	盈百三十八萬三千五百八十	四千三百六十九
十五日	十二₅	益六十七	縮四十五萬七千六十九	四千三百八十六
十六日	十二₇	益六十二	縮二百二十三萬七百五十五	四千四百二十
十七日	十二₊₁₀	益五十五	縮三百八十七萬五百一十五ⁱⁱ⁾	四千四百七十一
十八日	十二₊₁₄	益四十四	縮五百三十萬九千三百八十五ⁱ⁾	四千五百三十九
十九日	十二₊₁₉	益三十二	縮六百四十八萬四百四	四千六百二十四
二十日	十三₋₁	益十九	縮七百三十一萬六千六百八	四千七百九ⁱⁱ⁾

ⁱ⁾ '三百三'은 중화서국 본『송서·율력지』에서는 '三百二'로 적었는데 이에 대한 별다른 교정 설명이 없었다. 계산대로 하면 '三百三'이 마땅하다.

ⁱⁱ⁾ '五百一十五'는 중화서국 본『송서·율력지』에서는 '각 판본에서 모두 五十四'로 되어 있으니 여기서도 '五百一十四'로 고쳤다고 설명하고 있다. 하지만 계산대로라면 '五百一十五'가 맞다.

ⁱ⁾ '三十萬'은 각 판본에서 '三十一萬'으로 잘못 기록되어 옌 선생이 계산하여 올바르게 고쳐놓았다. 중화서국의『송서·율력지』에서도 이같이 수정되었다.

ⁱⁱ⁾ '四千七百九'에 대해서 중화서국 본『송서·율력지』에서는 이 다섯 글자는 다른 간행본에 모두 지우고 없는 내용이지만 교정 계산에 따라 있어야 마땅한 수치이므로 이에 근거하여 보충한 바이라고 밝혔다.

二十一日	十三七	益四	縮七百八十一萬七千九百九十六	四千八百一十一
二十二日	十三十三	損十一	縮七百九十一萬七千六百七	四千九百一十三
二十三日	十三十九	損二十七	縮七百六十一萬五千四百四十	五千一十五
二十四日	十四一	損三十九	縮六百九十一萬一千四百九十五 iii)	五千一百
二十五日	十四六 iv)	損五十二	縮五百八十七萬二千七百三十五	五千一百八十五
二十六日	十四十	損六十二	縮四百四十九萬九千一百五十九	五千二百五十三
二十七日	十四十二	損六十七	縮二百八十五萬七千七百三十二	五千二百八十七
二十八日	十四十四	損七十二 i)	縮百八萬二千三百七十九	五千三百二十一 ii)

推入遲疾曆術：以通法乘朔積日爲通實, 通周去之, 餘滿通法爲日, 不盡爲日餘. 命日算外, 天正十一月朔夜半入曆日也.

求次月, 大月加二日, 小月加一日, 日餘皆萬一千七百四十六. 曆滿二十七日, 日餘萬四千六百三十一, 則去之.

---

iii) '九十一萬'에 대해서 금릉서국(金陵書局)과 중화서국 본에서는 모두 '九十萬'으로 잘못 기재했으나 옌 선생은 계산하여 수정했다.

iv) '十四六'은 금릉서국 본의 원본 기록이다. 중화서국 본 『송서·율력지』에서는 다른 간행본에서 모두 十四十六으로 되어 있으나 이번에는 원본대로 十四六로 고쳤다고 밝혔다

i) '七十二'은 금릉서국 본과 중화서국 본에서 모두 '七十四'로 되어 있다. 옌 선생은 계산하여 교정하였다.

ii) 중화서국 본 『송서·율력지』에서는 '二十一'은 각 본에서 '三十一'로 잘못 표기되어 있지만, 본국(本局) 본의 표기만이 계산 수치와 합산하여 이렇게 수정하였다고 밝혔다.

求次日, 加一日.

求日所在定度, 以夜半入曆日餘乘損益率, 以損益盈縮積分, 如差率而一. 所得滿紀法爲度, 不盡爲度餘, 以盈加縮減平行度及餘爲定度. 益之或滿法, 損之或不足, 以紀法進退. 求度行分, 如上法. 求次日, 如所入遲疾加之, 虛去分如上法.

고력은 유홍(劉洪)의 『건상력』에서부터 달의 움직임이 느리고 빠르다는 차이가 있다고 여겨지기 시작하였다. 달은 지구에 가까운 곳에 있을 때 속도가 빠르고 지구에서 먼 곳에 있을 때 속도가 느리다고 생각했다.

상원(上元)에서부터 계산하고자 하는 그 해까지의 삭적일(朔積日)을 삭망월로 나누어 삭일(朔日)을 구한다. 이에 다시 근점월(近點月)로 나누어① 삭일 이날이 근점월의 어느 날에 있는지를 구하는 것이다 (훗날 역법에서는 이것을 입전(入轉)이라 함).

삭적일 삭소여로 구해진 11월 삭일 야반의 달의 위치는 평행도(平行度)이다. 삭일 입전일(入轉日) 월인(月引)의 속도에 따라 평행도를 조절하여 정도(定度)를 구한다. 영(盈)이란 입전 당일의 실제 운행 속도가 평균보다 빠르므로 추가해야 함을 의미하고 축(縮)은 입회 당일의 실제 운행 속도가 평균 속도보다 느리기 때문에 줄여야 한다는 것이다.

$$30 - 27\frac{14631}{26377} = 2\frac{11746}{26377},$$

$$29 - 27\frac{14631}{26377} = 1\frac{11746}{26377}$$

이므로, 큰 달은 2일, 작은 달은 1일을 가하고, 일여(日餘)는 11,746이다.

'증가하여 도여(度餘)가 기법(紀法)을 차면 기법을 감하여 1도를 올리고,

---

① 말하자면 이 많은 삭망월에 근점월이 얼마나 있는지를 말하는 것이다.

빼고 도여가 기법에 부족하면 1도를 물러나고 기법을 가한 다음에 감한다 (益之或滿法, 損之或不足, 以紀法進退)'는 것은 각 수(각 등수(等數))의 더하기 또는 빼기 방법을 의미한다.

다음은 덧셈의 예:
$$3\frac{18437}{39491} + 2\frac{21545}{39491} = 5\frac{39491+491}{39491} = 6\frac{491}{39491};$$

다음은 빼기의 예:
$$3\frac{18437}{39491} - 2\frac{21545}{39491} = \frac{(39491+18437)-21545}{39491} = \frac{36383}{39491}.$$

위의 표는 원래 오자와 누락된 부분이 있었는데, 이미 계산하여 수정하였다.

첫 번째 열, 지질력(遲疾歷), 월행도(月行度)

지질력은 이 표의 총칭이고 월행도는 달의 실행도(實行度, 실제 움직이는 속도)를 말하며, 입전 첫날에 달이 빨리 가고 그 뒤로는 매일 움직이는 속도가 점차 느려지다가 입전 14일째에 가장 느리게 가고, 그 뒤로는 다시 매일 속도가 빨라진다.

두 번째 열, 손익률(損益率)

손익률은 달의 실제 속도와 평균 속도의 비교이다.

세 번째 열, 영축적분(盈縮積分)

영축적분은 이날 이전 달의 실제 가는 속도와 평균 속도를 비교한 누적치를 의미한다.

네 번째 열, 차법

차법은 하루 태양이 1도를 움직이는 것과 달의 실제 가는 속도의 비교를 의미한다.

구체적인 계산 방법 및 수치 근거는 각각 다음 두 표에 나와 있다.

[表1]

盈缩分 (D)	$\Delta=\dfrac{D}{39}$	Δ^2
1842316	$47238\dfrac{34}{39}$	
		$+3434$
1708390	$43804\dfrac{34}{39}$	
		$+5151$
1507501	$38653\dfrac{34}{39}$	
		$+6868$
1239650	$31785\dfrac{35}{39}$	
		$+8585$
904834	$23200\dfrac{34}{39}$	
		$+8585$
570020	$14615\dfrac{35}{39}$	
		$+10302$
168241	$4313\dfrac{34}{39}$	
		$+10302$
-233537	$-5988\dfrac{5}{39}$	
		$+10302$
-635315	$-16290\dfrac{5}{39}$	

$$-1037093 \qquad -26592\tfrac{5}{39} \qquad\qquad +10302$$

$$\qquad\qquad\qquad\qquad\qquad\qquad +8585$$

$$-1371907 \qquad -35177\tfrac{4}{39}$$

$$\qquad\qquad\qquad\qquad\qquad\qquad +5151$$

$$-1572797 \qquad -40328\tfrac{5}{39}$$

$$\qquad\qquad\qquad\qquad\qquad\qquad +3434$$

$$-1706723 \qquad -43762\tfrac{5}{39}$$

$$\qquad\qquad\qquad\qquad\qquad\qquad +3434$$

$$-1840649 \qquad -47196\tfrac{5}{39}$$

$$\qquad\qquad\qquad\qquad\qquad\qquad -1717$$

$$-1773686 \qquad -45479\tfrac{5}{39}$$

$$\qquad\qquad\qquad\qquad\qquad\qquad -3434$$

$$-1639760 \qquad -42045\tfrac{5}{39}$$

$$\qquad\qquad\qquad\qquad\qquad\qquad -5151$$

$$-1438870 \qquad -36894\tfrac{4}{39}$$

$$\qquad\qquad\qquad\qquad\qquad\qquad -6868$$

$$-1171019 \qquad -30026\tfrac{5}{39}$$

$$\qquad\qquad\qquad\qquad\qquad\qquad -8585$$

-836204	$-21441\frac{5}{39}$	
		-8585
-501388	$-12856\frac{4}{39}$	
		-10302
-99611	$-2554\frac{5}{39}$	
		-10302
302167	$7747\frac{34}{39}$	
		-10302
703945	$18049\frac{34}{39}$	
		-8585
1038760	$26634\frac{34}{39}$	
		-8585
1373576	$35219\frac{35}{39}$	
		-6868
1641427	$42087\frac{34}{39}$	
		-3434
1775353	$45521\frac{34}{39}$	

이 표는 영축적분을 계산한 것으로, 설명은 다음과 같다.

(1) 영축분(盈縮分)은 앞뒤 두 영축분의 차이이다.

(2) 영축분을 차율(差率)로 나누어 Δ를 구한다.

(3) Δ을 기법 39491로 나누고 평행도를 더하면 표 1 첫 번째 열의 실행도(實行度)를 얻는다. 예를 보자:

하루:

$$13\frac{14573\frac{14231}{116321}}{39491} + \frac{47238\frac{34}{39}}{39491} = 14\frac{22320.99}{39491} = 14\frac{13}{23}\text{도이다.}$$

원래의 39491가 수치가 너무 커서 약분하여 23이니 계산이 훨씬 편리해 진다. 이 23은 바로 행분(行分)이며, 그 뒤로 매일의 실행도는 이 방법대로 계산할 수 있다.

(4) Δ^2는 모두 1717의 배수이고 1717은 소분(小分)이다.

(5) 실행도에 1도를 감한 것이 차법이다. 이를테면:

하루:

$$14\frac{13}{23} - 1 = 14\frac{221}{391} - 1 = \frac{5304}{391}\text{이다.}$$

즉, 5304가 하루 차법이고, 나머지는 이같이 계산하여 구할 수 있다.

[표 2]

(실행−평행)×23=A		$A \times \frac{5151}{2029} = B$	B_0
$14\frac{13}{23} - a$	+27.513	+69.84	+70
$14\frac{11}{23} - a$	+25.513	+64.76	+65

$14\frac{8}{23} - a$	+22.513	+57.15	+57
$14\frac{4}{23} - a$	+18.513	+46.92	+47
$13\frac{22}{23} - a$	+13.513	+34.23	+34
$13\frac{17}{23} - a$	+8.513	+21.54	+22
$13\frac{11}{23} - a$	+2.513	+6.30	+6
$13\frac{5}{23} - a$	−3.487	−8.85	−9
$12\frac{22}{23} - a$	−9.487	−24.08	−24
$12\frac{16}{23} - a$	−15.487	−39.31	−39
$12\frac{11}{23} - a$	−20.487	−52.00	−52
$12\frac{8}{23} - a$	−23.487	−59.62	−60
$12\frac{6}{23} - a$	−25.487	−64.70	−65
$12\frac{4}{23} - a$	−27.487	−69.77	−70
$a - 12\frac{5}{23}$	+26.487	+67.23	+67
$a - 12\frac{7}{23}$	+24.487	+62.16	+62
$a - 12\frac{10}{23}$	+21.487	+54.54	+55

$a-12\frac{14}{23}$	+17.487	+44.39	+44
$a-12\frac{19}{23}$	+12.487	+31.69	+32
$a-13\frac{1}{23}$	+7.487	+19.00	+19
$a-13\frac{7}{23}$	+1.487	+3.76	+4
$a-13\frac{13}{23}$	−4.513	−11.45	−11
$a-13\frac{19}{23}$	−10.513	−26.68	−27
$a-14\frac{1}{23}$	−15.513	−39.38	−39
$a-14\frac{6}{23}$	−20.513	−52.07	−52
$a-14\frac{10}{23}$	−24.513	−62.23	−62
$a-14\frac{12}{23}$	−26.513	−67.31	−67
$a-14\frac{14}{23}$	−28.513	−72.38	−72

이 표는 손익률(損益率)을 계산한 것으로, 다음과 같이 설명한다.

(1) $a=13\frac{8.487}{23}$ 은 달의 평균 속도이다.

(2) 술문(術文) 내용에 따르면 "손익률(損益率)에 지제력(遲疾歷)에서 해당 날짜의 야반의 일여(日餘)를 곱한 후, 이를 잉축적분(盈縮積分)에서 빼거나 더하고, 차율로 나눈다"고 한다. 야반의 일여 나머지가 없는 경우, 곧

통법 26377일 때 손익률은 다음과 같이 구할 수 있다.

$$\frac{\frac{손익률 \times 26377}{39}}{39491} = \frac{\Delta}{39491},$$

$$\therefore 손익률 = \frac{39 \times 1717}{26377}(실행도 - a) \times 23$$

$$= \frac{5151}{2029}(실행도 - a) \times 23.$$

(3) 반올림하면 손익률이 된다.

陰陽曆	損益率	兼數
一日	益十六	初
二日	益十五	十六
三日	益十四	三十一
四日	益十二	四十五
五日	益九	五十七
六日	益五	六十六
七日	益一	七十一
八日	損二	七十二
九日	損六	七十
十日	損十	六十四
十一日	損十三	五十四
十二日	損十五	四十一
十三日	損十六	二十六
十四日	損十六	十

推入陰陽曆術：置通實以會周去之, 不滿交數三十五萬八千八百八十八

半爲朔入陽曆分,滿去之,爲朔入陰曆分.各滿通法得一日,不盡爲日餘,命日算外,天正十一月朔夜半入曆日也.

求次月,大月加二日,小月加一日,日餘皆二萬七百七十九.曆滿十三日,日餘萬五千九百八十七半,則去之.陽竟入陰,陰竟入陽.

求次日,加一日.

求朔望差:以二千二十九乘朔小餘,滿三百三爲日餘,不盡,倍之爲小分,則朔差數也.加一十四日,日餘二萬一百八十六,小分百二十五,小分滿六百六從日餘,日餘滿通法爲日,即望差數也.又加之,后月朔也.

求合朔月食:置朔望夜半入陰陽曆日及餘,有半者去之;置小分三百三,以差數加之,小分滿六百六從日餘,日餘滿通法從日,日滿一曆去之.命日算外,則朔望加時入曆也;朔望加時入曆一日,日餘四千一百九十八,小分四百二十八以下;十二日,日餘萬一千七百八十八,小分四百八十一以上,朔則交會,望則月食.

求合朔月食定大小餘:令差數日餘加夜半入遲疾曆餘,日餘滿通法從日,則朔望加時入曆也.以入曆餘乘損益率,以損益盈縮積分,如差法而一,以盈減縮加本朔望小餘,爲定小餘.益之或滿法,損之或不足,以日法進退日.

求合朔月食加時:以十二乘定小餘,滿日法得一辰,命以子,算外,加時所在辰也;有餘者四之,滿日法得一爲少,二爲半,三爲太;又有餘者三之,滿日法得一爲強,以強幷少爲少強,幷半爲半強,幷太爲太強.得二者爲少弱,以幷少爲半弱,以幷半爲太弱,[①]以幷太爲一辰弱,以前辰名之.

求月去日道度:置入陰陽曆餘乘損益率,如通法而一,以損益兼數爲定,

[①] 이 두 마디는 없었던 말로 그 전의 역법에 의하여 보충한 것임을 밝혀둔다.

定數十二而一爲度, 不盡三而一, 爲少、半、太. 又不盡者, 一爲强, 二爲少弱, 則月去日道數也. 陽曆在表, 陰曆在裏.

음양 역산법①은 주로 유홍의 『건상력』에 근거하고 있으며, 『원가력』에서 오계(吳癸)가 보충한 내용 역시 『건상력』의 각 상수를 직접 사용한 것이다.

유홍은 달의 움직임이 중도(中道), 내도(內道), 외도(外道) 세 가지가 있다고 주장한다. 중도는 곧 황도(黃道)이다. 황도 이북은 내도라고 하는데, 바로 음력이고 황도 이남을 외도라고 하는데, 곧 양력이다. 현재 우리가 아는 바로는 달이 하늘에서 도는 큰 원이 백도(白道)이고 태양이 하늘에서 도는 큰 원이 황도라고 한다. 황도와 백도가 두 교점(交點)에서 교차하게 되는데 달이 남쪽에서 북쪽으로 가는 점을 승교점(昇交點), 북쪽에서 남쪽으로 가는 점을 강교점(降交點)이라고 한다.

달이 승교점에서 다시 승교점까지 돌아오는 데 27일 이상 걸리고 그 일주(一周)를 교점주(交點周)라 한다. 이것은 곧 『대명력』에서 이른바 회주(會周)라는 것이다.

회주의 반은 교수(交數)라 하는데, 곧 승교점에서 강교점 또는 강교점에서 승교점까지의 전체 일수(日數)이다.

삭입양력분(朔入陽曆分)은 달이 황도 이남을 가고(강교점에서 승교점까지), 삭입음력분(朔入陰曆分)은 달이 황도 이북(승교점에서 강교점까지)을 이동하는 것이다.

---

① 이 부분의 내용은 훗날의 역법에서 '보교회(步交會)'라 불리게 되었다.

삭적일(朔積日)은 교점월(交點月)의 일수로 나누어① 삭일이 삭망월의 어느날에 있는지를 구할 수 있다(그 후의 고력에는 입교(入交)라 함).

술문에 '월거일도수(月去日道數)를 구한다'는 말이 있는데, 곧 달이 황도에서의 도수(度數)를 구하는 것이다. 이 거리를 『건상력』에서 겸수(兼數)라고 하고, 『대명력』에서 역시 겸수라 한다. 음양력표(陰陽曆表) 내의 손익률은 그 날 움직임의 간격도이고, 겸수는 그 날 이전에 누적된 간격 거리이다.

만약 삭입음양력(朔入陰陽曆)의 1일 소여(小餘)가 $\frac{1}{2}$이면,

겸수 $= 0 + \frac{1}{2} \times 16 = 8$,

황도에서의 달의 도수는 $\frac{8}{12}$도이다.

황도에서 가장 먼 달의 도수는 입교(入交) 8일로 곧 $\frac{72}{12} = 6$도이다. 곧 오늘날에 황백교각(黃白交角)이라 불린다. 『건상력』과 『원가력』은 모두 $6\frac{1}{12}$로 『대명력』 보다 수치가 크다.

6도 $\times 0.98563 = 5°.91 = 5°55'$.②

현대의 측량 결과는 5°9'이다.

입음력(入陰曆) 8일은 달이 황도를 떠나서 북향 6도이고, 입양력(入陽歷) 8일은 달이 황도를 벗어나서 남향 6도이다.

당나라 『대연력(大衍曆)』까지는 쭉 6도였었다. 『대연력의(大衍曆議)』의

---

① 그 많은 삭망월 안에 교점월이 얼마나 있는지를 구하는 것이다.
② 중국 고력의 도수 기록(記度)은 365.25도, 서양은 360°이므로 환산할 때 $\frac{360}{365.25}$을 곱해야 하는데, 0.98563이다.

「구도의(九道議)」에서 "태양은 적도(赤道) 남북으로 24도 안에 움직이고 달은 황도(黃道) 남북 6도 범위 내에서 움직인다"고 언급된 바 있는데, 전자는 곧 황적교각(黃赤交角)을 말하고 후자는 황백교각(黃白交角)을 말한 것이다. 그러나 『대연력』에서 이미 황백교점이 한 바퀴 돌고 다시 원 교점(原交点)으로 돌아가는 데 그 교점이 원 교점보다 1도 남짓 물러난다고 지적한 바 있었다. 말하자면 달이 백도에서 한 바퀴 돌고 다시 원점으로 돌아가는 것이 아니라 원점보다 뒤처진 지점으로 돌아간다는 것이다. 하지만 『대명력』에는 아직까지 이런 내용이 없었다.

각 용수에 대해서 다음과 같이 설명한다.

$$\text{교수(交數)} = \frac{\text{회주(會周)}}{2} = \frac{717777}{2} = 358888.5,$$

$$\frac{717777}{26377} = 27\frac{5598}{26377},$$

$$27\frac{5598}{26377} + 1\frac{20779}{26377} = 29 \quad \text{(작은 달)},$$

$$27\frac{5598}{26377} + 2\frac{20779}{26377} = 30 \quad \text{(큰 달)},$$

$$27\frac{5598}{26377} \times \frac{1}{2} = 13\frac{15987.5}{26377}.$$

삭망차(朔望差)는 원래 삭소여(朔小餘)의 '법(法)'인 3939를 26377로 고쳐서 구해진다. 즉,

$$\frac{r}{3939} = \frac{x}{26377},$$

$$x = \frac{26377r}{3939} = \frac{2029r}{303}.$$

$$29\frac{2090}{3939} = 29\frac{\frac{2090 \times 26377}{3939}}{26377} = 29\frac{13995\frac{125}{303}}{26377},$$

$$\frac{1}{2} \times 29\frac{13995\frac{125}{303}}{26377} = 14\frac{20186\frac{125}{606}}{26377}.$$

그러므로

삭차(朔差) : $\dfrac{\frac{2029}{303} \times r}{26377}$,

망차(望差) : 삭차 $+ 14\dfrac{20186\frac{125}{606}}{26377}$.

식한(食限)을 구하는 법(『대명력』의 방법):

삭망월에서 교점월을 감한 다음에 반감하여 전한(前限)으로 하고, 일교(一交)에 전한을 감한 것을 후한(後限)으로 삼는다.

$$\frac{1}{2}\left(\frac{116321}{3939} - \frac{717777}{26377}\right) = 1\frac{4198\frac{428}{606}}{26377},$$

$$13\frac{15987\frac{303}{606}}{26377} - 1\frac{4198\frac{428}{606}}{26377} = 12\frac{11788\frac{481}{606}}{26377}.$$

『대명력』에 의하면 일식과 월식을 추산하는 절차가 아주 간단한데, 다음과 같이 간략하게 설명하겠다.

(1) 최종 나머지가 교점월 일수의 절반 미만일 때까지 삭적일을 교점월 일수로 누적하여 나눈다. 나머지가 교점월 일수의 절반보다 크면 나머지에서 절반을 뺀 수치로 계산해야 한다.

(2) 이 수치로 출교일(出交日)와 입교일(入交日)을 구하고 식한 내에 있으면 일식이나 월식이 있음을 의미한다.(삭일은 일식, 망일은 월식임).

(3) 합삭 시각을 구한다.

『대명력』의 추가시(推加時)와 『경초력(景初曆)』 및 『원가력』은 모두 동일하다.

$0,\quad \frac{1}{12}\left(\text{혹}\frac{0+\frac{1}{3}}{4}\right)\ \text{강},\quad \frac{2}{12}\left(\text{혹}\frac{0+\frac{2}{3}}{4}\right)\ \text{소약(少弱)},$

$\frac{3}{12}\left(\text{혹}\frac{1}{4}\right)\ \text{소(少)},\quad \frac{4}{12}\left(\text{혹}\frac{1+\frac{1}{3}}{4}\right)\ \text{소강(少强)},\quad \frac{5}{12}\left(\text{혹}\frac{1+\frac{2}{3}}{4}\right)\ \text{반약(半弱)},$

$\frac{6}{12}\left(\text{혹}\frac{2}{4}\right)\ \text{반(半)},\quad \frac{7}{12}\left(\text{혹}\frac{2+\frac{1}{3}}{4}\right)\ \text{반강(半强)},\quad \frac{8}{12}\left(\text{혹}\frac{2+\frac{2}{3}}{4}\right)\ \text{태약(太弱)},$

$\frac{9}{12}\left(\text{혹}\frac{3}{4}\right)\ \text{태(太)},\quad \frac{10}{12}\left(\text{혹}\frac{3+\frac{1}{3}}{4}\right)\ \text{태강(太强)},\quad \frac{11}{12}\left(\text{혹}\frac{3+\frac{2}{3}}{4}\right)\ \text{일신약(一辰弱)}.$

(일신약(一辰弱)을 진일신(進一辰)으로 명명함)

이를테면

$$\text{정소여(定小餘)} = \frac{22544}{39491},$$

$$\frac{12\times 22544}{39491} = 6\frac{3\frac{1}{3}}{4},$$

자진(子辰)으로부터 세어나가면 오진(午辰)이므로 태강이다.

『대명력』을 이용하여 일식과 월식을 추산하는 예를 들면 각각 다음과 같다.

『송서』권34 「오행지(五行志)」 일식(日蝕)에 대한 기록이 나온다. "효무제(孝武帝) 대명(大明) 5년 9월 갑인일(甲寅日) 초하루, 일식이 나타났다"고 한다.

삭적월(朔積月) 계산:

$$51937 \times \frac{4836}{391} = 642371\frac{271}{391},$$ 대명 4년 11월이 삭적월이고 윤여는 271이다.

$$\frac{391-271}{12} = \frac{120}{12} = 10,$$ 대명 5년 9월이 윤달이다.

삭적일(朔積日) 계산:

$$642371 \times \frac{116321}{3939} = 18969595\frac{2386}{3939},$$

$18969595 \equiv 55 \pmod{60}$, 대명 4년 11월 기미일(己未日)이 삭일이다.

$$18969595\frac{2386}{3939} + 10 \times 29\frac{2090}{3939} = 18969890\frac{3591}{3939},$$

$18969890 \equiv 50 \pmod{60}$, 대명 5년 9월 갑인일(甲寅日)이 삭일이다.

입전(入轉)일 계산:

$$18969595 \times 26377 \equiv 291775 \pmod{726810},$$

$$\frac{291775}{26377} = 11\frac{1628}{26377},$$ 대명 4년 11월 초하루 야반 11일 입전하고 소여는 1628이다.

$$11\frac{1628}{26377} + 5\left(2\frac{11746}{26377} + 1\frac{11746}{26377}\right) = 30\frac{13580}{26377} = 27\frac{14631}{26377} + 2\frac{25326}{26377},$$

대명 5년 9월 초하루 야반 2일 입전하고 소여는 25326이다.

9월 삭적일로 직접 계산하여도 마찬가지이다.

$$18969890 \times 26377 \equiv 78080 \pmod{726810},$$

$$\frac{78080}{26377} = 2\frac{25326}{26377}.$$

입교(入交)일 계산:

$$18969595 \times 26377 \equiv 96169 \pmod{717777},$$

96169<358888.5,

$\frac{96169}{26377}=3\frac{17038}{26377}$, 대명 4년 11월 초하루 양력 3일 입교하고 소여는 17038이다.

$$3\frac{17038}{26377}+5\left(2\frac{20779}{26377}+1\frac{20779}{26377}\right)=26\frac{13812}{26377}.$$

$$26\frac{13812}{26377}-13\frac{15987.5}{26377}=12\frac{24201.5}{26377},$$ 대명 5년 9월 초하루 야반

음력 12일 입교하고 소여는 24201.5이다.

구월 삭적일로 직접 계산하여도 마찬가지이다.

$18969890 \times 26377 \equiv 699614 \pmod{717777}$,

$699614 - 358888.5 = 340725.5$,

$$\frac{340725.5}{26377}=12\frac{24201.5}{26377}.$$

삭망차(朔望差) 계산 :

$$\frac{1}{26377}\left(\frac{2386\times 2029}{303}\right)=\frac{15977\frac{326}{606}}{26377},$$

$$\frac{15977\frac{326}{606}}{26377}+20\times 14\frac{20186\frac{125}{606}}{26377}=295\frac{24042\frac{402}{606}}{26377},$$

즉 대명 5년 9월의 삭차(朔差)는 $\frac{24042\frac{402}{606}}{26377}$이다.

합삭(合朔) 계산 :

$$12\frac{24201\frac{303}{606}}{26377}+\frac{24042\frac{402}{606}}{26377}=13\frac{21867\frac{100}{606}}{26377}.$$

일력(一歷, 곧 陰陽曆)이 차면 빼고

$$13\frac{21687\frac{100}{606}}{26377} - 13\frac{15987\frac{303}{606}}{26377} = \frac{5879\frac{403}{606}}{26377},$$

$$\frac{5879\frac{403}{606}}{26377} < 1\frac{4198\frac{428}{606}}{26377}.$$

식한(食限) 안에 있으니 일식이 있다.

합삭의 정대여나 정소여 계산:

차수(差數) 일여(日餘)는 $\dfrac{24042\frac{402}{606}}{26377}$ 이고

야반 입전일 및 나머지는 $\dfrac{2\frac{25326}{26377}}{3\frac{22991\frac{402}{606}}{26377}}$ (+

$$\frac{22991\frac{402}{606} \times 47 + 5058207}{39} \div \frac{5151}{391} = \frac{1191\frac{3974\frac{108}{606}}{5151}}{3939}$$이니

정소여(定小餘)가

$$\frac{3591}{3939} - \frac{1191\frac{3974\frac{108}{606}}{5151}}{3939} = \frac{2399\frac{1176\frac{498}{606}}{5151}}{3939} \approx \frac{60}{100}$$이다.

따라서 야반에 60각을 더하면 합삭하여 일식이 있다.

월식 추산의 예를 보자.

『대명력의』에는 다음 논의가 나온다.

"개기월식 때 태양 위치는 반드시 달 위치의 충면(冲面)에 있어야 합니다. 이것으로 태양이 어느 수도(宿度)에 있는지 추산할 수 있습니다. 지금 바로 이 방법으로 누가 맞는지를 검증해 봅시다.『태사주기(太史註記)』에 따르면, '원가(元嘉) 13년 12월 16일 갑야(甲夜)[i] 개기 월식이 들고 식심 때 달이 귀수(鬼宿) 4도(168도)에 위치합니다. 달의 충면 곧 태양은 우수(牛宿) 6도(350도)에 있었을 것입니다."

"또 원가 14년 5월 15일 정야(丁夜) 때 개기월식이 들고 식심 때 달은 두수(斗宿) 26도(344도)에 있고, 태양은 정수(井宿) 30도(161도)에 있었습니다."

"또 원가 28년 8월 15일 정야 때 개기월식이 들고 식심 때 규수(圭宿) 11도(62도)에 있고, 그 충면 즉 태양은 각수(角宿) 2도(245도)에 있었습니다."

"또 대명 3년 9월 15일 을야(乙夜) 때 개기월식이 들고 식심 때 달은 위수(胃宿) 말도(93도)에 있었고, 태양은 저도(氐度)12도(276도)에 있었습니다."

"이상 네 번의 월식은 모두 신의 역법대로 추산한 바와 조금도 틀리지 않습니다."

---

[i] '갑야'는 각 간행본에 '중야'로 표기되고 있다. 1957년 옌 선생의 원고에도 중야는 5야(夜)의 가운데임을 설명하면서 '중야'로 적혀 있다. 하지만 옌 선생은 「대명력의 교석」에서 '갑(甲)'은 원서에 '중(中)'으로 잘못 써서 여기서 교정한다고 주석을 달면서 '중야'를 '갑야'로 고쳤다. 1974년 번역문에 역시 갑야(甲夜)라고 했다. 중화서국 본 『송서·율력지』에는 '갑야'로 변경하였다. 그리고 '갑'은 각 간행본에 '중'으로 표기되어 있다고 밝혔다. 한위(漢魏) 이래 황혼에서 새벽까지의 시간을 오경(五更) 또는 오야(五夜)로 나뉘었다. 『한구의(漢舊儀)』에는 다음과 같은 기록이 나온다. "밤의 물시계가 작동되면 성의 황문(黃門)에서 오야(五夜)를 알리는데 갑야(甲夜)가 지나면 을야(乙夜)를, 을야(乙夜)가 지나면 병야(丙夜)를, 병야(丙夜)가 지나면 정야(丁夜)를, 정야(丁夜)가 지나면 무야(戊夜)를 알린다. 무야가 지나면 오경이다." 중야(中夜)란 이름이 없다는 것이다. 현재 계산에 의하면 원가 13년 12월 16일(계사일) 월식이 들고, 식심 시각은 약 오후 8시 경으로 갑야이다. 이에 갑야로 수정한다.

이상 언급된 『태사주기』는 당시의 관측기록을 말한다. 고대에는 오야(五夜)가 있었는데, 즉 날이 저물 때(昏)부터 새벽(曉)까지의 시간을 갑(甲), 을(乙), 병(丙), 정(丁), 무(戊) 등 다섯 야(오늘날은 오경이라 함)로 나뉘었고, 야마다 다시 오창(五唱, 오주(五籌)라고도 함)으로 나뉘었다. 앞에서 언급된 중야는 오야의 가운데를 의미하므로 병야 기간 내에 있을 것으로 추정된다.

아래에서 이 네 번 월식 중의 첫 번째 월식을 『대명력』으로 다음과 같이 추산해 보겠다.

먼저 원가 13년 12월 16일의 망적일(望積日)을 구한다.

원가13년 11월 삭적월(朔積月)

$$51913 \times \frac{4836}{391} = 642074\frac{334}{391}.$$

삭적일(朔積日):

$$642074 \times \frac{116321}{3939} = 18960825\frac{79}{3939},$$

$$18960825\frac{79}{3939} + 29\frac{2090}{3939} = 18960854\frac{2169}{3939}.$$

$18960854 \equiv 14 \pmod{60}$, 12월 무인삭(戊寅朔).

$$18960854\frac{2169}{3939} + 14\frac{3014\frac{1}{2}}{3939} = 18960869\frac{1244\frac{1}{2}}{3939},$$

$18960869 \equiv 29 \pmod{60}$, 12월 계사망(癸巳望, 무인에서 계사까지 세어가면 16일임.)

따라서 원가 13년 12월 16일의 망적일(望積日)이 18960869이다.

태양 위치 계산:

$$18960854 \times 39491 \equiv 13201738 \pmod{14424664},$$

$$\frac{13201738}{39491} + 15 = 349\frac{11744}{39491}$$도로

허수(虛宿)1도에서 세어가며 지나간 수(宿)의 수도(宿度)를 감하여 우수(牛宿)6도 초임을 알 수 있다.

달의 위치 계산:

$$\frac{2169 \times 124 + \frac{2169 \times 860}{116321}}{39491} = 6\frac{32026\frac{4204}{116321}}{39491},$$

$$334\frac{11744}{39491} - 6\frac{32026\frac{4204}{116321}}{39491} = 327\frac{19208\frac{112117}{116321}}{39491}$$

(12월 초하루 야반 달의 위치는—평행도(平行度)에 있음).

$18960854 \times 26377 \equiv 129188 \pmod{726810}$,

$$\frac{129188}{26377} = 4\frac{23680}{26377}.$$

입전일은 4일이며, 입여(入餘)는 23680이다.

$$\frac{47 \times 23680 + 5058207}{39 \times 39491} = 4\frac{271\frac{2}{39}}{39491},$$

$$327\frac{19208\frac{112117}{116321}}{39491} + 4\frac{271\frac{2}{39}}{39491} = 331\frac{19479\frac{117877}{116321}}{39491}$$

(12월 초하루 야반 달의 위치는—정도(定度)에 있음).

$$\left(331\frac{19479\frac{117877}{116321}}{39491} + 15 \times 13\frac{14573\frac{14231}{116321}}{39491}\right) - 365\frac{10449}{39491}$$

$$= 166\frac{30172\frac{98700}{116321}}{39491} \approx 167,$$

곧 12월 16일 야반 달이 위치하는 도이며, 허수1도에서 세어가 경과한 수의 수도를 감하여 귀수(鬼宿) 4도 초임을 알 수 있다.

입교(入交) 계산:

$$18960869 \times 26377 \equiv 336884 \pmod{717777},$$

$$\frac{336884}{26377} = 12\frac{20360}{26377}.$$

망차(望差) 계산:

$$\frac{1}{26377}\left(\frac{2169 \times 2029}{303}\right) + 14\frac{20186\frac{125}{606}}{26377} = 15\frac{8333\frac{383}{606}}{26377}.$$

월식 계산:

$$12\frac{20360}{26377} + \frac{8333\frac{383}{606}}{26377} = 13\frac{2316\frac{383}{606}}{26377},$$

$$13\frac{15987\frac{303}{606}}{26377} > 13\frac{2316\frac{383}{606}}{26377} > 12\frac{11788\frac{481}{606}}{26377},$$

식한 내에 있으니 월식이 있다.

월식 정대소여(定大小餘) 계산:

$$\frac{8333\frac{383}{606}}{26377} + \left(15 + 4\frac{23680}{26377}\right) = 20\frac{5636\frac{383}{606}}{26377},$$

$$\frac{5636\frac{383}{606} \times 4 + 7817996}{39 \times 39491} \div \frac{4811}{391} = \frac{1629\frac{3423\frac{320}{606}}{4811}}{3939}.$$

$$\therefore \text{정소여} = \frac{1244\frac{1}{2}}{3939} + \frac{1629\frac{3423\frac{320}{606}}{4811}}{3939}$$

$$= \frac{2874\frac{1018\frac{17}{606}}{4811}}{3939} \approx \frac{70}{100}.$$

『원가력』에는 "또 (원가) 13년12월 16일에 월식을 관측했는데, 월식이 유시(酉時)부터 시작하여 해시(亥時)부터 식(食)이 시작하여 1경(更) 3각(刻)에 끝나고 달이 귀수 4도에 있음을 추산하였다"는 기록이 나온다. 이는 『대명력』의 추산과 같은 것이다.

고력에는 흔히 월식을 이용하여 태양이 하루 움직이는 경도(經度)를 점검하였다.① 달과 일충(日沖)은 반주천(半周天) 차이가 난다. 상식(上食)도 『대명력』으로 계산하면 일치한다.

二十四氣	日中影	晝漏刻	夜漏刻	昏中星度	明中星度
冬至	一丈三尺	四十五	五十五	八十二 行分二十一	二百八十三 行分八
小寒	一丈二尺四寸三分	四十五六	五十四四	八十四	二百八十二六
大寒	一丈一尺二寸	四十六七	五十三三	八十六一	二百八十六[i]
立春	九尺八寸	四十八四	五十一六	八十九三	二百七十七三
雨水	八尺一寸七分	五十五	四十九五	九十三	二百七十三七[ii]

---

① 『진서(晉書)』권18「율력지」에는 '강급(姜岌)이 월식으로 태양이 위치하는 수도(宿度)를 측량하였는데, 이는 역대 역법을 연구하는 자들에게 추앙받는 방법이라'는 기록이 나온다.

i) '六'은 중화서국 본 『송서·율력지』에서 행분(行分) '五'는 각 간행본에 '六'으로 잘못 표기하였다며 '五'로 변경하였다. 혼중성도(昏中星度)와 명중성도(明中星度)의 합은 360도 분육(分六)이어야 하니 이 표에서 해당 숫자는 모두 이에 근거하여 계산·수정하였다.

ii) '七'은 중화서국 본 『송서·율력지』에서 행분(行分) '六'은 각 간행본에 '七'로 오기

驚蟄	六尺六寸七分	五十二九	四十七一	九十七九[iii]	二百六十八二+	
春分	五尺三寸七分	五十五五	四十四五	百二三	二百六十四三	
清明	四尺二寸五分	五十八一	四十一九	百六二十一	二百五十九八	
穀雨	三尺二寸六分	六十四	三十九六	百一十一三	二百五十五八[iv]	
立夏	二尺五寸三分	六十二四	三十七六	百一十四+九[v]	二百五十一+一[vi]	
小滿	一尺九寸九分	六十三九	三十六	百一十七十二	二百四十八+七	
芒種	一尺六寸九分	六十四八	三十五	百一十九四	二百四十七二	
夏至	一尺五寸	六十五	三十五	百一十九+二	二百四十六+七	
小暑	一尺六寸九分	六十四八	三十五二	百一十九四	二百四十七二	
大暑	一尺九寸九分	六十三九	三十六	百一十七十二	二百四十八+七	
立秋	二尺五寸三分	六十二四	三十七六	百一十四+九[i]	二百五十一+一[ii]	
處暑	三尺二寸六分	六十四	三十九六	百一十一三	二百五十五四[iii]	
白露	四尺二寸五分	五十八一	四十一九	百六二十一	二百五十九八	
秋分	五尺三寸七分	五十五五	四十四五	百二三	二百六十四三	
寒露	六尺六寸七分	五十二九	四十七一	九十七九	二百六十八二+	
霜降	八尺一寸七分	五十五	四十九五	九十三	二百七十三七[iv]	
立冬	九尺八寸	四十八四	五十一六	八十九三	二百七十七三	
小雪	一丈一尺二寸	四十六七	五十三三[v]	八十六一	二百八十六[vi]	
大雪	一丈二尺四寸三分	四十五六	五十四四	八十四	二百八十二六	

하였으나 이제 '六'으로 수정한다고 설명을 덧붙였다.

  [iii] 행분(行分) '九'는 옌선생이 보완한 것인데 교기(校記)를 제시하지 않았다. 중화서국 본 『송서·율력지』에서 '각 간행본에서 행분 '九'가 탈락해서 이에 보충한다'는 설명을 덧붙였다.

  [iv] 행분(行分) '四'는 중화서국 본 『송서·율력지』에서 '三'으로 고쳤다.

  [v] 이 두 군데 행분 '十九'는 금릉서국 본, 중화서국 본 『송서·율력지』에서 모두 '十八'로 적혀 있다.

  [vi] 이 두 군데 행분 '十'은 금릉서국 본, 중화서국 본 『송서·율력지』에서 모두 '十一'로 적혀 있다.

  [i] 행분 '四'는 중화서국 본 『송서·율력지』에서 '三'으로 고쳤다.

  [ii] 이 두 군데 행분 '十'은 금릉서국 본, 중화서국 본 『송서·율력지』에서 모두 '十一'로 적혀 있다.

  [iii] 행분 '四'는 중화서국 본 『송서·율력지』에서 '三'으로 고쳤다.

  [iv] 행분 '七'은 중화서국 본 『송서·율력지』에서 '六'으로 고쳤다.

  [v] '三'은 각 간행본에서 '二'로 오기하였는데, 옌선생은 고치기만 하고 이에 대한 설명의 교기는 제시하지 않았다. 중화서국 본 『송서·율력지』에서 장원제(張元濟)의 「교감기(校勘記)」를 인용하여 '대한(大寒)에 비하여 '三'자가 마땅하다'는 설명을 덧붙였다.

  [vi] 행분 '六'은 중화서국 본 『송서·율력지』에서 '五'로 고쳤다.

求昏明中星：各以度數加夜半日所在,則中星度也.

  이 절의 내용은 후대 역법에서 보구루(步晷漏)라 한다. 구(晷)는 일영(日影) 길이고 누(漏)는 누각(漏刻)의 수치이다. 위의 표를 보자.

  첫째 열은 절기 명칭이다.

  둘째 열은 절기 정오 시각 8척 누각의 일영 길이이다. 당나라 이순풍(李淳風)『을사점(乙巳占)』권1에서도 "조충지 역법 중 일영 길이"라고 인용한 바 있다. 『을사점』에서는 '후영법(候影法, 일영관측)이란 우선 남북 방향을 올바르게 정한 다음에 길이가 8척인 시계를 세워 구(勾)로 삼고 누운 고(股)은 1장(丈) 4척이며 절기에 따라 정오 때 일영 길이를 관측하는 것이라'고 하였다. 고대에는 모두 8척 시계를 세우고 와고(臥股) 1장 4척으로 정하였는데 이는 24절기의 일영이 모두 1장4척 안에 있기 때문이다.

  셋째와 넷째 열의 계산은 다음과 같다.

  "동·하지 황적대거(黃赤大距) 24도를 1률(率)로 하고 길이 차이 10각(刻)을 2율로 한다. 절기마다 북극도(北極度)에서 1상한(象限)을 가감하여 잉여한 황적거위(黃赤距緯)가 3률이고, 절기 때 낮와 밤의 길이 차이가 4율로 한다. 중수(中數) 50각에 가감하여 일입(日入)에서 일출까지의 각분(刻分)을 얻고, 혼(昏)·명(明) 각 2각 5분을 감하여 야루각분(夜漏刻分)을 얻는다. 이에 100각을 감하여 남은 것은 주루각분(晝漏刻分)이다."[①]

[①] 원문: 以冬夏至黃赤大距二四度為一率, 長短差一〇刻為二率, 每中節日日去北極度加減一象限所余之黃赤距緯為三率, 得四率為每中節晝夜長短差, 以與中數五十刻加減得日入至日出刻分, 減昏明各二刻五分得夜漏刻分, 以減百刻余為晝漏刻分也.

이는 옛 계산법으로[1] 자세한 설명은 후술하겠다.

다섯째 열, 여섯째 열의 혼·명중성도의 계산법은 다음과 같다.

$$a=주루각(晝漏刻), \quad b=야루각(夜漏刻)$$

혼중성도(昏中星度),

$$\frac{1}{100}\left[\frac{a}{2}\times 365\frac{6\frac{147}{1717}}{23}+\left(100-\frac{b}{2}\right)\times 1\right].$$

명중성도(明中星度),

$$\frac{1}{100}\left[\left(100-\frac{a}{2}\right)\times 365\frac{6\frac{147}{1717}}{23}+\frac{b}{2}\times 1\right].$$

동지의 경우를 보자.

혼중성도,

$$\frac{1}{100}\left[\frac{45}{2}\times 365\frac{6\frac{147}{1717}}{23}+\left(100-\frac{55}{2}\right)\times 1\right]$$

$$=\frac{1}{40}\times 3316\frac{8\frac{1323}{1717}}{23}=82\frac{20\frac{1574\frac{15}{40}}{1717}}{23}\approx 82\frac{21}{23}.$$

명중성도,

$$\frac{1}{100}\left[\left(100-\frac{45}{2}\right)\times 365\frac{6\frac{147}{1717}}{23}+\frac{55}{2}\times 1\right]$$

$$=283\frac{8\frac{289\frac{25}{40}}{1717}}{23}\approx 283\frac{8}{23}.$$

---

[1] 장치관(張多冠)『『진서·율력지』적록』, 『신양유저(神羊遺著)』(1812년)본.

『대명력』각 수의 교정:

	혼중성도	명중성도
冬至	$82\dfrac{20\dfrac{1574.4}{1717}}{23}$	$283\dfrac{8\dfrac{289.6}{1717}}{23}$
小寒 (大雪)	$84\dfrac{\dfrac{328.8}{1717}}{23}$	$282\dfrac{5\dfrac{1535.2}{1717}}{23}$
大寒 (小雪)	$86\dfrac{\dfrac{899.6}{1717}}{23}$	$280\dfrac{5\dfrac{946.4}{1717}}{23}$
立春 (立冬)	$89\dfrac{3\dfrac{221}{1717}}{23}$	$277\dfrac{2\dfrac{1643}{1717}}{23}$
雨水 (霜降)	$92\dfrac{22\dfrac{998.6}{1717}}{23}$	$273\dfrac{6\dfrac{865.4}{1717}}{23}$
驚蟄 (寒露)	$97\dfrac{8\dfrac{1151.5}{1717}}{23}$	$268\dfrac{20\dfrac{717.5}{1717}}{23}$
春分 (秋分)	$102\dfrac{3\dfrac{315.5}{1717}}{23}$	$264\dfrac{2\dfrac{1548.5}{1717}}{23}$
清明 (白露)	$106\dfrac{20\dfrac{1175.3}{1717}}{23}$	$259\dfrac{8\dfrac{688.7}{1717}}{23}$
谷雨 (處暑)	$111\dfrac{2\dfrac{985.3}{1717}}{23}$	$255\dfrac{3\dfrac{878.7}{1717}}{23}$
立夏 (立秋)	$114\dfrac{18\dfrac{1399.6}{1717}}{23}$	$251\dfrac{10\dfrac{464.4}{1717}}{23}$

小滿 (大暑)	$117\dfrac{11\dfrac{170.9}{1717}}{23}$	$248\dfrac{17\dfrac{155}{1717}}{23}$
芒種 (小暑)	$119\dfrac{3\dfrac{1551.7}{1717}}{23}$	$247\dfrac{2\dfrac{312.3}{1717}}{23}$
夏至	$119\dfrac{12\dfrac{562.9}{1717}}{23}$	$246\dfrac{16\dfrac{1301.1}{1717}}{23}$

『대명력의』에는 일영 길이를 논하는 대목이 나온다. 자세한 설명은 다음과 같다.

조충지가 말했다. "희평(熹平) 3년, 『사분력』에 따르면 입동 정오 때의 일영 길이가 1장이다. 이듬해 입춘 정오의 일영 길이는 9척 6촌이다. 동지 정오의 태양 그림자가 가장 길고, 입동에서 동지까지의 시간과 동지에서 입춘까지의 시간 간격이 같으니 이 두 절기 정오의 태양 그림자가 길이가 같아야 마땅하다. 하지만 지금은 입동의 일영이 길고 입춘의 일영이 짧아 4촌 차이가 난다. 이것은 동지날이 예정보다 늦었음을 말해준다. 입동과 입춘의 두 절기 사이 편균 계산하면 하루가 9분반약(分半弱) 차이가 난다는 것이다. 이 차이율로 추산하면 알 수 있다. 두 절기가 각각 이틀 12각(刻)씩 늦는다면 입동 정오 태양의 그림자가 더 짧아지고 입춘 정오의 태양 그림자가 더 길어진다. 각 2촌씩 가감하면 두 절기 정오 태양의 그림자 길이가 모두 9척 8촌인 것이다. 이렇게 하면 맞다. 따라서 『사분력』의 동지도 예정보다 이틀12각 늦는 것이다. 희평 3년 동지 시각은 정추(丁醜)일 일중(日中)이다. 이틀12각을 빼면 예성된 동지는 을해(乙亥) 야반 후 38각이 된다. 또 신이 경력기(景歷紀)로 측정할 때 반드시 몇 촌 몇 분인지 직접 측정한다. 태양의 그림자를 측정하는 데 사용되는 것은 곧게 세운 구리 시계와 매끄러운 해시계 면이다. 구리로 된 시계는 햇빛과 비를 맞아도 길이 측정에 영향을 미치지 않는다. 매끄러운 해시계면이 영장의 눈금 판독값을 선명하게 보여준다. 측정에 따르면 대명(大明) 5년 10월 10일 정오의 태양 그림자가 1장 7촌 7분 반이고 대명 5년 11월 25일 정오의 태양 그림자는 1장 8촌 1분에 3분의 2분이다. 11월 26일의 일영 길이는 1장 7촌 5분 강(强)이다. 그 평균값을 취하여 해당 해의 동지가 11월 3일이어야 함을 알 수 있다. 구체적인 시각을 구한다면 25일과 26일 이틀의 일영 길이를 빼서 하루의 일영차를 얻게 된다. 두 배의 일영차를 제수(除數)로 삼고, 10월 10일과 11월 25일 이틀 동안의 일영 길이를 감하여 다시 100각을 곱하여 얻은 수치를 나눈 수로 삼는다. 제한 후, 이 날 야반 후 31각에 동지 절기에 들어간다는 것을 알게 된다. 『원가력』으로 추산한 결과는 이번 동지날이 11월 2일이다. 현재 추산한 결과는 『원가력』보다 하루 뒤로 미루고 있는 것은 현실과 부합한 사실이라 할 수 있다."

  a 는 동지 l날의 일영 길이이고,
  b 는 동지날 이후 l날의 일영 길이이고,
  c 는 동지 후 $(l+1)$일의 일영 길이이고,
  x 는 동짓 입기 시간임을 가정하면,
  $r = \dfrac{100}{b-c}$ (매일 100각에 일영차로 제함).

	$l+x$	$l-x$	r
a		k	b c

$$(k-b)r = l - x$$
$$(k-a)r = l + x$$

L와 k를 없애 다음 식을 얻게 된다.

$$x = \frac{r(b-a)}{2} = \frac{100(b-a)}{2(b-c)}$$

첫째 :

    a 희평 3년 입동 일영 길이,

    b 희평 4년 입춘 일영 길이,

    $b = 96 \quad a = 100$.

    $b - a = -4$ (4촌 차이),

又 $b - c = 0.095^-$ (9분반 약),

$$x = \frac{100 \times (-4)}{2 \times 0.095} \approx -212각 = 모레 2일 12각.$$

『사분력』 희평 3년 11월 정추(대여13) 동지 입기 시각은 일중(50각)이다.

    $13.50 - 2.12 = 11.38$,

대여11 갑자로 삼아 세어가면 을해(乙亥)이니, 동지 입기 시각은 을해 야반 후 38각임을 알 수 있다.[①]

둘째,

    a 대명 5년 10월10일 영장이고,

    b 대명 5년 11월25일 영장이고,

    c 대명 5년 11월26일 영장이다.

[①] "신이 만든 역법으로 추산하여 얻어진 시각은 이전과 같다"고 조충지가 스스로 밝혔다.

$$x = \frac{100(b-a)}{2(b-c)} = \frac{100 \times 4.166\cdots}{2 \times 6.6\cdots} = 31.25 \approx 31.$$

『대명력』으로 추산한 결과, 대명5년 동지는 11월 을유(乙酉), 소여 12481, $\frac{12481}{39491} \approx 31$ 각에 입기한다.[①]

『원가력』의 추산에 따르면 해당 해의 동지는 11월 갑신(甲申)날이니 『대명력』의 추산 결과는 『원가력』의 추산 결과보다 하루 늦어진다.

또 『상대명력표』에서도 "하승천이 역법을 개혁하려고 상서를 올려······ 동지와 하지의 일영 길이는 거의 하루 차이가 난다"고 언급하였다.

『원사(元史)』 권52 『역지·수시력의(授時曆議)상·험기(驗氣)』에 다음 내용이 나온다.

"유송(劉宋)의 조충지가 동지 전후 각 23에서 24일 동안의 일영을 측정하여 그 평균치를 취하여 동지를 정한 일이 있었다. 또한 일차를 비교하여 동지 시각을 추정하였다. 이와 달리 짓날로부터 멀어 일차가 크기 때문에 추산이 더 쉽다는 이유로 송나라 황우(皇祐) 연간 주종(周琮)이 입동과 입춘의 일영을 이용하여 추산하였다. 『기원(紀元)』 이후의 각종 역서(曆書)는 추산법이 더욱 치밀해진 것이 사실이지만 조충지의 방법을 크게 벗어난 것이 없다고 하겠다."

조충지를 통해서 『대명력』 내의 24기 그날 정오의 일영 길이는 『사분력』 24기 그날 정오의 일영 길이를 교정해서 얻어진 수치임을 알 수 있다.

『사분력』 입동날 일영 길이가 1장(丈)이다.

입춘날 일영 길이가 9척 6촌이다.

[①] "신이 만든 역법으로 추산하여 얻어진 시각은 이전과 같다"고 조충지가 스스로 밝혔다.

『대명력』 입동, 입춘날의 일영 길이 = $\frac{10+9.6}{2}$ = 9.8(9척8촌임).

같은 이치로 각 절기날은 모두 이 같은 방법으로 일영 길이를 구할 수 있다. (『대명력』에 따르면 동지의 태양 그림자 길이는 1장 2척이고 하지의 태양 그림자는 1척 5촌으로 난징에서 얻은 수치와 분명히 다르다. 이순풍(李淳風)이 그의 『주비산경 주석(周髀算經注釋)』에서 다음과 같이 말했다. "송나라 대명 때 조충지가 측정한 하지 태양의 그림자는 1척 5촌이고, 송나라 도말릉(都秣陵)이 멀리서(양성,陽城) 측정한 그림자 길이는 이와 같고 양우촌(梁虞𠒇)이 건강(建康)에서 태양 그림자를 측정한 결과는 하지 1척 1촌 7푼 강(强), 동지 1척 6촌 2푼 약(弱)이었다."[①])

『사분력』 24절기날 일영 길이		『대명력』 24절기날 일영 길이
小寒 12.30	大雪 12.56	小寒、大雪 = $\frac{12.30+12.56}{2}$ = 12.43
大寒 11.00	小雪 11.40	大寒、小雪 = $\frac{11.00+11.40}{2}$ = 11.20
立春 9.60	立冬 10.00	立春、立冬 = $\frac{9.60+10.00}{2}$ = 9.80
雨水 7.95	霜降 8.40	雨水、霜降 = $\frac{7.95+8.40}{2}$ = 8.175
驚蟄 6.50	寒露 6.85	驚蟄、寒露 = $\frac{6.50+6.85}{2}$ = 6.675
春分 5.25	秋分 5.50	春分、秋分 = $\frac{5.25+5.50}{2}$ = 5.375
清明 4.15	白露 4.35	清明、白露 = $\frac{4.15+4.35}{2}$ = 4.25

[①] 위도(緯度)에 따라 측정한 그림자가 다르다. 『대명력』에서 난징 그림자가 아닌 양성 그림자를 사용한 것은 전통의 영향 때문이다.

谷雨3.20	處暑3.33	谷雨、處暑 $=\dfrac{3.20+3.33}{2}=3.265$
立夏2.52	立秋2.55	立夏、立秋 $=\dfrac{2.52+2.55}{2}=2.535$
小滿1.99	大暑2.00	小滿、大暑 $=\dfrac{1.99+2.00}{2}=1.995$
芒種1.68	小暑1.70	芒種、小暑 $=\dfrac{1.68+1.70}{2}=1.69$

이상 단위는 모두 척(尺)이다. 『대명력』의 계산은 모두 분(分)까지 취하며 5리(厘)는 자릿수를 올리지 않는다.

조긍(祖暅) 『천문록(天文彔)』에서는 다음과 같이 기술하였다.

"동지날은 일출 시각은 진시이고 해 질 때는 신시이며 낮에 160도 강(强)을 가고 밤에는 219도 약(弱)을 운행하니 낮이 짧고 밤이 길다. 하지날은 인시에 해가 뜨고 수시에 해가 지므로 태양이 낮에 219도 약을 가고 밤에는 146도 강을 지나는 것이니 낮이 길고 밤이 짧은 것이다. 춘추분이 드는 날은 해가 묘시에 드고 유시에 지는데 낮과 밤에 모두 182도 반강(半强)을 가는 것이니 주야간의 길이가 같다."

태양이 동쪽 지평면에서 뜨고 서쪽 지평면으로 지는 것을 주행지상(晝行地上)이라 한다. 하루 100각(刻)을 일주천(一周天)의 도수로 삼고 x를 야루(夜漏), y를 일루(晝漏)로 하면 다음과 같이 계산할 수 있다.

$$\dfrac{x}{100}=\dfrac{219^+}{365\dfrac{10449}{39491}}, \quad x\approx 60 ;$$

$$\dfrac{y}{100}=\dfrac{146^+}{365\dfrac{10449}{39491}}, \quad y\approx 40.$$

이것은 바로 고대에 동지날은 낮이 40각(刻), 밤이 60각이라고 했던 근거이다. 혼(昏)은 해가 진 후부터 어떤 행성이나 가장 크고 밝은 별이 나오는 것을 볼 때까지의 시각을 말하며, 명(明)은 어떤 행성이나 가장 크고 밝은 별이 사라질 때부터 해가 뜰 때까지의 시각을 가리킨다. 이 두 시각은 고대에는 모두 2.5각으로 계산되었다.[①] 두 개의 2.5각 모두 5각을 야루에서 꺼내 일루에 넣어 얻어진 수치는 동지날 일루 45각, 야루 55각이 된다.

같은 이치로 하지는 다음과 같이 계산된다.

$$\frac{x}{100} = \frac{146^+}{365\frac{10449}{39491}}, \quad x \approx 40;$$

$$\frac{y}{100} = \frac{219^+}{365\frac{10449}{39491}}, \quad y \approx 60.$$

야루에서 5각을 꺼내 일루에 추가하면 하지의 일루는 65각, 야루는 35각이 된다.

따라서 춘추분은 낮이 55각, 밤이 45각이어야 맞다. 이와 관련하여 당나라 공영달(孔穎達)이 『상서정의(尙書正義)』에서 다음과 같이 말했다.

"하지만 오늘날 태사가 사용한 밤낮 시간의 계산법은 상법(常法)보다 반각(半刻) 차이가 난다. 춘분에서 하지까지 낮이 길어지면서 9각반까지 증가하고, 하지에서 추분까지 낮이 줄어진 것이 역시 마찬가지며 추분에서 동지까지 낮이 짧아지면서 10각 반까지 감소되며, 동지부터 춘분까지 낮이 역시 같은 시간이 증가한다."[②]

[①] 『대연력(大衍曆)』 보궤루술(步軌漏術)에 벌써 혼명(昏明)으로 표시하였는데, '혼명 2각 240분'이라고 표현한 것이다. 즉, $2\frac{240}{480} = 2.5$이다.

[②] 역주: 『십삼경주소 상서정의』 35쪽, 북경: 북경대학출판사, 1999년. 원문은 다음

冬至	晝	45
春分	晝	45＋10.5＝55.5
夏至	晝	55.5＋9.5＝65
秋分	晝	65－9.5＝55.5
冬至	晝	55.5－10.5＝45

이상의 수치는 『대명력』과 같다.①

이상 2에서 2분 누각수(漏刻數)는 이미 계산되었으며, 다른 절기날(中節)의 누각수는 장치관(張多冠) 공식에 따라 각 절기날 태양이 북극점에서의 도수로 계산되었다. 태양의 북극에서의 도수에 1상한(象限)을 가감하면 바로 태양의 적위(赤緯)이다. 『사분력』은 『경초력』의 태양의 북극에서의 도수와 같으나 『대명력』은 관련 기록이 보이지 않는다. 『사분력』의 예를 들어 보겠다. 대서날(大暑日)의 태양이 북극에서의 도수가 70도라면, 장치관 계산법대로 다음과 같이 계산된다.

$$24 : 10 = (91.31 - 70) : x, \qquad x = 8.88.$$

$$(50 - 8.88) - 5 = 36\frac{1.2}{10}각.$$

과 같다. "然今太史細候之法, 則校常法半刻也. 從春分至於夏至, 晝漸長, 增九刻半; 從夏至至於秋分, 所減亦如之; 從秋分至於冬至, 晝漸短, 減十刻半; 從冬至至於春分, 其增亦如之."

① 『황극력(皇極曆)』은 춘추분 야반루를 반각을 감하지 않은 22각 50분, 즉 야루 45각으로 하고 있다.

『사분력』과 『경초력』은 모두 36각2분이고, 『대명력』은 36각 1분이다(10분이 1각임). 따라서 장치관의 계산법은 근사 공식일 뿐이었음을 알 수 있다.

다음에서 혼명중성도(昏明中星度)를 구하는 예를 보겠다.

『대명력의』에 다음 내용이 나온다.

"『시경·정지방중(定之方中)』이라는 시에 대한 역대 주해를 보면, 당시의 혼중성은 방수(房宿)과 벽수(壁宿)의 별들로, 모양이 사각형과 같다고 한다. 그래서 작초궁(作楚宮)에 대한 언급이 나왔는데, 이렇게 해서 당시의 중천(中天)이 실수(室宿) 8도에 있었음을 알 수 있다. 제 역법으로 계산해 보면, 노희공(魯僖公) 원년 입동 후 4일이 바로 혼중성이 실수 8도에 있다."

원년이란 노희공 원년을 말하며 『대명력』 상원 갑자년부터 노희공 원년 임술년까지의 적년은 50818년이다. 따라서 노희공 원년 10월 신축(辛丑) 삭적일(朔積日)이 18561217, 삭소여 219, 시월 입동 기적일(氣積日) 266388, 기소여 $35588\frac{1}{2}$, 10월 12일 임자(壬子)일에 입동임을 구하게 된다.

$$18561217 \times 39491 \equiv 11719387 \pmod{14424664}.$$

시월 삭 야반에 일소재도(日所在度)는 $296\frac{30051}{39491}$ 이다.

시월 12일 입동날 야반의 일수재도는

$$296\frac{30051}{39491} + 11 = 307\frac{30051}{39491} 이다.$$

시월 12일 입동날의 혼중성도는

$$\left(307\frac{30051}{39491} + 89\frac{3}{23}\right) - 366\frac{10449}{39491} \approx 30 이다.$$

허수1도에서 세어가 경과한 수의 수도를 감하여 실수(室宿) 4도이므로 실수 8도가 곧 입동 후 4일었을 것이다.

推五星術

木率: 千五百七十五萬三千八十二.

火率: 三千八十萬四千一百九十六.

土率: 千四百九十三萬三百五十四.

金率: 二千三百六萬一十四.

水率: 四百五十七萬六千二百四.

推五星術: 置度實, 各以率去之, 餘以減率, 其餘如紀法而一, 爲入歲日, 不盡爲日餘. 命以天正朔, 算外, 星合日.

求星合度: 以入歲日及餘從天正朔日積度及餘, 滿紀法從度, 滿三百六十餘度分則去之, 命以虛一, 算外, 星合所在度也.

求星見日術: 以△伏日及餘, 加星合日及餘, 餘滿紀法從日, 命如前, 見日也.

求星見度術: 以△伏度及餘, 加星合度及餘, 餘滿紀法從度, 入虛去度分, 命如前, 星見度也.

行五星法: 以小分法除度餘, 所得爲行分, 不盡爲小分, 及日加所行分滿法從度, 留者因前, 逆則減之, 伏不書度[i]. 從行入虛, 去行分六, 小分百四十七, 逆行出虛, 則加之.

△ 이 두 군데의 '術以'는 각 간행본에 모두 거꾸로 잘못 표기되어 옌 선생은 고치기만 했고 교기를 내지 않았다. 중화서국 본 역시 이와 같이 고쳐놓았다.

[i] '書'는 각 간행본에 모두 '盡'으로 잘못 표기되었기에 옌선생은 고쳐놓기만 하고 교기를 내지 않았다. 중화서국 본 역시 똑같이 고쳤다.

오성(五星)의 각 율을 기법(紀法)으로 나누면, 각 성의 회합주기(會合週期)를 얻을 수 있다.

$$목성\ 회합주기 = \frac{15753082}{39491} = 398\frac{35664}{39491}$$

$$화성\ 회합주기 = \frac{30804196}{39491} = 780\frac{1216}{39491}$$

$$토성\ 회합주기 = \frac{14930354}{39491} = 378\frac{2756}{39491}$$

$$금성\ 회합주기 = \frac{23060014}{39491} = 583\frac{36761}{39491}$$

$$수성\ 회합주기 = \frac{4576204}{39491} = 115\frac{34739}{39491}$$

어느 해 삭적일의 총수를 각각 회합주기로 누계 나누고, 최종적으로 얻은 나머지는 어느 해 천정(天正) 11월 삭일이 지난 회합일부터 그때까지의 시간이다. 한 사이클 수로 이 나머지를 빼면 천정 삭일부터 다음 회합까지의 시간을 얻는다. 그 시간은 입세일(入歲日)이라 하고 회합날은 성합일(星合日)이라 한다.

성합일에 복일(伏日)을 더하면 성견일(星見日)을 얻는다.

성합도(星合度)와 성견도의 계산법 역시 마찬가지이다.

행분(行分), 소분(小分)의 의미에 대해서 앞의 논의를 참고 바란다.

木：初與日合, 伏, 十六日, 日[i] 餘萬七千八百三十二, 行二度, 度餘三萬七千五百四, 晨見東方. 從, 日行四分, 百一十二日, 行十九度, 十一分. 留二十八日. 逆,

---

[i] 각 간행본에는 '日'자가 누락되었다. 예기서 옌선생은 보완하기만 하고 교기를 내지 않았다.

日行三分, 八十六日, $^{退十一}_{度五分.}$ 又留二十八日. 從, 日行四分, 百一十二日, 夕伏西方, 日度餘如初. 一終, 三百九十八日, 日餘三萬五千六百六十四, 行三十三度, 度餘二萬五千二百一十五.

	일행(日行)	일수	도수
순(順)	$\frac{4}{23}$ ×	112	= $19\frac{11}{23}$
유(留)		28	
역(逆)	$-\frac{3}{23}$ ×	86	= $-11\frac{5}{23}$
유(留)		28	
순(順)	$\frac{4}{23}$ ×	112	= $19\frac{11}{23}$
伏 $\{^{合前伏}_{合后伏}$		$32\frac{35664}{39491}$	$5\frac{35517}{39491}$ (+
一终		$398\frac{35664}{39491}$	$33\frac{35215}{39491}$

火 : 初與日合, 伏, 七十二日, 日餘六百八, 行五十五度, 度餘二萬八千八百六十五, 晨見東方. 從, 疾, 日行十七分, 九十二日. $^{行六十}_{八度.}$ 小遲, 日行十四分, 九十二日. $^{行五十}_{六度.}$ 大遲, 日行九分, 九十二日. $^{行三十}_{六度.}$ 留十日. 逆, 日行六分, 六十四日, $^{退十六}_{度十六.}$ [i)] 又留十日. 從, 遲, 日行九分, 九十二日. 小疾, 日行十四分, 九十二日. 大疾, 日行十七分, 九十二日 ; 夕伏西方, 日度餘如初. 一終, 七百八十

---

i) 중화서국 분 『송서·율력지』 에는 '六'자 아래 '分'을 덧붙였다.

日, 日餘千二百一十六, 行四百一十四度, 度餘三萬二百五十八. 除一周, 定行四十九度, 度餘萬九千八百九.

	일행		일수		도수
순	$\left(\frac{17}{23}+\frac{14}{23}+\frac{9}{23}\right)^{①}$	×	92	=	$68+56+36$
유			10		
역	$-\frac{6}{23}$	×	64	=	$-16\frac{16}{23}$
유			10		
순	$\left(\frac{9}{23}+\frac{14}{23}+\frac{17}{23}\right)^{②}$	×	92	=	$36+56+68$
伏 {合前伏 / 合后伏}			$144\frac{1216}{39491}$		$111\frac{18239}{39491}$ (+
一终			$780\frac{1216}{39491}$		$414\frac{30258}{39491}$

$$414\frac{30258}{39491} - 365\frac{10449}{39491} = 49\frac{19809}{39491}.$$

土: 初與日合, 伏, 十七日, 日餘千三百七十八, 行一度, 度餘萬九千三百三十三, 晨見東方. 行順, 日行二分, 八十四日, 行七度七分. 留三十三日. 行逆, 日行

---

① 『원가력』에는 $\left(\frac{5}{7}\times 108.5\right)+\left(\frac{4}{7}\times 126\right)+\left(\frac{2}{7}\times 42\right) = 77.5+72+12$인데 그 중에서 126은 92와 34일 차이나 나고, 42는 92와 50일 차이가 나므로 『상대명력표』에서는 하승천 역법에 '오성(五星)이 복날에 나타나는 것이 그 차이가 무려 40일이나 난다(五星見伏, 至差四旬)'는 말을 언급한 것이다.
② 앞의 주석과 같은 내용이다.

一分, 百一十日, ^(退四度十八分.) 又留三十三日. 從, 日行二分, 八十四日；夕伏西方, 日度餘如初. 一終, 三百七十八日, 日餘二千七百五十六, 行十二度, 度餘三萬一千七百九十八.

	일행		일수		도수
순	$\frac{2}{23}$	×	84	=	$7\frac{7}{23}$
유			33		
역	$-\frac{1}{23}$	×	110	=	$-4\frac{18}{23}$
유			33		
순	$\frac{2}{23}$	×	84	=	$7\frac{7}{23}$
伏 { 合前伏 / 合后伏					$34\frac{2756}{39491}$ $2\frac{38666}{39491}$ (+
一终					$378\frac{2756}{39491}$ $12\frac{31798}{39491}$

金：初與日合, 伏, 三十九日, 餘三萬八千一百二十六, 行四十九度, 度餘三萬八千一百二十六, 夕見西方. 從, 疾, 日行一度五分, 九十二日. ^(行百十二度.) 小遲, 日行一度四分, 九十二日. ^(行百八度.) 大遲, 日行十七分, 四十五日, ^(行三十三度六分.) 留九日. 遲, 日行十六分, 九日①, ^(退六度六分.) 夕伏西方. 伏五日, 退五度, 而與日合. 又五日退五度, 而晨見東方. 逆, 日行十六分, 九日, 留九日. 從, 遲, 日行十七分, 四十

---

① '九日'이란 두 글자가 빠졌기에 보완한 것이다.

五日. 小疾, 日行一度四分, 九十二日. 大疾, 日行一度五分, 九十二日; 晨伏東方, 日度餘如初. 一終, 五百八十三日, 日餘三萬六千七百六十一, 行星如之. 除一周, 定行二百十八度, 度餘二萬六千三百一十二. 一合, 二百九十一日, 日餘三萬八千一百二十六, 行星亦如之.

위의 '行星如之'란 말은 행도(行度)와 회합일수가 같다는 뜻이다.

	일행	일수	도수
석견서방(夕見西方)			
순	$\left(1\frac{5}{23}+1\frac{4}{23}\right)$ ×	92	= 112 + 108
순	$\frac{17}{23}$ ×	45	= $33\frac{6}{23}$
유		9	
역	$-\frac{16}{23}$ ×	9	= $-6\frac{6}{23}$
伏 $\begin{cases}夕合前伏\\夕合后伏\end{cases}$		10	−10
신견동방(晨見東方)			
역	$-\frac{16}{23}$ ×	9	= $-6\frac{6}{23}$
유		9	
순	$-\frac{17}{23}$ ×	45	= $33\frac{6}{23}$

순 　　　$\left(1\frac{4}{23}+1\frac{5}{23}\right) \times 92 = 108+112$

복 $\begin{cases}\text{晨合前伏} \\ \text{晨合后伏}\end{cases}$ 　　　$79\frac{36761}{39491}$ 　　$99\frac{36761}{39491}$ 　(+

―――――――――――――――――――――

一終 　　　　　　　　$583\frac{36761}{39491}$ 　$583\frac{36761}{39491}$

$$583\frac{36761}{39491} - 365\frac{10449}{39491} = 218\frac{26312}{39491}.$$

금성에 상합(上合)과 하합(下合)이 있는데, 일합(一合)은
$$\frac{1}{2}\times 583\frac{36761}{39491} = 291\frac{38126}{39491}$$ 인 것이다.

水：初與日合, 伏, 十四日, 日餘三萬七千一百十五, 行三十度, 度餘三萬七千一百一十五, 夕見西方. 從, 疾, 日行一度六分, 二十三日. 遲$^{行二十}_{九度.}$, 日行二十分, 八日, $^{行六度二}_{十二分.}$留二日. 逆,[i)] 日行十一分, 二日, $^{退二十}_{二分.}$夕伏西方. 伏八日, 退八度, 而與日合. 又八日, 退八度, 晨見東方. 逆, 日行十一分, 二日, 留二日. 從, 遲, 日行二十分, 八日. 疾, 日行一度六分, 二十三日, 晨伏東方, 日度餘如初. 一終, 百一十五日, 日餘三萬四千七百三十九, 行星如之. 一合, 五十七日, 日餘三萬七千一百一十五, 行星亦如之.

―――――――――

i) '逆'자는 원고에 '遲'로 되어 있는데, 옌선생은 연필로 '逆'자로 고쳐놓았기에 여기서 이같이 교정한다. 중화서국 본 『송서·율력지』에서는 '逆'은 각 본에서 모두 '遲'로 표기되었지만 여기에는 정정한다고 설명하였다.

	일행	일수		도수
석견서방				
순	$1\frac{6}{23}$	× 23	=	29
순	$\frac{20}{23}$	× 8	=	$6\frac{22}{23}$
유		2		
역	$-\frac{11}{23}$	× 2	=	$-\frac{22}{23}$
伏 $\begin{cases}夕合前伏\\夕合后伏\end{cases}$		16		−16
신견동방				
역	$-\frac{11}{23}$	× 2	=	$-\frac{22}{23}$
유		2		
순	$\frac{20}{23}$	× 8	=	$6\frac{22}{23}$
순	$1\frac{6}{23}$	× 23	=	29
伏 $\begin{cases}晨合前伏\\晨合后伏\end{cases}$		$29\frac{34739}{39491}$		$61\frac{34739}{39491}$ (+
一终		$115\frac{34739}{39491}$		$115\frac{34739}{39491}$

$$\frac{1}{2} \times 115\frac{34739}{39491} - 57\frac{37115}{39491}.$$

위의 내용은 오대행성(五大行星)의 하늘에서의 움직임을 논하는 대목으로 목성, 화성, 도성은 외행성(外行星), 금성, 수성은 내행성(內行星)이다. 외행성은 상합(上合)만 할 뿐, 내행성은 상합과 하합(下合)이 모두 있다. 태양이 지구와 행성 사이에 있을 경우 상합(上合)이라고 부르고 행성이 태양과 지구 사이에 위치할 때 하합이라고 한다. 이는 『경초력』에서 말하는 별과 해가 같은 수(宿)의 같은 도(度)에 있을 때 회(會)라 한다는 것과 일맥상통하다.

순(順)에서 유(留)로, 유에서 역(逆)으로 다시 유에서 순으로 도는 데, 위의 데이터로 볼 때 『대명력』도 대칭을 이루고 있다(『사분력』『경초력』『원가력』등 역법에서 도두 대칭을 보이고 있음). 아마 전반부만 관측하고 후반부는 추산하여 얻은 결과였을 것이다.

또한 『대명역의』에서 조충지는 "세성(歲星, 곧 목성)의 운행은 해마다 변화를 거듭하고 하늘을 7바퀴를 돌면 한 자리를 넘는다(歲星之運, 年恆過次, 行天七帀, 輒超一位)"고 했다. 설명하건대, S를 항성주기, E를 항성년, P를 회합주기라고 하면, 다음과 같이 계산된다.

$$\frac{1}{S} = \frac{1}{E} - \frac{1}{P} = \frac{1}{365\frac{10449}{39491}} - \frac{1}{398\frac{35664}{39491}},$$

$$\therefore S = \frac{14424664}{39491} \times \frac{15753082}{1328418}.$$

$$S(년) = \frac{14424664}{39491} \times \frac{15753082}{1328418} \div \frac{14424664}{39491}$$

$$= \frac{15753082}{1328418} 년.$$

$$12 \times \frac{84}{S} = x,$$

$$x = 12 \times 84 \times \frac{1328418}{15753082} \approx 85.$$

세성은 일년 평균 $\frac{85}{84}$번을 운행하고, $84 = 12 \times 7$이므로 7바퀴를 돌면 한 자를 초월한다는 것이다.

『대명력』에서 제시된 오성의 역행호(逆行弧), 역행일(逆行日)은 오늘날에 측정된 결과와 비교하면 다음과 같다.

오성	역행호		역행일	
	『대명력』	현재 측정[1]	『대명력』	현재 측정[2]
목성	$11\frac{5}{23}$度 = 11°	11°	86	120
화성	$16\frac{16}{23}$度 = 16.4°	16°	64	70
토성	$4\frac{18}{23}$度 = 4.6°	6°	110	137
금성	$22\frac{12}{23}$度 = 22.2°	16°	28	41
수성	$17\frac{21}{23}$度 = 17.6°	12°	20	17

上元之歲, 歲在甲子, 天正甲子朔夜半冬至, 日月五星聚於虛度之初, 陰陽遲疾, 並自此始.

『대명력』에서는 이미 알고 있는 어느 해 천정 삭적일을 $\frac{14424664}{39491}$로 나누어 얻은 나머지가 천정삭적도(天正朔積度)이다. 그것을 $\frac{15753082}{39491}$로 나눈 나머지가 목성입세일(木星入歲日)이다. 목성입세일을 $\frac{30804196}{39491}$로 나

---

[1][2] И.Ф. Polak 저, 다이원새(戴文賽) 등 옮김, 『普通天文學敎程』, 141쪽, 1956년 12월 간행.

누면 나머지가 화성입세일이고, 그것을 다시 $\frac{14930354}{39491}$로 나누어 구해진 나머지가 토성입세일이고 그것을 $\frac{23060014}{39491}$로 나눈 나머지가 금성입세일이며 그것을 $\frac{4576204}{39491}$로 나누어 얻은 나머지가 수성입세일이며, 그것을 $\frac{726810}{26377}$로 나누어 구해진 나머지가 전일(轉日)이고 그것을 $\frac{717777}{26377}$로 나누어 구해진 나머지가 입교일이다.

만약 어느 해의 천정삭일의 각 나머지를 알고 또 삭적일을 구한다면 자세한 계산은 다음과 같다.

문:『대명력』대명5년 천정삭(즉 대명4년 11월 삭) 삭적일에 도법39491을 곱하면 도실(度實)이다. 주천(周天)이 차면 14424664로 나누어 나머지가 12200633이다. 목률(木率)이 차서 15753082로 나누어 나머지가 6214717이고 그 결과가 화율이 차서 30804196로 나누어 나머지가 1033621이다. 이는 토율이 차서 14930354 나누어 나머지가 12694549이고 그것이 또 금율을 차서 23060014로 나누어 나머지가 661341이다. 또 수율이 차 4576204로 나누어 나머지가 3681345이다. 또 삭절일에 통법을 곱하여 통실(通實)을 구하고 그것이 통주를 차면 나누고 나머지가 291775이며 회주를 차면 나누고고 나머지가 96169이다. 또 윤여가 271, 삭소여가 2386인데 삭적일과 상원 적년은 각각 몇이냐?[①]

가령 B를 삭적일로 하면 계산은 다음과 같다.

$39491B \equiv 12200633 \pmod{14424664}$

$\equiv 6214717 \pmod{15753082}$

[①] 이는 바로 조충지『대명력의』에서 언급하던 "윤달과 삭일의 분배, 달의 위도와 일곱 가지 율은 다하지 않는다"는 것이다.

$$\equiv 1033621 \pmod{30804196}$$
$$\equiv 12694549 \pmod{14930354}$$
$$\equiv 661341 \pmod{23060014}$$
$$\equiv 3681345 \pmod{4576204},$$
$$26377B \equiv 291775 \pmod{726810}$$
$$\equiv 96169 \pmod{717777}.$$

정리하면 각 수는 다음과 같다.

$$B \equiv 4544931 \pmod{14424664}$$
$$\equiv 3216513 \pmod{15753082}$$
$$\equiv 18969595 \pmod{30804196}$$
$$\equiv 4039241 \pmod{14930354}$$
$$\equiv 18969595 \pmod{23060014}$$
$$\equiv 664779 \pmod{4576204}$$
$$\equiv 72535 \pmod{726810}$$
$$\equiv 307393 \pmod{717777}.$$

위의 계산은 바로 『손자산경(孫子算經)』 중 물부지수(物不知數) 문항의 의미와 같으니, 『손자산경』의 방법대로 삭적일을 구할 수 있다.

$$B = 18969595,$$
$$\left(18969595 + \frac{2386}{3939}\right) \div \frac{116321}{3939} = 642371 (삭적월),$$
$$\left(642371 + \frac{271}{391}\right) \div \frac{4836}{391} = 51937 (적년).$$

조충지는 『상대명력표』에서 "세 가지 새 설정을 만들었다"고 했는데, 이 세 새 설정은 다음과 같다.

첫째, "자시(子時)를 시진의 선두로 삼는 것입니다. 정북에 위치하며 효수(爻數)가 대응된 것은 초9일로 두기(斗氣)의 시작입니다. 허수(虛宿)는 북방 각 수의 중심으로 원기(元氣)의 시작이니 여기를 정하는 것이 마땅합니다. 그 중의 이치는 전에 학자 우희(虞喜)가 이미 상세히 밝힌 바 있습니다. 본 역법에서 상원(上元) 시 태양의 위치를 허수 1도를 시작점으로 삼는 것입니다."

위의 논의는 상원 일도(日度)가 허수 1도에서 시작한다고 주장하고 허수는 정북에 위치하므로 허수 1도가 태양 운동의 시작점으로 삼는 것이 확실하다는 관점이다(상원 일도(日度)가 허도에서 시작한다는 까닭은 상원 갑자에서 추정하고 구한 다음에 일도에서 추산하여 얻은 결과였을 것이다).

둘째, "날짜명이 갑자로부터 세어나가는 것이니 역법에서 상원년 역시 갑자해부터 설정하는 것이 마땅합니다. 황제(黃帝) 이래로 각 시대에 사용된 역법은 모두 11가지가 있었는데 이것으로 상원을 명명한 역법이 없었으나 본 역법에서 상원을 갑자해로 설정하고자 합니다."

여기서 언급된 11역법은 옛날의 고6력과 『삼통력(三統歷)』『사분력』『건상력』『경초력』『원가력』 등을 말한다. 이들 11역법에서의 상원명은 갑자가 아니라 각각 다음과 같다.

《黃帝歷》	辛卯,	《三統歷》	庚戌,
《顓頊歷》	乙卯,	《四分歷》	庚辰,
《夏歷》	乙丑,	《乾象歷》	己丑,
《殷歷》	甲寅,	《景初歷》	壬辰,
《周歷》	丁巳,	《元嘉歷》	庚辰.
《魯歷》	庚子,		

상원을 갑자로 설정하는 것은 숫자가 깔끔하고 계산이 간단하다는 이점이 있다.

실은 기년(紀年)과 기일(紀日)은 모두 갑자(甲子)로부터 세어나갈 수 있다.『대명력』이전의 진(晉) 유지(劉智)의『정력(正曆)』(기원 274년), 왕삭지(王朔之)의『통력(通曆)』(기원 352년), 후진(後秦) 강급(姜岌)의『삼기력(三紀曆)』(기원384년)도 모두 상원을 갑자로 설정하고 있다(조충지가 이 세 역법을 미처 언급하지 않았던 것은 이 세 역법이 비정통(非正統)이라 여겼을 것으로 추정된다).『정력』과『삼기력』은 모두 산상(算上)으로『대명력』의 산외(算外)와는 1산(算) 차이가 난다. 사적(史籍)에는『통력』의 적년수(積年數)에 대한 기록이 잘못되어 산상인지 산외인지는 명확하지 않다.

셋째,"본 역법에서 새로 설정건대 일월오성(日月五星)의 교회(交會)와 운행은 모두 상원년의 연시(年始)를 시작점으로 추산합니다."

『원가력』은 오성(五星)을 추산하는 데 모두 상원을 두는데 이를 후원(后元)이라 한다. 예를 들어 화성의 후원은 원가 12년에서 원가 20년으로 겨우 9년, 산상(算上)이다. 원래 설정된 상원과 다른데다 모두 원래 설정 상원 뒤에 놓이기 때문에 후원이라는 것이다. 이 후원은 실제 관측함으로써 추산된 것으로 원래 설정되던 상원의 영향을 받지 않는다.『대명력』에서는 이 상원을 통일시켰다.

얼핏보면『대명력』이 상원수를 맞추게 하였다는 점에서『원가력』보다 못한다는 생각이 들지만 실제로는 대명력의 오성 용수(用數)가『원가력』보다 더 치밀하다. 이로 보아『대명력』의 숫자는 맞춘 것이 아니었음을 알 수 있다.

위의 세 가지 설정은 실은 하나이나 그 중 반드시 조충지의 독보적인 창 안이 있으니 특별히 세 가지 요점으로 정리한 것으로 보인다.

위의 교석(校釋)을 살펴보면, 『대명력법』(그리고 다른 고력법)에서 몇 가지 뚜렷한 계산 기술과 수학 지식이 포함되어 있음을 알 수 있다. 그 주요 내용을 요약하면 다음과 같다.

첫째로, 복잡한 분수 연산과 다자리 수의 곱셈 및 나눗셈 계산

초기 지위제(地位制)가 중국에서 이미 형성되었고, 주산(籌算)의 사용이 일정한 이점을 가지고 있기 때문에 복잡한 분수 연산과 다자리 수의 곱셈 및 나눗셈 계산은 이미 좋은 조건이 갖추어져 있었다. 이 점은 수학 발전사에서 특히 두드러진다. 고대의 그 어느 천문학자를 막론하고 역법을 편찬할 때 이러한 계산 기술에 대해 매우 능숙히 익혀야 했으며, 능숙하지 않고서는 천문 역법 연구가 아예 불가능했다. 왜냐하면 계산 과정에서 하나의 숫자가 틀리면 모든 계산을 다시 해야 하기 때문이다. 고서에서 언급된 "산주(算籌, 주판)를 이용하여 계산하는 데 나는 듯이 빠르다(運籌如飛)"거나 "큰 숫자의 곱셈과 누눗셈의 계산은 차례로 주판을 놓을 것도 없이 자리대로만 움직이면 된다(大乘除不下照位)"라든지 하는 말은 헛소리가 아니었다. 조충지도 예외가 아니었다. 앞에서 살펴본 구체적인 연산 과정을 통해서도 이 점을 충분히 알 수 있다.

둘째로, 근사 분수 구하는 법

고력법에서 천문 상수는 근사 분수의 구하는 방법과 관련이 있다. 앞서 언급한 삭여(朔餘)를 구하는 '조일법(調日法)'은 중국 역법사에서 꽤 유명하다. 실제로 세여를 구하거나 다른 관련된 소여를 구할 때도 조일법을 사용할 수 있다. 먼저 두 개의 근사 분수를 상하한으로 가정한 후, 분수(分數)

가 측정된 수치와 가까워질 때까지 조절하여 정율(定率)로 삼는다. 이같은 조정 방법은 반드시 꽤 오랜 기간 지배적이었을 것이다. 원나라 곽수경의 『수시력』에서 일법을 사용하지 않게 될 때까지 지속되었었다.

셋째로, 내삽법(補間法, 內揷法).

내삽법은 지질력과 음양력 표에서 모두 정수 일수로 나타나는데, 입전과 입교를 구할 때는 정일이 아닐 수 있다. 나머지가 있는 경우, 즉 입전과 입교 전후 이틀 사이에 있을 때는 내삽법을 사용해야 한다. 이 같은 간단한 보간법은 갈수록 복잡해졌다. 『대명력』의 내삽법은 상대적으로 간단하며, 수나라 유탁(劉焯)의 『황극력』에서 한 단계 발전하고, 원나라 곽수경의 『수리력』에서 또 한 단계 발전하였다. 내삽법의 계산은 우리나라 고력에서 매우 중요한 위치를 차지하고 있다.

넷째로, '상원적년' 구하는 법.

이른바 상원적년을 구하는 방법은 우리나라에서 독창적으로 개발된 것으로, 주산의 사용과 밀접한 관련이 있다. 예를 들어, 만약 몇 개를 채운 후 빼는 것은 계산주를 사용하여 옮기는 것이 매우 편리하다. 『손자산경』에 따르면, 이른바 잔여정리(剩餘定理)는 3세기 경에 이미 비교적 완전한 방법이 나왔다.

마지막으로, 명수(名數)의 같은 기타 연산.

명수의 연산에 관하여 『대명력』에서는 더하기와 빼기를 언급하고, 『황극력』에서는 더 완비된 명수 사칙(四則) 연산 규칙이 나왔다.

상대명력표(上大明歷表) 교석*

조충지의 『상대명력표』는 『남제서』 권52와 『송서』 권13에 모두 수록되어 있으나 서로 상세하고 간략하여 기록된 부분이 엇갈려 현재 함께 교정하여 여기에 싣는 바이다. 이 글에는 기존 역법과 역의(歷議)에 산견된 설명 외에는 다른 관련 부분에 필요한 설명을 보충하기도 한다.

臣博訪前墳, 遠稽昔典, 五帝躔次, 三王交分, 《春秋》朔氣, 《紀年》薄蝕, 談﹑遷載述, 彪﹑固列志, 魏世注曆, 晉代《起居》, 探異今古, 觀要華戎. 書契以降, 二千餘稔, 日月離會之徵, 星度疏密之驗. 專功妣思, 咸可得而言也. 加以親量圭尺, 躬察儀漏, 目盡毫氂, 心窮籌筴, 考課推移, 又曲備其詳矣.① 然而古曆疎舛, 頗不精密[i)], 羣氏糾紛, 莫審其會②. 尋何承天所上[ii)], 意存改革, 而置法簡略, 今已乖遠. 以臣校之, 三觀厥謬: 日月所在, 差覺三度; 二至晷

---

* 이 부분의 내용은 『대명력법 교석』 뒤에 놓여 1957년에 완성되었다. 『송서·율력지』와 『남제서·조충지전』에 실린 『상대명력표』는 각각 상세하거나 간략하게 다루는 내용들이 엇갈리므로 엔 선생은 어느 한 권에도 치우치지 않고 적당한 내용만 택하여 따랐다. 『송서·율력지』의 『상대명력표』는 『대명력법』의 앞에 놓였으나 엔 선생은 뒤로 옮겼다. 여기서 두 문헌 기록에서 발견된 서로 다른 내용을 모두 표시하여 참고되기를 바란다. 이 부분의 교석 내용은 원고에 모두 주석으로 처리되었지만 각 편의 체례가 통일되도록 여기서는 본문으로 처리하였다.
① 이상은 『남제서·조충지전』에만 보이고 『송서』 권13에 기록되지 않은 내용이다.
[i)] '頗'는 『남제서·조충지전』에 '類'로 표기되어 있다.
② '會'는 『송서』에 '要'로 『남제서』에는 '會'로 되어 있는데, 『대명역의』에서 이를 두 인용하였는데 모두 '會'였기에 이에 따라 수정했다.
[ii)] 여기 『남제서·조충지전』, 『송서·율력지』에 따르면 '尋'자가 없고 '上'자는 '奏'로 되어 있다.

影, 幾失一日；五星見伏, 至差四旬, 留逆進退, 或移兩宿. 分至失實[iii], 則節閏非正；宿度違天, 則伺察無准. 臣生屬聖辰, 逮在昌運[i], 敢率愚瞽, 更創新曆. 謹立改易之意有二, 設法之情有三.

改易者, 其一[ii], 以舊法一章十九歲有七閏, 閏數爲多, 經二百年, 輒差一日. 節閏既移, 則應改法, 曆紀屢遷, 寔由此條. 今改章法, 三百九十一年有一百四十四閏. 令郤合周、漢, 則將來永用, 無復差動.

장세(章歲)를 a 라 하고, 장윤(章閏)을 b 라 설정한다. 그러면

$7a - 19b = 1$, 혹은

$a \equiv 11 \pmod{19}$

$b \equiv 4 \pmod{7}$

무릇 19년7윤을 사용하지 않은 남북조 각 역법 계산도 모두 이 식에 부합한다. 또 계수를 k 로 설정하여 약식을 구하게 된다.

$k [71 \pmod{120}] = y - x$

y는 삭여, x는 두분(斗分)이다.

부법(蔀法) = ka ·················· 기일법(氣日法)

일법(日法) = $k(12a+b)$ ·················· 삭일법(朔日法)

주천(周天) = $365ka + x$ ·················· 세실(歲實)

　　　　　= $29k(12a+b) + y$ ·················· 삭실(朔實)

[iii] 여기 『남제서·조충지전』, 『송서·율력지』에 따르면 '分至乖實'로 표기된다.

[i] 여기 『송서·율력지』, 『남제서·조충지전』에 따르면 '詢逮在運'로 표기된다.

[ii] 여기 『송서·율력지』, 『남제서·조충지전』에 따르면 '其'자가 없다.

각 역법 표해(表解)(1)

	M	a	b	k	ka	$k(12a+b)$
大明	20	391	144	101	39491	488436
天和	20	391	144	60	23460	290160
大業	21	410	151	104	42640	527384
开皇	22	429	158	240	102960	1273440
丙寅	23	448	165	29	12992	160689
正光	26	505	186	12	6060	74952
九宮	26	505	186	8	4040	49968
興和	29	562	207	30	16860	208530
玄始	31	600	221	12	7200	89052
大同	32	619	228	64	39616	489984
孝孫	32	619	228	13	8047	99528
孟宾	32	619	228	79	48901	604824
董鄭	34	657	242	34	22338	276284
天保	35	676	249	35	23660	292635
皇極	35	676	249	69	46644	576909

각 역법 표해(表解)(2)

	$y-x$	y	x	$(365ka+x)$或 $29k(12a+b)+y$
大明	249571	259160	9589	14423804
天和	148260	153391	5731	8568631
大業	269464	279827	10363	15573963

开皇	650640	675703	25063	37605463
丙寅	82099	85266	3167	4745247
正光	38292	39769	1477	2213377
九宮	25528	26513	985	1475585
興和	106530	110647	4117	6158017
玄始	45492	47251	1759	2629759
大同	250304	259985	9681	14469521
孝孫	50843	52809	1966	2939121
孟賓	308969	320914	11945	17860810
董鄭	141134	146595	5461	8158831
天保	149485	155272	5787	8641687
皇極	294699	306105.5	11406.5	17036466.5

이상의 수치는 약분할 수 있으면 약분한다. 예를 들어 『대명력』에서 삭일(朔日) 488436을 나누어 삭실(朔實) 14423804를 얻게 되는데 두 수치는 공약수 124를 가지고 있다. 이로 약분하여 삭일법 3939, 삭실를 116321을 얻게 된다. 역법에서 기록된 수치와 일치한다. 기타 각 역법도 마찬가지이다. 이 법은 19년7윤의 고력에서의 장부제(章蔀制)에서 비롯된 것인데, 고력의 편찬 방법을 보여주는 차원에서 이를 설명한 바이다. 『대명력』은 그 시대에 이런 제도를 어길 수 없는 노릇이었다. 이를 통해 고력에서 장세, 장윤의 중요성을 엿볼 수 있다.

其二, 以《堯典》云 : "日短星昴, 以正仲冬."以此推之, 唐代 i)冬至日在今宿之左五十許度. 漢代之初, 即用秦曆, 冬至日在牽牛六度. 漢武改立《太初曆》, 冬至日在牛初. 后漢《四分法》, 冬至日在斗二十二 ii). 晋世 iii)姜岌以月蝕檢日, 知冬至在斗十七. 今參以中星, 課以蝕望, 冬至之日, 在斗十一. 通而計之, 未盈百載, 所差二度. 舊法並令冬至日有定處, 天數既差, 則七曜宿度漸與曆舛 iv). 乖謬既著, 輒應改易 v). 僅合一時, 莫能通遠, 遷革不已, 又由此條. 今令冬至所在, 歲歲微差, 郤檢漢注, 並皆審密, 將來久用, 無煩屢改.

이 부분은 세차(歲差)를 논하는 내용이다.

又設法者, 其一, 以子爲辰首, 位在正北, 爻應初九, 斗氣之端 vi), 虛爲北方, 列宿之中. 元氣肇初, 宜在此次. 前儒虞喜, 備論其義. 今曆上元日度, 發自虛一. 其二, 以日辰之號, 甲子為先, 曆法設元, 應在此歲. 而黃帝以來, 世代所用, 凡十一曆, 上元之歲, 莫值此名. 今曆上元, 歲在甲子. 其三, 以上元之歲, 曆中衆條, 並應以此為始, 而《景初曆》交會遲疾, 元首有差. 又承天法,

---

i) '代'는 『남제서·조충지전』에 '作'으로 되어 있다.
ii) '二十二'는 중화서국본 『송서·율력지』에서 『속한지(續漢志)』에 따라 '二十一'로 고쳤으나 『남제서·조충지전』에서는 고치지 않았다.
iii) 여기는 『남제서·조충지전』에 따른 것이다. '世'는 『송서·율력지』에 '時'로 되어 있다.
iv) 여기는 『송서·율력지』에 따른 것이다. 『남제서·조충지전』에 '曆舛'는 '舛訛'로 되어 있다.
v) 여기는 『남제서·조충지전』에 따른 것이다. '易'은 『송서·율력지』에 '製'로 되어 있다.
vi) 여기는 『송서·율력지』에 따른 것이다. '斗氣'는 『남제서·조충지전』에 '勝氣'로 되어 있다.

日月五星, 各自有元, 交會遲疾①亦置紀差 i), 裁合朔氣而已 ii). 條序紛互, 不及古意. 今設法, 日月五緯, 交會遲疾, 悉以上元歲首爲始. 則合璧之曜, 信而有徵, 連珠之暉, 於是乎在 iii), 羣流共源, 實精古法②.

『경초력』에 각 기(紀)의 교회차(交會差), 지질차(遲疾差)는 다음 표와 같다.

	교회차	지질차
甲子紀	412919	103947
甲戌紀	516529	73767
甲申紀	620139	43587
甲午紀	723749	13407
甲辰紀	37249	108848
甲寅紀	140859	78668

위의 여섯 기를 1원(元)이라 한다. 기와 기의 교회차는 103610이고, 지질차는 30180이므로 갑인기(甲寅紀)에 이 두 차를 더하면 차원(次元) 각 기

---

① '元首有差'부터 여기까지의 내용은 『송서·율력지』에 빠진 내용이므로 여기서 보완한다.
i) 여기는 『송서·율력지』에 따른 것이다. 『남제서·조충지전』에는 '亦幷置差'로 표기되어 있는데, 중화서국본 『송서·율력지』에는 이를 따라 고쳤다.
ii) 여기는 『송서·율력지』에 따른 것이다 『남제서·조충지전』에는 '裁得朔氣合而已'로 표기되어 있다.
iii) 여기는 『송서·율력지』에 따른 것이다. 『남제서·조충지전』에는 '則合璧之曜, 信而有徵, 連珠之暉, 於是乎在'란 17자가 빠져 있다.
② 이 네 글자는 『남제서』에 '庶舞乖誤'로 표기되어 있다.

의 차를 구하게 된다.

『경초력』 1교(交) = $\frac{790110}{4559}$ = 173.3일, 1근사월은 $\frac{125621}{4559}$ = 27.5545일

이므로, 위의 원수(元首)의 두 차인 $\frac{412919}{4559}$와 $\frac{103947}{4559}$는 모두 천정 경삭 전(前), 교식(交食)과 입전(入轉)에서의 일수를 의미한다. 또

$$22795 \times 134630 \equiv 103610 \pmod{790110}$$

$$2279.5 \times 134630 \equiv -30180 \pmod{125621}$$이니,

『경초력』의 격차수(差距數)를 구하게 된다. 교회차, 지질차를 사용한 이 계산법은 『경초력』이후의 『삼기력(三紀歷)』과 『원가력』에서도 모두 사용하였기에 조충지가 비판한 바이다.

若夫測以定形, 據以實效, 懸[i]象著明, 尺表之驗可推, 動氣幽微, 寸管之候不忒. 今臣所立, 易以取信. 但深練①始終, 大存整密[ii], 革新變舊, 有約有繁. 用約之條, 理不自懼, 用繁之意, 顧非謬然. 何者? 夫紀閏參差, 數各有分, 分之爲體, 非不細密[iii]. 臣是用深惜毫釐, 以全求妙之準, 不辭積累, 以成永定之制[iv]. 非爲思而莫悟, 知而不改[v]. 竊恐讚有然否, 每崇遠而隨近, 論有是非,

---

[i] '懸'는 『남제서·조충지전』에 따른 것이다. 『송서·율력지』에는 '縣'으로 되어 있다.
① 이 두 글자는 『남제서』에 '綜核'으로 표기되어 있다.
[ii] '整密'은 『송서·율력지』에 따른 것이며 『남제서·조충지전』에는 '緩密'로 되어 있다.
[iii] '非不細密'은 『남제서·조충지전』에 따른 것이고 『송서·율력지』에는 '非細不密'로 되어 있다. 하지만 후자의 표현이 적절한 듯싶다.
[iv] 여기는 『송서·율력지』에 따른 것이다. 『남제서·조충지전』에는 '制'는 '製'로 되어 있다.
[v] 여기는 『송서·율력지』에 따른 것이다. 『남제서』에는 '誤', '知'가 서로 뒤바뀌었고 '不'은 '弗'로 표기되어 있다.

或貴耳而遺目. 所以竭其管穴, 俯洗同異之嫌, 披心日月, 仰希葵藿之照 [vi] 若臣所上 [vii], 萬一可采, 伏願頒宣羣司, 賜垂詳究, 庶陳錙銖, 少增盛典 [viii].

[vi] 여기는 『송서·율력지』에 따른 것이다. 『남제서·조충지전』에는 "竊恐讚有然否, 每崇遠而隨近, 論有是非, 或貴耳而遺目. 所以竭其管穴, 俯洗同異之嫌, 披心日月, 仰希葵藿之照"란 44글자가 누락되었다.

[vii] 여기는 『송서·율력지』에 따른 것이다. 『남제서·조충지전』에는 '臣'자가 누락되었다.

[viii] 여기는 『송서·율력지』에 따른 것이다. 『남제서·조충지전』에는 "庶陳錙銖, 少增盛典"란 여덟 글자가 누락되었다.

『대명력의』 교석*

『대명역의』는 중국 역법사에서 매우 유명한 문헌으로 당나라의 『대연역의(大衍歷議)』와 원나라의 『수시역의(授時歷議)』와 함께 고대력법의 변천을 연구하는 데 중요한 참고자료이다. 원문은 『송서』 권13 『역지(歷志)』에 수록되어 있다. 『역지』에는 조충지의 『대명역의』 앞에 대명력에 대한 대법흥(戴法興)의 의견이 실려 있었는데, 이미 역의에 산견되기 때문에 여기에는 다시 기록하지 않기로 한다. 한편 『대명역의』에 대한 일부 설명은 『대명력법 교석』에 언급되기도 했다. 따라서 기술의 편의상 이 『대명역의』를 몇 절로 나누어 간략히 설명하겠다. 동시에 일부 문자상의 오류는 이미 교정했음을 여기에 함께 밝혀둔다.

臣少銳愚, 尚專功數術. 搜練古今, 博采沈奧. 唐篇夏典, 莫不揆量. 周正漢朔, 咸加該驗. 罄策籌之思, 究疏密之辨. 至若立圓舊誤, 張衡述而弗改, 漢時斛銘①, 劉歆詭謬其數, 此則算氏之劇疵也.《乾象》之弦望定數,《景初》之交度周日, 匪謂測候不精, 遂乃乘除翻謬, 斯又曆家之甚失也. 及鄭玄、闞澤、王蕃、劉徽, 並綜數藝, 而每多疏舛. 臣昔以暇日, 撰正衆謬, 理據炳然, 易可詳密, 此臣以俯信偏識, 不虛推古人者也.

---

* 이 글은 1957년에 완성되었다. 『대명력의』는 흔히 『박의(駁議)』로 불리며 『송서·율력지하』에 실렸다. 1974년 옌 선생의 원고는 총서(總敍), 제의(諸議, 각 논의 주제), 제조(諸條, 각 조항)에 따라 절을 나누어 배치되었는데, 여기서는 1957년 번역 원고에 따라 절을 나누기로 한다. 옌 선생은 원래 각 제의, 제조 앞에 (1), (2), (3)의 번호를 매겼는데…. 선생의 석문(釋文)에 이미 어느 절의 어느 의항(議項), 어느 조(條)인지를 잘 설명하였다는 점을 고려하여, 중국어 순번을 더 추가할 필요가 없다고 판단되어 여기서는 모두 삭제했다.

① '斛'는 원문에 '解'로 잘못 표기되었기에 여기서 수정한다.

按何承天曆, 二至先天, 閏移一月；五星見伏, 或違四旬；列差妄設, 當益反損, 皆前術之乖遠, 臣曆所改定也.

既沿波以討其源, 刪滯以暢其要, 能使躔次上通, 晷管下合, 反以譏議詆, 不其惜乎. 尋法興所議六條, 並不造理. 難之關楗, 謹陳其目：

其一, 日度歲差, 前法所略. 臣據經史, 辨正此數, 而法興設難, 徵引《詩》《書》, 三事皆謬. 其二, 臣校晷景, 改舊章法, 法興立難, 不能有詰, 直云"恐非淺慮, 所可穿鑿". 其三, 次改方移, 臣無此法, 求術意誤, 橫生嫌貶. 其四, 曆上元年甲子, 術體明整, 則苟合可疑. 其五, 臣其曆七曜, 咸始上元, 無隙可乘, 復云"非凡夫所測". 其六, 遲疾陰陽, 法興所未解, 誤謂兩率日數宜同. 凡此眾條, 或援謬目譏, 或空加抑絕, 未聞折正之談, 厭心之論也. 謹隨詰洗釋, 依源徵對. 仰照天暉, 敢罄管穴.

이상은 총론이다.

먼저, 조충지는 스스로 학습 및 연구 과정을 술회하고 그 이전까지의 역산가(曆算家) 및 역법에 대해서 간략하게 비판했다.

'주정한삭(周正漢朔)'이란 고대의 육력(六曆)과 『삼통력』 『사분력』을 말한다.

이 짧은 비판에는 『구장산술』도 포함되어 있는 것이 분명하고, '장형술이불개(張衡述而弗改, 장형은 진술하기만 할 뿐 자신의 주장을 밝히지 않는다)'란 말은 『구장산술·소광(少廣)』 중 개립원술(開立圓術)에 대한 주에서 장형의 『산(算, 망론(罔論))』을 인용한 내용을 가리켜 하는 말이었을 것이다. 유휘에 대한 언급은 유휘의 『구장산술』와 중차술(重差術)을 가리켰을 것이다. 함택(闞澤)은 또한 『구장산술』에 관한 저작이 있었는데 『초학기(初學記)』에서는 함택이 저술한 『구장』의 내용을 인용한 대목이 나온다.

'열차망설(列差妄設)'이란 『원가력』의 지질표(遲疾表) 내 각 수치를 말한다. 『송서·역지』에 실린 『원가력』은 현행 간본에 많은 오류가 있다. 이 열차(列差)는 손익률차(損益率差)를 가리키는데, 현행 간본에서는 영축적분(盈縮積分) 안에 잘못 배치되어 있을뿐더러 열차차법(列差差法)과 함께 섞여 있다(송 간본에서부터 오류가 있었다).

다음으로, 조충지는 대법흥이 제기한 반대 의견을 요약하여 간단히 서술한 것이다. 『대명력』에서 주로 개혁한 것은 장세절운(章歲節閏), 세차(歲差) 정의, 칠요동일상원(七曜同一上元), 상원갑자(上元甲子) 등의 항목이다. 대법흥은 당시 보수 세력을 대표하여 조충지의 이러한 개혁에 반대 의견을 제기했다. 조충지는 다시 이 의견들에 대해 변론하였는데, 이 변론을 통해 그의 개력(改曆) 창의성이 더욱 명확해졌다. 아래는 이 의견들에 대한 조목별로의 변론이다.

法興議曰:"夫二至發斂, 南北之極, 日有恒度, 而宿無改位. 故古曆冬至, 皆在建星."

冲之曰:周漢之際, 疇人喪業, 曲技競設, 圖緯實繁. 或借號帝王以崇其大, 或假名聖賢以神其說. 是以讖記多虛, 桓譚知其矯妄;古曆舛雜, 杜預疑其非直.

按《五紀論》:《黃帝曆》有四法,《顓頊》《夏》《周》並有二術, 詭異紛然, 則孰識其正. 此古曆可疑之據一也.《夏曆》七曜西行, 特違衆法, 劉向以爲後人所造. 此可疑之據二也.《殷曆》日法九百四十, 而《乾鑿度》云《殷曆》

以八十一爲日法. 若《易緯》非差,《殷曆》必妄. 此可疑之據三也.《顓頊》曆元, 歲在乙卯, 而《命曆序》云:"此術設元, 歲在甲寅."此可疑之據四也.《春秋》書食有日朔者凡二十六. 其所據曆, 非《周》則《魯》. 以《周曆》考之, 檢其朔日, 失二十五;《魯曆》校之, 又失十三. 二曆并乖, 則必有一僞.此可疑之據五也. 古之六術, 並同《四分》. 四分之法, 久則後天. 以食檢之, 經三百年輒差一日. 古曆課今, 其甚疏者, 朔後天過二日有餘. 以此推之, 古術之作皆在漢初周末, 理不得遠. 且却校《春秋》, 朔並先天, 此則非三代以前之明徵矣. 此可疑之據六也.

尋《律曆志》, 前漢冬至日在斗牛之際, 度在建星, 其勢相隣, 自非帝者有造, 則儀漏或闕, 豈能窮密盡微, 纖毫不失. 建星之說, 未足證矣.

이상은 제1의항 제1조이다. 제1의항의 총 제목은 "조충지가 제정된 신력에서 주장한 현재 해마다 동지 위치가 조금씩 차이가 난다는 점에 대하여 (沖之新推曆術今冬至所在歲歲微差)"이다. 세차를 정하는 것에 관한 논의이다.

이 조항에서 대법흥이 제기한 것은 만약 세차가 있다면 '동지가 모두 건성(建星)에 있다는 고력(古曆)'의 관점에 부합하지 않다는 것이다. 따라서 조충지가 중점적으로 고력을 논한 것이다.

고대에는 '육력(六曆)'이라 불리는 여섯 가지 역법이 있었다. 육력은 『황제력(黃帝曆)』, 『천단력(顓頓曆)』, 『하력(夏曆)』, 『은력(殷曆)』, 『주력(周曆)』, 『노력(魯曆)』을 통틀어 일컫는 말이다. 이 여섯 역법은 모두 사분법,

곧 1년을 $365\frac{1}{4}$일, 19년 7윤(19년에 7번 윤달을 넣는 방식)을 사용하였다. 그러므로 한 달의 길이는 $\left(365\frac{1}{4} \div \frac{19 \times 12 + 7}{19}\right) = 29\frac{499}{940}$일이 되는데, 이른바 일법(日法)이 '940'이라는 것이다. 한편 81일을 일법으로 한다는 것은 한 달의 길이로 $29\frac{43}{81}$일로 계산하는 것이다. 『삼통력(三統曆)』에서 이러한 일법을 채택하였다. 사분법에 따르면 한 달은 29.53085일이 되며, 『대명력』에서는 한 달을 29.53059일로 계산하였다.

$$(29.53085 - 29.53059) \times 12\frac{7}{19} \times 300 \approx 1.$$

그러므로 "식(食)으로 검증하고 300년마다 1일 차이가 난다"는 것이다. 고대 역법을 현재에 적용하는 것을 '고력과금(古曆課今)'이라 하는데, 이는 당시의 기삭(氣朔)을 고대 역법으로 추산하는 것을 말한다. 『은력(殷曆)』의 예를 보자.

상원갑인(上元甲寅)부터 대명(大明) 5년까지 모두 2760828년으로 계산하면 지기(地紀) 제7부인 무오부(戊午蔀)에 해당하고 입부년(入蔀年)은 51년이 되며 천정삭(天正朔)의 대여(大餘)는 4, 소여(小餘)는 410이다. 그러면 무오(戊午)의 산외(算外)를 삭일(朔日) 임술(壬戌)(54+4=58)로 하여 『대명력』에 따르면 그 해의 천정삭은 $55\frac{2386}{3939}$임이 추산된다.

$$58\frac{410}{940} - 55\frac{2386}{3939} = 2.83.$$

따라서 "훗날에는 2여일이나 더 차이가 난다(後天過二日有餘)"라고 한 것이다.

300년마다 하루 차이가 났다가 지금은 이틀 이상 차이가 나므로, 대명 5년에서 700여 년 전으로 거슬러 올라가면 주말한초(周末漢初)가 된다.

『오기론(五紀論)』은 한나라 유향(劉向)이 지었다. 『한서·율력지』에는 "유향이 육력을 종합하여 잘잘못(是非)을 열거하고 『오기편』을 지었다"고 기록되어 있다. 또한 『한서·예문지(藝文志)』에는 『황제오가력(黃帝五家曆)』이 실려 있고, 『전욱력(顓頊曆)』에는 갑인원(甲寅元)과 을묘원(乙卯元) 두 가지가 있다. 『하력』와 『주력』의 역술(曆術)은 진나라 두예(杜預)의 『춘추장력(春秋長曆)』에 나온다. 따라서 조충지가 말한 내용에는 근거가 있었음을 알 수 있다.①

다음으로, 조충지 이전에는 한나라 때 동지의 도수(度數)가 건성(建星)에 있다고 하였으나, 이것만으로는 고대 역법의 동지가 모두 건성에 있다고는 단정할 수 없다. (건성에 관해서 『예기(禮記)·월령편(月令篇)』 정현(鄭玄)의 주에서 "건성은 유두성(斗宿)에 있다"고 하였다. 한편 공영달(孔穎達)의 소주(疏註)에서 북주(北周) 웅안생(熊安生)의 말을 인용하여 다음과 같이 이야기하였다. "『석씨성경(石氏星經)』에 나오는 문호성(文弧星)과 건성은 28수(宿)가 아니다. 혼명(昏明)이 갈리는 것은 문호성이 정성(井宿)에 가깝고 건성이 유두성에 가까워서이다. 정성은 33도, 유두성은 26도이라 범위가 넓어서 정성과 유두성을 거론하면 어느 날에 정성과 유두성의 중심에 이르는지 알 수 없으므로 무호성과 건성을 이야기한 것이다"라고 하였다.)

法典議曰:"戰國橫鶩, 史官喪紀, 爰及漢初, 格候莫審, 后雜觚知在南斗二十一度 ⁱ⁾, 元和所用, 即與古曆相符也. 逮至景初, 終無毫忒."

---

① 청나라 고관광(顧觀光, 1799-1862)의 『육력통고(六曆通考)』에서 『대명력의(大明曆議)』를 인용하고 이에 대한 비판을 하였는데 참고할 수 있다.
ⁱ⁾ '二十一度'는 여러 문헌에서 '二十二度'로 기록되어 있다. 옌 선생 1957년 원고에서는 '二十二度'로 하다가 1974년 번역본에서는 '二十一度'로 수정되었다. 중화서국 1974

冲之曰：古術訛雜，其詳闕聞. 乙卯之曆，秦代所用，必有效於當時，故其言可徵也. 漢武改創，檢課詳備，正儀審漏，事在前史，測星辨度，理無乖遠. 今議者所是不實見，所非徒爲虛妄. 辨彼駮此，既非通談，運今背古，所誣誠多，偏據一説，未若兼今之爲長也. 《景初》之法實錯，五緯今則在衝，二[ii] 至曩已移日. 蓋略治朔望，無事檢候，是以晷漏昏明，並即元和，二分異景，尚不知革，日度微差，宜其謬矣.

이상은 제1항 제2조의 내용이다. 대법흥의 주요 견해는 한나라『사분력』에서 동지가 두수(斗宿) 22도에 있었고, 진나라『경초력』에 이르러서도 동지가 여전히 두수 22도에 있었다는 점을 들어 연차(年差)가 없었음을 역설하였다. 조충지의 견해는『경초력』이 잘못되었다는 것으로, 단지 '삭망(朔望)을 대강 다루었을 뿐 별자리의 위치를 검증하지 않았다'고 하면서 일도(日度)에 차이가 있음을 강조하였다.『진서·율력지』에서 강급(姜岌)의 다음 주장을 실었다. "『경초력』의 두분(斗分)은 대강 맞았으나 해가 있는 곳은 4도 차이가 났고, 일식과 월식도 그 차례에 맞지 않았다. 가령 해가 동정성(東井)에 있을 때 일식이 있으면 달의 위치를 보면 삼육도(參六度)에 있어 그 차이가 이토록 크니, 어찌 천시(天時)와 인사(人事)를 고찰할 수 있겠는가?"라고 하는 것이다. 이로 보아 조충지 이전에는 벌써『경초력』에 대해 비판하는 이가 있었다는 것을 알 수 있다.

년 교정본『송서·율력지』또한 '『속한지(續漢志)』'를 근거로 '二十一度'로 수정하였다'고 설명하고 있다.

[ii] '二' 자에 대해서는 옌 선생의 1957년 원고에 '□'로 기록되어 있으며, 주석에 원래 한 자가 탈락되었는데, 간행본에서는 잘못 'ㅁ' 자로 대체되어 있으며, 아마도 '二' 자일 것이라고 설명하고 있다. 1974년 번역본에서는 '二'로 수정되었다. 그러나 1974년 중화서국본『송서』에서는 여전히 '□'로 기록되어 있으며, 연결하여 읽도록 되어 있다.

法興議曰:"《書》云'日短星昴, 以正仲冬'. 直以月推四仲, 則中宿常在衛陽. 羲、和所以正時, 取其萬代不易也. 冲之以爲唐代冬至, 日在今宿之左五十許度, 遂虛加度分, 空撤天路."

冲之曰:《書》以四星昏中審分至者, 據人君南面而言也. 且南北之正, 其詳易准, 流見之勢, 中天爲極. 先儒注述, 其義僉同, 而法興以爲《書》說四星皆在衛陽之位, 自在巳地, 進失向方, 退非始見. 迂迴經文, 以就所執. 違訓詭情, 此則甚矣. 捨午稱巳, 午上非無星也. 必據中宿, 餘宿豈復不足以正時. 若謂舉中語兼七列者, 觜參尚隱, 則不得言, 昴星雖見, 當云伏矣. 奎婁已見, 復不得言, 伏見□□□①, 不得以爲辭, 則名將何附. 若中宿之通, 非允當寔.

謹檢經旨, 直云星昴不自衛陽, 衛陽無自顯之義, 此談何因而立. 苟理無所依, 則可愚辭成說, 曾泉、桑野, 皆爲明證. 分至之辨, 竟在何日. 循復再三, 竊深歎息.

이상은 제1항 제3조 내용이다.

『죽서기년(竹書紀年)』에 따르면 당요(唐堯) 원년 병자년부터 대명 6년 임인년까지 총 2607년이 되는데, 45년 11개월에 1도의 차이가 난다는 『대명력』의 계산대로라면, 당나라 시기의 동지는 '금수(今宿)의 왼쪽' 57도에 있었을 것으로 추정된다.

『원가력』에서도 이 점을 언급하고 있다. 『송서』 권12 하승천의 『상원가력표(上元嘉曆表)』에서 다음과 같이 언급한 바 있다.

---

① 여기 원문에 여러 글자가 탈락되어 있다.

"『요전(堯典)』에서는 '낮이 길 때 황혼 무렵 대화성(大火星)이 정남방(正南方) 하늘에 있으면 이를 가지고 하기(夏季)의 둘째 달을 정한다'고 하였는데, 지금은 하기 셋째 달 황혼에 대화성이 정남방에 있다. 또한 『요전』에서는 '밤이 길지도 짧지도 않을 때 황혼 무렵 허성(虛星)이 정남방 하늘에 있으면 이를 가지고 추계(秋季)의 둘째 달을 정한다'고 하였는데, 지금은 추계 셋째 달 황혼 때 허성이 정남방에 있다. 그때로부터 지금까지 2700여 년이 지났는데, 훈명시분(昏明時分) 중성(中星)의 위치를 검토해 보면 27, 28도의 차이가 났음을 알 수 있다. 이렇게 하면 요(堯)임금 시대 동지의 태양은 수여(須女) 10도 좌우에 있었을 것이다."

『원가력』에서는 2700여 년 동안 27, 28도의 차이가 났다는 것으로 보아, 100년에 1도씩 차이가 난다는 셈이다.[①]

대법흥은 『요전』의 사훈중성(四昏中星)이 위양(衛陽)에 있고 위국(衛國)의 분야(分野)가 해(亥)에 속하므로 위양(衛陽)의 반대편이 미(巳)가 된다고 하였다. 조충지는 이 견해를 반박하였다. 중성(中星)을 살펴보려면 먼저 태양의 위치를 정해야 하는데, 정중남방(正中南方) 오위(午位)의 별을 훈중(昏中)이라 하고, 동방의 별을 야중(夜中), 북방의 별을 단중(旦中)이라고 한다.[②] 요(堯)임금 때 동지 태양이 허수(虛宿)에 있었다면, 그림과 같이 "낮이 짧고 황혼 무렵 묘성이 남중할 때를 중동으로 정한다(日短星昴,以正仲

[①] 「신당서(新唐書)』 권27 『대연력의(大衍曆議)·일도의(日度議)』에서는 "우희(虞喜)가...50년에 1도씩 물러난다고 하였는데, 하승천은 이를 지나친다고 여겨 그 연수를 두 배로 늘렸다"고 하였다.

[②] 야중은 때로 소중(宵中)이라 하기도 하고, 단중은 때로 명중(明中)이라고도 한다.

冬)"는 것을 알 수 있다. 같은 이치로 춘분날 초저녁에 조라는 수(宿)가 남천에 높이 보일 때를 봄의 둘째 달인 중월로 하고(日中星鳥, 以正仲春), 하지날 황혼 무렵에 화성이 남중할 때를 여름의 중월로 하고(日永星火, 以正仲夏), 추분날 야반에 허수가 남중할 때를 중추로 한다(夜中星虛, 以殷仲秋).①

앞서 원문에 나오는 칠열(七列)이란 서방 일곱 수(宿)인 기수(奎宿), 유수(婁宿), 위수(胃宿), 매수(昴宿), 비수(畢宿), 저수(觜宿), 삼수(參宿)를 가리키므로, 결락된 부분에서 위수와 비수에 대해서도 언급했을 것으로 추정된다.

法興議曰:"其置法所在, 近違斗次, 則四十五年九月率移一度."

冲之曰:元和日度, 法興所是, 唯徵古曆在建星. 以今考之, 臣法冬至亦在此宿, 斗二十一 i), 了無顯證, 而虛貶臣曆乖差斗次, 此愚情之所駭也. 又年數之餘有十一月, 而議云九月. 涉數每乖, 皆此類也.

---

① 『요전』에는 이분이지(二分二至: 춘분, 추분, 하지, 동지를 말함)만 언급되고, 『예기(禮記)·월령편(月令篇)』에는 매월 초하루와 그믐날에 별자리를 관측한다는 내용이 나오는데 이와 같은 방식으로 설명할 수 있다.

i) '二十一'은 각 본에서 '二十二'로 되어 있기에 옌 선생의 1957년 원고본에는 이를 따랐다가 1974년 번역본에서는 '二十一度'로 수정되었다. 중화서국 1974년 본 『송서』에서는 『속한지(續漢志)』를 근거로 하여 '二十一'로 수정하였다고 밝혔다.

月盈則食, 必在日衝, 以檢日則宿度可辨, 請據效以課疏密. 按《太史注記》: 元嘉十三年十二月十六日甲夜①月蝕, 盡, 在鬼四度. 以衝計之, 日當在牛六. 依法興議, 日②在女八 ⁱⁱ. 又十四年五月十五日丁夜, 月蝕, 盡, 在斗二十六度. 以衝計之, 日當在井三十. 依法興議, 日③在柳三④. 又二十八年八月十五日丁夜, 月蝕,ⁱⁱⁱ 在奎十一度. 以衝計之, 日當在角二. 依法興議, 日⑤在角十二. 又大明三年九月十五日乙夜, 月蝕, 盡, 在胃宿之末. 以衝計之, 日當在氐十二. 依法興議, 日⑥在心二. 凡此四蝕, 皆與臣法符同, 纖毫不爽. 而法興所據, 頓差十度. 違衝移宿, 顯然易覩. 故知天數漸差, 則當式遵以爲典. 事驗昭晳, 豈得信古而疑今.

이상은 제1항 제4조의 내용이다. 대법흥이 45여 년에 1도 차이가 난다는 것은 잘못되었다고 지적하였기에 조충지는 월식으로 일충(日衝)을 검증한다는 실제 사례를 들어 이를 반박하였다.

法興議曰: "在《詩》'七月流火', 此夏正建申之時也. '定之方中', 又小雪之節也. 若冬至審差, 則豳公火流, 晷長一尺五寸, 楚宮之作, 晝漏五十三刻, 此詭之甚也."

---

① '甲'은 원서에서 '中'으로 잘못 기재되어 있어 이를 바로잡았다.
② '日'은 원서에서 '曰'로 잘못 기재되어 있어 이를 바로잡았다.
ⁱⁱ '八'은 각 본에서 모두 '七'로 되어 있다. 중화서국 1974년 본 『송서』는 이를 따랐다. 옌 선생의 1957년, 1974년 원고에서는 모두 '八'로 되어 있으나 교정 기록은 없다.
③ '日'은 원서에서 '曰日'로 잘못 기재되어 있어 '曰' 자를 삭제하였다.
④ '三'은 원서에서 '二'로 잘못 기재되어 있어 계산을 통해 바로잡았다. *1974년 중화서국 본 『송서』에서는 여전히 '二'로 되어 있다.
ⁱⁱⁱ 옌 선생의 1974년 번역 원고에서 인용한 원문에는 이 부분에 '盡' 자가 있다.
⑤ '日'은 원서에서 '曰日'로 잘못 기재되어 있어 '曰' 자를 삭제하였다.
⑥ '日'은 원서에서 '曰日'로 잘못 기재되어 있어 '曰' 자를 삭제하였다.

沖之曰：臣按此議二 [i])條皆謬.《詩》稱流火, 蓋略擧西移之中, 以爲驚、寒之候. '流'之爲言, 非始動之辭也. 就如始說, 冬至日度在斗二十一 [ii]), 則火星之中, 當在大暑之前, 豈隣建申之限. 此專自攻糾, 非爲矯失.《夏小正》："五月昏, 大火中." 此復在衛陽之地乎. 又謂臣所立法, 楚宮之作, 在九月初. 按《詩》傳、箋皆謂'定之方中'者, 室壁昏中, 形四方也. 然則中天之正, 當在室之八度. 臣曆推之, 元年立冬后四日, 此度昏中, 乃自十月之初, 又非寒露之日也. 議者之意, 蓋誤以周世爲堯時, 度差五十, 故致此謬. 小雪之節, 自信之談, 非有明文可據也.

이상은 제1항 제5조로, 제4조 내용에 이어지는 부분이다. 조충지는 옛 일(古事,『시경』의 두 사례)을 들어 검증하므로써 45여년에 1도 차이가 난다는 관점에 이의가 있다는 대법흥의 주장을 반박하였다.

주루(晝漏) 53각은 한로절(寒露節)을 가리킨다. 이는 『대명력』에서 한로절 주루가 52각 9분이라는 것을 통해 이를 알 수 있다.

法興議曰："仲尼曰：'丘聞之, 火伏而後蟄者畢. 今火猶西流, 司曆過也.' 就如冲之所誤 [i]), 則星無定次, 卦有差方. 名號之正, 古今必殊. 典誥之音, 時

---

[i]) '二'는 각 본에서 '三'으로 되어 있다. 옌 선생의 1957년 원고 및 1974년 중화서국 본『송서』는 이를 따랐다. 옌 선생의 1974년 번역 원고에서는 '二'로 수정되었는데 여기서 이를 따랐다.

[ii]) '一'은 각 본 및 옌 선생의 1957년 원고에서는 '二'로 되어 있다. 1974년 번역 원고에서는 '一'로 수정하였는데 여기서 이를 따랐다. 1974년 중화서국 본『송서』에서도『속한지(續漢志)』를 근거로 하여 '一'로 수정하였다고 밝혔다.

[i]) '誤'는 옌 선생의 1957년 원고에서 "원래 '誤'로 되어 있었으나 문맥상 '談'이어야 한다"고 주석을 달며 '談'으로 수정하였다. 1974년 번역 원고에서는 다시 원문대로 '誤'로 수정되었다.

不通軌. 堯之開、閉, 今成建、除, 今之壽星, 乃周之鶉尾也. 即時東壁, 已非玄武, 軫星頓屬蒼龍, 誣天背經, 乃至於此.①"

冲之曰：臣以爲辰極居中, 而列曜貞觀, 羣像殊體, 而陰陽區別. 故羽介咸陳, 則水火有位, 蒼素齊設, 則東西可準, 非以日之所在定其名號也. 何以明之？夫陽爻初九, 氣始正北, 玄武七列, 虛當子位. 若圓儀辨方, 以日爲主, 冬至所舍, 當在玄枵；而今之南極, 乃處東維. 違體失中, 其義何附？若南北以冬夏禀稱, 則卯酉以生殺定號, 豈得春臚義方, 秋麗仁域, 名舛理乖, 若此之反哉！因玆以言, 固知天以列宿分方, 而不在於四時, 景緯環序, 日不獨守故轍矣.

至於中星見伏, 記籍每以審時者, 蓋以曆數難詳, 而天驗易顯, 各據一代所合, 以爲簡易之政也. 亦猶夏禮未通商典, 《濩》容豈襲《韶》節, 誠天人之道同差, 則藝之興, 因代而推移矣.

月位稱建, 諒以氣之所本. 名隨實著, 非謂斗杓所指. 近校漢時, 已差半次, 審斗節時, 其效安在. 或義非經訓, 依以成說, 將緯候多詭, 僞辭間設乎？次隨方名, 義合宿體, 分至雖遷, 而厥位不改, 豈謂龍火貿②處, 金水亂列, 名號乖殊之議③, 抑未詳究.

至如壁非玄武, 軫屬蒼龍, 瞻度察曷, 實效咸然. 《元嘉曆法》, 壽星之初, 亦在翼限. 參校晉注, 顯驗甚衆. 天數差移, 百有餘載. 議者誠能馳辭騁辯, 令南極非冬至, 望不在衝, 則此談乃可守耳. 若使日遷次留, 則無事屢嫌, 乃臣曆

---

① 이 두 문장은 『을사점(乙巳占)』에서 '사천배지(誣天背地), 내지어사(乃至於斯)'로 인용되어 있다.

② '貿'는 『을사점』에서 '質'로 되어 있다. *옌 선생의 1974년 번역 원고에서는 '易'으로 수정되어 있다.

③ '議'는 『을사점』에서 '義'로 인용되어 있다.

之良證, 非難者所宜列也.

　　尋臣所執, 必據經史, 遠考唐典, 近徵漢籍, 識記碎言, 不敢依述, 竊謂循經之論也. 月蝕檢日度, 事驗昭著, 史注詳論, 文存禁閣, 斯又稽天之說也.《堯典》四星, 並在衛陽, 今之日度, 遠準元和, 誣背之誚, 實此之謂.

　　위는 제1항 제6조 내용이다. 대법흥은 12차(次)가 28수(宿)에 고정되어 있어 세차(歲差)가 있다면 서로 부합하지 않을 것이라고 의문을 제기하였다. 이에 조충지는 12차가 반드시 28수에 부합할 필요 없다고 주장하였다. 그렇지 않으면 태양의 위치는 변한데 12차와 무관함을 인정하면 괜히 트집을 잡는 것이 된다고 하면서 제1항을 요약하였다.

　　12차란 태양이 하늘에서 황도를 따라 움직이는 위치를 12등분한 것을 말한다. 그리고 등분마다 전문 명칭이 있다. 주나라 한나라 시대에는 세차가 없었기에 12차와 28수 사이의 관계가 일정하게 유지되었었다. 하지만 세차의 원리에 따르면 연대가 오래될수록 12차는 28수에 대해 점차 앞서 나가게 되며, 고정불이(固定不移)의 상태를 유지할 수 없다. 조충지의 이유가 매우 충분한 것으로 보인다.

'원의변방(圓儀辨方)'에서의 '원의(圓儀)'는 혼천의(渾天儀)를 가리킨다. 『양자법언(揚子法言)·중려편(重黎篇)』 송함(宋咸)의 주에서는 "한나라 때 낙하굉(落下閎), 선우망인(鮮于妄人), 경수창(耿壽昌)이 원의를 제작하여 역도(曆度)를 검증하였다"고 밝혔다. 『진서(晉書)·천문지(天文志)』에서는 '원의'를 '원의(員儀)'라고 하였다. 또한 『후한서(後漢書)·율력지(律曆志)』에서는 "대사농중승(大司農中丞) 경수창이 상주하기를 '도의(圖儀)로 일월행차를 측정하여 천운상태를 고증하였다"고 하였는데, 이 도의가 바로 원의인 것으로 추정된다.

고대 12차(次)와 28수(宿) 및 사방(四方)의 관계에 대해서는 앞의 그림을 보면 이 부분의 내용에 대해서 이해할 수 있을 것이다.

또한 이 부분에서 조충지는 고대의 월건(月建) 방법을 비판하였다. 월건은 두건(斗建)이라고도 하며, 곧 위의 원문에서 '두주(斗杓)'로 지칭된 것을 말한다.

法興議曰:"夫日有緩急, 故斗有闊狹. 古人制章, 立爲中格, 年積十九, 常有七閏. 晷或盈虛, 此不可革. 沖之削閏壞章, 倍減餘數, 則一百三十九年二月, 於四分之科頓少一日; 七千四百二十九年輒失一閏. 夫日少則先時, 閏失則事悖. 竊聞時以作事, 事以厚生, 此乃生民之所本, 曆數之所先. 愚恐非沖之淺慮, 妄可穿鑿."

沖之曰: 按《後漢書》及《乾象說》,《四分曆法》雖分章設蔀創自元和, 而晷儀衆數定於熹平[①]三年.《四分》志立冬中影長一丈, 立春中影九尺六寸. 尋

[①] '熹平'은 원래 '嘉平'으로 잘못 기록되었다. 한나라 희평 3년에 『사분력』을 사용했고, 위(魏) 나라 가평 3년에 『경초력』을 사용했다고 한다. 이는 왕왈정(汪曰楨)이 교

冬至南極, 日晷最長, 二氣去至, 日數既同, 則中影應等, 而前長後短, 頓差四寸, 此曆景冬至後天之驗也. 二氣中影, 日差九分半弱, 進退均調, 略無盈縮. 此率計之, 二氣各退二日十二刻, 則晷影之數, 立冬更短, 立春更長, 並差二寸, 二氣中影俱長九尺八寸矣, 即立冬、立春之正日也. 以此推之, 曆置冬至, 後天亦二日十二刻也. 熹平三年, 時曆丁丑冬至, 加時正在日中. 以二日十二刻減之, 天實[i)]以乙亥冬至, 加時在夜半後三十八刻.

又臣測景曆紀, 躬辨分寸, 銅表堅剛, 暴潤不動, 光晷明潔, 纖毫然. 據大明五年十月十日, 影一丈七寸七分半, 十一月二十五日, 一丈八寸一分太, 二十六日, 一丈七寸五分強, 折取其中, 則中天冬至應在十一月三日. 求其蚤晚, 令後二日影相減, 則一日差率也. 倍之爲法, 前二日減, 以百刻乘之爲實, 以法除實, 得冬至加時在夜半後三十一刻, 在《元嘉曆》後一日, 天數之正也.

量檢竟年, 則數減均同; 異歲相課, 則遠近應率. 臣因此驗, 考正章法. 今以臣曆推之, 刻如前, 竊謂至密, 永爲定式.

尋古曆法, 並同《四分》, 《四分》之數, 久則後天, 經三百年朔差一日. 是以漢載四百, 食率在晦. 魏代已來, 遂革斯法, 世莫之非者, 誠有效於天也. 章歲十九, 其疏尤甚, 同出前術, 非見經典. 而議云此法自古, 數不可移. 若古法雖疏, 永當循用, 謬論誠立, 則法興復欲施《四分》於當今矣, 理容然乎？臣所未譬也. 若謂今所革創, 違舜失衷者, 未聞顯據有以矯奪臣法也.

정한 바에 따른 것이다. 자세한 내용은 왕왈정 원고『이십사사월일고(二十四史月日考)』권29하『송서』4에 나온다. 이하 동.
[i)] '實'은 각 본에서 '定'으로 잘못 기록되어 있었는데, 1974년 중화서국본『송서』에서도 이를 따랐다. 옌 선생의 1957년 원고에서도 '定'으로 되어 있었지만, 다음과 같이 주석을 달며 설명하였다. "『남사·도홍경전(陶弘景傳)』에서는 '定' 자를 '實'로 했다. '實'이 맞는 것 같다. 아마도 '實'이 혼히 '寔'로 썼기 때문에 '定'으로 잘못 기록된 것으로 보인다"라고 했다. 1974년 번역본에서 '實'로 수정되었다.

《元嘉曆》術減閏餘二, 直以襲舊分粗, 故進退未合. 至於棄盈求正, 非爲乖理. 就如議意, 率不可易, 則分無增損, 承天置法, 復爲違謬. 節氣蚤晚, 當循《景初》, 二至差三日, 曾不覺其非, 橫謂臣曆爲失, 知日少之先時, 未悟增月之甚惑也. 誠未覩天驗, 豈測曆數之要, 生民之本, 諒非率意所斷矣.

又法興始云窮識晷變, 可以刊舊革今 i), 今復謂晷數盈虛, 不可爲准, 互自違伐, 罔識所依. 若推步不得准, 天功絕於心目, 末詳曆紀 ii) 何因而立. 案《春秋》以來, 千有餘載, 以食檢朔, 曾無差失, 此則日行有恒之明徵也. 且臣考影彌年, 窮察毫微, 課驗以前, 合若符契. 孟子以爲"千歲之日至, 可坐而知", 斯言實矣. 日有緩急, 未見其證, 浮辭虛貶, 竊非所懼.

이상은 제2항 논쟁점이다. 이 논쟁점의 제목은 "충지가 또 장법(章法)을 391년에 144로 고쳤다"이다. 대법흥이 조충지의 장법 개정에 대한 이견을 제시했다. 대법흥은 "일행(日行)에 완급(緩急, 느리고 빠름)이 있다"는 것, 또 "구수(晷數, 해시계 그림자의 길이)에 영허(盈虛, 차고 비움)가 있다"는 것은 틀린 말은 아니라고 했다. 하지만 장윤(章閏)을 고치지 않고 여전히 19년 7윤을 사용하자고 한 그의 주장은 잘못된 것이다. 일행에 영축(盈縮)이 있다는 주장은 조충지 이후 북제(北齊) 장자신(張子信)에 이르러서야 제기되었고 또 수(隋)나라 유조(劉焯)가 비로소 정기입력(定氣入曆)을 계산하기 시작했기 때문에 당시 조충지는 이 점에 대해서 미처 언급하지 못했던

---

i) 각 본에서 '革今' 두 글자가 빠져 있었는데, 옌 선생의 1957년 원고에서는 그대로 따랐고, 1974년 번역본에서는 보충되었다. 1974년 중화서국 본에서는 "대법흥 위의 의견에 따라 보충했다"고 하면서 '革' 글자만 보충되었고 그 아래에 '今' 자가 위 문장과 이어 읽혔다.

ii) '曆紀'는 각 본에서 '歷紀'로 되어 있었고, 옌 선생의 1957년 원고에서도 그랬다. 1974년 번역본에서 '曆紀'로 수정되었지만 교정 기록은 없었다. 여기서는 이를 따라 수정한다.

것도 그럴 만한 이유가 있었다고 하겠다.

동지(冬至) 그림자 길이로 1년 일수를 구하고, 다시 매월 일수로 나누어 몇 년에 나머지 없이 모두 몇 개월이 있는지를 구하게 된다. 이 몇 년이 바로 장세(章歲)이고, 이 몇 개월이 장월(章月)이다. 장월에서 장세의 12배를 뺀 것이 장윤(章閏)이다. 이것이 바로 조충지가 말한 '고정장법(考正章法)'이다. 위의 원문에서 말한 『원가력』의 '두 값을 답습한다(二直以襲)'는 것은 곧 구법의 장세 19와 장윤 7 이란 두 값을 그대로 계승했다는 뜻이다.

『남사』 권76 「도홍경전」에는 '그의 계산에 따르면 한나라 희평 3년 정축년(丁丑年) 동지 때 가시(加時)가 정오에 있었지만, 실제로는 을해년(乙亥年) 동지 때 가시가 자정에 있었다. 무려 38각(刻)이나 차이가 났다. 이는 한력(漢曆)보다 하늘의 실제 운행이 2일 12각이 늦었다는 뜻'이라고 했는데, 이는 『대명력』에 근거한 논의였다.①

法興議曰: "冲之既云冬至歲差, 又謂虛爲北中, 捨形責影, 未足爲迷. 何者？凡在天非日不明, 居地以斗而辨. 借令冬至在虛, 則黃道彌遠, 東北當爲黃鐘之宮, 室壁應屬玄枵之位, 虛宿豈得復爲北中乎？曲使分、至屢遷, 而星次不改, 招搖易繩, 而律呂仍往, 則七政不以璣衡致齊, 建時亦非攝提所紀, 不知五行何居, 六屬安託."

冲之曰: 此條所嫌, 前牒已詳. 次改方移, 虛非中位, 繁辭廣證, 自搆紛惑, 皆議者所謬誤, 非臣法之違設也. 七政致齊, 實謂天儀, 鄭、王唱述, 厥訓明允,

---

① 왕월정 원고 『이십사사월일고』 권62에서는 이 조목에 대해 "38각이나 차이가 난다는데 어떻게 구해진 수치인지 알 수 없다"고 했다. 실은 앞에서 이미 그 해답을 제시하였다. *이 주석은 원래 괄호 안에 넣어 교석 원문에 배치되었으나 여기서는 주로 바꿨다.

雖有異說, 蓋非實義.

이것은 제3항 논쟁점이다. 논쟁점의 제목은 "충지가 또 상원일(上元日)의 도수를 허수 1도(虛一)에서 출발하게 하고, 허수(虛宿)이 북방 열수(列宿) 가운데에 있는 것으로 설정했다"이다. 대법흥은 세차(歲差)가 있으면서도 허수(虛宿)를 사용하고, 허수를 영원히 북방 가운데에 두는 것은 불가능하다고 보았다.

조충지는 "허수가 중위(中位)가 아니라"고 답변했다. 그 이치는 매우 간단하다(바로 세차 때문이다). 이 논쟁점에서 상원을 제시한 후 바로 다음 논쟁점으로 이어졌다.

法興議曰:"夫置元設紀, 各有所尚, 或據文於圖讖, 或取效於當時. 冲之云'羣氏糾紛莫審其會'. 昔《黃帝》辛卯, 日月不過;《顓頊》乙卯, 四時不忒;《景初》壬辰, 晦無差光;《元嘉》庚辰, 朔無錯景;豈非承天者乎. 冲之苟存甲子, 可謂爲合以求天也."

冲之曰:夫曆存效密, 不容殊尚合, 讖乖說訓, 義非所取. 雖驗當時, 不能通遠, 又臣所未安也. 元值始名, 體明理正. 未詳辛卯之說何依. 古術詭謬, 事在前牒, 溺名喪實, 殆非索隱之謂也. 若以曆合一時, 理無久用. 元在所會, 非有定歲者. 今以效明之. 夏、殷以前, 載籍淪逸.《春秋》、漢史, 咸書日蝕, 正朔詳審, 顯然可徵. 以臣曆檢之, 數皆協同, 誠無虛設, 循密而至, 千載無殊, 則雖遠可知矣. 備閱曩法, 疏越實多, 或朔差三日, 氣移七辰[i], 未聞可以下通於今者也. 元在乙丑, 前說以爲非正, 今値甲子, 議者復疑其苟合, 無名之歲,

---

[i] '辰'은 각 본에서 '晨'으로 되어 있었다. 옌 선생은 '辰'으로 고쳤지만 교정 기록은 없었다.

自昔無之, 則推先者將何從乎？曆紀[ii]之作, 幾於息矣. 夫爲合必有不合, 願聞顯據, 以覈理實.

위는 네 번째 논쟁점이다. 제목은 "충지가 또 상원(上元)을 갑자(甲子)로 설정했다"이다.

대법흥은 조충지 이전의 각 역서(曆書)에서 상원이 갑자가 아니었지만, 모두 보천균합(步天均合, 추산이 실제 상황과 일치함)했기 때문에 조충지의 상원 갑자는 짜깁듯이 맞춘 것이라고 여겼다. 이는 물론 잘못된 견해이다. 아마도 대법흥은 아직 상원의 이치를 완전히 이해하지 못했기 때문에 이같은 유치한 이의를 내세웠던 것으로 보인다.

조충지는 자신 이전의 각 역서는 당시에만 적합했을 뿐 그 이후로는 적용될 수 없다고 말했다. 즉, 조충지 당시에는 이전의 역서가 더 이상 적합하지 않았다는 뜻이다. 이 점은 조충지가 당시 천문 지식 발전의 한계 때문에 이렇게 제안할 수밖에 없었다고 하겠다. 사실『대명력』도 일정 기간이 지나면 더 이상 적용할 수 없게 된 것이 마찬가지이다.

이전의『인력(殷曆)』에 따라 삭차(朔差)를 추산해 보면 2.83일 차이가 났기 때문에 삭삭차3일(朔差三日, 일이 3일 차이가 난다)이라는 것이다. 또 기이칠신(氣移七辰, 기가 7신이나 이동한다)이라는 말도 있는데 계산대로라면 기의 이동(移動)은 5신이어야 한다.

$$51937 \times \frac{207044}{39491} = 272296 \frac{2892}{39491},$$

[ii] '曆紀'는 각 본에서 '歷紀' 되어 있었는데, 옌 선생은 '曆紀'로 수정해 놓기만 하고 교정 기록은 없었다.

$$\left(51 \times \frac{168}{32}\right) + 54 = 321\frac{24}{32}.$$

각각 60으로 나누면 앞의 값은 $16\frac{2892}{39491}$, 뒤의 값은 $21\frac{24}{32}$가 된다.

$$21\frac{24}{32} - 16\frac{2892}{39491} \approx 5.$$

따라서 5신이어야 한다.

法興議①曰:"夫交會之元,則蝕旣可求,遲疾之際,非凡夫所測.昔賈逵略見其差,劉洪粗著其術,至於疏密之數,莫究其極.且五緯所居,有時盈縮,即如歲星在軫,見超七辰.術家旣追算以會今,則往之與來,斷可知矣.《景初》所以紀首置差,《元嘉》兼又各設後元者,其並省功於實用,不虛推以爲煩也.冲之旣違天於改易,又②設法以遂情,愚謂此治曆之大過也."

冲之曰:遲疾之率,非出神怪,有形可檢,有數可推.劉、賈能述,則可累功以求密矣.議又云"五緯所居,有時盈縮","歲星在軫,見超七辰".謂應年移一辰也.案歲星之運,年恒過次,行天七帀,輒超一位.代以求之,曆凡十法,並合一時,此數咸同,史注所記,天驗又符.此則盈次之行,自其定准,非爲衍度濫徙,頓過其衝也.若審由盈縮,豈得常疾無遲?夫甄耀測象者,必料分析度,考往驗來,准以實見,據以經史.曲辯碎說,類多浮詭.甘、石之書,互爲矛楯.今以一句之經,誣一字之謬,堅執偏論,以罔正理,此愚情之所未厭也.

算自近始,衆法可同.但《景初》之二差,承天之後ⁱ⁾元,實以奇偶不協,故

---

① 원서에서 이 '議'자가 빠졌으나, 지금 교정하여 보충하였다.
② '又'는 원서에서 '文'자로 되어 있었는데, 문맥에 따라 교정하여 '又'로 고쳤다. 앞서 인용한 내용에는 잘못이 없다.
i) 각본에서 '后'자를 삭제했으나, 옌 선생 1957년 원고와 1974년 번역본에서는 보충되었다. 중화서국 1974년본 『송서』에서도 보충되었다.

數無盡同, 爲遣前設后, 以從省易. 夫建言倡論, 豈尚矯異. 蓋令實以文顯, 言勢可極也. 稽元曩歲, 羣數咸始, 斯誠術體理, 不可容譏, 而譏[ii]者以爲過謬之大者. 然則《元嘉》置元, 雖七率舛陳, 而猶紀協甲子, 氣朔俱終, 此又過謬之小者也. 必當虛立上元, 假稱曆始, 歲違名初, 日避辰首, 閏餘朔分, 月緯七率, 並不得有盡, 乃爲允衷之製乎？ 設法情實, 謂意之所安. 改易違天, 未覩理之議者也.

이것은 다섯 번째 논쟁점이다. 의제는 '충지가 또한 일월오위(日月五緯)의 교회(交會) 지질(遲疾)이 모두 상원(上元)에서 시작함을 설정했다'이다.

대법흥이 『경초력』의 기수(紀首)에서 차(差)를 두는 것과 『원가력』에서 후원(後元)을 설립하는 것이 모두 계산상의 편의를 위함이라고 보는 것은 타당한 주장이며 바람직한 방식이라 할 수 있겠다. 중국 역법(曆法)의 발전사에서도 그 실례를 찾아볼 수 있다. 이 점에 대해서는 조충지는 더 나은 반론을 제시하지 못하였다.

한편 '역범십법(曆凡十法, 역법이란 모두 10가지이다)'에서 십법(十法)이란 것은 성수(成數)를 들어 말한 것이다. 실제로 11력(十一曆)이 되어야 한다.

法興議[①]曰："日有八行, 合成一道；月有一道, 離爲九行. 左交右疾, 倍半相違. 其一終之理, 日數宜同. 冲之通周[②]與會周相覺九千四十, 其陰陽七十九

[ii] '譏'는 옌 선생 1957년 원고에서 '議'로 고쳐졌으며, '議'는 원서에서 '譏'로 되어 있었는데, 형태상 유사한 데서 비롯된 잘못일 것이라고 하였다. 1974년 번역본에서는 '譏' 자로 되돌렸다.

[①] 원서에서 이 '議'자가 빠졌다.

[②] '通周'는 원서에서 '通同'으로 잘못 적혀 있다.

周有奇, 遲疾不及一帀, 此則當縮反盈, 應損更益."

冲之曰：此議雖游漫無據, 然言迹可檢. 按以日八行, 譬月九道, 此爲月行之軌, 當循一轍, 環帀於天, 理無差動也. 然則交會之際, 當有定所, 豈容或斗或牛, 同麗一度. 去極應等, 安得南北無常. 若日月非例, 則八行之說是衍文邪? 左交右疾, 語甚未分, 爲交與疾對? 爲舍交即疾? 若舍交即疾, 即交在平率入曆七日及二十一日是也. 值交蝕既, 當在盈縮之極, 豈得損益, 或多或少. 若交與疾對, 則在交之衝, 當爲遲疾之始, 豈得入曆或深或淺. 倍半相違, 新故所同. 復摽此句, 欲以何明. 臣覽曆書, 古今略備, 至如此說, 所未前聞, 遠乖舊準, 近背天數, 求之愚情, 竊所深惑.

尋遲疾陰陽不相生, 故交會加時, 進退無常, 昔術著之久矣, 前儒言之詳矣. 而法興云日數宜①同. 竊謂議者未曉此意, 乖謬自著, 無假驟辯. 既云盈縮失衷, 復不備記其數, 或自嫌所執, 故汎略其說乎? 又以全爲率, 當互因其分, 法興所列二數皆誤, 或以八十爲七十九, 當縮反盈, 應損更益, 此條之謂矣.

위의 내용은 제6항으로, 제5항의 논쟁점에 이어지는 내용이다. 대법흥은 근점주(近點周)와 교점주(交點周)의 "일수가 마땅히 같아야 한다(日數宜同)"고 보았으나, 조충지는 이것이 불가능하다고 여겼다. 더군다나 유홍의 『건상력』과 하승천의 『원가력』에도 이런 이야기가 없다고 하였다. 만약 고정된다면 입교일(入交日)과 입전일(入轉日)이 일정한 관계를 이루게 되어 교회의 가시(加時) 및 진퇴가 일정해지게 되는데, 이는 부당하다고 보았다.

---

① 원서에서 이 '宜'자가 빠졌으나, 앞의 논의에 따라 보충하였다.

'9040'은 '9033'이어야 한다.

　　726810 - 717777 = 9033,

　　9033 × 80 = 722640.

이 숫자는 통주수보다 작으므로, 이것을 통주로 삼을 때는 "실제 위치가 평균 속도로 추산한 위치보다 뒤쳐져야 하는데 오히려 앞서게 되었고, 속도가 느릴 때 그것을 줄여야 하지만 오히려 빨라졌다(當縮反盈,應損更益)"는 문제를 낳는다. 대법흥이 주장한 79주는 9033 × 79이므로 통주수보다 더 작다.

　　總檢其議, 豈但臣曆不密, 又謂何承天法乖謬彌甚. 若臣曆宜棄, 則承天術益不可用. 法興所見既審, 則應革創. 至非景極, 望非日衝, 凡諸新說, 必有妙辯乎.

이상으로 마무리한다.

부록

『대명력의(大明曆議)』 금역*

저는 청년 시절부터 수학을 좋아해서 고대와 근대의 많은 서적을 수집하고 깊이 탐구하였습니다. 『서경(書經)』에 나오는 천문 자료도 모두 재검토하였습니다. 주나라와 한나라 시대의 역법 또한 검증해 보았습니다. 계산할 수 있는 것은 모두 계산해 보았고, 그중 소홀히 다루어진 부분과 적절한 부분을 구분해 봤습니다. 『구장산술(九章算術)』의 구체적분 공식은 잘못되었는데 장형(張衡)은 그 오류를 알고도 수정하지 않았습니다. 왕망(王莽) 동허명문(銅斛銘文)의 숫자는 원주율로 계산하면 문제가 있었는데, 유흠(劉歆)은 잘못된 숫자를 그대로 사용하였습니다. 이런 것들은 수학적으로 큰 잘못입니다. 유홍의 『건상력』과 양위(楊緯)의 『경초력(景初曆)』에서 정삭(定朔), 정망(定望)을 계산하는 방법은 관측상 문제가 있거나 계산이 지나치게 복잡했습니다. 이것 또한 역법상의 실수입니다. 과학 분야를 연구하신 정현(鄭玄), 감택(闞澤), 왕번(王蕃), 유휘(劉徽) 등도 그분들의 작업에 많은 한계가 있었습니다. 저는 전에 시간을 내어 이러한 오류들을 하나하나 바로잡았습니다. 그 증거는 확실하여 반박의 여지가 없습니다. 저는 선인들의 작업을 실제로 탐구하였기에 작은 자신감과 견해를 가질 수 있었습니다. [맹목적으로 고인을 숭배하는 것은 절대 아닙니다.]

---

* 이 번역본은 옌 선생이 1974년 9월 21일에 완성하였다. 원고는 원문과 번역문이 대조되어 배치되었으나, 여기에는 번역문만 수록되어 있다. 옌 선생의 원고는 단지 초고일 뿐이며, 일부 문장은 원고에서 번역되지 않았다. 그래서 정리자가 그중 일부 문장을 시험 삼아 번역하여 대괄호로 표시하였다.

하승천의 『원가력』에 따르면 동지와 하지의 날짜가 정해진 날짜보다 빨랐기 때문에 윤달(閏月)이 한 달 앞당겨졌습니다. 또한 오성(五星)의 운동 주기를 다시 관측했을 때 40여 일의 차이가 있었습니다. 달의 운동 속도를 계산할 때 전날 운행 거리와 당일 운행 거리의 차이를 추가한 것은 불필요했습니다. 그리고 달이 근지점(近地點, 지구에 가장 가까운 날)의 7일째와 21일째를 종일 평균 운행 거리로 계산한 것도 잘못되었습니다. 이같은 전대(前代) 역법의 잘못된 부분들은 제 역법에서 모두 수정되었습니다.

역법의 역사 변천 관계를 명확히 하고, 방해가 되는 부분은 제거하고 유용한 부분은 발전시킴으로써 역법을 객관적 실제에 더욱 부합하게 만들었는데도 비웃음과 비난을 받는 것이 아쉬운 일이 아니겠습니까? 대법흥이 제기한 6가지 이견은 모두 이치에 맞지 않으니 그가 제게 비난한 주요 내용을 먼저 조목별로 다음과 같이 열거하겠습니다.

제1조, 과거 역법들은 세차(歲差)에 대해 언급하지 않았지만, 저는 고대 기록을 바탕으로 이를 계산하기 시작했습니다. 대법흥이 제 역법을 비난하기 위해 인용한 『시경(詩經)』과 『서경(書經)』의 세 사례에 대한 해석은 모두 잘못되었습니다. 제2조, 제가 겨울 동지(冬至) 때 정오의 태양 그림자 길이를 통해 두 동지 사이의 일수를 구하여 회귀년(回歸年) 일수를 산출하고, 이를 바탕으로 구식의 19년 7윤법(閏法)을 수정했습니다. 이에 대해 반론을 내세울 것이 없는 대법흥은 제가 "지식이 얕고 이치를 모르며 억지로 꾸며낸 것"이라고 비난했습니다. 제3조, 대법흥은 제 역법에서 12차(次)의 위치를 바꾸고 방향을 이동시켰다고 말했지만, 제 역법에는 그런 내용이 없습니다. 그는 고의로 거짓말을 하여 제 역법을 비방한 것 뿐입니다. 제4조,

제 역법에서는 상원(上元)이 갑자년(甲子年) 자월(子月) 삭(朔) 갑자일(甲子日) 야반자시(夜半子時)부터 시작하며, 체계가 정연하고 계산도 편리합니다. 그런데 대법흥은 이는 "억지로 맞춘 것"이라고 말해버렸고 문제가 있는 견해입니다. 제5조, 제 역법에서는 태양, 달, 오성(五星)의 위치를 계산할 때 모두 동일한 상원(上元)에서 시작하므로 체계가 정연하고 흠 잡을 데 없이 완벽합니다. 대법흥은 이것은 보통 사람이 해낼 수 있는 일이 아니라며 저를 비난하고 의심하였습니다. 제6조, 달의 한 근지점(近地點) 일수와 한 교점월(交點月) 일수가 다릅니다. 그것도 모르는 대법흥은 두 일수가 같아야 한다고 우겼습니다. 위 각 조항들에서 대법흥은 사료를 잘못 해석하여 저를 비난하거나 근거 없이 추측하여 저를 억압하려 했을 뿐, 올바른 말이나 납득이 갈 만한 언급은 없었습니다. 다음에서는 원문을 자세히 설명함으로써 위의 비난을 하나씩 반박하겠습니다. 미력하나마 제 지식을 다해 황제께 아뢰겠습니다.

대법흥이 다음과 같이 말했습니다. "동지는 태양의 남중 고도가 가장 낮은 때이고, 하지는 태양의 북중 고도가 가장 높은 때입니다. 태양은 하늘에서 매일 1도씩 고정된 거리를 이동하며, 28수(宿)의 위치 간격도 변함이 없습니다. 그러므로 고대 역법에서 동지점은 항상 건성(建星 또는 斗星)의 위치에 있다"고 했습니다.

저는 이렇게 생각합니다. 주나라 말기부터 한나라 초기까지 천문 기술자들은 전문 업무가 없었습니다. 그래서 각자 제멋대로 말하고 도참과 위서(讖緯)의 학설도 성행했습니다. 그 숭고함을 드러내기 위해 제왕의 이름을 이용하는 이도 있고 성현의 이름을 빌려 신비로움을 지향하는 이도 있었습니다. 그러니 이른바 도참과 위서가 대부분 허구임을 환담(桓譚)은 진작부터 알고 있었습니다. 고대 역법에는 이런 것들이 섞여 있어 두예(杜預)도 벌써부터 그 중 부정확한 부분이 있다고 의심한 바 있습니다.

유향(劉向)의 『오기론(五紀論)』에 따르면, 『황제력(黃帝曆)』에는 4가지 계산법이 있고 『전욱력』, 『하력(夏曆)』, 『주력(周曆)』에는 각각 2가지 계산법이 있다고 합니다. 이들 계산법은 서로 다르므로 어느 것이 맞는지 알 수 없습니다. 이것이 고대 역법의 첫 번째 의심스러운 점입니다. 『하력』에서 태양, 달, 오성이 모두 서쪽으로 운행한다고 보는 것이 다른 역법과 구별되는 점입니다. 이 점에 대해서는 유향은 이것이 후대 사람에 의해 위조된 것이라고 여겼습니다. 이것이 두 번째 의심스러운 점이라 하겠습니다. 『은력』의 1삭망월일수(朔望月日數)는 $29\frac{499}{940}$ 일인데, 『역위(易緯)·건촉도(乾鑿度)』에는 $29\frac{43}{81}$ 일이라고 되어 있습니다. 만약 『역위』가 맞다면 『은력』의 숫자가 틀렸다는 뜻입니다. 이것이 세 번째 의심스러운 점입니다. 『전욱력』의 역원(曆元)은 을묘년(乙卯年)이지만, 『명력서(命曆序)』에는 갑인년(甲寅年)이라 1년 차이가 납니다. 이것이 네 번째 의심스러운 점입니다. 『춘추(春秋)』에는 삭일(朔日)에 일식이 있었다는 기록이 26차례나 있습니다. 이는 『주력』 또는 『노력(魯曆)』에 근거하여 산정된 것이었을 텐데, 『주력』으로 계산하면 일식이 삭일이 아닌 경우 25차례나 있고, 『노력』으로는 13차례가 맞지 않는 결과입니다. 두 역법 모두 부합하지 않지만 둘 중 하나가 반드시 당시의 역법이 아니었을 것이 분명합니다. 이것이

다섯 번째 의심스러운 점입니다. 고대 6종 역법①은 모두 사분법(四分法)②을 사용했습니다. 사분법을 오래 사용하다 보면 동지 또는 입춘 시점이 실제보다 늦어지는 것이 당연합니다. 삭일로 검증하면 대략 300년에 하루가 늦어집니다. 이들 고대 역법으로 현재의 역일 제도를 추산하면 삭일이 실제보다 2여 일 이상 늦습니다. 따라서 이들 고대 역법들이 저술된 시기는 주말 한초 범위를 벗어나지 않으며, 그 이전일 수는 없습니다. 하지만 이들 역법으로 춘추시대의 삭일을 추산하면 실제보다 빠릅니다. 이는 이들 역법들이 삼대 이전의 것이 아님을 보여줍니다. 이것이 여섯 번째 의심스러운 점입니다.

『한서·율력지』에서 이미 언급되었듯이, 전한(前漢) 시기 동지에 태양의 위치는 두수(斗宿)와 우수(牛宿) 사이에 있었고, 건성(建星)의 위치와 인접해 있습니다. 물론 이는 상제(上帝)가 꾸며낼 수 있는 것은 아닙니다. 혼의(渾儀)와 루각(漏刻) 등 천문 기기가 완벽하지 않았던 상황에서 관측한 결과는 정밀도가 떨어져 오차가 있을 수 있었습니다. 따라서 동지 때 태양이 늘 건성에 위치한다는 고력법(古曆法)의 말은 신뢰할 수는 없습니다.

대법홍은 다음과 같이 말했습니다. "전국시대(戰國時代)에는 각국이 정권을 잡고 있었기 때문에 사관(史官)의 기록도 완전하지 않았고, 심지어 기록조차 없었습니다. 한초(漢初)에 이르러서도 측후(測候)가 제대로 이루어지지 않았습니다. 나중에 대략적으로 관측하여 동지 때 태양이 두수(斗宿) 21도에 있음을 알게 되었습니다. 후한(後漢)의 『사분력』에서 이 데이터

---

① 『황제력(黃帝曆)』, 『전욱력(顓頊曆)』, 『하력(夏曆)』, 『은력(殷曆)』, 『주력(周曆)』, 『노력(魯曆)』을 가리킨다.
② 1회귀년(回歸年)이 365.25일임을 의미한다.

를 사용했습니다. 이것은 고력법과 일치하는 것입니다. 위(魏)나라『경초력』에 이르서도 여전히 이 데이터를 사용하여 조금도 변함이 없었습니다."

이에 대한 제 생각은 다음과 같습니다. 고력법에는 의심스러운 점이 많고, 그 자세한 내용은 알 수 없게 되었습니다. 단지『전욱력』만이 진나라 역일제도(曆日制度)를 반포할 때 사용되었고, 당시에는 효과가 있었던 것으로 보입니다. 역사상 전해지는 이야기는 믿어도 된다고 생각합니다. 한무제(漢武帝)가 역법을 개혁할 때는 상세한 논의를 거쳐 원의(圓儀)[①]라 불리는 기기를 다시 교정하고 누각(漏刻)을 심정(審定)했다고 합니다. 이들 내용은『한서』에 기록되어 있습니다. 항성(恒星)의 위치를 관측하고 그 위치 도수(度數)를 분명히 했기 때문에 얻은 결과는 비교적 정확했을 것입니다. 지금 대법홍은 당시 옳은 부분만 말하고 부족한 부분은 고려하지 않아 일을 절대화시켰습니다. [이는 허망한 것입니다.] 제가 현재의 방법을 사용하여 고대 전통에 어긋난다고 비방하는 것입니다. 이는 문제를 전면적으로 볼 줄 모르고 그 점으로 이 점을 노려 비판하는 편향된 견해입니다. 제 견해만큼 좋지 못한 주장입니다.『경초력』의 방법은 확실히 잘못되었습니다. 현재 관측된 오행성(五行星)의 위치는 이들 고력법에서 추산한 것과 180도 차이가 납니다. 동지와 하지의 시기도 이미 맞지 않게 되었습니다. 이는 양위가 이 역법을 편찬할 때 회귀년(回歸年)과 삭망월(朔望月)의 일수만 조금 조정했을 뿐, 자세한 관측을 하지 않았기 때문입니다. 그래서 주야루각수(晝夜漏刻數)와 혼중성도(昏中星度), 명중성도(明中星度)가 모두 후한의『사분력』과 동일한 것입니다. 춘분과 추분 태양 정오 그림자 길이가 불균

[①] 당시에는 원의(圓儀)라고 불렀다. *본 주석과 다음 주의 내용은 괄호 안에 놓여 본문에 배치되었는데, 여기서는 주석으로 바꾼다.

등한 점도 고치지 않았습니다. 따라서 추산한 태양의 위치 도수에 차이가 있는 것도 전혀 이상한 일이 아니라 하겠습니다.

대법흥은 다음과 같이 반박했습니다. "『서경』에 '요임금 때 동지에 태양이 허수에 있었기 때문에, 황혼 무렵 정남방에 보이는 별자리가 계수(昴宿)임을 알 수 있다'고 기록되어 있습니다. 12개월의 순서와 춘분, 하지, 추분, 동지 4절기의 혼중성(昏中星)을 연결해 보면, 중성이 위치한 곳은 항상 위(衛)의 분야(分野)인 양(陽)①에 있었음을 알 수 있습니다. 당시 희(羲)와 화(和)가 이것을 사용하여 시간을 정했고, 영원히 변하지 않는다고 여겼었습니다. 조충지는 당요(唐堯) 시기 동지 태양의 위치를 현재 수도(宿度) 서쪽 50여 도로 정했는데, 이렇게 도수를 더해서 천행(天行)의 규칙과 맞지 않게 되어버렸습니다."

제 생각이 다릅니다. 『서경』이 초혼에 정남방에서 보이는 별자리로 춘분, 하지, 추분, 동지를 정한 것은 당시 한 나라의 군주가 위엄을 보이며 남쪽을 향하는 것으로 천하를 향하는 의미를 나타내는 데서 비롯된 것입니다. 남북 방향을 정하는 것이 비교적 쉽고 정확합니다. 정남방에서 계속 이동 중인 별자리를 관찰하는 것도 더 편리합니다. 『서경』에 대한 이전 학자들의 주석에서도 이렇게 보았음을 알 수 있습니다. 그런데 대법흥은 『서경』에서 말한 4개의 별이 모두 위의 양(衛陽), 즉 사방(巳方)에 있다고 여겼는데, 이는 잘못된 견해입니다. 만약 이 중성이 앞으로 나아가면 방향이 잘못되고 뒤로 물러나면 처음 보이는 시각이 모호해집니다. 그는 자신의 선입견에 맞추기 위해 『서경』의 문구를 곡해하여 주관적 견해를 강요했던 것

---

① 위(衛)의 분야(分野)는 해(亥)이므로, 위의 양(陽)과 마주보는 곳은 사(巳)이다.

입니다. 이는 크게 실수한 것입니다. 정남방인 오(午)가 아닌 사방(巳)을 사용한 것은 정남방을 대표할 수 있는 별자리가 없다는 뜻이 아닙니다. 단지 7수(宿) 중에서 중수(中宿, 중성)만 사용했는데, 나머지 6수를 사용해서는 안 되는 것입니까? 중수만 들었을 뿐 전체 7수를 모두 포함한다는 것은,...[i)]

지금 『서경』 원문의 의미를 다시 보면, 중성이 계수(昴宿), 즉 위양(衛陽)에 있다고 말하지 않았습니다. 이런 말은 어디에서 비롯된 것인지 모르겠습니다. 이론적 근거 없이 마구 말하면 어떻게 되는지, 『회남자(淮南子)』에서 언급된 증천(曾泉), 상야(桑野)의 고사가 그것을 잘 보여주고 있지 않습니까? 결국 춘추이분(春秋二分), 하동이지(夏冬二至)를 어떻게 정하는지에 대해 대법흥의 변론에서 그 답을 밝히지 못했습니다. 그러니 그의 이런 궤변에 대해 저는 웃어 넘길 수밖에 없습니다.

대법흥은 제 역법에 대해서 이렇게 말했습니다. 이 역법은 동지 때 태양의 위치 계산은 15도 이상의 차이가 나며 대략 45년 9개월에 1도씩의 차이가 난다고 하였습니다.

저는 다른 생각입니다. 후한 『원화사분력(元和四分曆)』에 따르면 동지 태양이 두수(斗宿) 21도에 있다는 대법흥의 말이 맞았습니다. 그러나 그가 이를 동지 때 (태양이) 건성(建星)에 위치한다는 고력(古曆)의 이야기와 함께 거론한 것이 잘못입니다. 제 역법으로 계산해 보면, 당시 동지 태양도 두수 21도에 있었다는 결론입니다. 그는 제 역법의 계산이 15도 이상의 차이가 난다지만 제 역법을 폄하하기 위해 내세울 만한 명확한 증거를 제시

[i)] 여기는 옌 선생께서 누락 번역된 11마다의 문장이 있다. '觜參尚隱, 則不得言, 昴星雖見, 當雲伏矣. 奎婁已見, 復不得言, 伏見□□□□, 不得以為辭, 則名將何附. 若中宿之通, 非允當實.'

하지 못하고 있습니다. 그의 말을 듣고 보니 저는 정말 어이가 없고 웃겼습니다. 또한, 제 역법의 계산은 45년 11개월에 1도씩 차이가 난다는 것이지, 그가 말한 9개월은 아닙니다. 그는 항상 이렇게 마구 말하는 식입니다.

개기월식 시 태양의 위치는 반드시 달 위치의 월충면(月沖面, 반대편)에 있어야 합니다. 이 방법으로 태양이 어느 별자리, 어느 도에 있는지 확인할 수 있습니다. 지금 이 방법으로 검증해 보면, 누가 정확하고 누가 틀렸는지는 알 수 있습니다. 『태사주기(太史注記)』에 따르면, 원가(元嘉) 13년 12월 16일 갑야(甲夜)[①]에 개기월식이 있었습니다. 식심(食甚)일 때 달은 귀수(鬼宿) 4도(168도)에 있었고, 그 반대편인 태양은 우수(牛宿) 6도(350도)에 있어야 합니다. 대법흥의 말대로라면, 태양은 여수(女宿) 8도(360도)에 있었다고 합니다. 또, 원가 14년 5월 15일 정야(丁夜)[②]에 개기월식이 있었습니다. 식이 가장 심할 때 달은 두수(斗宿) 26도(344도)에 있었고, 그 반대편인 태양은 정수(井宿) 30도(161도)에 있어야 합니다. 대법흥의 말에 따르면, 태양은 유수(柳宿) 3도(171도)에 있었다고 합니다. 또, 원가 28년 8월 15일 정야(丁夜)[③]에 개기월식이 있었습니다. 식이 가장 심할 때 달은 규수(奎宿) 11도(62도)에 있었고, 그 반대편인 태양은 각수(角宿) 2도(245도)에 있어야 합니다. 대법흥의 말에 따르면, 태양은 각수(角宿) 12도(255도)에 있었다고 합니다. 또, 대명(大明) 3년 9월 15일 을야(乙夜)[④]에 월식이 있었습니다. 식이 가장 심할 때 달은 위수(胃宿) 말도(末度, 93도)에 있

[①] 437년 1월 8일 19시 53분이다. *본 주석과 다음 두 주석의 내용은 괄호 안에 놓여 본문에 배치되었으나 여기서는 모두 주석 내용으로 바꾼다.
[②] 437년 7월 4일 19시 53분이다.
[③] 451년 9월 27일 2시 14분이다.
[④] 459년 10월 27일 22시 30분이다.

었고, 그 반대편인 태양은 저수(氐宿) 12도(276도)에 있어야 합니다. 대법홍의 말에 따르면, 태양은 심수(心宿) 2도(286도)에 있었다고 합니다. 이 네 번의 월식은 모두 제 역법의 계산과 일치하며, 조금도 어긋난 것이 없습니다. 그러나 대법홍이 제시한 계산은 각각 모두 10도씩이나 차이가 납니다. 별자리의 위치를 이동시켜 충(沖)의 의미를 위반했으니 아주 당연한 사실이 아니겠습니까? 따라서 하늘은 변해 가고 있으며, 세차(歲差)는 객관적으로 존재하는 명백한 사실이니, 그 사실을 솔직히 인정해야 합니다. 상황이 이렇게 확실한데, 어찌하여 옛것에만 고집하고 눈 앞에 놓인 사실을 무시하고 의심할 수 있습니까?

대법홍은 『시경』의 '칠월유화(七月流火)'란 시가 여름 정월(正月, 여름의 둘째 달인 7월임)의 건성이 신(申)[①]에 위치하는 시간을 가리키고 '정지방중(定之方中)'란 시는 소설절(小雪節)의 시기를 가리킨다고 했다. 만약 동지 세차(歲差)에 따라 계산하면, 주빈공(周豳公) 때 대화성(大火星, 心宿二)의 위치가 서쪽으로 이동하는 시기는 하지[②] 때여야 하고 작궁(作宮, 궁을 짓는 것) 시기는 한로(寒露)[③]에 있어야 하는데 이는 말이 통합니까?

제 생각은 다음과 같습니다. 대법홍이 말한 두 가지는 모두 틀렸습니다. 『시경』에서 '유화(流火)'라고 한 것은 대화성이 이미 서쪽으로 이동하여 당시의 중천(中天)에 있음을 설명하는 것입니다. 이는 곧 추운 계절이 다가오고 있음을 나타냅니다. '유(流)'는 이동하기 시작함을 의미하는 것은 아닙니다. 설령 이동 시작을 의미한다고 할지라도, 동지 태양의 위치가 두수

[①] 칠월의 월건(月建)은 신(申)에 있다.
[②] 하지 태양의 정오 그림자 길이는 1척 5촌이다.
[③] 한로의 낮 시간은 53각이다.

(斗宿) 21도에 있을 때, 대화성이 중천에 위치하는 시기는 대서(大暑) 이전이어야 하며, 어떻게 여름 정월인 칠월일 수가 있겠습니까? 이는 고의로 다른 사람을 공격하려는 태도이지, 도와주려는 태도가 아닙니다. 『하소정(夏小正)』에는 "오월의 혼중성(昏中星)은 대화성(大火星)"이라고 적혀 있습니다. 대법홍의 논점에 따르면, 이는 『서경·요전(堯典)』에서 말한 위의 양인 사에 위치한다(衛之陽, 巳)는 설과 동일해야 하지 않겠습니까? 그는 또 저의 역법으로 계산하면, 초궁을 짓는 시기는 9월 초에 있어야 한다고 말했습니다. 『시경』 '정지방중'란 시에 대한 역대 주석에 따르면, 당시의 혼중성은 실수(室宿)와 벽수(壁宿) 사이의 여러 별로, 모양이 사각형과 같다고 합니다. 따라서 궁을 짓는 시기를 논할 때, 당시의 중천은 실수 8도에 있음을 알 수 있다. 제 역법으로 계산하면, 노희공(魯僖公) 원년 입동(立冬) 후 4일이 바로 혼중성이 실수 8도에 있는 시기입니다. 이는 이미 10월 초이며, 한로절(寒露節)은 아닙니다. 대법홍은 주대(周代)를 잘못 당요(唐堯) 시대로 착각하여, 모두 50도 차이가 나게 하여 이러한 큰 오류를 범한 것입니다. 궁을 짓는 시기가 소설절(小雪節)이라는 것은 그의 자의적인 주장일 뿐, 아무런 사실적 근거가 없는 견해입니다.

대법홍은 『좌전(左傳)』 애공(哀公) 12년의 기록에 대해 말했습니다. 이 해 겨울 12월①에 벌레 재해가 발생했습니다. 계손(季孫)이 이 일을 공자(孔子)에게 물었습니다. 공자는 "나는 대화성(大火星)이 서쪽으로 떨어진 후에는 벌레 재해가 없다고 들었습니다. 지금 대화성이 아직 서쪽으로 이동하고 있으니 역법을 관리하는 사람의 잘못입니다"라고 말했습니다. 만약 조

---

① 이것은 주정(周正)이며, 하정(夏正)은 10월이다. *이 주석과 아래 10개의 주석문은 원래 괄호 안에 놓여 번역 원문에 배치되었는데, 지금은 주석으로 변경되었다.

충지 역법의 오류를 따른다면, 하늘의 별자리는 12차(次)의 명목에 따라 규정될 수 없으며, 팔괘(八卦)로 방향을 정하는 것도 차질이 생기게 됩니다. 이렇게 되면 천문학상의 모든 고대의 명칭이 근대와 반드시 다르게 될 것입니다. 역법에 따라 추정된 전장제도(典章制度)도 시대의 다름에 따라 공동으로 해석할 수 없게 됩니다. 예를 들어, '건(建)'과 '제(除)'를 기준으로 하면, 요(堯) 시대의 개(開)①와 폐(閉)②는 현재의 건(建)③과 제(除)④가 됩니다. 또 예를 들어, 12차(次)를 기준으로 하면, 현재의 '수성(壽星)' 차는 주대(周代)의 '순미(鶉尾)' 차가 됩니다. 28수(宿) 중 벽수(壁宿)는 서방 백호(白虎)에 있지 않고 북방 현무(玄武)에 있으며, 진수(軫宿)는 남방 주작(朱雀)에 있지 않고 동방 창룡(蒼龍)에 있게 됩니다. 자연의 이치에 어긋나고 경전을 왜곡하는 정도가 이 지경에 이르다니라고 했습니다.

제 생각은 다음과 같습니다. 북극성(北極星)은 천체의 중심에 있으며, 다른 별들은 이를 중심으로 각각 구별됩니다. 무릇 사물은 형태와 내용이 다르더라도, 정반(正反) 두 가지 측면이 있는 법입니다. 주작(朱雀, 羽)과 현무(玄武, 介)의 위치가 있으면 남(南, 火)과 북(北, 水)을 알 수 있습니다. 창룡(蒼龍, 蒼)과 백호(白虎, 素)의 위치가 있으면 동(東)과 서(西)를 알 수 있습니다. 이는 태양의 위치에 따라 이러한 명칭이 붙여진 것이 아닙니다. 어떻게 알 수 있습니까? 『주역』 64괘(卦) 첫 번째 괘(卦) 첫 번째 효(爻)는 24절기(節氣)의 시작(동지)이 자월(子月)⑤ 북방 7수(宿)에 있음을 가리킵니

---

① 자월(子月)은 하정(夏正) 11월이다.
② 축월(丑月)은 하정(夏正) 12월이다.
③ 인월(寅月)은 하정(夏正) 정월이다.
④ 묘월(卯月)은 하정(夏正) 2월이다.
⑤ 자(子)는 정북(正北)이며, 자월(子月)은 하정(夏正) 11월이다.

다. 허수는 자위(子位)에 정확히 있습니다. 혼의(渾儀)를 사용하여 방향을 구별하고 태양의 위치를 기준으로 하면, 동지가 12차(次) 중 현효차(玄枵次, 子)에 있을 때, 현재의 남극은 동방으로 이동하게 됩니다. 이렇게 되면 천체의 배열을 위반하고 사물의 본질을 잃게 되는데 무슨 의미가 있겠습니까? 만약 항상 동하(冬夏)로 남북을 나누고 춘추(春秋)[①]로 동서(東西)[②]를 정한다면, 봄과 가을의 좋은 점을 칭송할 것이 더 있겠습니까? 명칭도 틀리고 이치도 맞지 않으며, 이토록 상식을 위반해도 되겠습니까! 따라서 하늘이 28수를 기준으로 나뉘는 것은 사계절의 관계 때문은 절대 아닙니다. 매년 동지 태양의 그림자 길이가 순서가 있다는 것을 보면 태양이 항상 같은 자리에 머물지 않음을 알 수 있습니다.

책에서 중성(中星)의 출현과 짐을 통해 시기를 판단하는 것은 숫자로 표현하기 어렵고 천문 현상이 더 쉽게 관찰되기 때문입니다. 그래서 각 시대마다 당시 관찰된 것을 기록하여 그 시대의 절기를 표현했습니다. 하(夏) 왕조의 예절은 상(商) 왕조의 전장제도(典章制度)를 대신할 수 없고, 은상(殷商)의 음악은 우순(虞舜)의 음악을 그대로 따를 수 없는 법입니다. 하늘의 도(道)가 변하고 인간의 도(道)도 변해 가고 있으니 예악(禮樂)도 시대의 변화에 따라 달라져야 마땅합니다.

'건(建)'과 '제(除)'로 달을 표시하는 것은 대략 절기에 따라 정해진 것입니다.[③] 모든 명칭은 객관적 사실에 따라 결정되며, 북두성(北斗星)의 두병

[①] 봄은 자생(孳生)이고, 가을은 숙살(肅殺)이다.
[②] 묘(卯)는 동(東)이고, 유(酉)는 서(西)이다.
[③] 월건(月建)은 일반적으로 정월(正月)은 인(寅), 2월은 묘(卯), 3월은 진(辰) 등으로 표시되며, '건제법(建除法)'과는 약간의 차이가 있다.

(斗柄)이 어느 별자리를 가리킨다고 해서 반드시 어느 달이 되는 것은 아닙니다.[①] 지금 한대(漢代)의 역법을 교정하면 이미 반 '차(次)'[②] 차이가 납니다. 만약 두수(斗宿) 내의 고정된 계수(係數)를 사용하여 시기를 정한다면, 아무런 정확성도 없을 것입니다. 또는 대법흥의 이같은 논점이 고서에 나타나지도 않은 일반인의 말이라면, 허풍을 떠는 고위서(古緯書)에서 나온 것인지, 아니면 위조된 말인지 의심스럽습니다. 12차는 네 방향에 따라 구분되며, 28수(宿)의 구분과도 동일합니다. 춘분과 추분, 동지와 하지의 시간이 변동하는데 태양의 위치는 변하지 않게 하려는 것은 무슨 이론 근거입니까? 설마 정말로 제가 동(東, 청룡), 남(南은 火), 서(西는 금), 북(北은 水)도 구분하지 못한단 말입니까? 천문학상의 모든 명칭을 뒤집어 놓았다고 비웃는 것은 그가 이 문제를 제대로 고려하지 않았기 때문입니다.

벽수(壁宿)가 서방(白虎)에 있지 않고 북방(玄武)에 있으며 진수(軫宿)가 남방(朱雀)에 있지 않고 동방(蒼龍)에 있다는 것은 관측에 따르면 사실입니다. 『원가력』 내에서 수성차(壽星次)도 익수(翼宿)에 도달했습니다. 더 거슬러 올라가면, 진대(晉代)의 저작에서도 이와 같은 예가 많습니다. 백여 년 동안 천도(天道)가 변해왔습니다. 대법흥이 동지가 일남지(日南至)가 아니게 하고, 월식 시 태양의 위치가 충상(沖上)에 있지 않게 하는 천지를 지배하는 능력이 없고서는 그의 논점이 설 수가 없습니다. 그렇지 않는다면, 태양의 위치가 변하고 12차와 무관하다는 것을 인정한다면, 그가 무의미한 논쟁을 벌이고 있다는 것을 스스로 인정하고 있는 것이나 다름없습니다. 또

[①] 이는 세차 관계 때문이다.
[②] 한 번에 약 30도이다.

제가 만든 역법이 좋다는 것이 입증되기도 하는 것입니다. 그러니 그는 이를 가지고 저를 비난할 자격이 없습니다.

제가 제정한 역법의 데이터는 모두 역사적 사실에 근거하고 있습니다. 고대 『서경』에 나오는 천문 자료부터 한대(漢代)에 공식적으로 반포된 역법까지 모두 조사했습니다. 반면 참위(讖緯)의 저술과 일부 엉망한 설들은 무시했습니다. 이렇게 해서 제 작업이 확고하다고 할 수 있습니다. 월식을 통해 태양의 위치를 검증하는 것은 더할 나위 없이 좋은 방법입니다. 이는 설명하기 쉬운 예입니다. 이와 관련된 역사 자료는 모두 관가에 보존되어 있고 역법을 연구할 때 중요한 자료가 됩니다. 대법흥이 『요전』에서 언급된 네 개의 중성(中星)이 모두 위의 분야의 양인 사(衛分野之陽, (巳))에 있다고 하면서도 현재 태양의 위치가 후한(後漢) 『사분력』에서 측정한 것과 일치해야 한다고 주장한 것은 정말로 웃기지 않습니까! '무천배경(誣天背經)'의 모자는 그에게야말로 매우 잘 어울리는 것이 아닙니까?

대법흥은 다음과 같이 말했습니다. "동지 태양의 위치가 두수에 있으며, 도수(度數)에 변동이 있어 1년의 일수가 길고 짧고, 빠르고 느린 것이 있습니다. 옛 사람은 장법(章法)을 설정할 때, 중간의 상황을 취하여 19년에 7개의 윤달(閏月)을 규정했습니다. 동지 태양의 정오 그림자 길이는 약간의 차이가 있을 수 있지만 19년 7윤법(閏法)은 변경할 수 없습니다. 조충지는 윤달을 줄여 장법을 파괴했습니다. 『사분력』 1회귀년(回歸年)의 여수(餘數)에 『대명력』 1회귀년의 여수로 빼면 139년 2개월에 하루가 적어진다는 결과를 도출했습니다.① 『사분력』의 19년 7윤에 『대명력』의 391년 144윤을 빼면 7429년에 1윤달의 차이가 난다는 것을 도출했습니다.② 하루가 없어지면 시간은 정확하지 않게 되고, 윤달 하나가 없어지면 월별로 처리하는 일들이 혼란스러워집니다. 생산과 생활의 모든 일은 제때 처리해야 하며, 역법을 정하는 것은 무엇보다 역일제도를 규정하기 위한 것입니다. 이를 억지로 맞추고 임의로 파괴해서야 되겠습니까! 아마도 조충지의 견식이 너무 얕은 것이 아닙니까!"라고 했습니다.

제 생각은 다릅니다. 『후한서·율력지』와 『건상설(乾象說)』두 문헌을 통해 알 수 있듯이, 후한의 『사분력』은 장법(章法)과 부법(蔀法)으로 나누어 설정했지만, 이는 원화(元和) 2년부터 시작된 것입니다. 그러나 각 절기의 태양 정오 그림자 길이는 희평(熹平) 3년에 정해졌습니다. 『사분력』에 따르면, 입동 태양 정오 그림자 길이는 1장(丈)이고, 다음 해 입춘 태양 정오 그림자 길이는 9척 6촌입니다. 동지 태양 정오 그림자 길이가 가장 길기 때문에 입동에서 동지까지와 동지에서 입춘까지의 시간 간격이 같으므로, 이 두 절기의 태양 정오 그림자 길이도 같아야 합니다. 그러나 현재는 입동이 길고 입춘이 짧아 4촌 차이가 납니다. 이는 당시 동지날이 규정된 것보다 늦었음을 의미합니다. 입동에서 입춘까지 두 절기 사이의 하루 차이는 9분 반 정도로, 이는 평균 계산에 따른 것입니다. 이 차이를 이용해 계산하면,

---

① $x \left(\frac{1}{4} - \frac{9589}{39491} \right) = 1$, $x = \frac{157964}{1135} = 139 \frac{199}{1135} \approx 139 \frac{2}{12}$. 본 주석과 아래의 네 주석은 원래 괄호에 놓여 본문에 배치되었으나, 지금은 주석으로 변경되었다.

② $\frac{17}{19} - \frac{144}{391} = \frac{1}{7429}$.

두 절기가 각각 2일 12각씩[1] 늦어지면, 입동의 태양 정오 그림자 길이는 더 짧아지고, 입춘의 태양 정오 그림자 길이는 더 길어져 각각 2촌 차이가 나며, 두 절기의 태양 정오 그림자 길이는 모두 9척 8촌이 됩니다. 이렇게 해야 맞습니다. 따라서 『사분력』의 동지도 규정된 것보다 2일 12각 늦는 것입니다. 『사분력』에 따르면, 희평3년 11월 동지 대여(大餘)는 13(丁丑)이고, 소여(小餘)는 $\frac{16}{32}$ (50각에 해당)로, 정확히 월중입니다. 2일 12각을 빼면, 규정된 동지는 을해(乙亥, 대여 11) 야반 후 38각입니다.[2]

제가 태양 정오의 그림자를 측정한 지 약 10년이 되었습니다. 측정할 때는 몇 촌 몇 분까지 반드시 제가 직접 측정합니다. 태양 그림자를 측정하는 데 사용되는 기기는 곧게 세운 동표(銅表)와 매끄러운 규면(圭面)입니다. 동으로 만든 동표는 햇빛과 비에 노출되어도 길이에 영향을 주지 않으며, 매끄러운 규면은 그림자 길이의 눈금을 읽기 쉽게 만들어졌습니다. 대명(大明) 5년 10월 10일 태양 정오의 그림자 길이는 1장 7촌 7분 반이었고, 대명 5년 11월 25일 그림자 길이는 1장 8촌 1분 2/3이었으며, 11월 26일 그림자 길이는 1장 7촌 5분 강(强)이었습니다. 평균을 취해 이 해의 동지는 11월 3일임을 알 수 있습니다. 구체적인 시각을 구하기 위해, 25일과 26일 두 날의 그림자 길이 차이를 구해 하루의 그림자 차이를 얻었습니다. 두 배의 그림자 차이를 나눗셈으로 사용하고, 10월 10일과 11월 25일 두 날의 그림자 길이 차이를 100각으로 곱해 나눗셈으로 사용합니다. 이를 나눈 결

---

[1] $\frac{100 \times (-4)}{2 \times 0.095} \approx -212각 = -(2일\ 12각)$.

[2] $13.50 - 2.12 = 11.38$.

과, 이 날 야반 후 31각①이 동지 입기 시각임을 알 수 있습니다. 『원가력』
에 따르면, 이해 동지는 11월 2일에 있습니다. 현재 추정한 것이 『원가력』
의 추정보다 하루 늦은 것은 실제와 일치합니다.

제가 여러 해 동안 측정한 태양의 정오 그림자 길이 데이터를 사용하여
이 방법으로 계산한 결과는 모두 일치했습니다. 또한 다른 해를 비교해 보
았을 때, 시간 간격이 길고 짧은 것을 막론하고 이 방법이 모두 적합했습니
다. 그래서 저는 이 방법을 사용하여 1회귀년의 일수를 측정하고, 기존
의 19년 7윤법을 폐지한 것입니다. 또한 제 역법으로 위의 두 예를 계산해
보았을 때, 동지 절기의 각수(刻數)와 위에서 측정한 데이터가 일치했습니
다. 이는 제 역법이 실제 상황과 부합함을 의미하여, 공표되어 영구적으로
정식 역법으로 사용되어야 합니다.

고대의 육력은 모두 사분법을 사용하여 1회귀년을 $365\frac{1}{4}$일로 정했습니
다. 이 데이터를 오랜 시간 사용하면 규정된 기삭(氣朔)보다 늦어지게 되며,
약 300년마다 삭일(朔日)이 하루씩 늦어지게 됩니다.② 그래서 한대(漢代)
400년 동안 일식 기록이 당월 삭일이 아니라 상월의 회(晦)에 있었던 것입
니다. 삼국 위대(魏代) 이후 이 오류를 알게 되어 이 옛법을 사용하지 않았
으나 당시에는 이를 비난하는 이가 아무도 없었습니다. 이는 천문학적 실
제와 부합했기 때문입니다. 19년 7윤법(문제가 더 심각함)은 사분법과 동
시에 생겨났으며, 전문적인 경전 저작에서도 관련 언급이 없습니다. 하지만

---

① $x = \frac{100(10.8166 - 10.775)}{2(10.8166 - 10.75)} \approx 31.$

② $(29.53085 - 29.53059) \times 12\frac{7}{9} \times 300 \approx 1.$ *이 주석의 내용은 괄호 안에 놓여 원문에
배치되었으나, 지금은 주석으로 변경되었다.

지금 대법홍은 이것이 고대에 사용된 데이터라서 변경할 수 없다고 고집을 부리고 있습니다. 만약 고대의 데이터가 조잡하더라도 영원히 사용해야 합니까? 이러한 주장이 성립된다면 대법홍의 주장은 지금도 사분법을 사용해야 한다는 주장과는 다름없습니다. 이런 행동을 용납할 수 있겠습니까? 저로서는 이를 이해할 수 없습니다. 만약 제 역법의 혁신과 창조에 오류가 있다면 비판을 받아들이겠지만, 명확한 증거를 제시하지 못하는 그의 주장에는 납득할 수 없습니다.

『원가력』은 19년 7윤법을 변경하려 했지만, 계산이 번거로워서 우수일영(雨水日影) 내에서 하나의 데이터를 줄이고 여전히 19년 7윤의 옛법을 사용했습니다. 그래서 『원가력』에도 문제가 있습니다. 하승천의 역법에서 윤법 중 윤수가 많은 부분을 제거하여 수정한 것은 전혀 이치에 맞지 않는 것은 아닙니다. 대법홍이 말한 대로 19년 7윤법을 변경할 수 없고, 한 치도 증감할 수 없다면, 하승천이 제안한 방법도 틀린 것입니다. 절기의 빠르거나 늦음은 반드시 『경초력』을 따라야 한다고 말하면서, 『경초력』의 동지와 하지가 규정된 날짜보다 3일 차이가 나는 것을 말하지 않고, 오히려 제 역법에 문제가 있다고 무단으로 말하는 것은 정말 어처구니없는 일입니다! 절기의 시간이 약간의 차이가 있다는 것만 알고, 이것이 윤월의 증감에 영향을 미친다는 것을 고려하지 않았습니다. 천문학적 실천을 통해 검증하지 않는 채 어찌 역법 정돈을 담론하겠습니까? 역법이 생산과 생활에 관련된 중요한 일이니 뭐니 하면서 쓸데없는 말만 늘어놓을 뿐입니다.

또한, 대법홍은 논의를 시작할 때 태양 정오 그림자의 변화를 집중적으로 관찰해야만 구역법의 오류를 비판하고 현재 시행 중인 역법을 개혁할 수 있다고 말했습니다. 하지만 이제는 태양 정오 그림자의 길이가 변할 수 있으니 이를 기준으로 삼아서는 안 된다고 말합니다. 앞뒤가 서로 모순이 되는데, 도대체 어느 쪽을 기준으로 삼아야 하는 것입니까? 만약 계산이 정확하지 않고 주관적인 상상에만 의존한 것이라면 이 역법이 어떻게 만들어졌는지는 알 수 없습니다. 춘추 시대부터 지금까지 천 년이 넘었는데 일식을 통해 삭일을 검증한 결과는 모두 맞았습니다. 이는 태양의 운행에 일정한 규칙이 있음을 말해줍니다. 저는 태양 정오의 그림자 길이를 여러 해 동안 매우 세밀하게 조사해 봤습니다. 이 데이터를 사용하여 이전의 천문 기록을 검증해 보았을 때도 모두 일치했습니다. 맹자가 말한 '천 년의 동지점을 계산할 수 있다'는 말은 어느 정도 일리가 있는 말입니다. 1년의 일수가 길고 짧고, 빠르고 느린 것이 있다는 증거는 보지 못하였습니다. 이러한 과장된 말로 제 성과를 깎아내리려는 것은 불가능하며, 저는 두렵지 않습니다.

대법흥은 다음과 같이 말했습니다. "조충지가 동지에 세차가 있다고 말하면서도 허수를 북방 7수(宿)의 중수(中宿)로 보았습니다. 이는 실질적인 내용을 빼고 표면적인 현상만 가지고 비난하는 것입니다. 그의 말을 믿지 마십시오. 왜일까요? 하늘에 태양이 없어서 빛을 발할 수 없는 경우에는 지상에서 두수(斗宿)를 통해서 동지의 위치를 식별하는 수밖에 없습니다. 만약 농지가 허수에 있다면 황도에서 더 멀어지고, 북동 방향이 자위(子位, 정북)가 되며, 실수와 벽수도 현효차(玄枵次, 子)에 속하게 됩니다. 이렇게 되면 허수가 어떻게 북방 7수의 중수가 될 수 있겠습니까! 고의로 춘분과 추분, 동지와 하지의 시간을 변화시키는 동시 12차의 위치를 변동하지 않게 하기 위해서, 북두성의 두병(斗柄)이 고정된 위치를 가리키지 않게 하고, 육률육여(六律六呂)의 위치를 움직이지 않게 하는 것입니다. 이렇게 하면 천문 기기를 사용하여 일월오성(日月五星)의 운동 규칙을 어떻게 배열하고, 어떻게 12세양세음(十二歲陽歲陰)을 사용하여 시간을 배열할 수 있겠습니까? 금(金), 목(木), 수(水), 화(火), 토(土)의 다섯 방향을 어떻게 정할 수 있겠습니까? 『주례』의 육관(六官)[①] 아래에 속한 직무 분배는 또 어떻게 할 것입니까?"

이에 대해 저는 다음과 같이 말했습니다. 이 조항에서 대법흥이 반박한 것은 제가 앞서 이미 변론한 바 있습니다. 12차가 변경되면 방향이 변하고 허수는 북방 7수의 중수가 될 수 없습니다. 그가 장황하게 말한 것은 모두 자가당착이며 오류투성입니다. 이는 그가 잘못 말한 것이지, 제 역법과는 무관합니다. 천문 기기를 사용하여 일월오성의 운동 규칙을 배열하는 것은 이미 정현(鄭玄)과 왕번(王蕃)에 의하여 매우 명확하게 설명됐습니다. 비록 후에 다른 이견이 있었지만, 대단한 언론은 없었습니다.

대법흥은 말했습니다. "각 역법이 설정한 역원(曆元)과 기법(紀法)은 각기 달랐습니다. 참위(讖緯)의 예언에 따라 설정한 경우가 있고 당시의 천시(天时)에 맞추어 결정한 것도 있습니다. 조충지는 '각 역법이 제각기 다르고 모두 요점을 잡지 못했다'고 말했습니다. 하지만 제가 알기로는 『황제력(黄帝歷)』의 역원은 신묘(辛卯)로, 당시의 역일 제도에 오류가 없었고, 『전욱력(顓頊歷)』의 역원은 을묘(乙卯)로, 사계절의 기후도 어긋나지 않았으며, 『경초력』의 역원은 임진(壬辰)으로, 회일(晦日)에 달이 어두워졌고, 『원

[①] 육관은 천관(天官), 지관(地官), 춘관(春官), 하관(夏官), 추관(秋官), 동관(冬官)을 가리킨다. *이 주석은 괄호 안에 놓여 번역 원문에 배치되었으나, 지금은 주석으로 변경되었다.

가력』의 역원은 경진(庚辰)으로, 삭일(朔日)에 태양의 정오 그림자 길이가 정확했습니다. 이들 설정은 모두 '순천(順天)'한 것이 아니겠습니까! 조충지가 지금 갑자(甲子)를 역원으로 삼은 것이야말로 자신의 주관적인 판단으로 천의를 맞추려는 것입니다."

  이에 대해 저는 다음과 같이 생각합니다. 역법은 주로 천문학적 실제와 일치하는지를 고려해야 하며, 숫자를 맞추기 위해 만들어진 것은 아닙니다. 참위(讖緯)의 잘못된 학설을 증거로 삼아서는 안 됩니다. 비록 일시적으로 맞을 수 있지만, 몇 년이 지나면 오류가 발생할 수 있습니다. 이런 것을 가지고 변명하는 것은 옳지 않다고 생각합니다. 역원을 갑자로 시작하는 것은 체계가 정연하고, 이론적으로도 맞습니다. 『황제력』이 신묘를 역원으로 삼은 근거는 알 수 없습니다. 고대 역법에 많은 오류가 있었다는 점은 제가 앞서 이미 설명했습니다. 몇몇 이름으로 역법의 실질을 버리는 것은 진정한 과학 추구의 태도가 아닙니다. 그가 말한 각 역법의 역원은 일시적으로 맞을 수 있지만, 영구적으로 변하지 않을 수는 없습니다. 역원은 주로 역법의 시작점을 의미하며, 사계절을 결정하는 것은 아닙니다. 여기서 제 역법을 다시 설명하겠습니다. 하대(夏代), 은상(殷商) 및 그 이전에는 기록이 없었습니다. 『춘추(春秋)』와 한대(漢代)의 역사서에는 일식의 기록이 나와 있습니다. 일식을 통해 삭일을 검증하는 것이 가장 신뢰할 만한 방법입니다. 제 역법으로 검증해 보았을 때, 완전히 일치했습니다. 이는 공상(空想)으로 데이터를 만들어낸 것이 아니라, 정밀한 계산을 따랐으며, 천 년을 추산해도 차이가 없었습니다. 하지만 과거의 여러 역법을 보면, 많은 차이가 있었습니다. 어떤 것은 삭일이 3일이나 차이가 나고, 어떤 것은 절기가 7일이나 차이가 납니다. 이렇게 많은 차이가 나는데 어디 앞으로의 기삭을 구할 수 있겠습니까! 역원이 을축(乙丑)에 있다네 틀렸다고 하고, 현재 역원이 갑자(甲子)에 있다는 것도 맞추어졌다고 생각하다니. 천하에 세명(歲名)을 간지(干支)로 기록하지 않는 역법이 어디 있겠습니까! 이런 식이라면 역법을 어떻게 편성할 수 있겠습니까? 역법을 편성할 필요가 없겠지요. 제 주관적인 판단으로 천의를 맞추려 한다는데 그에게는 반드시 주관적인 판단으로 천의를 맞추지 않는 무언가를 가지고 있을 것입니다. [역법의 이론과 실천을 검증하기 위해서] 그의 고견을 듣고 싶습니다.

대법홍은 다음과 같이 말했습니다. "태양과 달이 같은 교점①에서 만나면 일식이 발생할 수 있습니다. 그러나 달의 운동 속도는 일반인이 쉽게 알 수 있는 것이 아닙니다. 후한 시대에 가규(賈逵)가 이와 관련된 몇 가지 단서를 발견했고, 유홍이 『건상력』을 저술할 때 그가 대략 얻은 데이터를 역법에 포함시켰습니다. 그러나 실제로 얼마나 빠르고 느린지는 아무도 명확히 알지 못합니다. 다섯 대행성의 운동도 마찬가지로 운행 속도에 증감이 있습니다. 예를 들어, 목성(木星)이 진수(軫宿)에 있을 때, 이미 '칠신(七辰)'을 초과했습니다. 역법가들은 특정 방법으로 계산함으로써 현재의 상황에 맞게 할 수 있으니만큼 과거와 미래의 상황도 반드시 알아낼 수 있을 것입니다. 『경초력』은 각 기(紀)마다 그 기의 시작일에 근접점 월차와 교차를 설정했고, 『원가력』은 다섯 대행성의 운동을 계산할 때 서로 다른 근거리원을 설정했습니다. 이는 계산을 단순화하고 실용적으로 만들기 위해서입니다. 조충지가 말한 변경은 천의를 위반한 것이며, 여러 '설정(設法, 설정

---

① 고대의 교회(交會)는 달을 교(交)라 하고, 태양을 회(會)라 한다. *이 주석은 괄호 안에 놓여 번역 원무에 배치되었으나, 지금은 주석으로 바꿨다.

된 역법)'은 그의 주관적인 생각에 따라 결정된 것입니다. 이는 역법을 다루는 데 있어 가장 큰 실수입니다."

제 생각은 다음과 같습니다. 달의 운동 속도에 빠르고 느림이 있는 것은 신비롭지도 괴이하지도 않은 일입니다. 이는 천문 기록에 따라 검증될 수 있으며, 관측 데이터를 통해 계산될 수도 있습니다. 가규와 유홍이 이미 이 부분을 언급했으므로, 그들의 작업을 바탕으로 하여 더 정밀하게 추산할 수 있기까지 합니다. 대법홍이 말한 '다섯 대행성의 운동도 증감이 있다'는 것과 '예를 들어 목성이 진수에 있을 때, 이미 칠신을 초과했다'는 것은 목성이 1년 평균 $\frac{85}{84}$① 차례를 운동한다는 것을 가리키며 [매년 한 번씩 초과합니다]. 7바퀴를 돌면 1도를 초과합니다. 고대부터 지금까지 역법은 10차례나 바뀌었지만 [모두 당시의 천문 상황에 부합하였고] 이 초신법(超辰法)은 변함이 없었습니다. 역사상 기록된 바와 천문 현상의 실제 관측 결과가 일치했습니다. 이는 초진법이 나름대로 정해진 규칙이 있으며 임의로 도수를 증가시키거나 위치를 이동시키는 것이 아님을 보여줍니다. 만약 증감이 있다면, 왜 초과만 있고 후퇴는 없습니까? 칠요(七曜)의 천문 운동을 관측할 때는 도수, 내지 분까지 계산해야 합니다. 그래야 과거의 상황을 확인하고 미래에 발생할 상황을 검증하고 실제 기록과 고서에 기록된 바를 통해 이를 검증하는 것입니다. 억지로 논리를 꿰맞추거나 혼란스러운 말을 하는 것은 과장되거나 궤변에 불과합니다. 고대 감덕(甘德)과 석신(石申)의 책도 아직 서로 모순되는 부분이 있습니다. 지금 그는 자신의 편견을 고집하며

---

① 84 = 12 × 7. *이 주석과 다음 주석 내용은 원래 괄호 안에 놓여 번역 원문 안에 배치되었으나, 지금은 주석으로 변경되었다.

한 마디나 한 글자로 진리를 덮으려고 하는데 이는 제가 보고 싶지 않은 일이며, 저를 설득시킬 수도 없습니다.

근래 들어 각 역법의 계산 방법은 대체로 같습니다. 다만 『경초력』은 두 가지 차(差)의 값①을 설정했고, 『원가력』은 다섯 대행성의 운동을 계산할 때 각각 다른 근거리 원(近距元)을 사용했습니다. 이는 그들이 설정한 데이터가 서로 맞지 않기 때문에 달랐던 것입니다. 앞뒤 계산 방법의 일관성을 고려하여 이들 임시 역법을 사용한 것입니다. 무릇 [새 학설을 세우고 논의를 발표할 때] 반드시 새롭고 남달라야 합니까? [그저 객관적 사실을 명확한 표현으로 설명하여 그 사실을 언어로 밝히면 그만이지요]. 상원(上元)을 설정하고, 모든 데이터를 이 상원에서 시작하는 것은 방법적으로 명백하고 이론적으로도 이치에 맞는 일이니 문제될 것이 없습니다. 하지만 저를 비웃는 사람들은 이것이 큰 실수라고 봅니다. 『원가력』은 일, 월, 오성의 입원(立元, 상원 설정-역자주)이 모두 다르지만, 계산은 역시 갑자(甲子) 기년(紀年)에서 시작하여 기삭(氣朔)을 구합니다. 이것은 작은 오류에만 불과합니까? 반드시 가상의 상원을 설정하고 그것을 역법의 시작으로 삼으며 세명(歲名)과 일명(日名)이 이 상원의 명칭과 다르게 하고 동지 일령(日齡), 11월 삭소여 및 삭적일 i)을 구하고, 오성 회합 주기로 나눈 다섯 나머지가 모두 0이 아니게 해야만 기준에 부합하는 창작입니까? 제가 '설법(역법 설정)'을 제 주관적인 판단에 따라 설정했다고 말하는 것은 문제가 없습니다

---

① 지질차(遲疾差)와 교회차(交會差)이다.
i) 옌 선생님은 '朔小余' 및 '朔積日'이란 여섯 글자 아래에 빨간색으로 강조 표시를 했다.

만 제가 변경한 것이 천의를 위반했다고 말하는 것은 어디가 어떻게 위반했는지는 정말 알 수 없습니다.

대법흥은 다음과 같이 말했습니다. "태양에는 여덟 개의 궤도가 있으며, 합쳐서 하나의 궤도가 되고 달에는 하나의 궤도가 있으며 아홉 개의 궤도로 나뉘어집니다. 왼쪽은 상승 교점에서 하강 교점으로, 오른쪽은 근지점에서 원지점으로 이동하며, 반 바퀴를 돌면 정확히 반대가 됩니다. 따라서 한 번의 왕복을 통해 1 근점월(近點月) 일수와 1 교점월(交點月) 일수가 동일해야 합니다. 조충지가 정한 교점월 일수는 근점월 일수보다 $\frac{9040}{26377}$일이 적으며, 79주를 돌고도 여전히 1 근점월을 채우지 못합니다. 이렇게 되면 '영축적분(盈縮積分)'은 줄어들어야 하는데 오히려 늘어나고, '손익률(損益率)'은 줄어들어야 하는데 오히려 늘어납니다."①

이에 대한 제 변론은 다음과 같습니다. 아무런 근거도 없는 위술한 그의 말은 허황되고 터무니없지만, [그의 말의 출처에 대해서는 어느 정도의 흔적을 찾아볼 수는 있습니다.] 그가 말한 태양에는 여덟 개의 궤도가 있다는 것은 달의 아홉 개의 궤도를 유추해서 나온 것일 수 있습니다. '달의 아홉 개의 궤도'는 달이 빠르게 움직이다가 평행하게, 평행하다가 느리게, 느리다가 다시 평행하게, 평행하다가 다시 빠르게 움직이는 네 구간을 각각 두 개로 나누어 여덟 개의 궤도가 되고 황도와 교차할 때 황도 위에 있으므로 한 바퀴를 돌면 아홉 개의 궤도가 되는 것입니다. 이치에 맞는 이야기일 것

---

① '영축적분(盈縮積分)'과 '손익률(損益率)'의 의미는 앞의 『대명력법교석(大明歷法校釋)』을 참조 바란다. *이 주석은 원래 괄호 안에 놓여 번역 원문에 배치되었으나, 지금은 주석으로 변경되었다.

입니다. 교식(交食) 때 교점에서의 도수는 일정한 위치에 있을 텐데 어떻게 두수에 있다고 하다가 다시 우수(牛宿)에 있다고 할 수 있겠습니까! 태양과 달이 동일한 도수에 위치한 이상[i], 달이 북극에서의 도수는 동일해야 하는데, 어떻게 달이 한때는 황도 남쪽에 있고, 한때는 황도 북쪽에 있다고 말할 수 있습니까! 따라서 달에 비유하여 태양에 여덟 개의 궤도가 있다고 말하는 것은 헛소리입니다. 한편 '왼쪽은 상승 교점에서 하강 교점으로, 오른쪽은 근지점에서 원지점으로'라는 것도 다소 이해하기 어렵습니다. 그가 두 가지 상황을 말한 것으로 추측됩니다. 하나는 교점과 근지점이 반대에 있는 것이고, 다른 하나는 교점이 평행에서 빠르게 움직이는 시작점에 있는 상황입니다. 만약 교점이 평행에서 빠르게 움직이는 시작점에 있다면 교점은 근지점 일수 7일과 21일에 있을 것입니다. 교식 때 마침 '영적분(盈積分)' 또는 '축적분(縮積分)'의 최고점에 있는 상황에서는 어떻게 손익(損益)의 변동이 발생할 수 있겠습니까? 만약 교점과 근지점이 반대에 있다면, 교점의 반대편이 마침 근지점의 시작점이어야 할 텐데 어떻게 근지점 일수에 깊거나 얕은 차이가 발생할 수 있습니까! 그는 또 다음과 같이 말했습니다. 반 바퀴를 돌면 정확히 반대가 되는 것은 [신력이나 구력이 모두 이와 같다고 했습니다]. 이 말은 무엇을 설명하려는 것인지 모르겠습니다. 무릇 역서들은 고대와 현대를 막론하고 제가 거의 다 읽어봤습니다만 그의 이같은 논조는 정말로 들어본 적이 없습니다. 옛 규범을 왜곡할뿐더러 오늘날의 천문 현상도 위반한 논의들입니다. 제 생각에는 이는 정말로 큰 혼란을 초래할 수 있습니다.

---

[i] 옌 선생님은 '同在一度'란 네 글자 아래에 빨간색으로 강조 표시를 했다.

1 근점월 일수와 1 교점월 일수가 다르기 때문에 교식 때의 시간이 고정되지 않습니다. 이 점은 이전의 논의에는 이미 기록되어 있고 이전 학자들도 이미 언급한 바 있습니다. 그러나 대법홍은 이 두 일수가 동일해야 한다고 말합니다. 그가 이 이론에 대해서 이해하지 못한 데서 비롯된 명백한 오류라고 생각합니다. 그래서 제가 반박할 필요도 없습니다. 그는 영축(盈縮) 조절에 오류가 발생한다고 주장하지만 조절되지 않는 데이터를 제시하지 못하고 있습니다. 설마 자신이 이해하지 못하는데도 일부러 마구 말하는 것입니까? [또한, 정수를 비율로 사용할 때는 각각 분모에 분자를 곱해서 사용해야 하는데]i) 그가 제시한 두 데이터는 모두 잘못되었습니다①. 80주를 79주로 대체하여 [줄어들어야 하는데 오히려 늘어나고, 줄어들어야 하는데 오히려 늘어난다는 것은 바로 이 조항을 말하는 것입니다.]

  [대법홍의 논의를 종합적으로 검토해 보면,] 그가 제 역법이 정확하지 않다고 생각할 뿐만 아니라 하승천의 『원가력』의 오류가 더 심각하다고 말합니다. 만약 제 역법이 폐기되어야 한다면, 하승천의 역법은 더더욱 사용해서는 안 되는 것입니다. 이런 상황에서 역법을 잘 아는 그가 새로운 방법을 창안하여 역법을 개정해야 마땅합니다. 동지와 하지의 태양 정오 그림자 길이가 가장 길거나 짧은 것이 아니라는 것, 일식 때 태양이 달의 반대

---

i) 차이는 9033인데, 9040으로 잘못 기록되었다. 80주 남짓인데, 79주 남짓으로 착각하였다. *이 주석의 내용은 괄호 안에 놓여 번역 원고에 배치되었으나, 지금은 주석으로 변경되었다.

① 이 문장에 대한 옌 선생님의 번역은 참고로 다음과 같이 기록한다.
그는 또 제 역법의 두 데이터를 비교하였는데, 교점월 일수와 근점월 일수를 비교해야 하는 것을 그는 차이값을 근점월 일수와 비교하였습니다. 이 또한 잘못된 것입니다.

위치에 있지 않다는 것 등 이른바 그의 '새로운' 이론들에 대해서 그가 반드시 뛰어난 견해를 가지고 있을 것이라고 생각합니다. 그의 고견을 듣고 싶습니다.[i]

---

[i] 이 문장 아래에는 옌 선생님이 연필로 '74.9.21'이라고 썼다. 이는 그가 번역을 끝낸 날짜로 보인다.

조충지 원주율 교석[*]

『수서(隋书)』권 16 『율력지·비수(備數)』에는 다음 기록이 나온다.

古之九數, 圓周率三, 圓徑率一, 其術疏舛. 自劉歆、張衡、劉徽、王蕃、皮延宗之徒, 各設新率, 未臻折衷. 宋末南徐州從事史祖冲之更開密法, 以圓徑一億爲一丈, 圓周盈數三丈一尺四寸一分五釐九毫二秒七忽, 朒數三丈一尺四寸一分五釐九毫二秒六忽, 正數在盈、朒二限之間. 密率：圓徑一百一十三, 圓周三百五十五. 约率：圓徑七, 周二十二. 又設開差冪、開差立, 兼以正圓參之. 指要精密, 算氏之最者也. 所著之書名爲《綴術》, 學官莫能究其深奥, 是故廢而不理.

위의 기록은

3.1415926<π<3.1415927,

$\pi = \dfrac{355}{113}$,

$\pi = \dfrac{22}{7}$ 이다.

『수서』 권 16 『율력지·가량(嘉量)』에는 다음 내용이 나온다.

---

[*] 1957년에 완성된 이 글은 원래 뒷편인 『개립원술교석(開立圓術校釋)』과 함께 『조충지 원주율과 개립원』이라는 제목으로 한 편의 글이었다. 그 아래에는 두 절로 나뉘어져 있으며, 하나는 곧 본편인 '원주율'이고, 다른 하나는 뒷편인 '개립원'이었다.

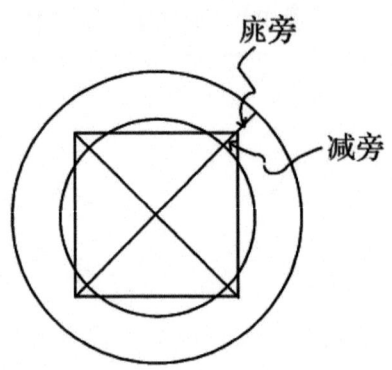

《周禮》㮚氏"爲量, 鬴深尺, 內方尺而圓其外, 其實一鬴; 其臀一寸, 其實一豆; 其耳三寸, 其實一升. 重一鈞. 其聲中黃鍾. 概而不稅.……"《春秋左氏傳》曰: "齊舊四量, 豆、區、鬴、鍾. 四升曰豆, 各自其四, 以登於鬴." 六斗四升也. "鬴十則鍾", 六十四斗也. 鄭玄以爲方尺積千寸, 比《九章》粟米法少二升八十一分升之二十二. 祖冲之以算術考之, 積凡一千五百六十二寸半. 方尺而圓其外, 減傍一釐八毫. 其徑一尺四寸一分四毫七秒二忽有奇, 而深尺, 即古斛之制也.

『주례·고공기(考工記)』에서는 여섯 두(斗) 네 승(升)을 부(鬴)로 삼고, 『구장산술』의 속미법(粟米法)은 곡식의 부피를 1620 입방촌(立方寸)으로 계산하였다.

$$10 : 6.4 = 1620 : x,$$

$$x = 1036\frac{8}{10},$$

$$\left(1036\frac{8}{10} - 1000\right) \div 16\frac{2}{10}(升法) = 2\frac{22}{81} 리터.$$

그래서 정현은 "『구장』의 속미법보다 2 승(升) 81분승(分升)의 22승이 적다"고 말했던 것이다.

"조충지가 산술로 이를 검토했다"고 하여, 산식은 다음과 같다.

$$10 : 6.4 = y : 1000,$$

$$y = 1562.5.$$

그래서 "부피는 총 1562.5 입방촌"이라고 말했다.

감방(減傍)를 a 로 설정한다.

$$\frac{10}{4}\pi(10\sqrt{2}-2a)^2 = 1562.5,$$

$$a = \frac{1}{2}\left[10\sqrt{2}-\sqrt{\frac{1562.5}{\frac{10}{4}\pi}}\right] = \frac{1}{2}\left[10\sqrt{2}-\sqrt{\frac{625}{\pi}}\right]$$

$$= \frac{1}{2}\left[10\sqrt{2}-25\sqrt{\frac{113}{355}}\right] = 0.018068.$$

그래서 "감방은 1리 8호(毫)라"는 것이다. 또한,

$$25\sqrt{\frac{113}{355}} = 14.10472.$$

그래서 "그의 지름이 1척 4촌 1분 4호 7초(秒) 2홀(忽)이라"는 것이다.

『수서』권 16 『율력지·가량』에는 다음 기록이 나온다.

"律嘉量斛, 方尺而圓其外, 庣旁九釐五毫, 冪百六十二寸, 深尺, 積一千六百二十寸, 容十斗." 祖冲之以圓率考之, 此斛当徑一尺四寸三分六釐一毫九秒三忽[i], 庣旁一分九毫有奇. 劉歆庣旁少一釐四毫有奇, 歆數術不精之所致也.

조방(庣旁) 를 b 로 설정한다.

$$\frac{10}{4}\pi(10\sqrt{2}+2b)^2 = 1620,$$

---

[i] '三忽'은 원래 '二忽'이었는데 옌 선생이 수정하기만 하고 교정 기록을 내지 않았다.

$$b = \frac{1}{2}\left[\sqrt{\frac{1620}{\frac{10}{4}\pi}} - 10\sqrt{2}\right] = \frac{\sqrt{2}}{2}\left[18\sqrt{\frac{113}{355}} - 10\right]$$

그래서 "조방은 1분 9호가 조금 넘어야 한다"는 것이다.

$$0.109897 - 0.095 = 0.014897.$$

또한

$$18 \times \sqrt{2} \times \sqrt{\frac{113}{355}} = 14.36193.$$

그래서 "이 곡(斛, 곡식을 헤아리는 데 쓰는 그릇-역자주)의 지름은 1척 4촌 3분 6리 1호 9초 3홀이라"는 것이다.

이상은 조충지 원주율의 직접적인 사료이며, 『수서·율력지』는 조충지의 저작을 참고하여 편집된 것으로 추정된다.

조충지 원주율은 조충지 이후 당 이전에 이미 사용되었으며, 현재 알려져 있는 자료로는 다음과 같은 두 가지가 있다.

(1) 북주 옥두(玉斗)(保定元年, 561년)

"내경은 7촌 1분, 깊이는 2촌 8분, … 지금 수로 계산하면, 옥승(玉升)의 부피는 옥척(玉尺) 110촌 8분이 조금 넘고, 곡(斛)의 부피는 1185분 7리 3호 9초이다."(『수서·율력지』)

$$\pi\left(\frac{7.1}{2}\right)^2 \times 2.8 = 110.85739,$$

$$10\pi = \left(\frac{7.1}{2}\right)^2 \times 2.8$$

$$= 1108.5739,$$

$$\pi = \frac{355}{133}.$$

(2) 양주사(梁朱史)『정천론(定天論)』

"하루(日) 1670리, 1주천(周天) 610231리로 [i], 지름 비율을 구하면 194164리가 된다. 이는 하늘 동서남북의 간격이다." (『개원점경(開元占經)』권 1)

$$610231 \div \frac{22}{7} = 194164.$$

당 이후로 $\frac{22}{7}$을 조충지의 밀율(密率)로 잘못 인식하였는데, 이는 이순풍의 『구장주(九章注)』에서 비롯되었다. 『구장산술』권 1 방전장(方田章) 원전술(圓田術)에 대한 당 이순풍의 주석은 다음과 같다.

"조충지가 그것이 정확하지 않기에 중간에서 다시 그 수를 추정하였다. 지금 찬수하는 데 여러 학자의 논의를 모아 그 시비를 검토하였으며 조충지가 이 밀율을 정하였다. 그래서 이를 휘술(徽術) 아래에 제시하여 학자들이 이를 판단하도록 하였다. 신(臣) 순풍(淳風) 등은 밀율(密率)을 따라, 7에 둘레를 곱한 다음 22씩 덜어내면서 1씩 놓는다."

원나라 조우흠(趙友欽)이 저술한 『혁상신서(革象新書)』에서는 "원의 지름이 7척이고 원주가 22척이라고(이는 조충지가 추산한 약율(約率)임) 하는 이가 있고, 원의 지름이 113이고 원주가 355라고 하는 이도(이는 조충지가 추산한 밀율(密率)임) 있다"고 제시하였다. 하여 $\pi = \frac{355}{133}$의 밀율을 증명하였다.

---

[i] '六十一万二百三十一里'는 원문에 '六十万二百三十一里'로 되어 있었는데, 옌 선생님이 교정하였고 교정 기록은 내지 않았다.

부록

조충지『구장산술』원전술(圓田術) 주석*

『구장산술』권1에는 다음 내용이 나온다.

"지금 원형 밭이 있는데, 둘레가 181보이고, 지름은 60과 3분의 1보이고 …… 계산하자면 반 둘레와 반지름을 곱하면 논밭의 넓이(積步)가 나온다. (今有圓田,周一百八十一步,徑六十步三分步之一,……術曰：半圓半徑相乘,得積步)"

이에 대해 조충지는 다음과 같이 주석을 달았다.

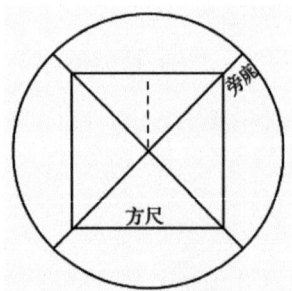

晉武庫中漢時王莽作銅斛,其銘曰：律嘉量斛,內方尺而圓其外,庣旁九氂五

---

* 이 부분은 옌 선생 초고 중의 일부이지만 완성고에는 포함되지 않았다. 지금 부록으로 첨부하여 제목은 편집자가 정한 것이다. 원고의 왼쪽에는『구장산술주(九章算術注)』원문이 있고, 오른쪽에는 해설이 배치되었다. 지금 네 부분으로 나누어 다른 편의 체제와 통일시키도록 해설을 원문 아래에 배치하였다.『구장산술주』에 '진무고(晉武庫)'가 섞이는 몇몇 문구는 저자가 유휘(劉徽)인지 조충지인지 수학사계에서 아직 논란이 있다. 옌 선생님은 초기에 조충지라고 생각하셨다가(『중국 산학자 조충지 및 그의 원주율 연구(中國算學家祖沖之及其圓周率之研究)』참조) 후에는 태도가 변했다. 이것이 아마도 선생님이 그것을 원문에 포함시키지 않은 이유였을 것이다.

毫,冪一百六十二寸,深一尺,積一千六百二十寸,容十斗.以此術求之,得冪一百六十一寸有奇,其數相近矣.

조충지는 송나라와 제나라 사이의 사람이니 진무고(晉武庫)를 언급한 것이다.

유흠(劉歆)의 원주율은 π=3.1547이니,

위의 원문에 나오는 '此術(이 방법)'이란 유휘(劉徽)의 계산 방법인 π=3.141임을 가리킨다.

$$\pi(=3.1547)(\sqrt{50}+0.095)^2=162,$$
$$10\times 162=1620촌(유흠의 원주율 사용).$$
$$\pi(=3.141)(\sqrt{50}+0.095)^2=161.2965,$$
$$10\times 161.2965=1612.965(유휘의 원주율 사용).$$

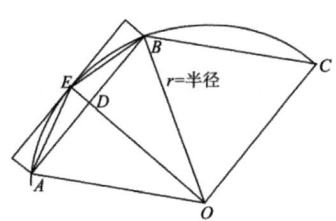

此術微少.而斛差冪六百二十五分寸之一百五.以十二觚之冪爲率,消息當取此分寸之三十六,以增於一百九十二觚之冪,以爲圓冪,三百一十四寸二十五分寸之四.

'此術微少'란 문구는 유휘의 원주율이 $\pi=3.141$이므로 약간 작음을 말한다.

△ABE는 육각형과 십이각형의 차이 면적이다.

$$ED=(1-\frac{\sqrt{3}}{2})r, \quad AB=BC=OA,$$

$$\triangle ABE=\frac{r^2}{2}(1-\frac{\sqrt{3}}{2})=S.$$

궁형(弓形, 활 모양)ABE= 선형(扇形, 부채 모양)$O\widehat{AEB}-\triangle OAB$

$$=\widehat{AEB}\cdot\frac{r}{2}-\frac{r^2}{2}\cdot\frac{\sqrt{3}}{2}$$

$$=\frac{r}{2}(\widehat{AEB}-\frac{\sqrt{3}}{2}r).$$

$$\widehat{AEB}=\frac{2\pi r}{6}=\frac{\pi r}{3},$$

∴ 궁형 $ABE=\frac{r^2}{2}(\frac{\pi}{3}-\frac{\sqrt{3}}{2}).$

$P=$ 궁형 $ABE-\triangle ABE$로 설정한다.

$$=\frac{r^2}{2}(\frac{\pi}{3}-1).$$

$$\frac{P}{S}=\frac{\frac{\pi}{3}-1}{1-\frac{\sqrt{3}}{2}}.$$

유휘가 $\pi=3.1410$을 구하게 되었으므로

$$\frac{\pi-3}{3}\times\frac{2}{2-\sqrt{3}}=\frac{141}{3}\times\frac{2}{268}=\frac{47}{134},$$

∴ $\frac{P}{S}=\frac{47}{134}.$

$$\pi_{96}=3.13\frac{584}{625}, \quad \pi_{192}=3.14\frac{64}{625},$$

차이는 $\frac{105}{625}$이다.

$$134 : 47 = 105 : a$$

$$a = \frac{47 \times 105}{34} = 36^+$$

그러므로 "길이로 36을 취해야 한다(消息當取此分寸之三十六)"는 것이다.

$$3.14\frac{64}{625} + 0.00\frac{36}{625} = 3.14\frac{100}{625} = 3.14\frac{4}{25}.$$

置徑自乘之方冪四百寸,[i] 令與圓冪通相約, 圓冪三千九百二十七, 方冪得五千, 是爲率. 方冪五千中容圓冪三千九百二十七. 圓冪三千九百二十七中容方冪二千五百也.

$r = 10$으로 설정한다.

$$4r_1^2 : \pi r_1^2 = 4 \times 10^2 : 3.1416 \times 10^2$$
$$= 400 : 314.16,$$
$$4r_1^2 : \pi r_1^2 = 5000 : 3927,$$
$$4r^2 : \pi r^2 : 2r^2 = 5000 : 3927 : 2500.$$

以半徑一尺, 除圓冪三百一十四寸二十五分寸之四, 倍之, 得六尺二寸八分二十五分寸[△]之八, 卽周數也. 全徑二尺與周數通相約, 徑得一千二百五十, 周得三千九百二十七, 卽其相與之率. 若此者, 蓋盡其纖微矣. 舉而用之, 上法仍約耳. 當求一千五百三十六觚之一面, 得三千七十二觚之冪, 而裁其微分, 數亦宜然, 重其驗耳.

---

[i] 옌 선생님은 초고의 이 문장 왼쪽 여백에 "1958-7-25 기록. 이하 미수록" 등의 글자가 적혔다.

△ '分寸'은 잘못된 표현으로, '分分'으로 고쳐야 한다. 첸바오충(錢寶琮)이 교정한 『구장산술』에서 교정하였다.

원 내에 내접하는 정사각형의 변의 길이를 a 라고 설정한다.

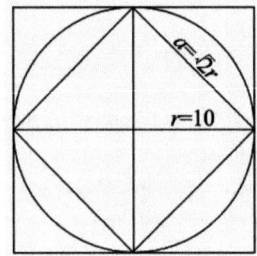

$$r^2 = \frac{a^2}{2}.$$

$$\pi = \frac{628\frac{8}{25}}{200}$$

$$= \frac{15708}{5000}$$

$$= \frac{3927}{1250}.$$

$$\pi = \frac{3927}{1250} = 3.1416$$

$\pi_{1536} = 3.1415904^{i)}$

$\pi_{3072} = 3.1415921$

차이값 $0.0000017^{ii)}$

$134 : 47 = 17 : a'$,

$a' = 5^{+}$.

$\pi = 3.1415921 + 0.0000005$

$= 3.1415926$

---

i) 이 아래에는 숫자 3.14159078+가 있다.
ii) 아래에는 "또는 105625(4)-5=15"가 적혀 있다.

나아가 [i],

$$\pi = 3.1415937 - 0.0000010 = 3.1415927,$$

혹은 $3.1415926 < \pi < 3.1415927$.

$$3.14\frac{175}{625} = 3.14\frac{7}{25} = \frac{7857}{5000} = \frac{22}{7},$$

$$\pi = \frac{22}{7} (약율).$$

$$\pi = \frac{3927 - 22}{1250 - 7} = \frac{3905}{1243} = \frac{355}{113} (밀률).$$

그래서 『수서·율력지』에 다음과 같이 기록된 것이다.

"옛날의 구수에서는 원주율을 3으로, 원지름율을 1로 하였으나, 그 계산법은 부정확하였다. 유흠, 장형, 유휘, 왕번, 피연종 등 학자들이 각각 새로운 원주율을 제시하였으나 모두 절충되지 못하였다. 송나라 말기 남서주 종사사 조충지가 더욱 정밀한 방법을 개발하여, 원지름을 1억을 1장으로 하여, 둘레 영수(盈數)는 3장 1척 4촌 1분 5리 9호(毫) 2초(秒) 7홀(忽)로 하고, 뉵수(朒數)는 3장 1척 4촌 1분 5리 9호 2묘 6홀로 하여, 정수(定數)는 영수와 뉵수 두 수치 사이에 있다. 밀률은 원지름 113에 원주 355로 하였고, 약율은 원지름 7에 원주 22로 하였다."

---

[i] 이 아래에는 한 단락의 글이 더 있는데, 계산에 오류가 있어 삭제하였다.

개립원술(開立圓術) 교석

조충지는 『대명력의』에서 다음 이야기를 했다.

"구의 부피를 계산하는 옛 방법의 오류에 대해 장형은 이를 서술했으나 고치지 않았습니다. …… 정현, 감택, 왕번, 유휘 등이 관련 연구를 했으나, 항상 많은 오류가 있었습니다. 신이 시간을 내어 이들 오류를 바로잡았습니다."

『구장산술·소광(少廣)』에서 이순풍이 조긍(祖暅)의 개립원술을 인용하여 다음과 같이 말했다.

"장형은 옛 방법을 따랐고 후세에 비웃음을 남겼으며, 유휘는 옛 방법을 따랐으나 새로운 방법을 제시할 겨를이 없었다. 이는 어려운 일이 아니며, 단지 생각하지 않았을 뿐이다."

이로써 개립원술은 조씨 부자의 공동 작업이었음을 알 수 있다.
유휘는 이 작업에서 이미 몇 가지 힌트를 제시했다.
유휘는 「소광」 개립원술에 대해 주해하면서, 하나의 입방체(立方棋)를 두 개의 원기둥면으로 잘라냈다. 각각 세로와 가로로 나누어 얻어진 규내기(規內棋, 내접 원기둥)를 '원양마(圓陽馬)'라고 불렀다. 여덟 개의 원양마가 하나의 합개(合蓋, 협쳐진 우산)를 구성한다. 그리고 다음과 같은 비율도 알고 있었다.

정사각형 : 원 = 합개 : 구

그러나 원양마의 부피를 구할 수는 없었고, "능히 말할 수 있는 자를 기다릴 뿐이라"고 했다.

조충지 부자는 이 원양마의 부피를 구하는 방법을 찾아냈다. 여기서 개립원술의 방법①을 다음과 같이 설명한다.

祖暅之開立圓術曰:

고대에는 구(球)를 입원(立圓) 또는 환(丸)이라고 불렀다. 입방체의 부피를 알고 변의 길이를 구하는 것을 개립방(開立方)이라고 하였으므로, 구의 부피를 알고 구의 지름을 구하는 것을 개립원(開立圓)이라고 하였다.

以二乘積,開立方除之,即立圓徑.

구의 부피는 $=\dfrac{\pi D^3}{6}$ 으로 계산되며, 고대의 원주율 $\pi=3$ 으로 하였으므로, 구의 부피는 $=\dfrac{D^3}{2}$, $2\times\dfrac{D^3}{2}=D^3$, $\sqrt{D^3}=D$ 가 된다.

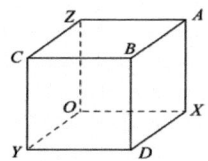

其意何也? 取立方冪一枚,令立樞於左後之下隅.

---

① 이는 『천록림랑총서(天祿琳琅叢書)』제1집 제3함(函)의 영인본인 급고각(汲古閣) 경송초본(景宋抄本) 『구장산경(九章算經)』에 따른 것이다.

직관적으로 이해하기 쉽도록 바둑 형태의 입체를 그림과 같이 보여준다. 입방체(정육면체)는 ABCZ 면을 위로 하고, XDYO 면을 아래로 하며, ZOYC 면을 왼쪽으로 하고, AXDB 면을 오른쪽으로 하며, BDYC 면을 앞쪽으로 하고, AXOZ 면을 뒤쪽으로 한다. '추(樞)'는 '중심'을 의미하며, O 점은 왼쪽 뒤 아래에 위치한다.

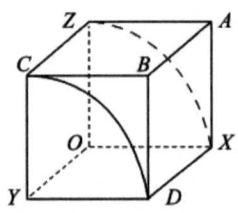

從規去其右上之廉.

세로 잘라낸 원기둥은 OY 를 축으로 하고, 정사각형 면을 원기둥의 면으로 한다. 이렇게 하면 입체를 두 부분으로 나눌 수 있는데, 하나는 4분의 1 원기둥이고, 다른 하나는 오른쪽(AXDB)과 위쪽(ABCZ)의 면으로 이루어진 부분(곧 廉임)이다.

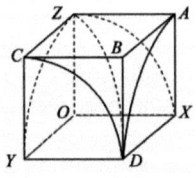

又合而橫規之, 去其前上之廉.

가로 잘라낸 원기둥은 OX 를 축으로 하고, 정사각형 면을 원기둥의 면으로 한다. 이렇게 하면 입방체를 또다시 둘로 나눌 수 있는데, 하나는 4분의

1 원기둥이고, 다른 하나는 앞쪽(BDYC)과 위쪽(ABCZ)의 면으로 이루어진 부분이다.

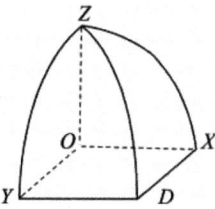

於是立方之羃分而爲四 : 規內羃一, 謂之內羃, 規外羃三, 谓之外羃.

위에서 언급한 이것들을 유휘는 각각 분내기(分內棋)와 분외기(分外棋)라고 불렀지만, 여기서는 규내기(規內棋)와 규외기(規外棋)라고 부르고자 한다.

規更合四羃, 復橫斷之.

규내기(規內棋)는 하나

규외기(規外棋)는 세 개이다.

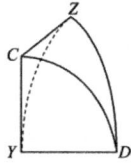 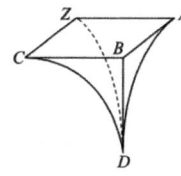 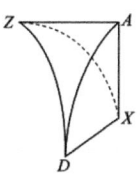

그림과 같이, CY 위에서 임의의 점 CP 를 선택하고, 평면 PQRS 로 가로로 자르면, 내기(內棋)의 단면 KVWS 를 얻게 되고, 외기(外棋) 세 개의 단면은 각각 PTVK, TQUV, VURW 가 된다.

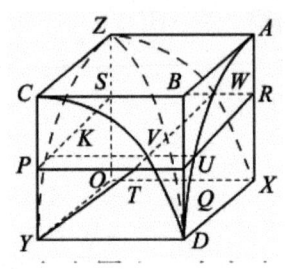

以句股言之, 令餘高爲句, 內棊斷上方爲股, 本方之數, 其弦也. 句股之法：以句冪減弦冪, 則餘爲股冪. 若令餘高自乘, 減本方之冪, 餘即內棊原文作'內減棋', '減'字应为衍文. 斷上方之冪也. 本方之冪即四棊原文作'外四棋', '外'字应为衍文. 之斷上冪. 然則餘高自乘, 即外三棊之斷上冪矣.

여고(餘高, 나머지 높이)는 PY 이며, 내기의 단면 위쪽은 KV = PT 이다. 본래의 변 길이는 YD = YT 이다. 직각 삼각형 PYT 에서 P 는 직각 꼭짓점이므로 $PT^2 = YT^2 - PY^2$이다.

곧

$KVWS = PQRS - PY^2$,

$PTVK + TQUV + VURW = PY^2$이기도 하다.

不問高卑, 勢皆然也.

위의 계산법에서 CP 는 임의로 선택된 것이므로 모두 이 식에 부합한다. 이를테면 $CP = 0$이면, $PY = CY = CB$이다.

즉

$PY^2 = ABCZ$.

만약 $CP = CY$라면, $PY = 0$이다. 이러첨 모두 위의 식에 부합한다.

然固有所歸同而塗殊者爾. 而乃控遠以演類, 借況以析微. 按陽馬方高數參等者, 列而立之, 横截去上, 則高自乘與斷上冪數亦等焉.

위의 '列而立之'는 '倒而立之'로 고쳐야 한다. 그림과 같이, 이것은 하나의 거꾸로 된 양마(陽馬)이다.

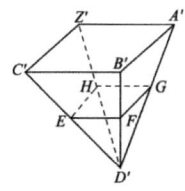

$A'B' = B'D'$(정사각형의 높이가 같다).

비례에 따라, 따라서

$EF = FD'$,

따라서

$FD'^2 = EFGH.$

FD는 위의 계산법에서의 여고에 해당되므로, 거꾸로 된 양마에서 (정사각형의 높이가 같은 경우), 그 여고를 제곱한 값은 양마의 단면적(斷面積)과 같음을 알 수 있다.

夫疊棊①成立積, 緣冪勢既同, 則積不容異. 由此觀之, 規之外三棊旁虛爲一, 即一陽馬也.

이제 외기 세 개와 거꾸로 된 양마(阳馬)를 비교해 보면:

(1) 형태가 같다 - 높이가 같다(정사각형의 높이가 같다);

(2) 면적이 같다 - 단면적이 모두 여고(餘高)를 제곱한 값과 같다;

---

① 청나라 이황(李潢)에 따라 '棊'자는 '冪'자로 고쳐야 한다 본다.

따라서

(3) 부피가 다를 수 없다 - 외기 세 개의 부피와 거꾸로 된 양마의 부피가 같다.

三分立方, 則陽馬居一, 内棊居二, 可知矣.

이로써 내기의 부피는 정육면체 부피의 3분의 2에 해당됨을 알 수 있다.

合八小方成一大方, 合八内棊成一合蓋. 内棊居小方三分之二, 則合蓋居立方亦三分之二, 較然驗矣. 置三分之二, 以圓冪率三乘之, 如方冪率四而一, 約而定之, 以爲丸率. 故曰丸居立方二①分之一也.

정사각형의 면적 비율: 원의 면적 비율 = 합개: 구

이므로

$$구의\ 부피 = \frac{\pi}{4} \cdot \frac{2}{3} D^3 = \frac{\pi}{6} D^3$$ 이다.

---

① '二'는 원래 '三'으로 잘못 적혔다.

조충지의 지중법(地中法) 구하기 교석*

감본(監本)에서 보완된『지리신서(地理新书)』[1] 제1권 '사방정위(四方定位)' 조항에서 다음과 같이 언급하고 있다.

"또한 송 남서주 종사사 조충지는 토규(土圭)의 방법을 사용하여, 경문(經文)이 결여된[2] 부분을 보완하고, 선유(先儒)들이 말한 바를 명확히 증명하지 못하였으므로, 별도로 술수(術數)를 사용하여 지중(地中)을 구하는 방법을 찾아냈다. 이는 가장 근접한 방법으로 여기서 이를 상세히 기록해 두는 것이다."

周禮匠人建國, 水地以垂, 置槷以垂以景, 爲規識日出之景與日入之景, 晝參諸日中之景, 夜考之極星, 晝既定其南北, 夜又望北極以參之, 北極极之法常居北而不移, 故天下取正云, 祖冲之望近是。

以正朝夕.

---

* 이 글은 1957년에 완성되었다.

[1] 베이징 도서관 소장의 영금정(影金精) 필사본으로 원래 해원각(海源閣) 소장 도서(『楹書 隅录』 제3권 참조)였다. 제목은 다시 『지리신서(地理新书)』으로 교정되어 총 15권, 4책의 분량이 된다. 권수(卷首)에는 "도해교정(圖解校正)『지리신서』서문…… 대정(大定) 연간(1184년) 평양(平陽) 필복통(畢復通)이 씀"이라는 내용, 그리고 "『지리신서』을 정밀하게 교정하고 보완하여…… 명창(明昌) 임자년(1192년) 고대비부(古戴鄙夫) 장겸(張謙)께서 펴보시기"라는 내용 등이 나와 있다. 또한 희녕(熙寧) 4년(1071년) 왕수(王洙)의 『지리신서』서문에는 다음 설명이 나와 있다.
"당(唐) 정관(貞觀) 중 태상박사(太常博士) 여재(呂才)가 명을 받아 『음양서(陰陽書)』50편을 저술하였는데, 그 중 8편이 지리(地理)였다. 선조(先朝)에 이르러 다시 사천감사(司天監史)에게 명하여 서문을 쓰고 주제를 나누어 『건곤보전(乾坤寶典)』총 450편을 만들었는데, 그 중 30편이 지리였다. …… 경우(景祐) 초기에 …… 다시 교정하여 5년에 걸쳐 완성하였다. …… 양유덕(楊惟德)이 …… 신력(新曆)을 참조하여 수정하고, 별도로 30편을 만들어 『지리신서』라 명명하였다."
위의 기술을 통해서 이 책이 당 여재의 책을 여러 차례 수정하여 완성된 것임을 알 수 있다. 당 정관 시기 조충지의 여러 저작이 아직 소실되지 않았으므로 이 지중법을 인용한 것은 신뢰할 만한 역사적 기록으로 보인다.

[2] '阔' 자는 『수서·천문지』에 따르면 '闕' 자로 고쳐야 한다.

祖冲之先立表於地, 令其末銳, 名曰南表. 又立表於景之末, 名曰中表. 又立表於南表之北, 亦銳其末, 名曰北表, 其端与北辰星參相直. 訖, 乃觀三表. 若曲向東者從西而更求之, 曲向西者從東而更求之, 三表直者乃其地南北之正中也. 又以春秋分日旦, 候日始出東方半體, 乃立表於中表之東, 名曰東表. 令中表、東表与日參相直. 視①日之夕, 日始入西方半體, 又立表於中表之西, 名曰西表. 令中表、西表亦与日參相直. 訖, 乃觀三表曲向南者, 進北而更求之, 曲向北者, 進南而更求之, 三表直者, 乃其地東西之正也.②

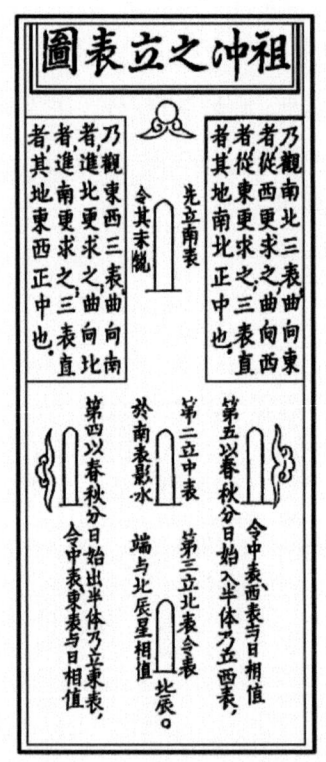

---

① '視' 자는 『수서·천문지』에서 '是' 자로 되어 있다.
② 『수서·천문지』에서는 이 지중법을 조긍이 만든 것으로 보고 있다. 이를 통해 부자 간의 공동 작업이 많았음을 더 잘 알 수 있다.

2부

조충지祖沖之 부자에 대하여

『철술(綴術)』에 대하여

『철술』의 전파에 대하여 아래 표와 같이 정리될 수 있다.

시기	중국	조선	일본
5세기	조충지가 『철술』 펴냈음[1]		
6세기	조긍이 『철술』 펴냈음[2]		
7세기	당 왕효통(王孝通)이 『철술』을 논하였음[3] 당 이순풍(李淳風)이 『철술』 주해했음[4] 당 학관의 과목으로 개설되었음[4]		
8세기	여전히 당 학관의 개설과목이었음[4]	『철술』이 학관에 개설되었음[5]	『철술』이 학관에 개설되었음[6]
9세기			『견재서목(見在書目)』에 『철술』이 수록되었음[6]
10세기			『연희식(延喜式)』에 『철술』이 수록되었음[6]
11세기	송 초연(楚衍)의 『철술』 읽기[7] 송 심괄(沈括)의 『철술』 논의[8]		
12세기		『철술』이 학관에 개설되었음[9]	
13세기	송 말 진구소(秦九韶)의 『철술』 논의[10] 원 이치(李治)의 『철술』 논의[11]		

1) 『수서』 권 16 『율력지』 제 11 율력 상에서는 다음과 같이 언급하고 있다.

"송말 남서주 종사사 조충지는... 또한 개차멱(開差冪)과 개차립(開差立)을 설정하고, 정원(正圓)을 참조하여 이를 보완하였다. 그 요점을 지적하자면 매우 정밀하여 산술가 중 최고라 할 수 있다. 그가 저술한 책은 『철술』이라 불리며, 학관에서는 그 깊이를 다 이해하지 못하여 결국 폐기되고 말았다."

송말은 5세기 70년대에 해당하지만, 조충지『대명력의』에 따르면 그의 역산 저작은 모두『대명력』(462년) 이전에 완성된 것으로 보인다.

2) 조긍은『철술』2권을 저술하였으며, 이는 아래 조항3)과 8)에서 볼 수 있다. 조긍의 주요 작업은 양(梁) 천감(天監) 연간(6세기 10년대 전후)에 이루어졌으며, 그가 저작한『철술』도 이 시기에 완성된 것으로 보인다.

3) 당 왕효통의『상집고산경표(上緝古算經表)』에서는 다음과 같이 언급하고 있다.

"조긍의『철술』은 당시 사람들에게 정밀함으로 칭송받았다. 그러나 방읍(方邑) 진행의 계산법은 전혀 맞지 않았고, 추맹(芻甍)과 방정(方亭)의 문제는 이치에 맞지 않았다."

왕효통은 당 무덕(武德) 9년(626년)에 산력박사(算歷博士)로 임명되었으며, 부인균(傅仁均)의『무인력(戊寅曆)』을 교감한 바 있다. 그는 7세기 초의 인물로 보이며(『상집고산경표』에서 이미 백발이라 칭했으므로, 생년은 6세기 후반인 것으로 추정된다).

4) 이순풍은『철술』5권을 주해하였으며(『구당서·경적지(經籍志)』와『신당서·예문지』에 모두 기록되어 있다). 사서에서는 다음과 같이 언급하고 있다.

"현경(顯慶) 원년(656년)에 이순풍 등에게『오조(五曹)』,『손자(孫子)』등 10부의 산경(算經)을 주석하게 하여 20권으로 나누어 국학에 사용하게 하였다."

이 10부의 산경에는『철술』도 포함되어 있었을 것이며, 당대 학관에 개설된『철술』은 가장 깊이 있는 수학서로 4년간 학습해야 했다.

당대 시험 제도 내에서『철술』의 연대를 언급한 책이 있는데 당 두우(杜佑)의『통전(通典)』이었다.『통전』권 15 선거 3 '역대 제도' 하 '대당(大唐)' 조목에는 다음과 같이 기록되어 있다.

"천보(天宝) 원년(742년)... 산술 시험에서는『구장(九章)』,『해도(海島)』,『손자(孫子)』,『오조(五曹)』,『장구건(張丘建)』,『하후양(夏侯陽)』,『주비(周髀)』,『오경(五經)』,『철술』,『집고』를 시험하였으며, 각 책마다 시험 문제가 다르다.『구장』은 3문제,『오경』등 7부는 각 1문제,『철술』은 6문제,『집고』는 4문제였다. 또한 대의(大义)를 묻는 시험도 병행하였으며, 모두 통과한 자가 합격하였다."[①]

5) 조선 김부식(金富軾)의『삼국사기(三國史記)』권 38 직관상(职官上)에서는 다음과 같이 언급하고 있다.

"국학(國學)은 예부(禮部)에 속하며, 신문왕(神文王) 2년(682년)에 설치되었고, 경덕왕(景德王) 1년(742년)에 태학감(太學監)으로 개칭되었으며, 혜찰왕(惠察王) 1년(764

[①] 리옌(李儼)의『중산사논총(中算史論總)』,제4권, 당송원명 시대의 수학교육제도(唐宋元明數學教育制度)참조 바란다.

년)에 다시 개칭되었다... 또는 산박사(算博士)나 조교(助敎) 한 명을 배정하여 『철경』, 『삼개(三開)』,『구장』,『육장』을 가르쳤다."

여기서 말한 『철경』은 『철술』을 가리킨다고 추정된다. 당나라의 교육 제도가 조선을 통해 일본으로 전해졌기 때문에, 조선은 먼저 당나라 제도를 모방하여 운영하였다.

이 사료를 통해 『삼개』,『육장』 등은 일본의 수학 저작이 아니었을 수도 있음을 알 수 있다.

6) 일본 대보(大寶, 701—703) 및 양로(養老, 707—713) 연간의 『영의해(令義解)』① 권 3 '학령(學令)' 제 11에서는 다음과 같이 언급하고 있다.

"무릇 『손자』, 『오조』, 『구장』, 『해도』, 『육장』, 『철술』, 『삼개중차(三開重差)』, 『주비』, 『구사(九司)』 등 산경은 각각 별도의 경이며, 학생들은 각 경을 따로 학습한다. 산학생 (算學生)은 술리(術理)를 명확히 이해한 후에 통과된다... 『철술』과 『육장』을 시험하는 자는 앞의 『철술』 6조, 『육장』 3조를 기준으로 한다..."

이 제도는 당나라와 대체로 유사하다. 『영의해』에는 천장(天長) 10년(833년) 2월 15일의 서문이 있다.

---

① 베이징 도서관에 소장된 일본 온고당(溫古堂) 정간(精刊)인 박죽지본(薄竹紙本)을 근거로 한다.

베이징 도서관에는 초본(抄本)인 『영집해(令集解)』의 잔본(殘本)이 있는데, 이는 『영의해』를 해설한 책이다. 이 잔본에 '학령' 권이 마침 존재한다. 이 권에서는 『철술』에 대해서 "해설에 따르면 5권이며, 조씨(祖氏)의 저작이고 고기(古記)에는 별다른 기록이 없다"고 언급하고 있다.

일본 간페이(寬平) 시대(889—897)에 후지와라 사세(藤原佐世)가 명을 받아 편찬한 『일본국견재서목』에는 '『철술』 6권'이라는 기록이 보이며 '견재(見在)'라고 칭한 것으로 보아 『철술』이 9세기 말 일본에 전해졌음을 알 수 있다. 또한 『연희식』(905—927) 권 20 대학료(大學寮)에서는 『손자』, 『오조』, 『구장』, 『육장』, 『철술』은 각각 소경(小經)으로 간주한다고 언급하고 있다.①

7) 『송사』 권 462 열전 221 방기(方技) 하 「초연전(楚衍傳)」에서는 초연은 『구장』, 『집고』, 『철술』, 『해도』 등의 산경을 특히 정밀하게 이해하였다고 한다. 이는 초연이 『철술』에 통달하였음을 의미한다.

초연은 천성(天聖) 원년(1023년)에 『숭천력(崇天曆)』을 주편하여 제출하였고, 경력(慶歷) 중(1045년경)에는 사천감의 판관(判官)으로 있었다.② 황우(皇祐) 중(1050년경)에는 『사신성루력(司辰星漏曆)』 12권의 편찬에 참

---

① 이는 일본 학사원에서 편찬한 후지와라 마쓰사부로(藤原松三郎)의 유작 『메이지 전 일본 수학사(明治前日本數學史)』 제 1권, 150~151페이지, 1955년 5월 2판에서 확인할 수 있다.

② 『몽계필담(夢溪筆談)』 권 7에서는 경력 중(1045년경)에 이(李)는 판감(判監) 초연과 함께 일월식(日月蝕)을 추산하였다고 기록하고 있다.

여하였고, 이후 주종(周琮)과 함께 사천감을 관리하다가 사망하였다. 송 왕수(王洙)의 『담록(談彔)』 역관(歷官) 조항에서도 "근세 천산(天算)을 관장하는 자로는 초연이 으뜸이라며, 이미 노쇠하여 혼미해졌고 제자 가헌(賈憲)과 주길(朱吉)이 유명하다"고 언급하고 있다. 따라서 초연은 10세기 말에서 11세기 60년대 이전의 인물로 추정할 수 있다.

심괄(沈括, 1030—1094)은 청년 시절에 초연을 만났을 가능성이 있으며, 심괄은 희녕 중(1072년경)에 태사령(太史令)으로 임명되었고, 초연이 사망한 해로부터 20년을 넘지 않았다.

8) 심괄의 『몽계필담』에는 『철술』에 관한 두 가지 내용이 기록되어 있다.

(1) "나는 고금의 역법을 고찰해 봤는데, 오성의 행도(行度)에 있어서 유역(留逆) 시기에 가장 많은 차이가 발생한다. 내부에서 진행하는 경우, 그 퇴행은 반드시 외부를 향하고, 외부에서 진행하는 경우, 그 퇴행은 반드시 내부를 향한다. 그 궤적은 버드나무 잎과 같아, 양 끝이 날카롭고, 중간의 왕래하는 길은 매우 멀다. 따라서 양 끝의 별의 행도는 약간 느리며, 이는 사행(斜行)하기 때문이다. 중간의 행도는 약간 빠르며, 이는 직행(直行)하기 때문이다. 역가(歷家)는 단지 행도의 지연과 속도를 알 뿐, 도경(道徑)의 사직(斜直)의 차이를 알지 못한다. 희녕 중에 내가 태시령을 맡고 위벅(衛朴)이 역법을 만들었는데, 기삭(氣朔)은 이미 정확하였으나, 오성의 후보(候簿)는 검증할 수가 없었다. 이전 시대는 역법을 수정하는 경우, 대부분 구력(舊曆)을 증감하는 것에 불과하였고, 실제로 천도를 고찰한 적이 없었다. 그 방법은 매일 저녁과 새벽, 밤중의 달 및 오성의 위치를 측정하여 기록부에 기록하는 것이다. 이렇게 5년동안 기록하는데, 그 중 구름이 끼거

나 흐린 경우, 그리고 낮에 보이는 일수를 제외하고 3년의 실측 데이터를 얻은 후, 이를 연결시켜 계산하는 것이다. 고대에 이른바 철술이란 바로 이것이다." (권 8 상수(象數) 2)

(2) "성신(星辰)의 행도를 구하고, 기삭의 소장(消長)을 측정하는 것을 철술이라 하며, 이는 형상으로 관찰할 수 없고, 단지 산수(算數)로 연결할 수 있을 뿐이기 때문이다. 북제(北齊)의 조긍이 『철술』 2권을 저술하였다." (권 18 기예(技藝))

철술에 대한 위의 두 논의는 모두 역법과 관련이 있으며, (1)과 (2)에서 성신(星辰)의 행도를 구하는 것은 모두 오성의 행도를 추산하는 것이며, 기삭의 소장은 기삭을 정하는 데 사용되는 방법을 의미한다.

심괄이 논한 철술과 초연이 본 『철술』은 동일한 것으로 추정된다.

9) 정린지(鄭麟趾)가 편찬한 『고려사(高麗史)』(1451년) 권 73 지(志) 27 선거 1에서는 다음과 같이 언급하고 있다.

"인종(仁宗) 14년(1136년) 11월... 모든 명산 (明算) 경첩(經帖) 시험은 2일 동안 진행되며, 내산(內算)으로 첫날에는 『구장』 10조를 시험하고, 다음 날에는 『철술』 4조, 『삼개(三開)』 3조, 『사가(謝家)』 3조를 시험하며, 이틀 동안 모두 통과해야 한다. 『구장』 10권을 읽고, 문장과 의리를 겸하여 통달한 자는 6기(机)를 통과하며, 각 의리마다 6문제를 출제하고, 문장을 통달한 자는 4기를 통과한다. 『철술』 4기를 읽고, 의리 2기를 겸하여 묻고, 『삼개』 3권을 읽고, 의리 2기를 겸하여 묻고, 『사가(謝家)』 3기를 읽고, 의리 2기를 겸하여 묻는다."①

---

① 베이징 도서관에 소장된 초본(抄本) 『고려사(高麗史)』 참조.

위의 기록을 통해서 조선에서 12세기 중반에 『철술』이 여전히 전해지고 있었음을 알 수 있다. 인종 14년은 진구소(秦九韶)가 관련 저작을 저술한 시기와 약 100년 동안 차이가 날 뿐이다.

10) 진구소의 『수서구장(數書九章)』(1247년) 권 3에는 '철술추성(綴術推星)'이라는 문제가 있는데 다음과 같다.

○ 철술추성

문제: 세성(岁星)이 합복(合伏)한 지 16일 90분 동안 3도 90분을 행하고, 13도를 지나야 나타난다. 이후 113일 동안 17도 83분을 행하고 머문다. 합복단(合伏段), 신질초단(晨疾初段), 상도(常度), 초행율(初行率), 말행율(末行率), 평행율(平行率)을 각각 구하시오.①

술왈(術曰): 방정식 방법을 사용하여 구한다. 나타나는 날에서 1을 빼고, 나머지를 반으로 나누어 나타나는 비율을 구한다. 복일(伏日)과 나타나는 날을 합하여 초행법(初行法)으로 삼는다. 법을 반으로 나누고, 나타나는 비율을 더하여 복율(伏率)로 삼는다.

w_1을 복일(伏日), w_2를 견일(見日)로 설정한다.

견율(見率) $= \dfrac{w_2 - 1}{2}$

초행법(初行法) $= w_1 + w_2$

복율(伏率) $= \dfrac{w_1 + w_2}{2} + \dfrac{w_2 - 1}{2}$

$= w_2 + \dfrac{w_1 - 1}{2}$

---

① 113일 동안의 순행은 신질초(晨疾初) 30일, 신질말(晨疾末) 29일, 신지초(晨遲初) 28일, 신지말(晨遲末) 26일의 4단계로 나뉜다. 이 문제는 신질초단(晨疾初段)만 구하면 된다. 나머지는 유추해서 결과를 얻을 수 있다.

복일(伏日)을 복율(伏率)로 곱하여 복차(伏差)를 구한다.

복차(伏差) $= w_1\left(w_2 + \dfrac{w_1 - 1}{2}\right)$

견일(見日)을 견율(見率)로 곱하여 견차(見差)를 구한다.

견차(見差) $= w_2\left(\dfrac{w_2 - 1}{2}\right)$

그림과 같이, $AB = w_1$, $BC = w_2$로 설정한다. $A'ABB' = \Delta_1$은 복도(伏度), $BBCC = \Delta_2$는 견도(見度)이다. d는 일차(日差)이다. $A'ATT$는 초행율(初行率)이며, $AT = 1$로 설정한다.

$$A'ATT = A'A \cdot AT - \frac{AT}{2} \cdot d = A'A - \frac{d}{2},$$

$$\therefore A'A = \text{초행율} + \frac{d}{2}.$$

$$AB \cdot A'A - \frac{1}{2} BB' \cdot AB = \Delta_1,$$

$$BB' = AB \cdot d, \ \text{又} \ C'C'' = AC \cdot d,$$

$$\therefore \quad w_1(\text{초행율} + \frac{d}{2}) - \frac{w_1^2}{2} d = \Delta_1.$$

곧

$$w_1 \cdot \text{초행율} - \frac{w_1(w_1 - 1)}{2} d = \Delta_1 \quad \cdots\cdots (\text{i})$$

같은 이치로,

$$(w_1 + w_2) \cdot \text{초행율} - \frac{(w_1 + w_2)}{2}[(w_1 + w_2) - 1] d$$

$$= \Delta_1 + \Delta_2 \quad \cdots\cdots (\text{ii})$$

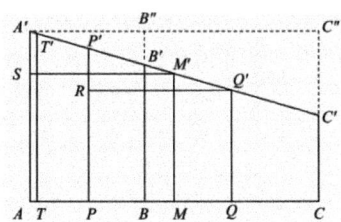

(ⅰ), (ⅱ)식을 통해 초행율을 소거하여 d를 구한다.

따라서

복일(伏日)을 견차(見差)로 곱하고, 견일(見日)을 복차(伏差)로 곱하여 빼면 나머지가 법(法, 나눗셈)이 된다. 견일을 복도(伏度)로 곱하고, 복일을 견도(見度)로 곱하여 빼면 나머지가 실(實, 나눗셈)이 된다. 법이 가득 차면 1이 되어 도(度)가 된다. 가득 차지 않으면 분초(分秒)로 나누어 일차(日差)를 구할 수 있다.

$$d = \frac{w_1 \Delta_2 - w_2 \Delta_1}{w_2\left[w_1\left(w_2 + \frac{w_1-1}{2}\right)\right] - w_1\left[w_2\left(\frac{w_2-1}{2}\right)\right]}$$

$$= \frac{w_2 \Delta_1 - w_1 \Delta_2}{\frac{w_1 w_2}{2}(w_1 + w_2)}$$

$$= \frac{2}{w_1 + w_2}\left(\frac{\Delta_1}{w_1} - \frac{\Delta_2}{w_2}\right)$$

또한 위 그림과 같이, M, P, Q는 각각 AC, AB, BC의 중점이다. 그러면

$$PP = \frac{\Delta_1}{w_1}, \quad QQ = \frac{\Delta_2}{w_2},$$

$$MM = \frac{\Delta_1 + \Delta_2}{w_1 + w_2}.$$

$$PR = \left(\frac{\Delta^1}{w_1} - \frac{\Delta^2}{w_2}\right),$$

$$d = \frac{PR}{PQ} = \frac{1}{\frac{w_1+w_2}{2}}\left(\frac{\Delta_1}{w_1} - \frac{\Delta_2}{w_2}\right) = \frac{2}{w_1+w_2}\left(\frac{\Delta_1}{w_1} - \frac{\Delta_2}{w_2}\right).$$

위의 식과 부합한다.

위의 (ii)식을 통해

$$초행율 = \frac{1}{w_1+w_2}\left\{(\Delta_1+\Delta_2) + \frac{w_1+w_2}{2}[(w_1+w_2)-1]d\right\}$$

초행법　복견도　반초행법　(초행법에서 1을 뺀 나머지)일차
　　　　　　　　　　　　　　　　　　　　기(寄)

그러므로 철술에서 다음과 같이 설명한다.

초행법(初行法)에서 1을 빼고, 나머지를 일차(日差)로 곱하여 기(寄)를 구한다. 반초행법(半初行法)을 기(寄)로 곱하여 수(數)를 얻고, 여기에 복도(伏度)와 견도(見度)를 더하여 초행실(初行實)을 구한다. 이를 법(法)으로 나누어 합복일(合伏日)의 초행율(初行率)을 얻는다.

진구소의 『수서구장·서』에서는 다음과 같이 언급하고 있다.

"지금 술수(數術)의 관련 책은 30여 종이나 남아 있으며, 천상력도(天象曆度)를 철술이라 하고, 태을임갑(太乙壬甲)을 삼식(三式)이라 하며, 모두 내산(內算)이라 부른다. 이는 그 비밀을 말하는 것이다."

삼식(三式)은 태을식(太乙式), 육임식(六壬式), 둔갑식(遁甲式)을 가리킨다. 송나라 숭녕(崇寧) 년간 국자감(國子監) 산학령(算學令)에서는 다음과 같은 규정이 나와 있다.

"모든 학생들은 『구장』, 『주비』의 의리와 산문(算問)을 학습하며... 또한 역산(曆算) 삼식(三式)을 학습한다."

이는 삼식이 송대 산학에 포함되었음을 의미한다. 따라서 철술과 함께 내산이라 불린 것이다.① 철술과 삼식의 책이 당시 존재하였기에 진구소가 위 술한 인용문에서 '지금...'이라고 언급한 것이다.

11) 이치(李治, 1192—1279)의 『경재고금주(敬齋古今黈)』에서는 다음과 같이 언급하고 있다.

"고대의 성철(聖哲)들은 천체(天體)를 직접 검증할 수 없었기 때문에, 단지 별의 운행을 관찰하여 이를 천(天)이라 불렀다. 12사(十二舍), 28수(二十八宿), 365도(三百六十五度) 및 9도(九道) 등의 명칭은 모두 억지로 붙인 것이다. 따라서 그 술법을 철술이라 불렀다. 철(綴)이라는 것은 실제로 존재하는 것이 아니라 단지 수(數)로 억지로 연결시켜 그 위치를 구할 수 있게 한 것이다."

철술에 대한 위와 같은 이치의 논의는 심괄에서 유래한 것이 분명하다.

---

① 야율초재(耶律楚材, 1190—1244)도 내산에 통하였다. 이는 『원문류(元文類)』 권 57 원 송자정(宋子貞)이 지은 『중서령야율공신도비(中書令耶律公神道碑)』에서 확인할 수 있다.

이상으로 13세기 이전까지 철술에 관한 각종 기록을 살펴본 것이다. 이러한 사료들은 시간적으로 신뢰할 수 있으며, 철술에 대한 연구에 도움이 될 것이다.

18세기 일본 수학자들이 언급한 철술과 19세기 중국 수학자들이 다룬 철술은 시간적으로 너무 가까워서 포함하지 않았음을 밝혀둔다.

조충지전 교석

다음은 『남사』 권72에 실려 있는 『조충지전』인데 여기서 약간의 해설을 덧붙여서 설명한다. 조충지는 기계 분야에서 많은 발명을 했으며, 이에 대한 전문 서적이 이미 논의된 바 있으니 여기서는 역사 자료만을 제시하고, 자세한 사례 인용은 하지 않는다.

祖冲之, 字文远, 範阳遒人也. 曾祖台之, 晋侍中. 祖昌, 宋大匠卿. 父朔之, 奉朝请.

범양(範陽) 주현(遒縣)은 현재의 하북성 뢰수현(涞水縣) 지역에 위치해 있다. 조충지의 출생지와 가계에 대한 고증은 『조긍별전(祖晅別傳)』을 참조하면 된다.

冲之〔少〕稽古, 有机思.

『남제서(南齊書)』 권52 『조충지전』에는 '소(少)' 자가 포함되어 있으나, 『남사』에서는 누락되었다. 조충지 자신이 쓴 『대명력의』에서는 다음과 같이 말하고 있다. "신은 어릴 때부터 예리하고 어리석었으나, 오로지 수학에 전념하였습니다(臣少锐愚,尚专攻數術)."

宋孝武使直华林學省, 赐宅宇车服. 解褐南徐州从事公府参军.

송효무(宋孝武)는 효건(孝建) 원년(454년)부터 시작하여 대명(大明) 6년(462년)에 조충지가 이미 남서주(南徐州) 종사사(從事史)였으므로, 그가 이 직책을 맡기 시작한 것은 454년에서 461년 사이였을 것이다.

조충지의 천문학과 수학 저작은 아마도 462년 이전에 모두 완성되었을 것이다. 『대명력의』에서는 다음과 같이 말하고 있다.

"신은 예전에 한가한 날을 이용하여 여러 오류를 바로잡았습니다."

"신은 경력(景曆)을 측정하고, 몸소 분촌(分寸)을 변별하였습니다."

"신은 여러 해 동안 태양 그림자를 고찰하고, 호미(毫微)를 궁구하였습니다."

"신은 역서(曆書)를 두루 읽었으며, 고금(古今)의 역학(曆學) 지식을 대략 갖추었습니다."

남서주는 현재의 진강(鎭江)에 있다.

종사부(從事府) 참군(參軍) 또는 종사사는 대략 현재 지방 행정조직 어떤 과(科)의 과장이나 과원(科員) 정도에 해당하며, 녹봉이 좀 더 높은 사람은 당시의 7품관이 될 수 있었다.

始元嘉中用何承天所制歷, 比古十一家为密. 冲之以为尚疏, 乃更造新法, 上表言之. 孝武令朝士善歷者难之, 不能屈. 会帝崩, 不施行.

『송서(宋書)』권13 『역지(曆志)』에는 "대명 6년에 남서주 종사사 조충지가 상표(上表)하여 말하기를 …"이라고 되어 있다. 조충지의 『상대명력표』를 보면, 『송서·역지』와 『남제서』 본전(本傳)에서 인용한 것이 서로 상세하고 간략함에 있어 다르므로 여기서 아울러 교정하였다.

위의 원문에서 언급한 조사(朝士)는 바로 대법홍을 가리킨다. 『대명력의』를 통해서 그가 역법에 그다지 정통하지 않았다는 사실을 알 수 있다. 『송서·역지』에는 중서사인(中書舍人) 소상지(巢尚之)가 충지의 술(術)을 이해한다고 기록되어 있다. 대법홍과 소상지의 사적(史跡)은 『송서』권94 열전(列傳) 제54 『대법홍전(戴法興傳)』에도 보인다. 『송서·역지』에는 다음 논의가 나온다.

"또 임금님께서 기이함을 사랑하고 옛것을 흠모하여 충지의 새로운 역법을 쓰고자 하였는데 때는 대명 8년이었다. 그러므로 다음 해에 개원(改元)하여 역법을 고치려다가 아직 시행하기도 전에 돌아가셨다."

대명 6년부터 대명 8년까지로 『대명력의』는 모두 3년이다.

歷位为娄縣令,谒者仆射.

루현(婁縣)은 현재 장쑤성(江蘇省) 쿤산현(昆山縣)에 있다. 『송서·백관지(百官志)』와 『남제서·백관지』에 모두 알자복사(謁者僕射)가 한 명이고, 그 아래에는 알자(謁者) 열 명이 있으며 대배(大拜), 조견(朝覲) 등을 관장한다고 언급하고 있다. 이는 현재 전례국(典禮局)의 업무와 비슷하다.

『송서』에는 또 알자복사가 대명(大明) 연간에 다시 설치되었고 관품이 천석(千石)에 비견된다고 밝히고 있다. 『남제서』에는 녹봉에 대한 언급이 없었다. 『송서』에는 현령(縣令)이 6품관 또는 7품관이라고 기록되어 있는데(녹봉 천석은 6품, 육백석은 7품에 해당), 알자복사는 5품관이라고 밝혔다.

初, 宋武平关中得姚兴指南车, 有外形而无机杼, 每行, 使人于内转之. 昇明中, 齊高帝辅政, 使冲之追修古法. 冲之改造铜机, 圆转不穷, 而司方如一, 馬钧以来未之有也. 时有北人索驭者, 亦云能造指南车, 高帝使与冲之各造, 使于乐游苑对共校试, 而颇有差僻, 乃毁而焚之.

『송서』 권18 지(志) 제8 예(禮) 5에는 다음 기록이 보인다.

"안제(安帝) 의희(義熙) 13년에 송무제(宋武帝)가 상안(長安)을 평정하고 처음으로 이 차(指南車)를 얻었다. 그 외형은 고차(鼓車)와 같은데, 차 위에 목인(木人)을 설치하여 손을 들어 남쪽을 가리킨다. 차가 비록 회전하더라도 가리키는 방향은 변함이 없다. 대가노부(大駕鹵簿, 황제가 외출할 때 사용하는 최고 규격과 최대 규모의 차량 행렬이다-역자주)에서 가장 먼저 출발한다. 이 차는 융적(戎狄)이 제작한 것으로 기술이 정밀하지 않아 비록 남쪽을 가리킨다고 하지만 대부분 정확하지 않다. 돌아서 걸음을 옮길 때 사람의 힘으로 바로잡아야 한다. 범양(範陽) 사람 조충지는 교묘한 생각이 있어 항상 이를 다시 제작해야 한다고 여겼다. 송순제(宋順帝) 승명(昇明) 말년에 제왕(齊王)이 재상으로 있을 때 이 차를 제작하라고 명하였다. 차가 완성되자 부군(撫軍) 단양윤(丹陽尹) 왕승건(王僧虔)과 어사중승(御史中丞) 유휴(劉休)로 하여금 시험하게 하였다. 그 구조가 매우 정밀하여 백 번 천 번 돌아도 가리키는 방향이 변화하지 않았다."

『남제서』권34 열전 제15 『유휴전(劉休傳)』에는 "송 말에 임금이 지남차를 제작하면서 휴(休)가 사리(思理)가 있다 하여 왕승건과 함께 감독하여 시험하게 하였다"는 기록이 남아 있다.

낙유원(樂遊苑)은 현재 난징(南京) 부근에 있다. 『송서』권14 『예지(禮志)』에는 다음 기록이 보인다.

"진성제(晉成帝) 때 처음 세워졌는데, 본래 복주산(覆舟山) 남쪽에 있었다. 송태조(宋太祖)가 그 땅을 낙유원으로 삼고 산 서북쪽으로 옮겼다. 후에 그 땅을 북호(北湖)로 삼았다." (가경(嘉慶) 16년에 새로 수정한 『강녕부지(江寧府志)』권8 고적(古跡) 참조)

晉時杜預有巧思, 造欹器三改不成. 永明中, 竟陵王子良好古, 沖之造欹器獻之. 与周庙不异.

『남사』권44 열전 제34에는 경릉(竟陵) 왕자량(王子良, 458-494)은 의(義)를 돈독히 하고 옛것을 사랑하여 … 후에 서저(西邸)에 고재(古齋)를 세우고 많은 고인(古人)의 기물과 의복을 모아 채웠다고 기록되어 있다.

『진서(晉書)』권34 열전 제4 『두예전(杜預傳)』에는 다음 기록이 나온다.

"주나라의 기기(欹器, 주나라 때 임금을 경계하기 위하여 만들었다는 그릇으로 물이 알맞게 들어 있어야만 반듯하고, 가득차면 엎어지고, 비면 기울어진다고 한다. 춘추전국 시대 노나라 환공은 이 그릇을 늘 가까이 두고 자신을 경계하였다고 한다-역자주)가 한나라 동경 시기에도 황제의 좌측에 여전히 존재하였다. 한말의 전란으로 인해 더 이상 존재하지 않게 되었고, 그 형태와 크기도 전해지지 않았다. 두예는 창의적으로 이를 제작하여 임금께 보고하였다."

조충지 이후의 역산가들은 모두 기기 제작 도면을 알고 있었다.
조긍에게는 『기기루각명(欹器漏刻銘)』이 있다.
의동(儀同) 유휘(劉徽)에게는 『노사기기도(魯史欹器圖)』 1권이 있다.
경순(耿詢)은 고기기(古欹器)를 만들어 누수(漏水)로 주입하였다.
신도방(信都芳)은 혼천(渾天), 기기, 지동(地動), 동오(銅烏), 누각(漏刻), 후풍(候風) 등의 교묘한 기물을 모아 편집하여 『기회(器淮)』라는 도서를 남겼다.

『공자가어(孔子家語)』제2권 삼서(三恕) 제9장에는 공자가 노(魯)나라 환공(桓公)의 묘(廟)를 보니 기기가 있었는데 … 비면 기울어지고 알맞게 주입하면 바르게 서며 가득 차면 엎어진다는 내용이 나온다. 이 기기의 제작은 무게 중심의 계산과 관련이 있음이 분명하다.[①] 조긍은 『칭물중율술(稱物重率術)』이라는 책을 저술하였는데, 바로 무게중심 계산을 전문적으로 다룬 책이었다. 안타깝게도 이 책은 이미 산실되어 전해지지 않았다.

---

① 일본에서도 기기가 무게중심 계산과 관련이 있다는 논의가 있다. 이와 관련하여 임학일(林鶴一)이 편찬한 『화산연구집록(和算研究集錄)』 상권, 30쪽 '칭평술이취광(稱平術二就廣)' 참조 바란다.

文惠太子在东宫, 見冲之歷法, 启武帝施行. 文惠寻薨,又寝.

위술한 일은 제(齊) 영명(永明) 11년(493년)에 일어났다.

转長水校尉, 領本职.

장수교위(長水校尉)는 오영교위(五營校尉) 중 하나로, 관직이 알자복사보다 한 품계 더 높다. 조충지는 장수교위를 마지막 관직으로 삼았기 때문에 그의 문집에는 '장수교위'라는 글자가 적혀 있었던 것으로 보인다. 『송서·백관지』에서 인용한 위요(韋曜)의 설에 따르면, 한나라 때 장수교위는 호기(胡騎)를 통솔하였는데 장수(長水) 근처에 있으므로 이름이 지어진 것이고 장수는 관중(關中)의 작은 강물 이름이라고 한다.

冲之造《安边論》, 欲开屯田, 廣农殖.

하승천의 『안변론(安邊論)』 전문(全文)은 『송서·하승천전』에 실려 있으므로 참고할 수 있다. 심약(沈約)은 '승천의 『안변론』은 박학하고 독실하다'고 칭찬하였다.

하지만 사서(史書)에는 조충지의 『안변론』에 대한 언급이 보이지 않는다.

建武中, 明帝欲使冲之巡行四方, 兴造大业, 可以利百姓者, 会连有军事, 事竟不行.

여기서 말하는 건무(建武) 연간은 건무 2년(495년)을 가리키는 것으로 보이며, 자세한 내용은 『남제서』 권6 『명제기(明帝紀)』에서 확인할 수 있다.

冲之解钟律博塞, 当时独绝, 莫能对者.

고대에는 오음십이율(五音十二律)이라는 명칭이 있었다. 황종(黃鍾)은 12율 중 제1율로, 황종율 율관의 길이를 9촌으로 정한 다음, 하생삼분손일(下生三分損一), 상생삼분익일(上生三分益一)의 순서로 번갈아 가며 나머지 11율의 길이를 구했다(삼분손일은 $1-\frac{1}{3}=\frac{2}{3}$이며, 삼분익일은 $1+\frac{1}{3}=\frac{4}{3}$임). 계산의 편의를 위해 『후한서』에서는 이미 황종을 $3^{11}=177147$로 환산하고, 손익법(損益法)으로 제12율(中呂라 함)을 $2^{17} \cdot 3^0=131072$로 구했다. 이론상 이 중려율에서 상생(上生)하면 다시 황종이 되어야 하지만(오음십이율 각 음이 순환적으로 궁음을 만들 수 있다), 결과는

$2^{19} \cdot 3^{-1}=174762$이라,

원래의 황종과 일치하지 않는다. 그래서 다시 육십률(하나라 때의 京房六十律을 가리킴)을 만들어 차례로 계산해 내려갔다. 제60율(南事라 함)은

$2^{93} \cdot 3^{-48}=124154$이다.

그러나 이 율에서 다시 상생하면 $124154 \times \frac{4}{3}=165538$로, 12율에서 상생하여 얻은 값보다 더 큰 차이를 보인다. 송나라 전악지(錢樂之)에 이르러서는 삼백육십률(三百六十律)을 발명하였고, 제360율인 안운율(安運律)은 $=2^{568} \cdot 3^{-348}$이다.[①]

하승천은 여전히 12율을 사용하였지만, 제12율에서 상생한 후 황종율과 일치하도록 맞추었다. 전악지와 하승천은 모두 조충지보다 앞선 시대의 인물이므로 조충지가 종률을 해석할 때는 이들 12율, 60율, 360율에 모두 정통했을 것이다.

[①] 안운율(安運律)의 두 배는 황종율(黃鍾律)과 거의 비슷하다. $\frac{2 \cdot (2^{568} \cdot 3^{-348})}{3^{11}} \approx 1$이기 때문에 사서에서는 안운율이 끝으로 다시 생하지 않는다(安運一律爲終不生)고 한 것이다.

음정(音程)은 율관(곧 開口管)의 길이와 관련이 있기 때문에 고대 사람들은 종률을 연구할 때 길이의 심정에 매우 주의를 기울였다. 조충지 또한 그러하였기에 사서에는 조충지가 전한 동척(銅尺)이 있다는 것이다. 『수서·율력지 상·심도(審度)』에서 말한 "양무(梁武)의 『종률위(鍾律緯)』에 이르기를 '조충지가 전한 동척에는 다음과 같은 명문(銘文)이 새겼는데, 그 명문에는…'"가 바로 그 동척을 가리킨다.

박(博)과 새(塞)는 고대의 두 가지 놀이로, 현재는 이미 사라져 전해지지 않는다. 북제(北齊) 안지추(顔之推)의 『안씨가훈(顔氏家訓)』권7 잡예(雜藝)에는 다음 기록이 나와 있다.

"옛날에는 대박(大博)에 육저(六箸)를, 소박(小博)에 이교(二煢)를 사용하였는데, 지금은 아는 사람이 없다. 근세에 행해지는 것은 일교십이기(一煢十二棋)인데, 수술(數術, 놀이법)이 천박하고 짧아 가지고 놀 만한 것이 못 된다."

이것이 박을 말하는 것이다.

새에 관해서는 『태평어람(太平御覽)』권754 공예부(工藝部)에서 위(魏) 왕랑(王朗)의 『새세(塞勢)』를 다음과 같이 인용하고 있다.

"내가 함께 노는 자로는 오직 동래(東萊) 서선생(徐先生) 뿐이다. 서선생은 평소에 『구장』에 익숙하여 계산에 능한다. 묻기를 '박역(博奕)를 대신할 만한 것이 있습니까?' 대답하기를 '새가 그 다음입니다'라고 하였다. 이에 그 놀이를 시험 삼아 익혀두고 잠을 깨우는 데 사용하였다."

새를 하려면 수학을 좀 알아야 한다는 것이다. 『새세』는 새에 관한 전문 책으로 보이나 현재는 전해지지 않는다. 서선생은 서악(徐岳)을 말한다.

以諸葛亮有木牛流馬, 乃造一器, 不因风水, 施机自运, 不劳人力; 又造千里船, 于新亭江试之, 日行百餘里; 于乐游苑造水碓磨, 武帝亲自临视.

又特善算.永元二年卒,年七十二.著《易》《老》《庄》,释《論语》《孝經》,注《九章》,造《綴述》數十篇.

조충지 저술 목록*

『대명력법(大明曆法)』

『송서』권13 『역지(曆志)』에는 수록되어 있으나 『수서·경적지(經籍志)』에는 이 책이 수록되어 있지 않는다.

『요사(遼史)·역상지(曆象志)』에서 가준(賈俊)의 『대명력』을 조충지의 『대명력』으로 대체한 것은 잘못된 것이다.①

청나라 왕왈정(汪曰楨)의 『고금추보제술고(古今推步諸術考)』에서는 다음과 같이 논한 바 있다.

"양무제(梁武帝) 천감(天監) 9년 경인(庚寅)년부터 이 역법을 사용하기 시작하여 경제(敬帝) 태평(太平) 2년 정축(丁丑)년까지 모두 48년간 사용하였다. 진(陳)나라에서도 이 역법을 사용하였는데, 무제(武帝) 영정(永定) 원년 정축년부터 장성사공(長城賜公) 진명(禎明) 3년 기유(己酉)년까지 모두 33년간 사용하였다. 경인년부터 기유년까지 통틀어 대략 80년간 사용되었다."

『철술(綴術)』

『남제서』와 『남사』의 조충지전에는 모두 조충지가 "『구장』에 주를 달고 『철술』 수십 편을 지었다"고 기록되어 있다.

『수서·경적지』에서는 『철술』 6권이 있다는 기록만 보이고 찬자(撰者)는

---

* 이 글은 1957년에 완성되었다.
① 요나라 때에는 서적이 송나라로 전해지는 것을 엄격히 금지하였기 때문에 가준(賈俊)의 『대명력(大明曆)』은 아마도 실전되었을 가능성이 높다. 『요사(遼史)』를 찬술한 사람들은 역법에 대해 잘 몰랐기 때문에 조충지의 『대명력』으로 억지로 메웠던 것으로 보인다. 사실 조충지의 『대명력』은 평삭주력(平朔注曆)을 사용한 반면, 『요력(遼曆)』은 정삭주력(定朔注曆)을 사용하여 서로 맞지 않는 것이다.

밝히지 않았다. 『수서·율력지』에서는 조충지가 지은 저작명이 『철술』이라고 하였다. 『구당서·경적지』와 『신당서·예문지(藝文志)』에는 모두 『철술』 5권이 조충지가 지었고 이순풍이 주를 달았다고 기록되어 있다.

『일본국견재서목(日本國見在書目)』에 수록된 조충지와 관련된 저술 목록이 다음과 같은 여러 종류가 있다. 『구장』 9권, 조중(祖中)[①] 주; 『구장술의(九章術義)』 9권, 조중(祖中) 주; 『해도(海島)』 2권 조중(祖仲) 주, 『철술』 6권이라고 되어 있다.

이를 통해서 당나라 때 조충지의 『철술』과 그의 『구장산술주(九章算術注)』가 모두 존재했음을 알 수 있다. 『철술』의 전파 상황에 대하여 다른 글에서 별도로 다룬 내용을 참조 바란다.

『구장주(九章注)』 9권, 『구장술의주(九章術義注)』 9권

위에서 인용한 바와 같이 이 두 책은 중복된 것으로 의심된다. 『수서·경적지』에는 『구장술의서(九章術義序)』 1권이 있다는 기록이 보이는데 찬자는 밝히지 않았다.

일본의 고사본(古寫本) 『영집해(令集解)』(『영의해(令義解)』를 해석한 책으로 북경도서관에 잔본이 소장되어 있음) 권15 학령(學令) 제11장에는 "『구장』(해석에 이르기를 '9권으로 서씨(徐氏)와 조중(祖仲) 등 여러 학자의 계산 방법을 다루었는데 고기(古記)에는 별다른 기록이 없다'), 『해도(海島)』(해석에 이르기를 '1권으로 서씨와 조중의 해도 계산법을 다루었는데

[①] 조중(祖中) 또는 조중(祖仲)은 모두 조충지를 가리키는 것으로 보인다. 조충지는 때로 조충(祖沖)으로도 칭한다. 송나라 간행된 진양(陳暘)의 『악서(樂書)』 권96 『악도론비수(樂圖論備數)』에는 "선유(先儒)들은 깊이 고찰하지 않고 도리어 고수(古數)를 의심하여 어긋난 것으로 여기면서 송나라 조충의 『철술』의 방법을 정밀한 것으로 여겼으니, 그 논점이 이와 같다고 하였다." 중(中)과 중(仲)은 모두 형태상의 오류로 보인다.

고기에는 별다른 기록이 없다'), 『철술』(해석에 이르기를 '5권으로 조씨[①]가 지었는데 고기에는 별다른 기록이 없다')…"라는 내용이 나온다.

『중차주(重差注)』 1권

『중차주』는 『견재서목(見在書目)』에서는 2권이라 되어 있고 『영집해』에서는 1권이라 되어 있는데, 1권이 맞는 것으로 보인다. 당나라 때부터 『중차』를 『해도산경(海島算經)』이라고 불렀는데, 조충지 시대에는 『중차』라고 불렀을 것이다.

『역의(易義)』

『노자의(老子義)』

『장자의(莊子義)』

『석논어(釋論語)』

『석효경(釋孝經)』

『남제서』 본전에서는 충지가 『역로장의(易老莊義)』를 저술하고 『논어』와 『효경』을 해석하였다고 하는데, 이들 저술은 아마도 조충지 만년의 작품으로 모두 전해지지 않았다.

『술이기(述異記)』 10권

이는 『수서·경적지』 사부(史部) 잡전류(雜傳類)와 『신당서·예문지』 자부(子部) 소설류(小說類)에 수록되어 있다.

루쉰(魯迅) 선생은 이에 대한 집본(輯本)이 있는데 그의 『고소설구침(古小說鉤沈)』에서 볼 수 있다.

[①] 여기 '祖'는 원서에 '相'으로 잘못 표기되어 있다.

『장수교위조충지집(長水校尉祖冲之集)』 51권

『수서·경적지』에서는 "양(梁)나라 『장수교위조충지집』 51권이 있다"는 기록이 있다.

이 51권의 내용이 어떠한지는 이미 알 수 없지만, 현재 알려진 것으로는 다음과 같다.

1. 『상대명력표(上大明曆表)』 - 현존
2. 『대명력의(大明曆議)』 - 현존
3. 『안변론(安邊論)』 - 일실

조긍별전*

『남사』에서는 83자로 조긍의 전기를 지었는데, 어찌 한 시대의 주인(畤人)의 위업을 다 전할 수 있었겠는가? 그래서 사서에서 조긍과 관련된 사실들을 찾아 모아 별전(別傳) 한 권으로 엮었다. 해내(海內)의 현달(賢達)한 이들이여, 바라건대 가르침을 내려주기를.

祖暅, 字景爍.

긍지(暅之)로 적는 사서가 있고 긍(亘)으로 하는 기록도 있다. 『남사』 권 73 본전에는 "긍지(暅之)는 자(字)가 경삭(景爍)"이라고 되어 있다.

範阳遒人.

『남제서·조충지전』에는 "범양(範陽) 계(薊) 사람"이라고 되어 있다. 『남사·조충지전』에는 "범양 주(遒) 사람"이라고 되어 있다. 『수경주(水經注)』 이수(易水) 주에는 이들 지명에 대한 기술이 나온다.

"이수는 범양현 고성(故城) 남쪽을 지난 곳이다."

---

* 저자의 원주: 1940년 6월 초고, 1941년 2월 수정, 1957년 2월 재수정. 옛 원고(舊稿)는 고어인 문언문(文言文)으로 작성되었는데 전문(傳文)에서 고서를 많이 인용하였기 때문에 현재도 여전히 원래의 체제를 유지하고 있다.
  필자의 추가 설명: 이 글은 저자가 1941년 2월 수정한 후 『과학(科學)』 제25권 제7, 8기 합간(1941년 8월)에 게재되었다.

"북쪽의 이수는 탁군(涿郡) 범양현에 이르러 북유(北濡) 강과 만나고, 또 잡다한 하천(亂流)와 함께 래수(淶水)로 들어간다."

한편 거마수(巨馬水) 주에도 래수와 관련 내용이 나온다.

"래수는 위로 현(縣) 북쪽 수직으로 고거(故渠)를 이어받으며, 두 개의 근원이 다시 발원하여 긴 연못을 이룬다. 연못은 너비가 백여 보(步, 걸음)이고 길이가 수백 보이며, 좌우에 작은 물줄기가 있어 여러 물을 이끌어 스스로 깊은 물과 모래톱을 이룬다. 긴 내가 만연히 내려와 십여 리를 동남쪽으로 흘러 역현(逎縣) 고성 동쪽을 지나는데, 한 경제(景帝) 3년에 흉노의 항왕(降王) 융강(隆彊)에게 봉하여 후국(侯國)으로 삼았다가 왕망(王莽)은 역병(逎屛)으로 이름을 고쳤다."

성수(聖水) 주에는 탁군(涿郡)에 대해서 다음과 같이 기술하고 있다.

"진(晉) 대시(大始) 원년에 범양군으로 고쳤고, 지금 군의 치소는 탁현 고성에 있다."

또 『수경』 습여수(濕餘水)에 대해서 다음과 같이 기록되고 있다.

"습여수는 상곡(上谷) 거용관(居庸關) 동쪽에서 발원하여 동쪽으로 흘러 군도현(軍都縣) 남쪽을 지나고, 또 동쪽으로 흘러 계현(薊縣) 북쪽을 지난다."

여도원(酈道元) 역시 주(逎) 사람이므로 그가 고향의 지리를 서술한 것이 매우 상세하였다. 계현은 범양군에 속하지 않는다. 『위서(魏書)·지형지(地

形志)』에는 범양에 주현(遒 縣)이 있고, 탁군에 계현이 있다고 하였다. 범양은 예전에 탁군이었다가, 나중에는 다시 범양이 탁을 다스렸기 때문에 계현에 범양 두 글자가 붙여진 것이다. 遒과 逎는 고금자(古今字)이다. 사전(史傳)에서 인용한 조씨는 대부분 범양 주인(遒人)이라고 하였으니 조긍 역시 주 사람임에 의심의 여지가 없다.

宋歷算大家祖冲之之子也. 其先出自晉祖台之, 五世而傳至晅.

『남사』에 따르면 충지의 "증조부는 태지(台之)이며 그는 진나라 시중을 지냈으며 조부는 창(昌)이고 송나라 대장경을 지냈고 아버지는 삭지(朔之)이고 봉조청(奉朝請)을 지냈다"고 한다. 또 『진서』에 조태지의 전기가 있다. "조부 태지는 자가 원신(元辰)이며 범양 사람이다. 시중과 광록대부에 이르렀다. 『지괴(志怪)』를 저술하여 세상에 널리 알려졌다."라는 내용들이 나와 있다. 청나라 주유(周猷)의 『남북사표(南北史表)』에 따르면 조충지 가족의 계보는 다음과 같다.

　조부　태지(台之)────창(昌)────삭지(朔之)────충지(冲之)────긍지(晅之)────호(皓)

『세설신어(世說新語)·배조(排調)』'조광(祖廣)' 주석에서 인용한 『조씨보(祖氏譜)』에 따르면 "광은 자가 연도(淵度), 범양 사람이며, 아버지는 태지로 광록대부를 지냈고, 광은 호군장사(護軍長史)에 이르렀다"라고 하였다. 광이 태지의 아들이라면 충지의 숙조부가 된다. 이는 『남북사표』의 누락된 부분을 보완할 수 있다.

少傳家业, 究極精微, 亦有巧思. 入神之妙, 般、倕无以过也.

위의 내용은 『남사』 본전에서 볼 수 있다.

天監三年(504年)入南朝为散騎侍郎. 时歷數乖违, 颇不正时, 晅乃上疏論之.

『수서·율력지』에는 다음과 같은 기록이 나온다.

"소양(蕭梁)은 처음에 소제(蕭齊)의 역법을 인습하여 유송(劉宋)의 『원가력』을 사용하였다. 천감 3년에 조서를 내려 역법을 개정할 것을 요구하였는데, 원외산기시랑(員外散騎侍郎) 조긍이 아뢰기를, '신의 조상은 진나라 때부터 줄곧 이 직무를 맡아 왔습니다. 황제(黃帝)로부터 현재까지 12개 조대를 종관해 보면, 각 조대의 역법에서 역원(曆元)이 모두 서로 다르고, 주천(周天)과 두분(斗分)도 성김이 각기 다르니 당시 각 조대에서 사용한 것은 저마다 하나의 법을 이루고 있습니다. 송나라 대명(大明) 연간에 신의 선인이 옛법(古法)을 고찰하여 정종(正宗)의 역법을 만들었는데, 후대의 검증에서 모두 사실과 부합하니 다시는 고칠 수 없습니다.'"

次年(505年), 任昉等编定《目录》, 乃分術數一部, 使晅撰其名录.

완효서(阮孝緒)의 『칠록서(七錄序)』[①]에서 다음 내용이 기록되어 있다.
"제(齊)나라 말에 선란이 일어나 비각(秘閣)에까지 미쳤다. 양(梁)나라 초기에 없어진

---

① 『광홍명집(廣弘明集)』 권 3 참조 바란다.

것이 매우 많았다. 이에 비서감(秘書監) 임방(任昉)에게 명하여 직접 부집(部集)을 모아 편집하게 하였다. 또한 문덕전(文德殿) 안에 별도로 여러 책을 보관하게 하고, 학사(學士) 유효표(劉孝標) 등으로 하여금 다시 교정하게 하였다. 이에 수술(數術)의 문헌을 가려내 봉조청(奉朝請) 조창(祖暢)으로 하여금 그 명록(名錄)을 찬술하게 하였다. 상서각(尙書閣) 안에는 별도로 경사잡서(經史雜書)를 보관하였고, 화림원(華林園)에는 불가(佛家)의 경전을 총합하여 모았는데, 강좌(江左)에 글(篇章)이 성행한 이래로 그 당시를 능가한 적이 없었다."

관련 내용은 『수서·경적지』 서문에도 보인다.

"제(齊)나라 말년에 전란이 발생하여 비각(秘閣)이 불타고 도서와 전적이 유실되고 흩어졌다. 남조 양(梁)나라 초기에 비서감(秘書監) 임방(任昉)이 조정에서 수장한 서적을 직접 문류별로 분류하였고, 또한 문덕전(文德殿) 안에서 군서(群書)를 분류하여 저장(典藏)하였으며, 화림원(華林園)에서는 불가(佛家)의 경전을 총합하여 모았는데, 총 23,106권이었으나 불가 경전은 아직 계산에 포함되지 않았다. 양나라에는 비서감 임방이 편찬한 『사부목록(四部目錄)』과 은균(殷鈞)이 편찬한 『사부일록(四部日錄)』, 그리고 『문덕전일록(文德殿日錄)』이 있었다. 그 중에서 술수류(術數類) 도서는 별도로 한 부류로 만들어 봉조청(奉朝請) 조긍에게 목록을 찬술하도록 하였다. 따라서 양나라에는 『오부목(五部目)』이 있었다."

『양서(梁書)』 제14권 『임방전(任昉傳)』에도 관련 기록이 나온다.

"제(齊)나라 영원(永元) 연간 이래로 비각(秘閣)의 사부(四部)에 책들(篇卷)이 분잡(紛

雜)하였는데, 방(昉)이 손수 교정하여 이로써 편목(篇目)이 정해졌다."

또 제50권 『유효표전(劉孝標傳)』에도 관련 내용이 기술되고 있다.

"천감(天鑑) 초에 서성(西省)으로 불러들여 학사(學士) 하종(賀踪)과 함께 비서(秘書)를 교정하게 하였다."

한편 『칠록고금서최(七錄古今書最)』에는 다음과 같이 말하고 있다.

"천감 4년에 문덕정(文德正)이 사부(四部) 및 술수서(術數書) 목록을 주관하였는데, 합계 2,968질(帙), 23,106권(卷)이었다."

안효서의 『칠록(七錄)·술기록(術伎錄)』은 임방이 찬술한 『목록(目錄)』을 바탕으로 증감한 것으로 추정된다. 아래에는 안씨(阮氏)의 술기편목(術伎篇目)을 저록(著錄)하여 이를 통해 임방의 목록을 일부나마 엿볼 수 있다.

천문부(天文部)	49종	67질(帙)	528권
위참부(緯讖部)	32종	47질	254권
역산부(曆算部)	50종	50질	219권
오행부(五行部)	84종	93질	615권
복서부(卜筮部)	50종	60질	390권
잡점부(雜占部)	17종	17질	45권
형법부(刑法部)	47종	61질	307권

의경부(醫經部)	8종	8질	50권
경방부(經方部)	180종	180질	1259권
잡예부(雜藝部)	15종	18질	66권

又尝作《浑天论》.

『수서·천문지 상』에는 다음 내용이 적혀 있다.

"예로부터 하늘을 논한 사람이 많았지만, 그들의 견해는 분분하여 서로 비방하기에 이르렀다. 나는 그들의 이론을 분석하고 경전을 고증하며, 하늘을 우러러보고 사방을 살피며, 해와 달의 승강(升降)을 관찰하고, 오대행성(五大行星)의 출현과 은폐를 고찰하였다. 의상(儀象)으로 검증하고 규루(晷漏)로 측정 확인한 결과, 혼천설(渾天說)의 이론이 믿을 만하고 근거가 있음을 알 수 있었다. 그러므로 여러 학설들을 버리고 오직 혼천설만을 믿게 되었다." (하략)

당나라 거담실달(瞿曇悉達)의 『개원점경(開元占經)』 권1 천체혼종(天體渾宗)에서도 조긍의 『혼천론(渾天論)』을 인용하고 있다. 『혼천론』은 『천문록(天文錄)』의 한 편으로 보인다.

又造铜圭影表.

『수서·천문지 상』에는 관련 기록이 보인다.

"양나라 천감 연간에 조긍이 8척의 동표(銅表)를 만들었는데, 그 아래는 규(圭)와 연결되어 있었으며 규 위에는 도랑을 파서 물을 넣어 수평을 잡았다. 해 그림자를 측정하여 그 길고 짧음(盈縮)을 구하였다."

『수서·율력지 상·심도(審度)』에도 관련 내용이 나온다.

"양나라의 표척(表尺)은 실제로 진(晉)나라 이전의 자(尺)로 1척 2분 2리 1호(毫)에 해당되는 길이였다. 소길(蕭吉)은 '이 자는『사마법(司馬法)』에서 나왔으며 양나라 조정에서 그 기준을 규표(圭表)에 새겨 해 그림자를 측정하고 시령(時令)을 추산하는 데 사용하였다고 하였다.'"

이는 곧 봉조청(奉朝請) 조긍이 계산하여 만든 동규영표(銅圭影表)를 가리키는 것으로 보인다.『개원점경』권5 일점(日占) 일(一)에서 조긍의 동표 길이를 인용하고 있다.

撰《天文录》三十卷, 附有星圖.

『수서·천문지 중』에는 양(梁)의 봉조청 조긍이 천감 연간에 조령(詔令)을 받들어 고대 천관(天官)과 도위(圖緯)의 옛 학설을 수집하여『천문록(天文錄)』30권을 찬술하였다고 기록되어 있다. 또한『천문지 상』에는 다음 내용이 나온나.

"고조(高祖)가 진(陳)나라를 평정하고 천관에 정통한 주분(周墳)이라는 사람을 얻었으며, 아울러 송씨(宋氏)의 혼의(渾儀) 기구도 얻었다. 이에 유계재(庾季才) 등에게 명하여 주(周), 제(齊), 양(梁), 진(陳)과 조긍, 손승화(孫僧化)를 비롯한 관가나 개인 등이 만든 옛 천문도를 참교(參校)하게 하였고, 그 대소를 판별하고 소밀(疏密)을 바로잡아, 삼가(三家)의 별자리 위치에 의거하여 개도(蓋圖)를 만들었다."

또 송나라 왕응린(王應麟)의 『한서예문지고증(漢書藝文志考證)』권9 무함오성점(巫咸五星占) 조목에서는 다음 논의가 나온다.

"『건상신서(乾象新書)』에 따르면 『천문록』과 제가(諸家)의 점서(占書)에 실린 석신(石申), 감덕(甘德), 무함(巫咸) 삼가(三家)의 별자리는 총 283개, 1,464성(星)인데, 세월이 오래되어 수차(宿次)가 착오투성이고, 천문을 검증해 보면 극(極)과의 거리가 서로 다르며, 성서(星書)의 자취를 보면 차사(次舍)가 일정하지 않는다. 이에 사천감(司天監)의 동혼의(銅渾儀)로 주천성차(周天星次)를 측정·점검하여 기존 문헌(前書)을 교정하여 천도(天道)에 부합도록 하였다. 그 자세한 내용은 왼쪽에 열거한다."(하략)

『태평어람(太平御覽)』권2 천부(天部) 2 천부하(天部下), 권6 천부 6 성중(星中), 권7 천부 7 서성(瑞星)과 선성(祆星), 권23 시서부(時序部) 8 하지(夏至), 권25 시서부 10 추하(秋下)와 추분(秋分), 권206 직관부(職官部) 4 총서삼공(總敍三公), 권207 직관부 5 태위(太尉), 권231 직관부 29 대리경(大理卿), 권241 직관부 39 좌중랑장(左中郎將)과 『북당서초(北堂書鈔)』권149 천부 1 천일(天一), 당 이순풍의 『을사점(乙巳占)』권1과 권3 분야(分野), 『개원점경(開元占經)』권67 석씨중궁점하삼(石氏中宮占下三)과 태일성점육십이(太一星占六十二) 등에서 모두 조긍의 『천문록』과 『천문록

점(天文錄占)』을 인용하고 있다. 또한 송(宋) 이계(李季)의 『건상통감(乾象通鑑)』에서는 『천문록』을 대폭 인용하고 있으며, 송 석문영(釋文瑩)의 『옥호청화(玉壺清話)』에서도 『천문록』에 관한 내용을 서술하고 있는 것으로 보아 송대에 이 책이 전해지고 있었음을 알 수 있다.

『수서·경적지』에는 『천문록』 30권은 양의 봉조청 조긍이 찬술하였다고 하였고, 『당지(唐志)』에는 『천문록』 30권은 조긍의 저작이라고 밝혔으며, 『송지(宋志)』에는 조긍의 『천문록』 30권이 있다고 기록하였다. 『일본국견재서목(日本國見在書目)』에는 『천문록』 1부 30권은 조긍이 찬술하였다고 하였다. 『옥해(玉海)』 권3에는 『국사천문록경요결(國史天文錄經要訣)』 1권은 조긍의 책을 초록한 것이라고 밝혔다. 또한 『건상통감』에서는 『천문별록(天文別錄)』을 인용하고 있다.

复考述地中之法.

『수서·천문지』에는 "토규(土圭) 정영(正影, 정오 그림자)을 살펴보면, 경문(經文)이 결략(缺略)하고, 선유(先儒)의 해설도 명심(明審)하지 않으므로 조긍이 경주(經注)를 종합하여① 지중법을 추산하였는데, 추산 방법에 대해서는 …"라는 내용이 나온다.

지중 추산법은 조충지가 창안한 것이라는 점은 이미 앞에서 언급한 바 있다.

---

① 『영대비원(靈臺秘苑)』 권3 토규 영(影)에서는 "양나라의 조경삭(祖景鑠)이 경법(經法)을 종합하였다"고 기록되어 있다. (『사고전서 (四庫全書)』에는 북주(北周) 유계재(庾季才)가 찬술하고 송 왕안례(王安禮) 등이 중수(重修)하였다고 되어 있다.)

六年(507年)治漏, 成《漏經》一卷.

유번(劉璠)의 『양전(梁典)』에는 다음 기록이 있다.

"천감 6년에 무제(武帝)가 옛 누각(漏刻)이 맞지 않는다며 원외랑(員外郞) 궁(祖暅)에게 이를 고칠 것을 명령하였다. 누각이 완성되자 태자중사인(太子中舍人) 육희(陸倕)가 글을 지어 이를 기록하였다."[①]

『수서·천문지 상』에도 관련 기록이 있다.

"천감 6년에 무제가 주야(晝夜)를 96각(刻)으로 하고, 1진(辰)에 8각 (刻)이 있게 하였다. 먼저 조긍에게 명하여 『루경(漏經)』을 편찬하게 하였는데, 모두 혼천법(渾天法)에 의거하여 황도(黃道) 상에서 태양이 운행할 때 극점(極點)으로부터의 원근(遠近)을 용전일률(用箭日率)로 삼았다."

『수서·경적지』에는 조긍의 『루각경(漏刻經)』 1권이 있다는 기록이 나온다. 『남사』 권71 「심수전(沈洙傳)」에는 다음과 같이 기록되고 있다.

"누각의 속도가 고금(古今)에 따라 다른데, 『한서·율력』과 하승천, 조충지, 조긍 부자의 『루경』에서는 모두 동하사시(冬夏四時) 변함없이 관고(關鼓)에서 하고(下鼓)까지, 보고(晡鼓)에서 관고까지를 13각으로 하였다."

[①] 『문선(文選)』 권56 육희(陸倕) 『신각루명(新刻漏銘)』 주(注)에서 인용한 바를 참조 바란다.

『초학기(初學記)』권25 기용부(器用部) 누각(漏刻) 제1장에서는 양(梁)의 『루각경』을 두 번 인용하고 있다.

八年(509年)又上疏論歷,进乃父《大明歷》,诏使用之.

『수서·율력지 중』에는 다음과 같이 기록되어 있다.

"천감 8년에 조긍이 또다시 상소문을 올려 이 일에 대해 논술하였다. 임금은 조서를 내려 태사령(太史令)에게 장장(將匠, 곧 대장(大匠)이 됨)인 도수(道秀) 등으로 하여금 실제 관측을 통해 새로운 역법과 옛 역법의 기삭(氣朔) 교회와 칠요(七曜)의 운행 정도를 비교하게 하였다. 천감 8년 11월부터 천감 9년 7월까지 그 결과, 새 역법이 더 정밀하고 옛 역법은 소략한 것으로 드러났다. 이에 조긍은 상주하여 말하기를, '사관들이 현재 사용하고 있는 하승천의 역법은 실제 천상(天象)에 어긋나며, 그 안의 여러 가지 오류는 일일이 거론하기 어려울 정도입니다. 이 역법을 영대(靈臺)에 올려 새 역법과 정밀도를 비교해 보았는데, 100일을 기한으로 검증하기로 하고 거듭 비교해 보았습니다. 지난해 겨울부터 이번 달 초하루까지, 그 득실(得失)의 상황을 이미 모두 아뢰었습니다. 생각건대 칠요의 운행 법칙은 그 이치가 정밀하고 미묘하여 한 번 오류가 생기면 해를 거듭할수록 그 오차가 더욱 커질 것으로 보입니다. 신이 올린 역법을 시용하게 해 주신다면, 다가오는 정월부터 반포하기를 바랍니다.' 이에 9년 정월에 이르러 조충지가 만든 『갑자원력(甲子元曆)』을 사용하는 것을 반포하였다."

위의 인용문에서 언급된 도수(道秀)는 성이 장(蔣)이며, 장장(將匠)은 곧 대장(大匠)이 된다는 뜻이며 대장은 관직명이다. 『양서(梁書)』권1에는 이

날, 태사령 장도수(蔣道秀)가 천문 부첨(符讖) 64조의 일을 진술하였다는 내용이 나오는데, 바로 이 사람을 언급한 것이다.

『수지』에 또 진(陳)나라는 양나라를 이어 역시 조충지의 역법을 사용하였으며 더 이상의 창의적인 개선은 없었다고 기록하였다.

견란(甄鸞)의 『천화력(天和曆)』은 장세(章歲)를 391년으로 하였는데, 이는 또한 충지의 수치를 그대로 따른 것이다. 『수서·율력지 중』에는 다음 내용이 나온다.

"서위(西魏)가 관중(關中)을 차지한 뒤 이업흥(李業興)의 『정광력(正光曆)』을 시행하였다. 주(周)나라 명제(明帝) 무성(武成) 원년에 이르러 비로소 관련 부서에 명하여 주대(周代)의 역법을 만들게 하였다. 이에 노문학사(露門學士) 명극양(明克讓)과 인지학사(麟趾學士) 유계재(庾季才), 그리고 여러 역법 전문가들이 조충지의 옛 논의를 수집하고 남북의 역법을 융통하여 하나의 역법을 제정하였다."

장주현(張胄玄)의 역학 연구는 고금을 통틀어 으뜸이었는데, 그는 역시 조충지에게 배웠다. 조충지의 학문을 전수받았는 점에서 남북의 역법이 모두 조씨에서 비롯됐다고 볼 수 있다.

十三年(514年)官材官将军, 筑浮山堰, 睚主其事.

『양서』제18권 「강현전(康絢傳)」에는 다음 기록이 나온다.

"당시 위나라에서 항복해 온 왕족(王足)이 한 계책을 제안했는데, 회수(淮水) 상류에

댐을 쌓아 물을 가두자는 것이었다. 왕족은 북방의 동요(童謠)를 인용하여 말했다. '형산(荊山)이 상격(上格)이 되고, 부산(浮山)이 하격(下格)이 되며, 타수(沱水)가 격구(激溝)가 되어, 거야택(鉅野澤)을 함께 적신다'는 동요이다. 고조(高祖)는 이 말이 이치에 맞다고 여겨, 수공(水工) 진승백(陳承伯)과 재관장군(材官將軍) 조궁을 보내 지형을 살펴보게 했다. 그들은 시찰 후 회하(淮河) 안의 모래와 흙이 가볍고 떠다니며 견고하지 않아 댐을 쌓기에 적합하지 않다고 보고했다. 그러나 고조는 그들의 의견을 받아들이지 않았고, 서주(徐州)와 예주(豫州) 두 지역의 백성들을 동원하여 20호마다 5명의 장정을 뽑아 대규모 댐 건설에 투입했다."

『양서』 제2권 「무제기(武帝紀) 중」의 천감13년 기록에 따르면 이 해에 부산제(浮山堰)를 만들었다고 한다.

또한 제18권 「창의지전(昌義之傳)」 천감 13년 기록에는 "이 해 겨울, 고조(高祖)가 태자우위율(太子右衛率) 강현(康絢)을 보내 여러 군사들을 감독하여 형산제(荊山堰)를 만들게 했다"라는 내용이 나와 있다.

『수경주(水經注)』 제30권 회수주(淮水注)에는 다음과 같이 기록되어 있다.

"회수가 또 동쪽으로 흘러 첨석산(巉石山)에 이르면 동수(潼水)와 여기에서 합류한다. 또 동쪽으로 흘러 부산(浮山)을 지나는데, 산의 북쪽이 첨석산과 마주보고 있다. 양 천감 연간 이 두 산 사이에 제방을 세웠는데, 이는 천지(天地)의 뜻을 거스르고 백성과 신(神)의 바람을 어긋나게 하는 것이어서 자연히 물이 범람하여 무너지고 말았다."

『수서』 「천문지 하」에는 다음 기록이 나온다.

"천감 13년, 이 해에 천강(天江)에 전성(塡星)이 머물렀다. 점성가들은 이를 '강과 하천이 막히고, 물의 범람이 있을 것이며, 토목 공사가 있을 것이라는 징조'라고 해석했다. 그 해에 대규모 군사와 백성을 동원하여 부산제(浮山堰)를 만들어 회수를 막았다. 14년에 이르러 전성이 천강에서 떠나갔고, 제방이 무너져 물이 범람하였다."

여기에 14년에 제방이 무너졌다는 기록은 아래의 15년에라는 기술과 시간상 일치하지 않는다.

十五年(516年), 堰坏, 迁怒于晅, 坐下狱.

『양서』의 「강현전(康絢傳)」에는 다음 기록이 나온다.

"15년 4월, 대규모 제방이 완성되었다. 그 길이는 9리(里)였고, 바닥 너비는 140장(丈), 상부 너비는 45장, 높이는 20장, 깊이는 19장 5척(尺)이었다. 중간에는 제방이 있었고, 제방 위에는 구류나무를 심었으며, 군인들과 민간인들이 그 위에 나란히 거주했다. 강물이 매우 맑아서 위에서 아래를 내려다보면 민가와 무덤들이 모두 아래에 있어 한눈에 볼 수 있었다."
"그해 가을 8월, 회하(淮河)의 물이 갑자기 불어나 제방이 모두 무너져 물이 바다까지 흘러갔고, 조긍은 이로 인해 체포되어 감옥에 갇혔다."

사실 제방이 무너진 것은 장표자(張豹子)가 제대로 관리하지 않은 탓이었지, 조긍의 잘못은 아니었다.

尋遷大舟卿.

『남사』 본전(本傳)에는 "대주경(大舟卿)의 지위에 이르렀다"고 기록되어 있다. 대주경은 일부 판본에서 태부경(太府卿)으로 되어 있다. 『양서』 제2권 본기(本紀)에는 "천감 7년 5월 기해(己亥) 일에 조서를 내려 종정(宗正), 태부(太僕), 대장(大匠), 홍려(鴻臚)의 관직을 다시 설치하고, 또한 태부(太府)와 태주(太舟)를 증설하여 이전처럼 12경(卿)으로 하였다"고 기록되어 있다. 『통전(通典)』의 「직관전(職官典)」에는 다음 기록이 나온다.

"천감 7년에 도수사자(都水使者)를 대주경(大舟卿)으로 개칭하였는데, 그 지위는 중서랑(中書郞)과 같으며 경(卿) 중에서 가장 낮은 자리였다. 주로 선박과 하천 제방을 관리했다. 진(陳) 왕조도 이를 따랐다."

조긍은 수리(水利)에 능했으므로 대주경(大舟卿)이라는 직책을 맡았을 가능성이 충분히 있어 보인다. 조긍이 대주경을 지낸 것은 포로가 되기 전의 일이므로 여기에 기록한 것이다.

普通六年(525年),隨豫章王蕭綜入北朝,信都芳師事之.

『양서』 제3권에는 보통(普通) 6년의 기록으로 "6월 경진일에 예장왕(豫章王) 종(綜)이 위(魏)나리로 도밍갔고, 위나라는 다시 팽성(彭城)을 점령했다"는 내용이 나와 있다. 『남사』 제53권 「예장왕종전(豫章王綜傳)」에는 "보통 6년에 종이 밤에 소성(蕭城)으로 도망갔"다는 기록이 있으며, "종의 장사(長史) 강혁(江革)과 태부경(또는 대주경) 조긍이 모두 위나라 군대에 사로잡혔다"는 기록이 나온다.

『위서』제19권「중산왕략전(中山王略傳)」에는 "마침 종이 성을 들어 항복했을 때, 종의 장사 강혁과 사마(司馬) 조긍, 그리고 장수들과 5천 명의 병사들이 모두 사로잡혔"다는 기록이 있다.

『위서』제38권「조옹전(刁雍傳)」에는 다음 기록이 보인다.

"정광(正光) 초에 중산왕(中山王) 희(熙)가 처형되었을 때, 희의 동생인 략(略)이 쌍(雙)에게 도망쳐 목숨을 구했고, 쌍은 그를 거두어 1년 동안 보호했다. … 그래서 서주(徐州)에서 잡은 포로 강혁과 조긍 두 사람과 교환했다."

『북사(北史)』제89권「신도방전(信都芳傳)」에는 다음과 같이 기록되어 있다.

"강남 사람 조긍이라는 자가 있는데, 그는 이전에 변경에서 잡혀 연명(延明)의 집에 머물렀다. 그는 원래 역법에 밝았으나 왕의 대우를 받지 못했다. 방(芳)이 왕에게 그를 예우하라고 간언했다. 조긍이 나중에 돌아갈 때 여러 학문을 방에게 전수했고, 이로 인해 방의 지식이 더욱 정밀해졌다."

尝为元延明撰《欹器》《漏刻铭》.

『양서』제36권「강혁전(江革傳)」에는 다음과 같이 기록되어 있다.

"(팽)성[(彭)城]이 함락되자, 강혁(江革)은 원래 말타기에 익숙하지 않아 배를 타고 돌아가려 했다. 그러나 하비(下邳)를 지나다 위(魏)나라 사람들에게 붙잡히고 말았다. … 당시 조긍도 함께 붙잡혀 있었는데, 연명(延明)이 조긍에게 『기기(欹器)』와 『누각명(漏刻銘)』을 짓게 했다. … 마침 위나라 황제가 중산왕(中山王) 원략(元略)의 반란을 토벌하러 북쪽으로 갔을 때, 강혁과 조긍을 풀어주어 조정으로 돌아가게 했다."

还朝后, 曾官南康太守. 晦精于算 ,所述颇有精妙独到之处, 于南朝允为独步矣.

『안씨가훈(顔氏家訓)』 제7권 잡예(雜藝) 제19장에는 다음과 같이 기록되어 있다.

"산술(算術) 또한 육예(六藝)의 중요한 부분이다. 예로부터 유학자들이 천도(天道)를 논하고 율력(律曆)을 정할 때 모두 이를 통달했다. 그러나 겸하여 밝힐 수는 있어도 전문적으로 업으로 삼을 수는 없었다. 강남에는 이 학문이 매우 드물어 오직 범양(範陽) 출신의 조긍만이 이에 정통했는데, 그는 관직이 남강태수(南康太守)에 이르렀다. 하북(河北)에는 이 술법을 아는 사람이 많다."

조긍이 남강태수를 지낸 시기는 알 수 없으나 그의 산술 공부에 대해 『남사』 본전에는 다음과 같이 기록되어 있다.

"그가 깊이 몰두할 때는 천둥번개도 그를 방해힐 수 없있다. 한번은 길을 가다 무사(僕射) 서면(徐勉)을 만났는데, 머리로 그를 들이받았다. 서면이 소리를 지르자 그제야 정신을 차렸다."

그의 집중력이 이와 같았다.

『수서』의 「천문지(天文志)」에는 북극성은 별자리이며 그 중심에 있는 별은 하늘의 중심축이라고 기록되고 있다. 천체의 운행은 끝이 없고 해와 달과 별이 번갈아 빛나지만, 북극성만은 움직이지 않는다. 그래서 '제자리에 있으면서 모든 별들이 그를 중심으로 돈다'고 하는 것이다. 가규(賈逵), 장형(張衡), 왕번(王蕃), 육적(陸績) 등은 모두 북극성의 중심별을 축으로 보아 움직이지 않는 곳이라고 보았다. 조긍은 관측 기구로 살펴본 결과, 움직이지 않는 지점이 중심별에서 1도 남짓 떨어져 있다는 것을 발견했다.① (『주인전(疇人傳)』제9권에는 조긍이 "북극성을 관찰하여 중심별이 극점에서 1도 남짓 떨어져 있음을 알았고 이는 이전의 유학자들이 자세히 알지 못했던 것으로, 조긍의 새로운 발견이었다"고 기록되어 있다.)

당대 이순풍은 『을사점』서문에서 "여러 설을 참고하고 다른 길을 모아 유사한 것들을 연결하여 확장하고 빠진 것을 보충했으니, 조긍의 학문이 넓었다"고 평했다. 이것이 얼마나 높은 칭찬이었는가.

조긍과 관련된 역사적 사실 중 연대가 명확하지 않은 것들이 또 있는데 아래에 덧붙여 첨부한다.

『수서』「율력지」'후기(候氣)' 편에서 인용된 모상(毛爽)의 『율보(律譜)』에는 "신의 선친 서성(栖誠)이 조긍에게 산술을 배웠다"고 기록되어 있다.

---

① 『영대비원(靈臺秘苑)』제10권에는 다음과 같이 기록되어 있다.
"북극성과 그 중심별은 하늘의 극점이며, 중심별을 움직이지 않는 것으로 여겼다. 양나라의 조경삭(祖景爍)이 관측 기구로 측정한 결과로 움직이지 않는 지점에서 1도 남짓 떨어져 있었고, 황우(皇祐) 연간의 측정에서는 1도 조금 못 미쳤다."

『개원점경』 제1권 천체혼종(天體渾宗)에는 조긍이 강급(姜岌)을 평가한 내용이 실려 있다.

先是父冲之撰有《綴術》一书, 暅所著《綴術》凡二卷.

조충지가 지은 『철술』에 대해서는 앞서 언급한 바 있다.
송나라의 심괄이 쓴 『몽계필담』에는 "북제(남제) 시대의 조긍이 『철술』 2권을 저술했다"고 기록되어 있다.①
당 왕효통이 쓴 「상집고산경표(上緝古算經表)」에는 '조긍의 『철술』'이라는 내용이 나와 있다.

又撰有《权衡記》、《称物重率術》诸书行于世.

『수서·경적지』 오행류(五行類) 「상마경(相馬經)」 아래의 주석에는 "양나라 때 조긍이 지은 『권형기(權衡記)』와 『칭물중률술(稱物重率術)』이 각각 2권씩 있었다"고 기록되어 있으나 모두 소실되었다.

暅子皓, 亦善算, 侯景乱遇难.

『남사·조호전(祖皓傳)』을 참조하기 바란다.

---

① 『몽계필담』에서 祖瓦을 두 번 언급하고 있는데, '瓦'가 모두 잘못하여 '亘'으로 되어 있다. 『황송사보류원(皇宋事寶類苑)』(소흥(紹興) 15년 5월 17일 서문) 제52권 서화기예(書畫技藝) 편 '철술, 산술' 조목에도 같은 내용이 인용되어 있다. 이는 마사(麻沙)에서 새로 간행한 『황조류원(皇朝類苑)』을 근거로 한 것으로, 소흥 23년(1153년, 계유년) 중원절에 마사 서방(書坊)에서 인쇄한 판본이며, 북경도서관에 소장되어 있다.

대명(大明) 6년 천문연력(天文年曆)

正月大

日序	干支			節氣
初一	壬午			
初二	癸未			
初三	甲申			
初四	乙酉			
初五	丙戌			雨水正月中
初六	丁亥			
初七	戊子			
初八	己丑			
初九	庚寅			
初十	辛卯			
十一	壬辰			
十二	癸巳			
十三	甲午			
十四	乙未			
十五	丙申			
十六	丁酉			
十七	戊戌			
十八	己亥			
十九	庚子			
二十	辛丑			惊蛰二月节

二十一	壬寅			
二十二	癸卯			
二十三	甲辰			
二十四	乙巳			
二十五	丙午			
二十六	丁未			
二十七	戊申			
二十八	己酉			
二十九	庚戌			
三十	辛亥			

二月小

日序	干支			節氣
初一	壬子			
初二	癸丑			
初三	甲寅			
初四	乙卯			
初五	丙辰			春分二月中
初六	丁巳			
初七	戊午			
初八	己未			
初九	庚申			
初十	辛酉			
十一	壬戌			
十二	癸亥			

日序	干支			節氣
十三	甲子			
十四	乙丑			
十五	丙寅			
十六	丁卯			
十七	戊辰			
十八	己巳			
十九	庚午			
二十	辛未			清明三月节
二十一	壬申			
二十二	癸酉			
二十三	甲戌			
二十四	乙亥			
二十五	丙子			
二十六	丁丑			
二十七	戊寅			
二十八	己卯			
二十九	庚辰			

三月大

日序	干支			節氣
初一	辛巳			
初二	壬午			
初三	癸未			
初四	甲申			
初五	乙酉			

初六	丙戌				
初七	丁亥				谷雨三月中
初八	戊子				
初九	己丑				
初十	庚寅				
十一	辛卯				
十二	壬辰				
十三	癸巳				
十四	甲午				
十五	乙未				
十六	丙申				
十七	丁酉				
十八	戊戌				
十九	己亥				
二十	庚子				
二十一	辛丑				
二十二	壬寅				立夏四月节
二十三	癸卯				
二十四	甲辰				
二十五	乙巳				
二十六	丙午				
二十七	丁未				
二十八	戊申				
二十九	己酉				
三十	庚戌				

四月小

日序	干支			節氣
初一	辛亥			
初二	壬子			
初三	癸丑			
初四	甲寅			
初五	乙卯			
初六	丙辰			
初七	丁巳			小满四月中
初八	戊午			
初九	己未			
初十	庚申			
十一	辛酉			
十二	壬戌			
十三	癸亥			
十四	甲子			
十五	乙丑			
十六	丙寅			
十七	丁卯			
十八	戊辰			
十九	己巳			
二十	庚午			
二十一	辛未			
二十二	壬申			芒种五月节
二十三	癸酉			

日序	干支			
二十四	甲戌			
二十五	乙亥			
二十六	丙子			
二十七	丁丑			
二十八	戊寅			
二十九	己卯			

五月大

日序	干支			節氣
初一	庚辰			
初二	辛巳			
初三	壬午			
初四	癸未			
初五	甲申			
初六	乙酉			
初七	丙戌			
初八	丁亥			夏至五月中
初九	戊子			
初十	己丑			
十一	庚寅			
十二	辛卯			
十三	壬辰			
十四	癸巳			
十五	甲午			
十六	乙未			

十七	丙申				
十八	丁酉				
十九	戊戌				
二十	己亥				
二十一	庚子				
二十二	辛丑				
二十三	壬寅				
二十四	癸卯				小暑六月节
二十五	甲辰				
二十六	乙巳				
二十七	丙午				
二十八	丁未				
二十九	戊申				
三十	己酉				

六月小

日序	干支				節氣
初一	庚戌				
初二	辛亥				
初三	壬子				
初四	癸丑				
初五	甲寅				
初六	乙卯				
初七	丙辰				
初八	丁巳				

日序	干支			節氣
初九	戊午			大暑六月中
初十	己未			
十一	庚申			
十二	辛酉			
十三	壬戌			
十四	癸亥			
十五	甲子			
十六	乙丑			
十七	丙寅			
十八	丁卯			
十九	戊辰			
二十	己巳			
二十一	庚午			
二十二	辛未			
二十三	壬申			
二十四	癸酉			立秋七月节
二十五	甲戌			
二十六	乙亥			
二十七	丙子			
二十八	丁丑			
二十九	戊寅			

七月大

日序	干支			節氣
初一	己卯			

初二	庚辰			
初三	辛巳			
初四	壬午			
初五	癸未			
初六	甲申			
初七	乙酉			
初八	丙戌			
初九	丁亥			
初十	戊子			处暑七月中
十一	己丑			
十二	庚寅			
十三	辛卯			
十四	壬辰			
十五	癸巳			
十六	甲午			
十七	乙未			
十八	丙申			
十九	丁酉			
二十	戊戌			
二十一	己亥			
二十二	庚子			
二十三	辛丑			
二十四	壬寅			
二十五	癸卯			
二十六	甲辰			白露八月节

二十七	乙巳			
二十八	丙午			
二十九	丁未			
三十	戊申			

八月小

日序	干支			節氣
初一	己酉			
初二	庚戌			
初三	辛亥			
初四	壬子			
初五	癸丑			
初六	甲寅			
初七	乙卯			
初八	丙辰			
初九	丁巳			
初十	戊午			
十一	己未			秋分八月中
十二	庚申			
十三	辛酉			
十四	壬戌			
十五	癸亥			
十六	甲子			
十七	乙丑			
十八	丙寅			

十九	丁卯			
二十	戊辰			
二十一	己巳			
二十二	庚午			
二十三	辛未			
二十四	壬申			
二十五	癸酉			
二十六	甲戌			寒露九月节
二十七	乙亥			
二十八	丙子			
二十九	丁丑			

九月大

日序	干支			節氣
初一	戊寅			
初二	己卯			
初三	庚辰			
初四	辛巳			
初五	壬午			
初六	癸未			
初七	甲申			
初八	乙酉			
初九	丙戌			
初十	丁亥			
十一	戊子			

十二	己丑				霜降九月中
十三	庚寅				
十四	辛卯				
十五	壬辰				
十六	癸巳				
十七	甲午				
十八	乙未				
十九	丙申				
二十	丁酉				
二十一	戊戌				
二十二	己亥				
二十三	庚子				
二十四	辛丑				
二十五	壬寅				
二十六	癸卯				
二十七	甲辰				立冬十月节
二十八	乙巳				
二十九	丙午				
三十	丁未				

十月小

日序	干支				節氣
初一	戊申				
初二	己酉				
初三	庚戌				

初四	辛亥				
初五	壬子				
初六	癸丑				
初七	甲寅				
初八	乙卯				
初九	丙辰				
初十	丁巳				
十一	戊午				
十二	己未				
十三	庚申				小雪十月中
十四	辛酉				
十五	壬戌				
十六	癸亥				
十七	甲子				
十八	乙丑				
十九	丙寅				
二十	丁卯				
二十一	戊辰				
二十二	己巳				
二十三	庚午				
二十四	辛未				
二十五	壬申				
二十六	癸酉				
二十七	甲戌				
二十八	乙亥				大雪十一月节

二十九	丙子			

十一月大

日序	干支			節氣
初一	丁丑			
初二	戊寅			
初三	己卯			
初四	庚辰			
初五	辛巳			
初六	壬午			
初七	癸未			
初八	甲申			
初九	乙酉			
初十	丙戌			
十一	丁亥			
十二	戊子			
十三	己丑			
十四	庚寅			冬至十一月中
十五	辛卯			
十六	壬辰			
十七	癸巳			
十八	甲午			
十九	乙未			
二十	丙申			
二十一	丁酉			

二十二	戊戌			
二十三	己亥			
二十四	庚子			
二十五	辛丑			
二十六	壬寅			
二十七	癸卯			
二十八	甲辰			
二十九	乙巳			小寒十二月节
三十	丙午			

十二月小

日序	干支			節氣
初一	丁未			
初二	戊申			
初三	己酉			
初四	庚戌			
初五	辛亥			
初六	壬子			
初七	癸丑			
初八	甲寅			
初九	乙卯			
初十	丙辰			
十一	丁巳			
十二	戊午			
十三	己未			

十四	庚申				大寒十二月中
十五	辛酉				
十六	壬戌				
十七	癸亥				
十八	甲子				
十九	乙丑				
二十	丙寅				
二十一	丁卯				
二十二	戊辰				
二十三	己巳				
二十四	庚午				
二十五	辛未				
二十六	壬申				
二十七	癸酉				
二十八	甲戌				
二十九	乙亥				

증보(增補)1

중국 수학자 조충지와 그의 원주율 연구에 대하여[*]

1. 도입

최근 일반인들 특히 대학생들은 서양 수학을 공부한 후 청나라 수학자들이 두씨구술(杜氏九術)을 접했을 때와 유사한 반응을 보이며 모두 한 목소리로 이렇게 말하는 듯하다. "외국인들은 정말 똑똑하군! 서양인들은 어찌 이런 심오한 학문을 생각해 낼 수 있었을까?" 잠깐만, 절대 남의 기를 살리고 자신의 기를 꺾어서는 안 된다. 우리의 중국, 5천 년의 문명을 가진 중국에 수학을 이해하는 사람이 없었고 이런 심오한 생각을 가진 사람이 없었을까? 답은 있었다는 것이다. 단순히 '있었다'뿐만 아니라, 일부 수학 정리(定理)와 방법은 우리나라 수학자들이 발견한 것이기도 하다!

마오이셩(茅以升) 군이 잘 말했다. "우리나라 수학에서 서양과 비견할 만한 것 중 하나가 바로 원주율이다."[1] 내 생각에 마오 군이 이 말을 할 때, 그의 머릿속에는 분명 조충지라는 사람이 떠올렸을 것이다. 우리나라의 원주율 발견은 매우 오래되었지만 그 업적을 이룬 사람은 오직 조씨뿐이기 때

---

[*] 이 글은 1936년 『학예(學藝)』 제15권 제5호에 게재되었다. 원문은 번체자로 작성되었으나 현대의 관행에 부합하지 않는 일부 문자와 기호를 제외하고는 모두 간체자로 바꿔 인쇄되었다. 궈쑤춘이 원고의 오류(『학예』 인쇄본의 편집 오류 포함)를 수정하였으며, 모두 각주로 처리되어 해당 페이지 하단에 배치되었다. 또한, '冲'자는 『학예』 인쇄본에서 대부분 '仲'으로 오기되었으나 현재는 모두 정정되었으며 뒤에는 별도의 주석을 달지 않았다. 『학예』 인쇄본에는 이 제목 아래 옌둔제 선생의 이름과 5개 절의 목차가 포함되어 인쇄되었으나, 여기는 삭제하였다.

문이다. 조충지의 원주율 발견은 중국 수학사에서 큰 영광일 뿐만 아니라, 세계 수학사에서도 중요한 위치를 차지한다. 현재 많은 사람들이 원의 이론을 연구할 때 반드시 이 π(=3.1416) 값을 사용하며, 마음속으로는 외국인이 만들었다고 생각하겠지만, 뜻밖에도 이 값은 정말로 우리나라의 것이며, 조금의 서양 기운도 없다. 여기까지 쓰다 보니 저도 모르게 입에서 "중국인들은 정말 똑똑하군!"이라는 말이 절로 나오는 구나.

이러한 이유로 이 글(文章)을 쓰게 되었다.[①] 다음에서 먼저 조충지의 생애에 대해 소개하고, 조씨의 원주율에 대해 논하고자 한다.

2. 조충지 전기 개요

만약 우리가 중세 중국의 유명한 수학자 하면, 조충지는 반드시 그 중 한 명이 뽑힐 것이다. 그는 단순히 수학자일 뿐만 아니라, 역법가, 문학가이기도 했으며, 더불어 공학자이기도 했다.

조충지는 유송 원가 6년(서기 429년)에 당시 이른바 범양이라는 지역에서 태어났다.[②] 그 당시 유명한 역산가 하승천(370-447)은 이미 61세였다. 조씨의 아버지는 관직을 가지고 있었고 직함은 '봉조청(奉朝請)'이었다. 그의 증조부와 조부도 가가 진(晉)과 송(宋) 두 왕조에서 관직을 지냈기 때문에 그는 관가 출신의 자제였다고 할 수 있다. 『남사』와 『남제서』는 그의 생애에 대한 기록이 간략하여 그의 어린 시절이 어떠했는지는 추측할 수 없

[①] 『학예』 인쇄본에서 '章' 자가 누락되었으나 여기는 교정하여 보충하였다.
[②] 이 말은 적절하지 않다. 조충지의 증조부가 이미 남쪽으로 이주했기 때문에, 그가 범양에서 태어날 가능성이 없어 보인다.

다. 그처럼 영리한 사람이 어떤 교사의 가르침을 받았는지 알 수 없으나, 그 교사는 분명히 박식하고 학문에 정통한 사람이었을 것이다. 혹은 교사의 가르침을 받지 않고, 아버지의 지시를 받아 스스로 학문을 익혔을 수도 있다. 만약 그렇다면, 그의 영리함이 더욱 두드러진다고 하겠다. 조충지 자신도 어릴 때부터 수학에 깊은 관심을 가졌다고 말한 바 있다. 그는 매우 영리한 사람이었기에 수학 학습에 어려움이 없었을 것이다. 그의 수학 연구는 매우 높은 수준에 이르렀을 것이다. 이전 사람들의 오류를 지적하고 새로운 방법을 창안하였던 그의 이같은 학문 연구 태도는 참으로 존경스럽지 않겠는가.

송 효무제(孝武帝) 시기(서기 455년 경)에 조충지는 20대였으며, 남서주의 종사사(從事史)① 와 공부참군(公府參軍)으로 임명되었다. 그때 그는 이미 역법을 수정하고, 『철술(綴術)』을 저술하였으며, 『구장산술』에 주석을 달았다. 아니, 어쩌면 관직에 오르기 전에도 이미 이 일들을 완성했을지도 모른다.

당시 유송은 하승천의 『원가력법(元嘉曆法)』을 사용하고 있었는데, 그 안에 많은 오류가 있었다. 조충지는 그것을 알고 있었을 것이다. 그는 아마도 역법이 국가의 가장 중요한 것이라고 생각하고 오류가 있다면 문제가 발생할 수 있다고 여겼을 것이다. 그래서 그는 하승천의 역법을 수정하기 위해 완벽한 역법을 고안해냈다. 대명(大明) 6년에 그는 수정을 완료하고, 상표를 올려② 하승천 역법의 오류와 수정의 필요성, 그리고 자신이 창안한 역법의 완벽함을 설명하며 효무제가 채택하기를 희망했다. 당시 황제는 역법

---

① 『학예』 인쇄본에서 '史' 자가 누락되었으나, 지금 교정하여 보충하였다.
② 『학예』 인쇄본에서 이 부분에 '曆' 자가 잘못 추가되었다.

에 능통한 사람들에게 우열을 평가하도록 명령했다. 대명 6년부터 8년까지, 대법홍을 비롯한 일부 사람들이 구습에 얽매여 강변했지만, 조충지의 완벽한 이론과 적절한 변증을 따라갈 수 없었고, 결국 조충지가 우위를 차지했다. 무제는 이를 매우 좋게 여겨 대명 8년 다음 해에 새 역법을 시행하려 했으나, 불행히도 무제가 사망하면서 조충지는 첫 번째 곤경에 처하게 되었고, 그의 새로운 역법도 이로 인해 소리 없이 사라졌다.

무제가 죽은 후, 조충지는 누현(婁縣)의 현령(縣令)과 알자부사(謁者僕射)로 파견되었다. 그 때 유송은 이미 쇠퇴하기 시작했다. 유송의 마지막 황제인 순제(順帝) 시기에 소도성(蕭道成, 훗날의 제고제(齊高帝))이 보좌하며 정사를 돌보고 있었다. 소도성은 조충지가 산술에 능하고 매우 영리하다는 것을 알고, 그에게 이전에 사람의 힘으로 돌려야 했던 지남차(指南車)를 개조하도록 했다. 조충지는 다시 한 번 그의 절묘한 기술을 보여주며 정말 잘 개조해냈다. 한 사람의 마음이 영리하면 어떤 일이든 쉽게 대처할 수 있나 본다. 그가 잘 개조할 수 있었던 것은 옛 학문을 연구하고 창의적인 사고를 했기 때문이며, 이는 그에게 큰 일이 아니었다.

왕조가 바뀌고 강산이 변했지만, 그는 다시 제(齊) 왕조에서 관직을 맡았다. 당시 경릉왕자량(竟陵王子良)이 옛 것을 좋아했기에 조충지는 기기(欹器)를 만들어 바쳤다.

이때 조씨는 다시 한 번 흥분했다. 왜일까? 문혜태자(文惠太子)가 황제에게 조충지의 역법을 사용하도록 권했기 때문이다. 문혜태자는 『원가력』의 부적절함을 알고 조충지 역법의 완벽함을 깨달아 황제에게 채택을 권했다. 물론 조충지는 이런 사람의 후원을 받아 말로 표현할 수 없는 기쁨을 느꼈을 것이다. 하지만 기쁨이 극에 달하자 슬픔이 찾아왔다. 누가 태자가 요절

할 줄 알았겠는가(493년). 역법 개혁은 물거품이 되었고, 조충지는 두 번째 곤경에 처하게 되었다.

이 두 번의 좌절을 겪은 후, 아마도 조충지는 약간 실망했을 것이다. 그때 그의 나이는 이미 60대였고, 자신이 운이 없다고 생각하여 왜 계속 이 역법에 매달려야 하는지 의문을 품었을 수도 있다. 게다가 나이가 들면서 사고력도 약해지는 것이 당연하다. 하지만 역산을 다시 연구하는 것은 정말 많은 노력이 필요했을 것이다. 그의 생각은 갑자기 바뀌어 변경 문제를 연구하고 선진(先秦) 문학서를 주석하기 시작했다. 문학가라는 칭호는 아마도 노년에 얻게 되었을 것이다.

조충지가 수정한 역법은 나중에 그의 아들 조긍지(祖暅之)가 양(梁) 천감(天監) 초에 바쳐 시행되었다.①

조충지는 지남차를 개조하고, 기기를 만들고, 천리선(千里船)을 만들고, 수차(水碓磨) 등을 만들었다.

또한, 『역경(易經)』, 『노자(老子)』, 『장자(莊子)』의 의미를 해설하는 저작을 남겼으며, 『논어(論語)』와 『효경(孝經)』을 해석하였다.

영원(永元) 2년(서기 500년)에 이르러, 이 70세의 저명한 산학자, 역법가, 문학가, 공학자는 홀연히 세상을 떠났다.

---

① 『수서·율력지』에 따르면, 천감 8년(500년)에 긍지가 상소를 올렸고, 9년 정월에 "조충지가 만든 『갑자원력(甲子元曆)』을 반포하여 사용했다"고 한다.

3. 조충지의 원주율

조충지 원주율에 대한 기록은 『수서·율력지』에 온전히 나온다.

『율력지』 제11권에는 다음과 같이 기록되어 있다.

"송(宋)① 말기 남서주 종사사 조충지는 더욱 정밀하게 계산법을 설정하였는데, 원의 지름 1억을 2장으로 하여 원주율의 만수(滿數)는 최대 3장 1척 4촌 1분 5리 9호 2초 7홀이고 원주율의 부족한 수는 최소 3장 1척 4촌 1분 5리 9호 2초 6홀이며, 정확한 수치는 이 두 한계값 사이에 있다고 하였다. 밀율(密率)은 원의 지름이 113일 때 원주는 355이며 약률(約率)은 원의 지름이 7일 때 원주는 22②이다."

이는 곧 3.1415926 < π < 3.1415927을 의미한다.

$$\pi = \frac{355}{113}$$

그리고

$$\pi = \frac{22}{7}$$ 등 각 값을 의미한다.

이후 『옥해(玉海)』 제44권에서 이 부분 내용을 인용했으나, 글자 수의 누락이나 교정 오류로 인해 원문만큼 명확하지 않았다. 조씨의 수치를 이용하여 용기(容器)를 수정한 사례와 관련하여 『수서』 두 군데에 나온다. 그 중 하나는 다음과 같다.

"『주례(周禮)』에서 말하길, 량(量)을 만들 때, 부(鬴)의 깊이는 1척이고, 안쪽은 정사각형으로 1척이며 바깥쪽은 원형으로 만들어 그 용적이 1③홀이 된다. (…) 조충지가 산

---

① 원고의 '宋' 글자 앞에 있던 삭제 부호는 여기서 삭제되었다.
② 원고의 이 부분 아래에 있던 삭제 부호는 여기서 삭제되었다.
③ 『학예』 인쇄본에서 '一' 자가 누락되어 지금 교정하여 보충하였다.

술로 이를 고찰한 결과, 총 부피는 1,562.5입방촌이었다. 정사각형의 한 변이 1척이고 바깥을 원형으로 할 때, 모서리(方尺)①를 1리 8호만큼 줄이면 지름이 1척 4촌 1분 4호 7초 2홀 남짓이 되고, 깊이가 1척이면 곧 고대의 곡(斛)의 규격이 된다."

이는 『수서』 제16권 '가량(嘉量)' 조에서 볼 수 있으며, 『진서』 제16권 가령 조에서도 볼 수 있다.

$$10\pi\left(\frac{1}{2}\times 14.10472\right)^2 = 1562.5.$$

이는 곧 조씨가 밀율(密率)$\pi = \frac{355}{113}$을 계산에 적용한 것이다.

$$\left(\frac{1}{2}\times 14.10472\right)^2 = 49.7357815696,$$

$$10\times\frac{355}{113}\times 49.7357815696 = 1562.49579267\cdots.$$

소수점 첫째 자리까지만 취하고, 9를 1로 올림하여 얻은 부피는 1562.5이다. $\pi = 3.14159265$를 사용하여 계산하면, 부피는 1562.4791539...가 된다. 이는 1562.5라는 값에 밀율을 사용하여 얻은 값보다 가깝지 않은 것 같다.

두 번째는 다음과 같다.

"곡(斛)의 명문에 이르기를 '율가량곡(律嘉量斛)은 정사각형의 한 변이 1척이고 바깥을 원형으로 하되, 모서리를 9리 5호만큼 줄이면 면적이 162평방촌이 되고, 깊이가 1척이면 부피가 1,620입방촌이 되어 10두(斗)를 담을 수 있다.' 조충지가 원주율로 이를 고찰한 결과, 이 곡의 지름은 1척 4촌 3분 6리 1호 9초 3홀이 되어야 하며, 모서리를 1

---

① 『학예』 인쇄본에서 '寸'으로 오기되어 지금 교정하였다.

분 9호 남짓 줄여야 한다. 유흠이 모서리를 1리 4호 남짓 적게 줄인 것은 유흠의 계산이 정밀하지 못했기 때문이다."

자세한 내용은 『수서·율력지』 의 '가량' 조에서 확인할 수 있다.

유흠의 계산법: $10\pi\left(\frac{1}{2}\times 14.332136\right)=1620$

이로부터 유흠의 원주율을 구하면 π=3.1547[3]이 된다. 그러나 이 비율은 정확하지 않아 조씨가 이를 수정하였다. 계산식 $10\pi(\frac{1}{2}\times 14.36193)=1620$에서도 $\pi=\frac{355}{113}$을 사용한 것으로 보인다. 청대 이황(李潢)은 『구장산술세초도설(九章算術細草圖說)』에서 다음과 같이 말했다.

"이른바 원주율로 고찰한다는 것은 다음과 같다. 곡(斛)의 면적이 162평방촌일 때, 정사각형의 면적 비율 452를 곱하면 73,224가 된다. 이를 원의 면적 비율 355로 나누면 206.2647887323…이 된다. 이의 제곱근을 구하면 곡의 지름이 1척 4촌 3분 6리 1호 9초 2홀이 된다."

이는 곧 $\pi r^2 = 162$, 혹 $\frac{355}{113}\left(\frac{2r}{2}\right)^2=162$.

$$(2r)^2=\frac{4\times 113}{355}\times 162=\frac{73224}{355}=206.2647887323.$$

이의 제곱근을 구하면, 2r = 14.36192가 된다.

만약 π = 3.14159265를 사용하여 계산하면,

$(2r)^2$ = 206.2648064827이 된다.

이의 제곱근을 구해도 2r = 14.36192가 된다. 이는 $\frac{355}{113}$을 사용하여 계산하는 것이 더 쉽다는 것을 보여준다. 후에 조씨의 비율이 인용된 사례가 있는데 『수서』 제16권에서 볼 수 있다.

"내경이 7촌 1분이고, 깊이가 2촌 8분이다. (...) 지금 이를 수치로 계산하면, 옥승(玉升)의 부피는 옥척(玉尺)으로 110.8촌 남짓이고, 곡(斛)의 부피는 1,108.5739촌이다."

곧

$$2.8 \times 10\pi \left(\frac{1}{2} \times 7.1\right)^2 = 1108.5739,$$

$$\pi = \frac{1108.5739}{10 \times 0.7 \times (7.1)^2} = \frac{1108.5739}{352.87} = 3.1415929379\cdots \text{이다}.$$

이는 $\frac{355}{113}$에 매우 근접한 수치이다. $\frac{355}{113}$을 사용하여 계산하면, 곡(斛)의 부피는 1108.5738929...가 된다. 3.14159265를 사용하여 얻은 1108.5737984055보다 1108.57393에 더 가깝다. 이를 보면 밀율의 응용이 이미 오래전부터 있었음을 알 수 있다.

$\frac{355}{113}$의 값을 계산에 사용한 것은 아마도 계산 절차의 편의를 위해서일 것이다. 3.14159265처럼 그렇게 자릿수가 길고 계산법이 복잡하지 않기 때문이다. 사람들은 누구나 복잡한 것을 피하고 간단한 것을 선호하므로, 모두 $\frac{355}{113}$의 값을 사용하여 계산한 것으로 보인다.

또한 $\frac{3927}{1250}$이라는 비율도 아마 조씨가 창안한 것일 수 있다고 하나, 확실한지는 아직 정설이 없다. 여기서 이 또한 조씨의 비율이라고 가정하고, 이 비율을 처음 기록한 원문을 아래와 같이 인용한다. 『구장산술』의 방전(方田) 주석에 나오는 다음 내용이다.

"곡(斛)의 차이 면적은 625분의 105평방촌이다. 12각형의 면적을 기준으로 조정하면, 이 분수의 36을 취해 192각형의 면적에 더해야 하며, 이것이 원의 면적 314와 25분의 4평방촌이 된다. 지름을 제곱하면 정사각형의 면적이 400평방촌이 되는데, 이를 원의 면적과 통약하면 원의 면적은 3,927이 되고 정사각형의 면적은 5,000이 되니, 이것이 비율이다. 정사각형 면적 5,000에 원의 면적 3,927이 들어가고, 원의 면적 3,927에 정사각형 면적 2,500이 들어간다. 반지름 1척으로 원의 면적 314와 25분의 4평방촌을 나누고 이를 2배하면 6척 2촌 8분 25분의 8이 되니, 이것이 곧 원주이다. 전체 지름 2척과 원주를 통약하면, 지름이 1,250이 되고 원주가 3,927이 되니, 이것이 바로 그들의 비율이다."

이는 곧 $3.14\frac{64}{625} + \frac{36}{625} = 3.14\frac{100}{625} = 3.14\frac{4}{25} = 3.1416$이다.

$$3.1416 = \frac{31416}{10000}.$$

이를 약분하면, 다음과 같은 결과를 얻는다.

$$\pi = \frac{3927}{1250}.$$

4. 조충지의 원주율 연구

1) 약률(約率)$\pi = \frac{22}{7}$[4]

원의 지름이 7이고 둘레가 22일 때, 조씨는 $\pi = \frac{22}{7}$을 약률로 삼았는데, 이는 매우 적절한 것이었다. 왜냐하면 $\frac{22}{7}$은 3.142857…이며, 이 값을 진율(眞率) 3.1415926…과 비교해 보면, $\frac{22}{7}$이 진율보다 0.00126… 크기 때문이다. 만약 $\frac{22}{7}$을 밀율로 사용하여 계산하면 결과에 반드시 오차가 생기게 마련이다. 이것이 아마도 조씨가 이를 약률로 정한 이유였을 것이다.

$\frac{22}{7}$의 비율은 조씨가 직접 창안한 것이 아니라, 단지 이전 사람들의 비율을 취해 약률로 정한 것에 불과하다고 보는 이가 있을 것이다. 『주인전·하승천전』에서 『수서·천문지』를 인용하여 다음과 같이 말했다.

"주천(周天)은 365도 304분의 75이고, 하늘은 항상 서쪽으로 돌아 하루 밤낮에 주천의 1도를 지나간다. 남북 두 극 사이의 거리는 116도 304분도의 65강(强)으로, 이것이 곧 천경(天徑)이다."

이는 $\pi = \dfrac{365\frac{75}{304}}{116\frac{65}{304}+}$ …를 의미하며, 간단히 하면 $\pi = \dfrac{111035}{35329+} = 3.1428+$ 가 된다. 이 값은 $\frac{22}{7}$과 매우 근접하므로, $\frac{22}{7}$ 비율이 하승천이 발명한 것일 수 있다. 그러나 그것을 얻은 방법에 대해서는 고증할 수 없다. 『수서·율력지』에서 다음과 같이 말한 바 있다.

"옛날의 구수(九數)에서는 원주율이 3이고 원지름율이 1이었으나, 그 방법이 거칠고 틀렸다. 유흠, 장형, 유휘, 왕번, 피연종(皮延宗) 등이 각각 새로운 비율을 설정했다."[1]

여기서 언급된 몇 사람은 모두 원주율에 대해 깊이 연구했던 학자였다. 하지만 그 안에 유독 하승천을 언급하지 않았다. 따라서 $\frac{22}{7}$ 비율이 하승천의 창안이 아닐 수도 있다고 본다. 또 언급된 사람들 중 오직 피연종이 창안한 비율만이 전해지지 않았고, 또 $\frac{22}{7}$ 비율에 대해 하승천이 자신이 창안했다는 말도 없다는 점을 고안하여 이 비율이 피씨(皮氏)의 비율일 가능성도 배제할 수 없다. 더구나 『송서』에서 "원외산기랑(員外散騎郞) 피연종이 또한 하승천을 비판했다"는 것을 보면, 피씨의 학문이 하씨보다 한 수 위였음을 알 수 있다. 마치 원대(元代)의 조우흠(趙友欽)이 조씨의 정밀율을 사용하여 천경을 측정한 것처럼 하승천도 피씨의 비율을 사용하여 천경(天徑)을 측정했을 가능성이 없지 않다.

현재 약률이 누구에 의해 발견되었는지는 일단 논의 외로 하고, $\frac{22}{7}$ 의 비율이 어떤 방법으로 도출되었는지를 논의해 보자. 『수서』에는 단지 이 결과만 기록되어 있을 뿐, 비율을 얻은 방법은 나와 있지 않기 때문이다.

최근 중국 수학자 첸바오충 선생은 조충지의 각 비율의 출처에 대해 깊이 연구했다. 그는 $\frac{22}{7}$ 의 비율은 휘율을 수정하여 얻은 것이라고 보았다. 유휘의 비율은 $\pi = \frac{157}{50} = 3.14$ 이다. 유휘는 이 비율을 얻었을 때 이 값이 약간 작다고 스스로 밝혔다. 그래서 『고금도서집성(古今圖書集成)·역법전요(曆法

---

[1] 원고의 이 부분 뒤에 있던 삭제 부호는 여기서 삭제되었다.

典要)』에서는 "유휘의 밀율에 따르면, 지름이 50이고 둘레가 157이면, 그 내현은 둘레가 아니다"라고 했다. 첸 선생은 $3\frac{7}{50}$이 약간 작다는 것을 알고 있었기에 분모 50에서 1을 빼서 49로 만들면 주율이 $3\frac{7}{49}$가 되어 $\pi = \frac{22}{7}$을 얻게 된다고 보았다. 주율을 약간 늘린 것이지만, 이를 주율로 삼는 것도 괜찮은 듯싶다![5] 또한 첸 선생은 이것이 "'구일술(求一術)'에서 나왔을 수도 있다"고 말했다.[6] $\pi > \frac{157}{50}$임을 알고 있었기 때문에, x 와 y 를 양의 정수로 하여 $\frac{x}{y}$가 $\frac{157}{50}$보다 약간 큰 분수가 되도록 설정했다. 즉, $\frac{x}{y} > \frac{157}{50}$ 또는 50x > 157y 이다. 더 나아가 50x = 157y + 1로 가정하고, x 와 y 의 값을 구하려면 이 식을 풀기만 하면 된다. 이 식은 현대의 방법 부정방정식으로 풀어 해결할 수 있다. 그 결과,

$x = 22 - 157m$

$y = 7 - 50m$ 이다.

m = 0일 때, $\frac{x}{y}$의 첫 번째 해는 바로 $\frac{22}{7}$이 되어, $\pi = \frac{22}{7}$이라는 값을 얻게 된다.

그러나 $\frac{22}{7}$의 비율은 우연히 발견된 것일 수도 있다. 왜냐하면 장형이 이미 원주율 $\pi = \sqrt{10}$을 얻었고, 또한 제곱근을 구할 때 정확한 값이 나오지 않은 경우 근사값을 구하는 방법(開方不盡加借算法)에 따르면 다음과 같이 된다.

$\sqrt{a^2 + r} = a + \frac{r}{2a+1}$.

$a = 3, r = 1$로 설정하면,

$$\sqrt{a^2+r} = \sqrt{3^2+1} = \sqrt{10}.$$

$$\therefore \quad \sqrt{10} = 3 + \frac{1}{2\times 3 + 1} = 3 + \frac{1}{7} = \frac{22}{7}.$$

가차산법(加借算法)은 『장구건산경(張邱建算經)』에 이미 나와 있었다[①]. 비록 $\left(a + \dfrac{r}{2a+1}\right) < \sqrt{a^2+r}$ 이지만, 그 차이가 매우 작고 계산하기 쉬워서 후세에 모두 이를 사용했으며, 송나라 진구소도 이를 계산에 사용했다. 이제 $\pi = \sqrt{10}$ 임을 알고 있는데, $\sqrt{10}$ 의 원래 값은 3.16으로 원 둘레가 너무 많아진다. 이를 한 번 변형하여 $\dfrac{22}{7}$ 비율을 얻으면 $\sqrt{10}$ 의 원래 값보다 약간 작아지므로, 이를 정율(定率)로 삼아도 무방할 것이다. 만약 이 비율이 정말로 피연종이 발견한 것이라면, 전해지지 않은 이유는 아마도 이 방법이 너무 단순해서 언급할 가치가 없다고 여겨졌기 때문이었을 것이다. 따라서 전해지지 않아 고증할 수 없게 된 것이다. 하지만 이는 단지 추측에 불과하며, 믿을 만한 근거가 없다. 여기에 적어둔 것은 혹시 앞으로의 참고가 되지 않을까 싶어서이다.

2) $\pi = \dfrac{3927}{1250}$

$\dfrac{3927}{1250}$ 이라는 비율을 누가 처음 발견했는지는 정말 문제가 되었다. 어떤 이는 이것이 조씨가 유휘의 비율을 교정하여 얻은 것이라고 여긴다. 그 이유는 『구장산술』 방전주(方田注)외 '진무고(晉武庫)' 이하의 구절들이 주충지

[①] 삼국 시대 위나라 유휘의 『구장산술주』에 따르면, 그 이전에 이미 가차산법이 있었다고 한다.

에 의해 쓰인 것으로 의심되기 때문이며, 『남사』에서도 충지가 『구장산술』에 주석을 달았다고 언급하고 있다. 또 어떤 이는 여전히 유휘가 창안한 것이라고 보는데, 그 이유는 조씨의 것이라면 연대가 맞지 않기 때문이다.[7] 심지오 유흠(劉歆)의 비율이라고 말하는 이도 있다. 이야기는 갈수록 더욱 멀어진 것 같다. 왜냐하면 유흠의 비율은 곡명(斛銘)의 한 구절에서 추산한 것으로, $\pi = 3.1547...$ 이기 때문이다! 그래서 지금 결론을 내리기 어려운 것은 이것이 조씨가 발견한 것인지, 아니면 유휘가 처음 창안한 것인지이다.

『구장산술주』에서 분명히 다음과 같이 말하고 있다.

"곡(斛, 고대 중국의 부피 단위로, 주로 곡물이나 액체의 양을 측정하는 데 사용되었으며 대개 10~12 리터 정도에 해당한다-역자주)의 차멱(差羃, 거듭제곱차)은 625분의 105평방촌이다. 12각형의 멱(羃, 수학에서 제곱이나 세제곱을 나타내는 용어이다-역자주)을 율(率)로 삼아 소식(消息)하면, 이 분촌(分寸, 길이의 단위로, 고대 중국에서 사용되던 측량 단위이다. 일반적으로 1 분촌은 약 1.2 센티미터에 해당한다-역자주)의 36을 취해 192각형의 멱에 더해야 한다. 이를 원멱(圓羃, 원의 부피나 면적을 계산할 때 사용하는 제곱 또는 세제곱의 개념-역자주) 314와 25분의 4평방촌으로 삼는다."

그러나 자세한 계산 방법은 알 수 없다. 일본 학자 미카미 요시오(三上義夫)도 "단지 한 걸음 나아가서의 처리 방법만을 구했다고 했을 뿐, '소식(消息)'이란 두 글자가 어디서부터 '소식'한 것인지는 알 수 없다"고 했다. 청나라 이황은 이 비율이 "조씨가 창안한 것"이라고 주장했다.[8] 그는 '12각형'의 '12'가 '192'의 오류로 보았고, 동시에 조씨가 밀율 $\frac{355}{113}$에서 추산하여 이 분촌의 36을 취해야 함을 알았다고 여겼다. 방법은 $\frac{355}{113} = 3.14\frac{18}{113} = 3.14\frac{99}{626}$이고, 나머지가 63이므로 반올림하여 $3.14\frac{99}{625}$에 더하면 $3.14\frac{100}{625}$가 된다. 이를 192각형의 멱과 비교한 후, $\frac{63}{625}$를 취해야 함을 알 수 있었다는 것이다. 이렇게 말하자면, $\frac{355}{113}$과 $\frac{3927}{1250}$은 같은 것이다. 그러나 이미 $\frac{355}{113}$이라는 비율을 얻었다면, 왜 굳이 $\frac{355}{113}$보다 약간 부정확하고 숫자도 복잡한 $\frac{3927}{1250}$의 비율을 다시 구했을까 의문이 든다.

주석 내용을 보면, 곡의 차멱(差冪, 거듭제곱차)이 $S_{192} - S_{96} = 3.14\frac{64}{625} - 3.13\frac{584}{625} = \frac{105}{625}$임을 알 수 있다.

12각형의 멱(冪, 거듭제곱)을 율로 삼아 π = 3.105828이다.

만약 $\frac{105}{625} \times \frac{3.105828}{9}$라고 가정하면, $\frac{0.362}{625}$를 얻게 되는데, 이는 $\frac{0.36}{625}$와 단지 $\frac{0.002}{625}$의 차이가 난다.

혹은 $\frac{0.002}{625}$의 값이 너무 작아서 무시하고 계산하지 않았고 정수를 취했을 가능성도 배제할 수 없다. $\frac{0.36}{625} + 3.14\frac{64}{625} - 3.14\frac{100}{625} = 3.14\frac{4}{25}$이 되어, $\frac{3927}{1250}$이라는 비율을 얻게 된다.

이 가정은 단지 주석문(注文)을 대충 짐작한 것에 불과하며, 원주(原註)의 참뜻을 추정한 것이라고는 결코 할 수 없다. 왜 12각형의 멱을 비율로 삼았는지, 또 왜 $\frac{1}{9}$를 곱했는지, 그 의미는 아직 명확히 알 수 없다. 나 역시 그 이유를 설명할 수 없다. 그러나 $\frac{3.105828}{9}$은 일종의 상수인 것 같다. 조씨가 얻은 진율(眞率)의 값도 아마 이 방법으로 계산했을 수 있기 때문이다. $\frac{3927}{1250}$의 비율이 유휘의 것인지 조씨의 것인지는 불분명하지만, 결국 중국에서 최초로 발견한 것임은 분명하다. $\frac{62832}{20000}$(즉, $\frac{3927}{1250}$)을 원주율로 삼았던 인도의 수학자 아리아바타(Aryabhata)는 서기 476년에 태어났다. 그 때 조충지는 이미 50대였다. 조씨가 노년에 이 비율을 발견했을 리는 없고, 아리아바타가 어린 나이에 이렇게 총명했을 리도 없다. 따라서 $\frac{3927}{1250}$ 비율이 중국에서 나왔다는 것은 의심의 여지가 없다. 비록 그리스의 천문학자 프톨레마이오스(Ptolemaeus, 150년경)가 3°8'30"를 원주율의 근사값으로 삼았지만, 이 비율 3°8'30"= $3\frac{17}{120}$ = 3.1416은 $\frac{3927}{1250}$ 비율과는 역시 약간의 차이가 있다.

3) $3.1415926 < \pi < 3.1415927$

위술한 바와 같이, $\frac{3.105828}{9} = 0.345092$가 일종의 상수라는 주장은 정말 맞는 것 같다. 왜냐하면 우리가 위의 방법으로 계속해서 차멱을 구해보면, 매우 흥미로운 결론에 도달하기 때문이다.

$\pi_{2n} - \pi_n$	$0.345092(\pi_{2n} - \pi_n)$	$\pi_{2n} + 0.345092(\pi_{2n} - \pi_n)$
$\pi_{12} - \pi_6 = 3.1058285412 - 3$	0.0365205779397904	$3.1423491191\cdots$

$\pi_{24} - \pi_{12} = 3.1326286133 - 3.1058285412$

$\qquad 0.0093865272811332 \qquad 3.1420151405\cdots$

$\pi_{48} - \pi_{24} = 3.1393502030 - 3.1326286133$

$\qquad 0.0023095768027524 \qquad 3.1416597798\cdots$

$\pi_{96} - \pi_{48} = 3.1410319509 - 3.1393502030$

$\qquad 0.0005703577483068 \qquad 3.1416023086\cdots$

$\pi_{192} - \pi_{96} = 3.1414524723 - 3.1410319509$

$\qquad 0.0001451185709688 \qquad 3.1415975908\cdots$

$\pi_{384} - \pi_{192} = 3.1415576079 - 3.1414524723$

$\qquad 0.0000362814544752 \qquad 3.1415938893\cdots$

$\pi_{768} - \pi_{384} = 3.1415838921 - 3.1415576079$

$\qquad 0.0000090487263504 \qquad 3.1415929408\cdots$

$\pi_{1536} - \pi_{768} = 3.1415904632 - 3.1415838921$

$\qquad 0.0000022676440412 \qquad 3.1415927308\cdots$

$\pi_{3072} - \pi_{1536} = 3.1415921060 - 3.1415904632$

$\qquad 0.0000005669171376 \qquad 3.1415926729\cdots$

$\pi_{6144} - \pi_{3072} = 3.1415925167 - 3.1415921060$

$\qquad 0.0000001417292844 \qquad 3.1415926584\cdots$

$\pi_{12288} - \pi_{6144} = 3.1415926194 - 3.1415925167$

$\qquad 0.0000000354409484 \qquad 3.1415926548\cdots$

$\pi_{24576} - \pi_{12288} = 3.1415926450 - 3.1415926194$

$\qquad 0.0000000077743452 \qquad 3.1415926527\cdots$

즉, $\pi_{2n}+0.345092(\pi_{2n}-\pi_n)$가 π_{2n}보다 π 값에 더 가깝다는 사실이다. 조충지가 이 방법을 사용하여 π_{3072}까지 추산한 후

$$3.1415926 < \pi < 3.1415927$$

로 정했는지 확정하지는 못하지만 이같은 단계적 추산 방법은 아마도 논의할 가치가 충분히 있을지도 모른다.

첸바오충 선생은 조씨가 얻은 상한과 하한 두 한계값도 아마 유휘의 방법에서 얻었다고 추정하고 있다. 유휘가 이미 $S_{2n} < S < S_{2n}+(S_{2n}-S_n)$임을 알고 있었기 때문이다. 여기서 S_{2n}은 원에 내접하는 정 2n 각형의 면적이고 S_n은 원에 내접하는 정 n 각형의 면적이며 S 는 원의 면적이다. 만약 6×2^{11} 각형까지 구하면, 그 면적은 3.14159251 이고, 6×2^{12}각형의 면적은 3.14159261 이다. 이 공식에 따라 $3.14159266 < \pi < 3.1415927$ 을 얻게 되는데, 이는 정말 강력한 주장이라 하지 않을 수 없다.[9]

만약 외접과 내접을 동시에 진행한다면, 다음과 같은 결과를 얻는다.

외접 정12288각형일 때의 $\pi = 3.1415927...$

내접 정12288각형일 때의 $\pi = 3.1415926...$

이로부터 $3.1415926 < \pi < 3.1415927$임을 알 수 있다. 위의 방법은 육각형에서 시작한 것인데, 만약 사각형에서 시작하면

외접 정16384각형일 때의 $\pi = 3.14159269...$

내접 정16384각형일 때의 $\pi = 3.14159263...$이다.

이로부터도 $3.1415926 < \pi < 3.1415927$임을 정할 수 있다.

4) 밀율 $\pi = \dfrac{355}{113}$

밀율 $\dfrac{355}{113}$의 발견은 중국 수학사에서 가장 영광스러운 업적 중 하나로 뽑힌다. 근대의 첸바오충은 이를 전무후무한 걸작이라 평하였고, 마오이성은 천고에 독보적인 성과라고 칭하였다. 세계 수학사에서 최초로 발견한 영예를 차지한 이 값의 발결은 중국의 자랑이 아닐 수 없다. 1527년 네덜란드인 안토니슨이 우연히 이 비율을 얻었으나 이는 조씨보다 1000년 이상 늦은 것이다.

그러나 안타깝게도 조충지가 이 비율을 얻은 방법은 전해지지 않았다. 이로 인해 외국인들은 이 비율이 명나라 때 서양 수학이 전해진 후 위조된 것이 아닌가 의심하였고,[10] 중국의 수학자들도 이를 연구하고 추측하는 데 많은 노력을 기울였다.

어떤 학자는 육조 시대에 이미 연분수법이 존재했다고 추측하기도 한다. 왜냐하면 3.141592...를 연분수(連分數)로 변환하면 다음과 같이 되기 때문이다.

$$\pi = 3 + \dfrac{1}{7+} \dfrac{1}{15+} \dfrac{1}{1+} \dfrac{1}{25+} \dfrac{1}{1+} \dfrac{1}{7+} \dfrac{1}{4+} \cdots,$$

$\dfrac{22}{7}$과 $\dfrac{335}{113}$가 모두 이 연분수의 두 근사분수이므로 조충지가 연분수법을 사용하여 약률과 밀률을 얻었다고 주장하는 이가 있다. 이 같은 주장에 대해서는 논의할 가치가 있다고 본다. 무릇 각 시기에 어떤 학설이 발견될 때 그 학설은 반드시 이전 시기의 여러 학설의 영향을 받았고, 또한 그 학설이 합리적인 것이라면 반드시 후대에 전해질 수 있다는 것은 역사 사실

을 통해서 알 수 있다. 조충지 시대 이전에는 연분수와 유사한 방법이 발견된 것이 없었고 조씨 이후에도 그 방법을 사용하는 사람이 없었으며, 심지어 그의 아들인 조긍지조차도 이를 사용하지 않았다. 출처도 없고 후속 존재하는 흔적도 없는 상황에서 갑자기 남제(南齊) 시대의 조충지에 의해 발견되었다는 것은 의심쩍은 일이 아닌가? 더구나 고대 부정방정식의 해법에서도 연분수를 사용하지 않았는데 연분수를 적용할 곳이 없었음이 분명하다. 설령 연분수법이 이미 존재했다 할지라도, 근사분수가 많은데 왜 하필 $\frac{22}{7}$과 $\frac{335}{113}$ 이 두 개의 값을 택하여 약률과 밀률로 정했을까? 따라서 조충지가 연분수법으로 약률과 밀률을 얻었다는 주장은 다소 무리가 있어 보인다.

밀률이 하승천의 조일법(調日法)에서 유래됐다고 의심하는 이가 있는데, 이는 또한 첸바오충 선생이 주장하는 바이기도 하다. 조일법이란 무엇인가? 불행히도 하승천의 방법이 전해지지 않았고, 청나라 시대의 이예(李銳)에 이르러서야 비로소 한 방법을 추측해 냈는데, 그것이 조일법과 유사한 듯했을 뿐이다. 그래서 일단 이를 하승천의 방법이라고 가정하였다. 그 대략적인 내용은 먼저 강률(强率)과 약률(弱率), 그리고 하나의 측정수를 정한 다음, 방법에 따라 약여(約餘)를 구하는 것이다. 측정수와 같아질 때까지 계속 구하여 일법(日法), 삭여강수(朔餘强數) 및 약수(弱數)를 산출하는 것이다.[11] 『일법삭여강약고(日法朔餘强弱考)』에서 든 예에서는 하승천의 $\frac{26}{49}$를 강률로, $\frac{9}{17}$을 약률로, 측정수를 0.53054221로 정하여 이 방법대로 약여를 구한 결과,

$$\frac{26\times28+9\times5}{49\times28+17\times5}=\frac{773}{1457}=0.53054221$$이다.

그리하여

일법(日法) = 1457   강수(强數) = 28

삭여(朔餘) = 773   약수(弱數) = 5라는 결과를 얻었다.

첸 선생은 조씨의 밀률도 이 방법에서 얻었다고 생각한 것이다. 즉, $\frac{22}{7}$을 강률(强率)로, 휘율(徽率) $\frac{157}{50}$을 약률(弱率)로, 3.14159265…를 측정수로 정하고, 위와 같은 방법으로 누차 약여(約餘)를 구하여,

$$\frac{179}{57}, \frac{201}{64}, \frac{223}{71}, \frac{245}{78}, \frac{267}{85}, \frac{289}{92}, \frac{311}{99}, \frac{333}{106}, \frac{355}{113}, \ldots$$

등 각 수를 얻게 된다. 그 중 아홉 번째 수가 측정수와 매우 근접하므로, 이를 취하여 밀률로 정하게 되는데, 바로

$$\pi = \frac{355}{113} = \frac{22 \times 9 + 157 \times 1}{7 \times 9 + 50 \times 1} \quad [12] 이다.$$

근래 중국 수학자 리옌(李儼) 선생이 그의 저서 『대연구일술지과거여미래(大衍求一術之過去與未來)』라는 글에서 4를 강률로, 고율(古率) 3을 약률로 하여 같은 방법으로 다음 같은 결과를 얻었다.

$$\pi = \frac{4 \times 16 + 3 \times 97}{1 \times 16 + 1 \times 97} = \frac{355}{113} \quad [13].$$

여기서

　　　$26 \times 17 - 49 \times 9 = 1$,

　　　$22^{①} \times 50 - 7 \times 157 = 1$,

　　　$4 \times 1 - 3 \times 1 = 1$이라는 결과를 얻었다.

이에 조일법(調日法)도 구일술(求一術)에서 얻었다는 의심이 생긴 것이다.

---

① '22'는 『학예』 인쇄본에서 잘못하여 '2'로 되어 있으나, 지금 교정하였다.

하승천의 조일법은 전해지지 않았기에 이예(李銳)가 추측한 방법으로 가정하였다. 조충지의 밀률 구하는 방법 또한 전해지지 않았기에 첸 선생과 리 선생이 그것을 조일법에서 구한 것이라고 추측한 것이다. 비록 확실치 않은 추측이지만, 이러한 결과를 얻어낸 것만으로도 정말 많은 노력을 기울였던 것이다.

하지만 여기서 또 다른 방법을 얻을 수 있다. 조씨가 이미 약률을 $\frac{22}{7}$로 정했지만 이 비율은 실제 비율보다 0.00126…나 크기 때문에 너무 대략적이었다. 그래서 분수 $\frac{x}{y}$를 설정하고 첸 선생이 가정한 방법처럼 여기서 x 와 y 는 모두 양의 정수이며, $\frac{x}{y} < \frac{22}{7}$, 즉 7x < 22y 이다.

더 나아가 7x + 1 = 22y 라고 가정하면, 즉,

$$22y - 7x = 1 \tag{1}$$

동시에 $\frac{3927}{1250}$의 비율을 '들어 적용시키는 것(上法爲約耳)'[①]이다. 따라서 위의 방법을 모방하여 다시 $\frac{x}{y} < \frac{3927}{1250}$이라 정하고, 또

$$3927y - 1250x = 1. \tag{2}$$

식을 얻는다. (1)과 (2)를 풀면, 마침 x = 355, y = 113을 얻게 된다. 즉,

$$\frac{x}{y} = \frac{3927 - 22}{1250 - 7} = \frac{355}{113} \tag{3}$$

이렇게 하면 단지 구일술을 응용하여 이원방정식을 푸는 것에 불과하다. 또는 (3)식이 분수의 가감으로 우연히 얻어진 것일 수도 있다. 어쨌든 만약

[①] 『학예』 인쇄본에서 '法仍約耳'로 잘못 기재되어 있으나, 지금 교정하였다.

조씨가 정말로 이 방법대로 밀률을 구했다면, 그 방법이 너무나도 단순하지 않았던가!

"신은 젊어서부터 어리석게도 오로지 수술(數術)에만 전념하였습니다. (...) 입원(立圓, 3차원 공간에서 원의 형태를 만드는 것-역자주)[①]에 대한 옛 오류에 대해서 장형은 서술하기만 하고 고치지는 않았으며,[②] 한대 곡명에 대해서 유흠은 그 수를 그릇되게 하였습니다. 이는 산학자들의 큰 흠이었습니다. (...) 정현(鄭玄)[③], 간택(闞澤), 왕번(王蕃)[④], 유휘(劉徽) 등은 모두 과학적인 연구를 했으나 매번 많은 오류가 있었습니다."[⑤][14]

위의 인용문을 통해서 조씨가 이전 모든 산학가들의 저술을 빠짐없이 섭렵했음을 알 수 있다. 그렇다면 그가 얻은 원주율도 아마 여러 산학가들의 영향을 받았을 것이다.

"장형은 서술하기만 하고 고치지는 않았다"는 것에 대해서 그의 아들 긍지가 수정하여 『구장』의 주석에 별도로 개립원술(開立圓術)을 설명하였다. "유흠은 그 수를 그릇되게 하였다"는 것에 대하여 조씨 또한 "원율을 고찰하여(圓率考之)" 흠률(歆率)의 오류를 수정하였다. 유휘율(劉徽率)의 수정에 대해서는 앞서 이미 상세히 설명하였다. 정현과 감택은 원주율에 대해 새로운 방법을 창안하지 않았으나 왕번 비율의 수정은 적어도 밀률과 어느 정도 관계가 있었을 것이다.

[①] 『학예』 인쇄본에서 '至' 자가 누락되어 있어 지금 보충하였다.
[②] '弗'자는 『학예』 인쇄본에서 잘못하여 '不'로 되어 있어 지금 교정하였다.
[③] '玄'자는 원고에서 잘못하여 '元'으로 되어 있어 지금 교정하였다. 옌 선생이 인용한 『송서』가 청나라 강희제(康熙帝)의 이름 현엽(玄燁)을 피휘하여 바꾼 것으로 보인다.
[④] '王'자는 『학예』 인쇄본에서 잘못하여 '于'로 되어 있어 지금 교정하였다.
[⑤] 원고 중 이 아래 부분에 있던 삭제 부호를 지금 삭제하였다.

노강(盧江) 왕번은 수학에 능하여 혼의(渾儀)를 제작하고, 논의를 펼쳐 도수를 고찰하여 다음과 같이 말했다. "지름이 1일 때 둘레는 3을 넘지 않으며, 둘레가 142일 때 지름은 45이다"라고 했다. (이 내용은 『진서·천문지』에 나온다) 따라서 번율(蕃率) $\pi = \frac{142}{45}$ 임을 알 수 있다. 그러나 이 비율로 계산하면 원주가 너무 크게 나오며, 약률 $\frac{22}{7}$ 보다도 더 부정확하다. 조씨는 아마도 이런 이유로 이 비율을 수정하여 밀률의 수치를 얻은 것으로 짐작된다.

지금 $\frac{142}{45}$의 분모와 분자를 각각 2로 나누면 $\frac{142 \div 2}{45 \div 2} = \frac{71}{22.5}$가 된다. 이미 $\pi = \frac{71}{21.5}$의 값이 원주를 너무 크게 만든다는 것을 알고 있으므로, 분모에 $\frac{1}{10}$을 더해 $\frac{71}{22.6}$으로 만들고, $\frac{71}{22.6}$의 분자와 분모에 각각 5를 곱하면 마침 밀률 $= \frac{71 \times 5}{22.6 \times 5} = \frac{355}{113}$을 얻게 된다.

이 가정은 단지 추측에 불과하므로 물론 신빙성은 떨어진다. 그러나 142와 355가 각각 소인수(素因數) 71을 포함하고 있다는 점에서 어떤 단서가 있을 수도 있지 않을까!

5. 맺음말(文後小語)

위 글에는 물론 오류가 있고, 모순되는 부분이 있으며, 이유가 충분하지 않은 곳과 논의가 완전하지 않은 부분이 있게 마련이므로[1] 국내외 여러분들의 지적을 받아 바로잡을 수 있기를 바랄 뿐이다.

---

[1] 원고 중 아래 부분에 있던 삭제 부호를 지금 삭제하였다.

주석

[1] 첸바오충『중국산서중지주율연구(中國算書中之周率研究)』(『과학(科學)』제8권 제2기) 마오이셩(茅以昇)의 식어(識語) 참조.

[2] 본 절은 모두『남사·조충지전』,『남제서·조충지전』을 참고하였음.

[3] 리옌(李儼)『중국수학대강(中國數學大綱)』상권 참조.

[4] 당나라 이순풍(李淳風) 등을 비롯한 후세 학자들은 모두 이것을 밀률로 여겼음.

[5] 첸바오충『중국산서중지주율연구(中國算書中之周率研究)』(『과학(科學)』제8권 제2기) 참조.

[6] 첸바오충『구일술원류고(求一術源流考)』(『고산고원(古算考源)』) 참조.

[7] 첸바오충『중국산학사(中國算學史)』상권 참조.

[8] 이황(李潢)『구장산술세초도설(九章算術細草圖說)』참조.

[9] 첸바오충『중국산학사(中國算學史)』상권 참조.

[10] 리옌『중국산학사도언(中國算學史導言)』(『중산사론총(中算史論叢)』제2권) 참조.

[11] 이예(李銳)『일법삭여강약고(日法朔餘强弱考)』(『이씨유서(李氏遺書)』에서) 참조.

[12] 첸바오충『중국산서중지주율연구(中國算書中之周率研究)』(『과학』제8권 제2호) 참조. *궈쑤춘(郭書春) 수: 이 주석은 원고에서 "리옌『대연구일술지과거여미래(大衍求一術之過去與未來)』(『중산사론총(中算史論叢)』제1권) 참조"로 잘못 되어 있어 지금 바로잡음.

[13] 리옌『대연구일술지과거여미래(大衍求一術之過去與未來)』(『중산사론총(中算史論叢)』제1권) 참조.

[14]『송서·율력지』참조.

증보2

『수서·율력지』 중 조충지 원율 기사(記事)에 대한 해석[*]

(1) 원문

『隋書』卷十六『律曆志』第十一 '律曆上·備數':

古之九數, 圓周率三, 圓徑率一, 其術疏舛. 自劉歆、張衡、劉徽、王蕃、皮延宗之徒, 各設新率, 未臻折衷. 宋末, 南徐州從事史祖沖之, 更開密法, 以圓徑一億爲一丈, 圓周盈數三丈一尺四寸一分五釐九毫二秒七忽, 朒數三丈一尺四寸一分五釐九毫二秒六忽, 正數在盈、朒二限之間. 密率:圓徑一百一十三, 圓周三百五十五. 約率:圓徑七, 周二十二.

宋王應麟『玉海』卷四十四:

『隋志』:古之九數, 圓周率三, 圓徑率一, 其術疏舛. 自劉歆、張衡、劉徽、王蕃、皮延宗之徒, 各設新率, 未臻折衷. 宋祖沖之更開密法, 以圓徑一億爲

---

[*] 이 글은 1936년 『학예』 제15권 제10호에 게재되었다. 원문은 번체자로 되어 있었으나, 이번 재인쇄 때 모두 간체자로 바꾸었다. 궈쑤춘이 원고의 오류(『학예』 인쇄본의 오류 포함)를 수정하였으며, 모두 각주로 처리하여 해당 페이지 하단에 배치하였다. 또한, '冲'자는 『학예』 인쇄본에서 모두 '沖'으로 되어 있으나, 여기서 모두 수정하였으며, 뒤에는 주석을 달아 별도로 설명하지 않는다. 『학예』 인쇄본 아래 부분에 있던 옌둔졔 선생의 이름과 3개 절의 목차는 여기서 함께 삭제하였다.

一丈, 圓周盈數三丈一尺四寸一分五釐九毫二秒七忽, 朒數三丈一尺四寸一分五釐九毫二秒六忽, 正數在盈、朒二限之間. 密率：圓徑一百一十三, 圓周三百五十五. 約率：圓徑七, 周二十二.

宋李籍『九章算術音義』'九章第一'：

宋南徐州從事史祖沖之以圓徑一億為一丈, 圓周盈數三丈一尺四寸一分五釐九毫二秒七忽, 朒數三丈一尺四寸一分五釐九毫二秒六忽, 正數在盈、朒二限之間. 密率：圓徑一百一十三, 圓周三百五十五. 約率：圓徑七, 周二十二. 此乃率之最密也.

『수서』에 기록된 조충지 원주율에 관한 기사에 대해서는 서양인 판희(Van Hée[①])가 명나라 말기에 서양 수학이 유입된 후 만들어진 위작[2]이 아닌가 의심했기에 여기서 송대의 왕응린(王應麟)과 이적(李籍) 두 사람의 글을 함께 인용하여 그 견해가 잘못되었음을 입증하고자 한다.

(2) 해석문(釋文)

고대의 구수(九數)

구수라는 명칭은 『주례(周禮)』에서 처음 등장한다. '지관보씨(地官保氏)'에서 다음과같이 말한다.

[①] 『학예』 인쇄본에서 Hee 로 잘못 표기되었으나 지금 수정하였다. Van Hée 의 한자 이름은 혁사신(赫思愼)이다.

"보씨(保氏)는 왕의 악행을 간하고 나라의 자제들을 도로써 양육하는 일을 맡았으니, 이에 그들에게 육예(六藝)를 가르쳤다. 첫째는 오례(五禮), 둘째는 육악(六樂), 셋째는 오사(五射), 넷째는 오어(五馭), 다섯째는 육서(六書), 여섯째는 구수(九數)이다."

한나라 정현은 정중(鄭眾)의 설을 인용하여 이에 대해 다음과 같이 주석을 달아 설명하였다.

"구수란 방전(方田), 속미(粟米), 차분(差分), 소광(少廣), 상공(商功), 균수(均輸), 방정(方程), 영부족(盈不足), 방요(旁要)를 가리킨다. 지금은 중차(重差), 석갈(夕桀), 구고(句股)가 있다." (九數: 方田, 粟米, 差分, 少廣, 商功, 均輸, 方程, 贏不足, 旁要. 今有重差, 夕桀, 句股.)

그 후 한나라 마융(馬融)의 『주관전(周官傳)』, 진나라 간보(干寶)의 『주관예주(周官禮注)』, 후주(後周) 심중(沈重)의 『주관예의소(周官禮義疏)』에서 이들 조항에 대해 일일이 설명을 했지만, 내용이 간략하여 그 핵심을 파악하기 어려웠다. 당나라 가공언(賈公彦)이 이를 다음과 같이 주석하였다.

"구수라 함은 방전 이하 모두 『구장산술』을 따라 말한 것이다. (정현의 주석에서 말한) '지금은 중차, 석갈, 구고가 있다'는 것은 한나라의 술법에 따라 추가한 것이다. 마씨(馬氏)는 주석에서 '지금은 중차, 석갈이 있다'고 했는데, 석갈 역시 산술(算術)의 이름으로 정씨의 그것과 다르다. 살펴보건대 지금의 『구장』에서는 구고로 방요를 대체했으니, 방요와 구고는 같은 류인 것이다."

청나라 손이양(孫詒讓)이 지은 『주례정의(周禮正義)』에서는 당시의 것으로 고대의 것을 증명하여 이미 그 내용을 상세히 다룬 바 있다. 정현은 『주례』의 내용으로 『예기·소의(少儀)』를 주석했는데 당나라 공영달(孔穎達)이 정의(正義)를 지을 때 다시 정현의 주석을 인용하여 이의 소(疏)로 했다. 그러므로 공씨 역시 가씨의 설명과 같이 '석갈'이란 두 글자를 빠뜨렸다. 이는 아마도 공씨가 '석갈'을 산법의 편목으로 보지 않았기 때문이었을 것이다.

'구수'가 아홉 가지 목록이라고 보는 이가 있고, 열세 가지 목록이라고 보는 이가 있다. 전자는 '금유(今有)'를 동사로 보아 '지금은 있다'는 의미로 한나라 때 있었다는 뜻으로 해석한 것이다. 후자는 '금유'를 명사로 보아 산법의 편명으로 해석한 것이다. 각자 주장하는 바가 있어 시비를 가리기 어렵다. 오늘날의 시각으로 보면, 이 또한 고대에 문장부호가 없는 폐단 중 하나로, 고인들이 손을 들어 한 번 찍는 수고를 아낀 것이 후대의 학자들로 하여금 이토록 많은 논쟁을 하게 만들었다.

'금유(今有)'가 산법의 편명이라고 하면 정확히 어떤 술법인지는 알 수 없다. 현재 통용되는 『구장산술』의 각 문제를 살펴보면, 모두 '금유'란 두 글자로 시작한다(소수 '우유(又有)'로 시작하는 경우도 있는데 예외다). 만약 '금유'를 별도의 술법으로 본다면, 이 술법이 과연 오늘날의 사율비례(四率比例)의 고대 이름인가? 그 이유는 알 수 없다. 간보는 "금유, 중차가 각각 한 편이"라고 했다.[3] 『수지(隋志)』에는 "제동(齊同)으로 통하게 하고, 금유로 관통한다"라고 되어 있다.[4] 완원(阮元)은 "'금유'는 별도의 술법이니, '금(今)'을 한나라 때를 지칭하는 것으로 볼 수 없다"라고 했다.[5] '금유'는 전문 용어인 것 같기에 후대 사람들이 이를 따랐다. 근래의 손문청(孫文靑)

은 그 근거로 『주례』가 고대를 가탁한 작품으로 한나라 사람이 만든 것이라고 보고 이를 확실히 인정했다. "이른바 구수와 구수에 대한 주석은 한나라 시대의 산물이며, 『구장산술』 자체도 단지 진한(秦漢) 시대의 유물일 뿐, 주(周)나라와는 전혀 관계가 없다고 하며,[6] '금유'를 한나라 때 있었다는 의미로 보는 것은 매우 부적절하다고 했다. 또한 가공언, 공영달, 형병(邢昺) 등 주석가들이 모두 문장을 단편적으로 취해 잘못 이해하여 해석했으며, 구두점(句讀點)이 불분명하고 말뜻이 서로 엇갈리는 것은 후대 사람들의 잘못"이라고 지적했다.

'구수'를 아홉 가지 목록으로 보는 것은 아마도 『구장산술』의 구(九)와 일치시키려는 의도일 것이다. 유휘는 『구장주서(注九章序)』에서 "주공(周公)이 예(禮)를 제정하면서 구수를 만들었는데 구수는 곧 『구장』"이라고 했다. 왕효통은 『상집고산경표(上輯古算經表)』에서 "구수가 곧 『구장』"이라고 했다. 그러므로 『구장』의 문제 중에 구수의 각 술법이 포함되어 있음을 알 수 있으며, 열세 가지 목록도 가능하고 아홉 가지 목록도 가능하다.

청나라 장문호(張文虎, 1808-1885)는 "중차(重差), 석갈(夕桀)은 고인들이 본래 방요(旁要)에 포함시켰을 것이며, 실제로 이 세 가지는 모두 구고(句股)에서 벗어나지 않고 후대 사람들이 억지로 분리시킨 것일 뿐"이라고 했다.[7] 제가보(諸可寶)는 "방요, 금유(今有), 중차, 석갈 이 네 가지는 그 총체가 구고편에 있으며, 이는 마치 방전(方田)에 여러 분(分)이 있고, 소광(少廣)에 평방(平方), 입방(立方), 원(圓)이 있으며, 상공(商功)에 제(堤), 참(塹), 정(亭), 추(錐) 및 추(芻), 곡(曲), 반(盤), 명(冥)이 있는 것과 같다"고 했다.[8] 산법으로 말하면 '구수'라 하고, 편으로 말하면 '구장'이라 한다.

『구장』이 아홉 편을 인용하여 결국 사람들로 하여금 아홉 가지 목록이라는 설을 갖게 한 것이다.

'구수'의 순서는 각 학자마다 다르지만, 오직 『주례주(周禮注)』를 원칙으로 삼는다. 배열 순서는 아마도 쉬운 것에서 어려운 것으로 나아가는 방식을 취해, 방전(方田)을 첫 번째로 두고 그 다음으로 차례대로 나열했을 것이다. 청나라 말기 안효유(晏孝儒)와 이고송(李固松)이 『구수차제설(九數次第說)』이라는 글을 썼는데, 강표(江標)가 이를 『원상통예록(沅湘通藝錄)』에 실어 『영현각총서(靈鶼閣叢書)』에 수록했지만, 이 또한 단순히 부연설명만 했을 뿐 눈여겨 볼 만한 것이 없다. 각 학자들의 배열 순서가 다른데 이에 대해서는 더 이상 자세히 설명하지 않겠으나 손문청의 『구장산술편목고(九章算術篇目考)』란 글 뒤의 부표를 참고할 수 있다.

'구수'란 명칭은 위에서 설명한 바와 같다. '구수'의 자세한 내용에 대해서도 여러 가지 설이 있지만, 각 학자들은 모두 '구수'를 방전, 속미(粟米), 차분(差分), 소광(少廣), 상공(商功), 균수(均輸), 영부족(盈不足), 방정(方程), 구고(句股) 등 아홉 가지로 해석한다. 그 중 가장 일반적이고 누구나 쉽게 알 수 있는 것은 유휘의 『구장주(九章注)』(263년)일 것이다. 구장의 내용에 대해서 유휘는 다음과 같이 말했다.

"방전은 밭의 경계를 다스리는 데 쓰이고, 속미는 교환과 변화를 다스리는 데 쓰인다. 차분은 귀천의 세금을 다스리는 데 쓰이고, 소광은 면적과 부피를 다스리는 데 쓰인다. 상공은 공사의 실적을 다스리는 데 쓰이고, 균수는 원근의 노고 비용을 다스리는 데 쓰인다. 영뉵은 숨겨진 것과 뒤섞인 것을 다스리는 데 쓰이고, 방정은 뒤섞인 정수와 음수를 다스리는 데 쓰인다. 구고는 높이와 깊이, 넓이와 거리를 다스리는 데 쓰인다."

그는 방전과 소광에서 원주율과 관련된 계산에 주삼경일(周三徑一, 둘레 3 직경1)을 사용했다. 그 후 당나라 백거이(白居易), 송나라 공전(孔傳)의 『백공육첩(白孔六帖)』 권33, 송나라 고승(高承)의 『사물기원(事物紀原)』 권1, 이적(李籍)의 『구장음의(九章音義)』, 명나라 오경(吳敬)의 『구장상주비류대전(九章詳注比類大全)』[①], 정대위(程大位)의 『산법통종(算法統宗)』 등에서 모두 이처럼 해석하고 있다. 이 아홉 가지 목록 외에 나머지 해석은 각 학자들의 글에 산재돼 있는데, 여기서는 한두 가지만 간략히 설명하여 그 뜻을 밝히고자 한다.

중차(重差)에 대해 유휘는 이렇게 말했다. "무릇 지극히 높은 것을 바라보거나 매우 깊은 것을 측정하며 아울러 그 거리까지 알아내려면 반드시 중차와 구고(句股)를 사용해야 한다. 반드시 두 개의 차를 비율로 삼아야 하므로 중차라는 것이다"[9]라고 했다. 한편 공광삼(孔廣森, 1752-1786)은 이렇게 말했다. "중차란 두 개의 구고를 겹치고, 그 그림자의 차이를 취하여 서로 다른 것을 곱하고 같은 것으로 나누어 비례를 알아내는 것이다."[10] 위의 두 학자의 논의를 통해 중차가 구고를 이용한 측량법임을 알 수 있다.

방요(旁要)는 구고의 일종이다. 공계함(孔繼涵, 1739-1783)은 이렇게 말했다. "반드시 실제로 그런 모양이 있어야 하는 것은 아니며, 옆에서 가설을 세워 요점을 취할 수 있다."[11] 혹자는 방요가 오늘날의 삼각법과 같다고 한다. 공손헌(孔巽軒, 즉 孔廣森)은 이를 주장했고, 장문호(張文虎)는 사례를 인용하여 이를 증명했다. 또 제가보(諸可寶)는 이렇게 말했다. "방

[①] 오경(吳敬)의 이 책은 곧 『구장산법비류대전(九章筭法比類大全)』이다.

요란 사방(四旁)을 구하는 것인데 즉 내접, 외접하는 방형, 원형, 변, 지름 등이다."[12] 송나라의 양휘(楊輝)는 구고방요법(句股旁要法)을 『상해구장산법(詳解九章算法)』에 실었다.①

석걸(夕桀)의 술법은 가장 은밀하고 이해하기 어렵다. 공영달은 그 의미를 알지 못해 결국 산법의 부류에 포함시키지 않고 삭제했다. 전대흔(錢大昕, 1728-1804)은 "석걸의 의미는 자세히 알 수 없으나, 아마도 호갈(互桀)의 오기일 것"이라고 했다.[13]

송나라 진구소는 석걸술을 가지고 있었는데, 이는 구고용원(句股容圓, 직각삼각형에 원이 내접함-역자주) 문제의 의미를 보여주는 것이라고 했다. 방요(旁要)는 내접하는 정사각형을 측정하고, 석걸은 내접하는 원을 측정하는 것이다. 고관광(顧觀光, 1799-1862)의 『구수존고(九數存古)』에서는 句股容圓을 석걸의 전문 내용으로 보았는데, 이는 진구소의 설을 따른 것이다.

석갈에 대해서 방이지(方以智)의 『통아(通雅)·산수(算數)』에서는 다음과 같이 말했다.

"석걸은 한나라 때의 이름이다. ... 내 생각에는 석걸이 '이이적지(迤而桀之, 외연을 확장하여)'의 뜻일 것이다. 고대에 '夕'은 '移'와 통했다. 그래서 '桀'을 '夕'이라고 부른 것은 잘못하여 '夕'으로 주석을 단 것이다."

또 석갈과 관련하여 장문호(張文虎)는 다음과 같이 설명하였다.

---

① 구고방요법은 실제로 양휘가 『상해구장산법(詳解九章筭法)』에서 북송(北宋) 가헌(賈憲)의 『황제구장산경세초(黃帝九章筭經細草)』의 내용을 인용한 것이다.

"'석걸'에 대해서 『광아(廣雅)·석고(釋詁)』에서 석(夕)은 사(衺)라고 했다. 왕씨(王氏)의 소증(疏證)에서 『여씨춘추·명리론(明理論)』을 인용하여 이는 바로 석실(夕室)에 앉아 있는 것이라고 설명했는데, 주석에서 그 방이 비뚤어지고 기울어져 바르지 않다는 말이라고 주해했다. '걸(桀)'은 '걸(揭)'이다. 『문선(文選)』 중 사령운(謝靈運)이 유정(劉楨)의 시문을 모방하여 지은 시에 대한 주석에서는 '걸(桀)'과 '걸(揭)'은 음과 뜻이 같다고 했다. 또 『동경부(東京賦)』에 대한 설종(薛綜)의 주석에서는 걸은 표(表, 고대 태양의 그림자를 측정하는 기둥)와 같다고 했다. 곧 기둥을 세우고 비스듬히 바라보는 것으로 이는 곧 유휘가 말한 '고리(孤離, 외따로 떨어져 있는 것)'라는 것이다."[14]

'구수'의 목록에 대해 후대 사람들이 자주 언급하지만, 정현의 설과는 약간의 차이가 있다. 유휘는 쇠분(衰分)을 차분(差分)으로, 영부족(盈不足)을 잉부족(贏不足)으로 표현했는데, 아마도 '쇠(衰)'가 '차(差)'와 같은 의미이고, 차이를 평균 분배하기 때문에 '쇠분'이라 한 것 같다.

『좌전(左傳)』 양공(襄公) 31년의 소(疏)에서는 다음 기록이 나온다. "잉(贏)은 영(盈)으로 읽는다. 영은 가득 찬 것이니 그래서 받는다는 뜻으로 풀이한다"고 했다. 영(盈)과 잉(贏)은 음과 뜻이 비슷해서 통용된 글자였다. 『유편(類篇)』에서는 "잉(贏)은 때로 '夃'으로 쓰며, 영(盈) 또한 '夃'의 뜻"이라고 해석했다. 『수서·율력지』의 '비수(備數)'에서는 구수를 인용하면서 영부족(盈不足)을 영뉵(盈朒)으로 표기했다. '뉵(朒)'은 '衄'로 읽으며 가득 차지 않은 모습을 나타내어 '부족(不足)'을 나타낸다고 했다.

장손무기(長孫無忌) 등이 이를 취했으며, 아마도 구수의 목록이 둘씩 서로 대응되게 하기 위함이었을 것이다. 당나라 이현(李賢)은 '보광(步廣)'으로 '소광(少廣)'을 대체하고, 구고(鉤股)로 구고(句股)를 대신했다.[15] 송나라 왕흠약(王欽若)은 '속미(粟米)'를 '속포(粟布)'로 바꾸었는데,[16] 각자 그 함의가 있었을 것이다. 홍이선(洪頤煊)은 '소광'이 본래 '보광'이었고,[17] 구(鉤), 구(句), 구(勾) 세 글자는 통용되며, '속포(粟布)'는 혹 그 곡식을 펼쳐 놓고 계산한다는 뜻이라고 설명했다.

이는 통할 수 있지만, 이현과 왕흠약이 각각 '상공(商功)'을 빠뜨리고 '방요(旁要)'와 '구고(句股)'를 함께 하나의 목록에 포함시킨 것은 도저히 이해할 수 없는 일이다. 진구소의 『수서구장(數書九章)』(1247)에서는 영비(盈朒)를 영뉵(盈朒)으로 대신했다. 『설문(說文)』에 따르면 삭망 때 달이 동쪽에서 보이는 것을 뉵(朒)이라고 한다. 비(朒)는 아직 가득 차지 않은 초승달이고, 삭망 때 달이 동쪽에서 보이는 것은 아직 가득 차지 않은 달이니, 뉵(朒)과 비(朒)는 의미가 통한다. 모초본(毛鈔本) 양휘(楊輝)의 『상해구장산법(詳解九章算法)』에서도 영비(盈朒)로 되어 있다. 원나라 마단림(馬端臨)은 구수를 인용하면서 '산속(算粟)' 또는 '산미(算米)'로 '속미(粟米)'를 대체했다.[18] 粟米, 粟布, 算粟, 算米는 이름은 다르지만 의미는 같다. 청나라 고관광(顧觀光)이 '영축(盈縮)'으로 '영뉵(盈朒)'을 대체한 것은,[19] 아마도 축(縮)과 뉵(朒)이 쌍성자(雙聲字)이고 역법에서 영축이 자주 사용되기 때문이었을 것이다.

구수에 대한 논의는 한꺼번에 모두 다룰 수 없으니, 여기서는 그 개요만을 서술하고 마치도록 하겠다. 리옌 『중국산학사도언(中國算學史導言)』의 구장 목록(『중산사론총(中算史論叢)』 2), 첸바오충의 『구장문제분류고(九章問題分類考)』(『고산고원(古算考源)』), 손문청의 『구장산술원류고(九章算術源流考)』(『여사대학술계간(女師大學術季刊)』 2권 1호), 『구장산술편목고

(九章算術篇目考)』(『금릉학보(金陵學報)』2권 2기)에서 매우 상세히 서술하고 있으니 참고할 만하다.

원주율 3, 원지름율 1

역사적 사실을 고찰하고 고전 문헌을 살펴보면, 수학이 발달하는 과정에서 원과 정사각형 문제에 대한 논의가 아주 오래전부터 이루어졌음을 알 수 있다. 원과 정사각형 문제란 곧 원주율 값의 문제이다. 원주율의 계산은 수학 발달사에서 필연적인 일이었다. 중국에서는 진한(秦漢) 이전에 원주율 값으로 지름 1, 둘레 3 외에는 다른 비율은 없었다. 그러나 이 비율을 기록한 『주비(周髀)』, 『주례』, 『구장』 등의 책이 어느 시대에 속하는지는 아직 결론을 내리기 어렵다. '주비'의 의미가 명확하지 않다는 이가 있고,[20] 『주례』가 전한 말기에 나왔다는 이가 있으며,[21] 『구장』이 진한 시대의 유적(遺籍)이라는 이도 있다. 설이 분분하여 어느 것이 옳은지는 알 수가 없다. 그러나 이들은 모두 산학사(算學史)의 자료로 그대로 기록하였을 뿐 이 책들의 진위에 대해서는 논하지는 않았다.

『주비산경(周髀算經)』에서는 "수학은 원과 사각형에서 나온다"고 했다. 이에 대해서 조상(趙爽)이 다음과 같이 주를 달아 설명하고 있다. "원의 지름이 1이면 둘레가 3이고, 정사각형의 변이 1이면 둘레가 4이다. … 원과 정사각형은 천지의 형상이며, 음양의 수이다"라고 되어 있다. 이는 역리(易理)로 수리(數理)를 말한 것으로, 『구수통고(九數通考)』에서 인용한 "천지를 참작하여 수학에 의지한다. … 홀수가 3에서 시작하는 것은 하늘이 둥글고 지름이 1이면 둘레가 3이기 때문"이라는 주자(朱子)의 주장과 함께 모두 적절하지 않은 견해들이다. 『주비』에는 칠형도(七衡圖)가 실려 있는데, 각 형(衡)의 둘레와 지름의 합계는 모두 3과 1을 사용하여 계산했다. 그 중 한 형의 지름이 23만 8천 리이고 둘레가 71만 4천 리이다. 그 다음으로 둘레 수에 따라 산술 급수로 증가하는데, 그 공차는 11만 9천 리이다. 이렇게 하여 나머지 여섯 형의 둘레를 얻고, 이를 3으로 나누어 각각의 지름을 구한다.

손이양의 『주례정의(周禮正義)·범례(凡例)』에서는 다음과 같이 기록한 바 있다.

"천문학은 지금은 정밀하지만 옛날에는 대략적이었다. 이 경전은 주(周) 초기보다 훨씬 멀리 먼 옛날에 나온 것이어서 정현(鄭玄)의 주석에서 원주율로 지름이 1, 둘레가 3이라고 한 것이다."

『고공기(考工記)·윤인(輪人)』에서는 "윤인이 덮개를 만들 때, 항상 둘레가 3촌"이라고 했고, 주석에는 "둘레가 3촌이면 지름이 1촌"이라고 설명을 덧붙였다. 또 「차인(車人)」편에서는 "바퀴통의 길이는 반 가(柯)이고, 그 둘레는 1가 반"이라고 했고, 주석에는 "대차(大車)의 바퀴통 지름은 1척 5촌"이라고 되어 있다. 『정의(正義)』에서는 "정현이 지름이 1척 5촌임을 안 것은 그 둘레가 1가 반 = 4척 반이고, 둘레가 3이고 지름이 1이므로, 지름이 1척 5촌임을 알게 된 것"이라고 설명한 것이다. 또 "이 지름과 정현의 주석에서 계산한 원주와 원지름은 모두 육고율(六觚率)에 따른 것으로, 『구장산술』 '방전편(方田篇)'의 원전(圓田) 비율과 같다. 계산법이 비록 소략하지만, 고대의 법칙이 본래 그러했다. 원주율은 조충지 이후로 추산이 더욱 정밀해졌으니, 선진(先秦)과 양한(兩漢) 시대 사람들이 아는 바가 아니었기 때문"이라고 설명을 덧붙였다.[22]

『구장산술』은 중국에서 가장 오래된 순수 수학 집대성으로, 고대에 이런 책이 나왔다는 것은 정말로 자랑할 만한 일이 아닐 수 없다. 이 책에서 사용된 원주와 지름의 비율은 모두 3대 1로 계산되었다. 예를 들어, '방전편' 원전술에서 원의 면적을 "지름을 제곱하여 3배한 다음, 4씩 덜어내면서 1씩 놓는다"거나 "둘레를 제곱한 다음에 12씩 덜어내면서 1씩 놓는다"는 계산법이 언급되었다. '소광(少廣)'편의 개립원술(開立圓術)에서는 구의 지름을 다시 제곱하여 적(積)①을 구하고, "16을 곱하고 9로 나눈다"고 했다. '상공(商功)'편의 원정적술(圓亭積術)에서는 부피를 "윗면, 아랫면 둘레를 서로 곱하고 또 각기 제곱한 다음 모두 합한 수에 높이를 곱하고, 36씩 덜어내면서 1씩 놓는다"고 했다. 이 모든 계산은 이 비율을 명확히 보여주고 있다.

『산경십서(算經十書)』 가운데 『주비』와 『구장』을 제외하고, 『손자산경(孫子算經)』을 비롯한 다른 책들에서는 모두 다음 계산법을 사용하였다. "둘레는 3, 지름은 1이고, 한 변이 5인 정사각형의 대각선은 7을 근사치로 한다." 또는 "지금 원형 밭이 있는데 둘레가 300보이고 지름이 100보이라"는 것도 그러하다. 『오조산경(五曹算經)』에는 "지금 원형 밭이 있는데 둘레가 78보이고 지름이 26보이라"는 문제가 나온다. 『하후양산경(夏侯陽算經)』에는 "원형 밭이 있는데 북의 면과 같은 모양이라(形如鼓面)"는 내용

---

① '積'은 『학예』 인쇄본에서 앞에 '球' 자가 잘못 들어갔는데, 지금 교정하여 삭제했다.

이 나온다.① 술문에 따르면 "둘레를 제곱하고 12로 나누면 적보(積步)를 얻는다"고 한다.『장구건산경(張丘建算經)』에는 "둘레를 서로 곱하고 12로 나눈 다음에 얻은 결과의 제곱근을 구하면 정사각형의 한 변을 얻는다"는 내용이 나온다.『집고산경』에는 "만약 원형 곳간이 위가 작고 아래가 크며, 속곡법(粟斛法)이 2척 5촌이라면, 지름 1, 둘레 3의 비율을 사용한다"고 했다. 이들 수학서에는 모두 지름 1, 둘레 3을 말한 것이다.『오경산술』에서 인용한『주역』과『예기』두 단락의 글에도 둘레 3, 지름 1의 의미가 담겨져 있다. 아래에서 설명하겠지만, 이는 반드시 정론으로는 삼을 수가 없다.

『주역』'책수법(策數法)'에서는 "건(乾)의 책수는 216이고, 곤(坤)의 책수는 144"이라고 했는데, 이 내용은『역(易)·계사상(繫辭上)』에도 나온다.『채중랑집(蔡中郎集)』권10 '명당월령론(明堂月令論)'에서는 "그 제도의 수는 각각 근거하는 바가 있어, 당(堂)의 한 변이 144척인 것은 곤의 책수이고, 둥근 지붕의 지름이 216척인 것은 건의 책수"라고 했다. 그림과 같다.

---

① 이 네 글자는『학예』인쇄본에서 '원전(圓田)'과 같은 글자로 잘못 표기되었는데 지금 교정했다.

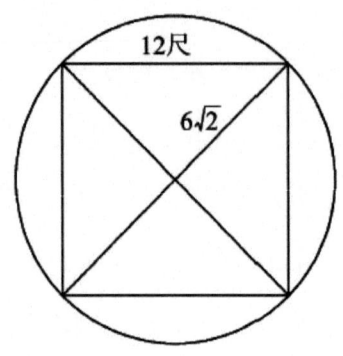

당(堂)의 면적 = 144 평방척

당의 한 변 = $\sqrt{144}$ = 12척

지붕의 지름 = $\sqrt{12^2+12^2}$ = $12\sqrt{2}$척

반지름 = $\frac{1}{2}$×지붕의 지름 = $6\sqrt{2}$척

$\pi(6\sqrt{2})^2 = 216$

$72\pi = 216$

∴ $\pi = 3$

만약 이 설이 정확하다면, 일본학자 미카미 요시오(三上義夫)가 지적한 채옹(蔡邕)의 비율이 3[23]이라는 것은 아마도 이를 가리켰을 것이다.

『예기』 '투호법(投壺法)'에서 "호(壺)의 경수(頸修, 목의 길이)는 7촌, 복수(腹修, 배의 길이)는 5촌, 입구 지름은 2촌 반, 용량은 1두(斗) 5승"이라고 했다. 이에 대한 주석은 다음과 같다.

"수(修)는 길이이다. 배의 용량이 1두 5승이고, 3분의 1을 더하면 2두가 되어 圓囷(원통형 곳집)의 모양을 얻게 되며, 부피는 324촌이 된다. 배 길이 5촌으로 나누면 원주를 구할 수 있는데, 원주는 2척 7촌 남짓이 되고, 이는 배의 지름이 9촌 남짓임을 의미한다."

진란(甄鸞)이 계산한 결과, 정확한 원주는 27과 275/243촌이고, 배의 정확한 지름은 9과 81/275촌이다. 이순풍은 다음과 같이 주석을 달아 설명했다.

"2두를 놓고 두로 곱하면 부피(촌)를 얻는다. 배 길이 5촌으로 나누고, 얻은 결과에 12를 곱한 다음 개방술로 나누면 둘레를 얻는다. 이를 3으로 나누면 지름의 수치를 얻는다."

주자(朱子)의 『호설(壺說)』에서 "그 너비가 8촌 0.5리에 못지않지만, 그 둘레는 겨우 2척 4촌 1분 5리"이라고 했다.[24] 황남뢰(黃南雷)의 『주자〈호설〉서(朱子〈壺說〉書)』에서는 다음과 같이 말했다.

"둘레와 면적으로 지름을 구하려면, 3으로 나누고 4를 곱한 다음 제곱근을 구하면 배의 지름이 8촌 0.4리 남짓이 된다. 원의 면적으로 둘레를 구하려면, 12를 곱하고 제곱근을 구하면 원주가 2척 4촌 1분 4리 남짓이 된다."[25]

이는 다른 종류의 계산에 속하지만, 역시 지름 1, 둘레 3의 계산법이므로 참고가 되도록 함께 기록해 두는 것이다.

그 외에 3대 1의 비율에 대한 언급이 각종 역사서에 끊임없이 나타난다. 『한서·율력지』 주석에는 다음 내용이 나오다.

"맹강(孟康)이 말했다. 율관(律管)의 구멍 지름은 3분으로 하늘의 수를 참작한 것이다. 둘레는 9분으로, 하늘의 수를 마친 것이다."

또 『후한서·율력지』 주석에 "황종(黃鐘)의 관 길이는 9촌, 지름은 3분, 둘레는 9분"이라는 내용도 보인다. 『진서·천문지』 와 『송서·천문지』 에서 모두 다음 내용이 나오다.

"천구의 둘레는 1,071,000리이고, 1도는 2,932리 72보 2척 7촌과262/487이다. 육적(陸績)이 말했다. 하늘의 동서[①], 남북 지름은 357,000리이니, 이는 둘레 3, 지름 1을 말한 것이라 한다."

『이아(爾雅)·석천(釋天)』 소(疏)에서 다음과 같이 말하고 있다.

"천구의 둘레가 1,071,000리라는 것은 하늘의 원주 길이이다. 둘레 3, 지름 1로 말하면, 직경은 357,000리가 되니, 이는 28수가 회전하는 직경의 거리이다."

한편 『광아(廣雅)』 권9 '석천(釋天)'에서는 다음과 같이 말하고 있다.

"28수 사이의 거리 합계는 1,070,913리이고, 지름은 356,971리다."
"천구의 남북 너비는 2억 3만 3,500리 75보이고, 동서는 4보가 짧고 둘레는 6억 10만 700리 25보다."

[①] 『학예』 인쇄본에서 '西' 자가 빠져 있어 지금 보충했다.

『남제서·예지(禮志)』에는 "(祭壇을 짓는 데) 그 넓이는 4 바퀴를 넘기지 않도록 하고, 지름이 4장이고 둘레가 12장이며 모두 4층으로 되어 있다"고 했다. 『수서·천문지』에는 다음 기록이 보인다.

"한말, 양자운(揚子雲)은 여덟 가지의 질의 사항을 들어 천개설(天蓋說)을 비난함으로써 혼천설(渾天說)의 정확성을 입증하였다. 첫째, 태양은 황도를 따라 동쪽으로 이동한다. 낮과 밤이 각각 한 바퀴를 돌며, 견우성(牽牛星)은 북극에서 남쪽으로 110도 떨어져 있고, 동정성(東井)은 북극에서 남쪽으로 70도 떨어져 있으며, 합치면 180도가 된다. 원주는 지름의 세 배이므로, 28수의 한 바퀴 천체 운동에서 이론적으로는 540도가 되어야 한다. 그런데 현재 관찰되는 것은 360도이다. 이는 왜일까?"

또 『주인전(疇人傳)』에서 『수지』의 다음 내용을 인용하였다.

"공정(孔挺)이 만든 혼천동의(渾天銅儀)는 바깥쪽에 쌍규(雙規)가 있고, 쌍규의 안쪽 지름은 8척, 둘레는 24척이다. ... 전락지(錢樂之)가 만든 작은 혼천의는 2분을 1도로 하여, 지름이 2척 2촌, 둘레가 6척 6촌이다."

그리고 『송사·율력지』에는 다음 기록이 보인다.

"그 구멍의 지름은 3분이고, 둘레는 9분이며, 길이는 90분으로 율관에서 시작된다. 구멍의 지름 3분 4리 6호, 둘레 10분 3리 8호, 길이 76분 2리로 척도에서 시작된다."

"산법에 따르면, 원의 지름을 경(徑)이라 하고, 정사각형의 대각선을 방사(方斜)라고 한다. 이른바 지름 3, 둘레 9, 정사각형의 변 5, 대각선 7이 그것이다. ... 따라서 지름 3, 둘레 9라는 설은 맹강(孟康)이 말한 것이다."

"동의(銅儀)의 제도는 모두 아홉 가지인데 첫째는 쌍규(雙規)로 모두 지름이 6척 1촌 1분이고, 둘레가 1장 8척 3촌 9분이다."(「천문지(天文志)」)

"인종(仁宗) 천성(天聖) 5년에 공부낭중(工部郎中) 연숙(燕肅)이 처음으로 지남차(指南車)를 만들었다. ... 부속된 바퀴 둘의 지름은 2척 4촌이고, 둘레는 7척 2촌이다. ... 대관(大觀) 원년에 내시성(內侍省)의 오덕인(吳德仁)이 또 지남차를 바쳤는데, ... 네 모서리 위에 설치된 13개의 누운 바퀴는 각각 지름이 1척 8촌 5분이고, 둘레가 5척 5촌 5분이다."(「여복지(輿服志)」)

양형(楊炯)의 『혼천부(渾天賦)』에서는 "둘레 3, 지름 1로, 멀고 가까움이 별자리와 북극에서 어긋난다"고 했다. 『증보사류통편(增補事類統編)』권1 '천문부(天文部)' 주석에서는 서정(徐整)의 『장력(長曆)』(?)을 인용하여 "태양의 지름은 1,000리이고, 둘레는 3,000리이며, 하늘700리 위에 있다"고 밝혔다.

송원(宋元) 이래, 수학자들이 많이 나왔는데, 진구소, 이치(李治, 1192-1279)[1], 양휘(楊輝), 곽수경(郭守敬, 1231-1316), 주세걸(朱世傑)이 그 대표적인 인물들이다. 비록 각 학자들의 논증이 상당히 완벽하다고 할 수 있지만, 때때로 육고율(六觚率, 원주율을 3으로 하는 근사한 값)을 사용하기도 했다. 이는 그 방법이 간단하고 계산하기 쉽기 때문이었다. "구고로 개

---

[1] 이치는 이예(李洽)의 본명이다.

방(開方)하여 전전상구(展轉商求)하더라도, 지름 1에 둘레 3이라는 비율에서 벗어날 수 없었다. 조충지의 비율(率)도 이미 복잡하여 더 이상 사용할 수 없었는데, 하물며 유휘의 비율은 어떠했겠는가!"[26]

진구소의 『수서구장』(1247) 제15권 '군려류(軍旅類)·계포원진(計布圓陣)'에는 "원법(圓法)은 주삼경일(周三徑一)의 율을 사용한다"는 구절이 나오고, 제8권 '측망류(測望類)·요망원성(遙望圓城)'의 문제에도 "원은 고법을 따른다"고 하며, 술문에서 "3을 지름에 곱하면 둘레를 얻는다"고 했다. 이치는 『측원해경(測圓海鏡)』(1248)과 『익고연단(益古演段)』(1259)(『원사(元史)』에는 '측원경해(測圓鏡海)'와 '익고연의(益古衍疑)'로 되어 있음)을 저술했다. 『측원해경』에서는 지름이 둘레에 미치지 못한다는 이야기에 그치고 원주율에 대해서는 언급하지 않았다. 『익고연단』에서는 원전(圓田)을 계산할 때 대부분 3대 1의 비율을 사용했다. 이에 대해서 이예(李銳)는 "계산에서 모두 지름 1, 둘레 3, 정사각형 변 5, 대각선 7의 비율을 사용했기 때문에 각 면적의 분수가 밀율과 맞지 않는다. 이는 아마도 오로지 원리를 밝히기 위한 입장에서 정확한 비율의 수가 복잡하여 설명에 방해가 되므로 고율(古率)을 사용하여 간단하게 한 것 같다"면서 주석을 달았다.

양휘(楊輝)의 『전무비류승제첩법(田畝比類乘除捷法)』(1275)에는 원전(圓田)을 다루는 여섯 가지 방법이 나왔는데 문제 유형에 따라 자유롭게 사용할 수 있다.

"둘레의 보수(周步)로 면적을 구하는 경우, 둘레를 제곱하고 12로 나누거나, 반 둘레를 제곱하고 3으로 나눈다. 지름의 보수를 알고 면적을 구하는 경우, 지름을 제곱하고

3을 곱한 후 4로 나누거나, 반지름을 제곱하고 3을 곱한다. 둘레와 지름으로 면적을 구하는 경우, 둘레와 지름을 곱하고 4로 나누거나, 반 둘레와 반지름을 곱한다."

이는 또한 원주율 3(周三徑一)을 사용했는데, 이는 『구장산술』에서 유래한 것이다.

곽수경이 만든 『수시력』(1280)은 이전의 역법보다 정밀했지만, 일도주(日道周)와 지름에 대해서는 여전히 육고율(六觚率)을 사용하여 계산했다.

"그의 계산은 평균 1일 일전(日躔)의 거리를 1도로 하고, 1도를 100분으로, 1분을 100초로 하여, 주천(周天)이 365도 25분 75초가 되며, 주율(周率) 3으로 나누고 다시 2로 나누면 주천 반지름이 60.875도가 된다."[27]

동우성(董祐誠, 1791-1823)의 『할원연비례도해(割圜連比例圖解)·서(序)』(1819)에서는 "원나라 곽수경의 『수시초(授時草)』에서 천원술(天元術)로 호시(弧矢)를 구할 때 지름 1, 둘레 3을 사용하였는데 이는 여전히 옛 비율을 따른 것"이라고 했다.

주세걸(朱世傑)의 『산학계몽(算學啟蒙)·총괄(總括)』(1299)에서는 "고법의 원주율은 둘레 3척, 지름 1척"이라고 했다. 『사원옥감(四元玉鑑)』(1303) 첫 문제에 "무릇 구고의 술법은 원방(圓方)에서 나오며, 원의 지름이 1이면 둘레가 3"이라고 했다. 두 책의 전무형단(田畝形段)과 방원교착(方圓交錯) 부분에서는 원의 계산을 모두 고법을 따랐다는데, 역시 3대 1의 비율을 사용한 것이다.

명나라와 청나라 시대에 서양 학문이 유입되면서 원주율의 값도 영향을 받았지만, 여전히 주삼경일(周三徑一)을 언급하는 경우가 있었다. 명나라 정대위(程大位)가 쓴 『산법통종(算法統宗)』(1593)에서는 고법대로 원의 둘레를 3척, 지름을 1척으로 하여 계산 문제의 기준으로 삼았다. 매국성(梅瑴①成, 1681-1763)이 『산법통종』을 삭제·편찬(削定)할 때(1760년)에도 이 비율을 삭제하지 않았다. 이 책은 널리 퍼져 후학들에게 매우 큰 영향을 미쳤으며, 3대 1의 비율이 명나라 때 사라지지 않은 것은 이 책의 공로라고 할 수 있다. 그 후 청나라 방중통(方中通)의 『수도연(數度衍)』(1661)과 하몽요(何夢瑤)의 『산적(算迪)』(약 1820년) 등의 책에서도 때때로 3대 1의 비율을 사용했다.

최근 과학이 발달하면서 고법을 더 이상 사용할 수 없게 되었고, 3.1416이라는 근사값이 3을 대신하게 되었다. 이로 인해 고율(古率)은 도태되어 더 이상 세상에 나오지 않게 되었다.

그 술법의 오류

"지름 1, 둘레 3의 원주율은 너무 대략적임을 누구나 알고 있다."[28] 이 사실은 고대인들도 진작부터 알고 있었다. 장형이 그 문제점을 지적했고, 유휘와 왕번이 이를 따랐다. 『구장산술』 '소광' 편 개립원술(開立圓術) 주석에는 "장형 또한 주삼경일(周三徑一)의 비율이 옳지 않다고 지적했다"고 말하고 있다. 유휘는 이렇게 말했다.

---

① '瑴', 『학예』에서 잘못 '縠'으로 인쇄되었는데, 지금 교정했다.

"둘레 3이라는 것은 단지 육각형의 둘레를 따른 것일 뿐이다. 원규(圓規)의 많고 적음을 추산해 보면, 이는 곧 활과 현의 차이와 같다. 그러나 세상에서는 이 방법을 전하면서 정밀하게 검증하려 하지 않았고, 학자들은 옛것을 답습하여 그 오류를 익혔으니, 명확한 근거가 없으면 이를 변론하기 어렵다."

왕번은 "지름 1을 고려해 보면, 둘레가 3에 그치지 않는다"고 지적했다. 장형과 왕번의 두 글은 단지 술문(術文)만 갖추었을 뿐이지만, 오직 유휘만이 논리에 따라 정확하게 판단하여 주삼경일이 원 안에 내접하는 정육각형의 둘레임을 최초로 단정 지었다.

장형(78-139) 시대의 유흠, 채옹(蔡邕, 133-192), 유휘, 왕번(219-257), 내지 그 후의 피연종, 하승천, 조씨 부자가 비록 새로운 비율을 창안했지만, 그들이 내놓은 원주율에 관한 글은 모두 단편적인 것에 불과했다. 주삼경일(周三徑一)이 대략적임을 진작부터 알았지만, 왜 대략적인지에 대해서는 언급하지 않았다.

당나라 이순풍이 『구장산술』에 주석을 달면서 유휘가 비율을 개선한 이유에 대해 이렇게 말했다.

"따라서 주삼경일의 비율은 원주에 대해 지름이 많고 둘레가 적은 것이고 지름 1, 둘레 3은 이치상 정밀하지 않다. 아마도 술법이 간단하고 요점만을 취하여 대강을 말한 것일 것이다. 유휘는 특히 이를 대략적이라고 여겨 결국 그 비율을 개선했다."

원나라 조우흠은 『혁상신서(革象新書)·건상주비편(乾象周髀篇)』에서도 이렇게 말했다.

"고대인들은 원의 지름이 1척이면 둘레가 3척이라고 했지만, 후세의 고찰 결과에 따르면 그렇지가 않다. 원의 지름이 1이고 둘레가 3이면 여전히 남는 것이 있고, 둘레가 3이고 지름이 1이면 부족한 것이 있다. 둘레 3, 지름 1은 육각형 밭을 말하는 것이다."

위의 내용에 대해서는 『주인전』 그리고 『신원사(新元史)』에서 인용된 바를 참조 바란다.

양휘, 정대위, 방중통 등은 3대 1의 비율을 사용하여 계산했지만, 동시에 이 비율이 대략적임을 논했다. 그 비율이 대략적임을 알면서도 왜 사용했을까? 그 이유를 따지자면 간단함을 추구했기 때문이다. 양휘의 『속고적기산법(續古摘奇算法)·방원론(方圓論)』에서는 "원 3, 지름 1, 정사각형 5, 대각선 7은 산학자들의 상식이지만 쉽게 개괄하여 논할 수는 없다"고 했다. 그리고 "원 3, 지름 1 역시 옳다고 할 수 없고 고대인들은 원 3, 정사각형 4의 의미를 취했기 때문에 원 3, 지름 1의 비율을 행했다"고 덧붙였다. 정대위의 『산법통종(算法統宗)』에서는 다음과 같이 말했다.

"술법에 따르면 원의 지름은 곧 정사각형의 지름이다. 만약 원의 면적을 구하려면 4분의 3을 하면 되니, 별도의 법칙을 세울 필요가 없다. 오직 원으로 정사각형을 구할 때 그 법칙이 하나가 아니니, 여기에 기록해 둔다. 대개 원의 지름이 1이면 둘레가 3에 그치지 않는다. 이른바 둘레 3, 지름 1이라는 것은 그 대략을 말한 것일 뿐이다."

방중통의 『수도연(數度衍)』에서는 "면적을 구할 때 지름 1, 둘레 3을 사용하지만, 지름이 1이면 둘레는 3보다 더 많다"고 했다.

명나라와 청나라의 수학자들 중 이 비율의 오류를 논한 사람들은 많았지만 대부분 서양 학문의 영향을 받은 것이 원인이었다. 새로운 비율을 창안하는 이가 있고, 옛 율을 비판하는 이도 있으며, 또는 두 가지를 모두 겸하여 논하는 자도 있었다. 자세한 상황을 살펴보면 다음과 같다.

고응상(顧應祥, 1483-1565)

"무릇 술수를 익힌 자라면 모두 정사각형의 변 5, 대각선 7, 둘레 3, 지름 1을 기준으로 삼는다. 그러나 정사각형의 변이 5이면 대각선이 7보다 크고, 지름이 1이면 둘레가 3보다 크다는 것을 전혀 알지 못한다." (『방원론설(方圓論說)』)

서광계(徐光啓, 1562-1634)

"현재 역법 측정 중에서도 여전히 원주율 3(둘레 3, 지름 1)을 사용하여 제곱근을 구하고 있다. ... 계산이 한 번 잘못되면, 무엇이 잘못되지 않겠는가? 구고삼승술(句股三乘術)은 잘못이 아니지만, 단지 지름 1, 둘레 3이 맞지 않을 뿐이다." (『주인전(疇人傳)』)

이천경(李天經, 1579-1659)

"지름 1, 둘레 3은 호시법(弧矢法)의 진정한 방법이 아니다. 고대 산학자들은 직선으로 원형을 측정하는 것을 호시법이라 불렀는데, 계산에서 지름 1, 둘레 3을 사용하는 것은 잘못이다." (『주인전』 및 『명사(明史)』 참조)

명말(明末)의 주재욱(朱載堉, 1536-?), 형운로(邢雲路), 진근모(陳藎謨), 방이지(方以智) 등이 각각 새로운 비율을 창안한 것은 아마도 고율에 만족하지 못했기 때문일 것이다.

청나라 왕석찬(王錫闡, 1628-1682)

"지름이 1이면 둘레는 3보다 크고, 둘레가 3이면 지름은 1보다 작다. 전체 지름을 2도(度)로 하면, 둘레의 법칙은 6도 28분 32초보다 조금 작다 (즉, π≈3.1416)." (『효암신법(曉庵新法)』)

매문정(梅文鼎, 1633-1721)

"지름 1, 원 둘레 3[①]은 절대로 정확한 비율은 아니다. 고대에 지름 1, 둘레 3을 사용한 것은 단지 성수를 취한 것일 뿐, 몰라서가 아니다." (『방원멱적(方圓冪積)』)

이황(李潢, ?-1811)

"둘레 3이라는 것은 여섯 개의 호(弧)를 합한 여섯 면을 말하는 것이지, 진정한 원주가 아니다." (『구장산술세초도설(九章算術細草圖說)』)

전당(錢塘, 1735-1790)

"옛 술법이 양기(陽奇)와 음우(陰隅)의 설에 얽매여 있으니, 그 대략적임은 당연하다." (『잠연당문집(潛研堂文集)』) 이는 아마도 『주비(周髀)』와 주자(朱子)가 말한 것을 가리키는 것으로 추정된다.

완원(阮元, 1764-1848)

"둘레 3, 지름 1은 비율로서는 대략적이다." (『주인전』)

『수리정온(數理精蘊)』(1723)

"옛 술법의 지름 1, 둘레 3은 원 안에 내접하는 정육각형의 둘레로 실제로는 원의 둘레선보다 작다. 따라서 지름이 1이면 둘레는 3보다 크고, 둘레가 3이면 지름은 1보다 작다." (하편 권20) 장작남(張作楠)의 『방전통법보례(方田通法補例)』에서 인용한 내용도 이와 유사하다.

[①] '圓'은 『학예』에서 잘못 '園'으로 인쇄되었는데, 지금 교정했다.

굴증발(屈曾發)

"정사각형 5, 대각선 7, 둘레 3, 지름 1, 정육각형 6, 면적 7 등의 설은 모두 대략을 들어 말한 것이지, 정확한 비율로 계산해 낸 것은 아니다. 지금까지 간행된 수학책들이 모두 이를 근거로 문답을 만들어 대충 넘어갔으니, 어찌 진실한 수를 얻어 구할 수 있겠는가!" (『구수통고(九數通考)·예언(例言)』)

증기홍(曾紀鴻, 1848-1881)

"고대인이 지름 1, 둘레 3으로 정한 것은 대략적인 비율이다. 이것으로 원형 연못을 측정하면 차이가 있고, 천체 운행을 측정하면 차이가 더욱 커서 사용할 수 없다." (『원율고진도해(圜率考眞圖解)』)

정취충(丁取忠)

"지름은 직선이고, 원주는 호선이다. 호선과 직선의 비례는 통하지 않는다. 지름 1, 둘레 3은 대체로 성수로 말한 것일 뿐 여전히 나누어 떨어지지 않는 영수(零數)가 있다. 지름이 1이면 둘레는 3보다 크고, 둘레가 3이면 지름은 1보다 작다." (『수학습유(數學拾遺)』)

서양인 로아곡(羅雅谷) 또한 이렇게 말했다. "둘레와 지름의 비율에 대해서 고대에는 정확히 맞는 비율이 없었다. 옛말에 지름 1, 둘레 3이라 했지만, 실제로는 안쪽 두 지름의 6배로, 현(弦)이지 둘레가 아니다." (『신법역서(新法曆書)·대측상(大測上)』)

위의 내용을 종합해 보면, 여러 학자들은 대부분 주삼경일(周三徑一)의 대략적임을 지적하면서, 그 둘레가 원 안의 정육각형의 둘레라고 보았다. 원 안의 정육각형의 각 변의 길이는 원의 반지름과 같고, 여섯 변의 길이는 세 개의 지름 길이와 같아서 지름과 비교하면 3대 1의 비율이 된다. 고율

(古率)과 진율(眞率)을 비교하면 약 0.14159265 이상의 차이가 난다. 지름을 1척으로 가정하면, 고율의 둘레는 1촌 4분 남짓 적은 것이니, 이것이 고율이 대략적인 이유이다.

유흠, 장형, 유휘, 왕번, 피연종이 각각 새로운 비율을 설정하였다.

『구장산술』의「방전(方田)」주석에는 다음과 같은 내용이 나온다.

"진(晉) 나라 무기고에 있던 한(漢) 시대 왕망(王莽)이 만든 동으로 된 곡식 측정 용기인 동곡(銅斛)에 새겨진 글에 이르기를, '율가량곡(律嘉量斛)은 안쪽은 정사각형이고 바깥쪽은 원형이며, 모서리 부분의 너비는 9리(厘) 5호(毫)이고, 바닥 면적은 162평방촌(寸)이며, 깊이는 1척(尺)으로, 부피는 1,620입방촌이고 10두(斗)를 담을 수 있다.'"

이 40-50자의 명문에는 유흠의 원주율에 관한 내용이 담겨져 있으며, 이는 중국 원주율 역사상 3이라는 고대의 값과 다른, 첫 번째 기록이기도 하다. 이 기록을 바탕으로 계산해보면, 유흠의 비율은 지름이 1일 때 원주가 3.1546645... 또는 3.1790247...로 추정된다. 이는 모서리 부분의 너비를 어떻게 해석하느냐에 따라 다르며, 이에 따라 원주율의 값도 달라진다.

근대의 여내기(勵乃驥) 선생은 이에 대해 깊이 연구하여 모서리 비율에 대한 7가지 해석을 제시했다. 이는 여 선생이 저술한「신가량오량금석(新嘉量五量錦釋)」이라는 논문(『국학계간(國學季刊)』제5권 제2호 71~84쪽)에서 볼 수 있다. 그 중 두 가지 해석이 원주율 값과 가깝기 때문에 해답으로 채택되었다.

(1) 원주에 '1척 정사각형'의 대각선 연장선을 절단하여 얻는 선분을 '모(庾)'로 보고, 이를 통해 계산된 유흠의 원주율은 3.1546645…이다. 이는 근대의 안희심(顔希深)[29], 리옌[30], 첸바오충[31] 등이 주장한 해석이기도 하다.

(2) 원주에 '1척 정사각형'의 변 연장선을 절단하는 선분을 '모(庾)'로 보고, 이를 통해 계산된 유흠의 원주율은 3.1790247…이다. 이는 여내기 선생이 독창적으로 제시한 해석이다. 이 율을 얻는 방법은 다음과 같이 그림으로 설명할 수 있다.

(1) 그림과 같이 r을 원의 반지름이라고 가정한다.

$2a^2 = 100, \therefore a = 5\sqrt{2}.$

$r^2 = (a+0.095)^2$

$= \left(5\sqrt{2}+0.095\right)^2$

$= (7.1660678)^2$

$= 51.35252771419684.$

$\therefore \quad \pi = 162 \div 51.35252771419684$

$= 3.1546645\cdots.$

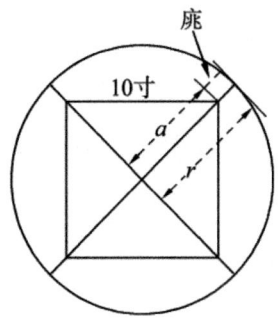

(2) r 을 원의 반지름이라고 하면, 피타고라스 정리에 따라

$$r^2 = \left(\frac{10}{2} + 0.095\right)^2 + 5^2$$

$$= (5.095)^2 + 5^2$$

$$= 25.959025 + 25$$

$$= 50.959025.$$

∴ π = 162 ÷ 50.959025

  = 3.1790247⋯.

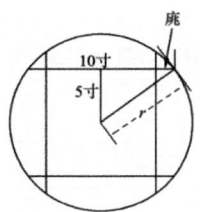

두 값이 확인되었으니 옳고 그름을 판단해야 하지만, 이 결과는 순전히 이 동곡의 명문에서 얻어진 것이고 다른 증거가 거의 없기 때문에, 정확한지 아닌지를 아직 결정하기 어렵다. 유흠의 비율이 실제로 어떤 값인지는 앞으로의 고증을 기다려야 할 것이다.

장형율도 두 가지가 있다. 하나는 『구장산술』에서 볼 수 있는데, 그 값은 10의 제곱근이다. 다른 하나는 『개원점경(開元占經)』에서 볼 수 있는데, 그 값은 92/29이다. 이를 차례로 아래와 같이 살펴본다.

『구장산술』의 「소광(少廣)」편 원주율 주석에는 다음과 같은 내용이 나온다.

"장형의 방법에 따르면, 정사각형의 둘레는 8의 제곱이고, 원의 둘레는 5의 제곱이다. 정사각형의 둘레가 64척의 면적이면, 원의 둘레는 40척의 면적이 된다. 또 지름이 1척일 때 정사각형의 둘레는 4척이고, 이를 제곱하면 16척의 면적[1]이 된다. 이는 원주율이 10의 제곱이고, 지름의 비율이 1의 제곱임을 의미한다."

『구장산술』에서 사용된 것은 원주율 3이므로,

정사각형 면적 : 원 면적 = 4 : 3,

위의 공식을 근거하여 다음 식을 얻는다.

정육면체 체적 : 구 체적 = $4^2 : 3^2$,

즉,

$D^3 : V = 16:9$,

$V = \dfrac{9}{16} D^3$

장형은 특히 이를 부정확하다고 여겨, 다음과 같이 정했다.

---

[1] 이는 대진(戴震)의 교감이다. 남송본(南宋本)과 대전본(大典本)의 원문은 "또 지름 2척을 제곱하여 지름의 4척 면적을 얻는다"로 되어 있어 오류가 없다. 이계민(李繼閔)의 『구장산술교증(九章算術校證)』(1993년판)에서 원문을 복원했고, 그 이후의 여러 판본이 이를 따랐다.

$$V=\frac{9}{16}D^3+\frac{1}{16}D^3=\frac{5}{8}D^3,$$

즉,

정육면체 체적 : 구 체적 = 8 : 5.

이에 따라 『구장산술』의 방법을 모방하여 역으로 구하면

정사각형 면적 : 원 면적 = $\sqrt{8}:\sqrt{5}$,

$4r^2 : \pi r^2 = \sqrt{8}:\sqrt{5}$.

그리고 얻은 결과는

$$\pi=\frac{4\sqrt{5}}{\sqrt{8}}=\frac{4\sqrt{5}}{2\sqrt{2}}=\sqrt{10}^{[32]}$$ 이다.

장형은 전해져 내려오는 입원술(立圓術)을 계산하면서, 그 이론의 오류를 알지 못하여 수정하지 않았다. 그는 구의 체적과 외접하는 정육면체 체적의 비가 $\frac{9}{16}$ 이 아니라 $\frac{5}{8}$ 이라고 여겨 수정했는데, 이는 9와 16의 비보다 더 멀어져 극도로 황당한 결과를 낳았다. 그러나 그가 기존의 방법에 따라 원주율 값을 10의 제곱근으로 얻은 것은 다행이라 하지 않을 수 없다. $\pi=\sqrt{10}$ 을 창안한 공로로 기존 방법을 답습한 과오를 상쇄할 수 있다고 볼 수도 있을 것이다.

그 후 송나라의 진구소는 "환전(環田)의 지름을 제곱하여 면적을 구하고, 자리를 올려 나눔수(實)로 삼고, 1을 우(隅, 귀퉁이)로 삼아 평방근을 구하면 둘레가 된다"고 했다[33]. 청나라 왕원계(王元啓, 1714-1786)는 "지름 체적의 10배가 둘레의 체적이 된다"고 했고[34], 전당(錢塘)은 "지름의 제곱이 1이면, 정사각형 둘레의 제곱은 16이고 원의 둘레의 제곱은 10"이라고 했으며[35], 담태(談泰)는 "지름이 1장인 나무판을, 대나무 자(篾尺)로 그

원주(周)를 재면 정확히 3장 1척 6촌 남짓이 된다"고 했다[36]. 이들은 모두 이 율을 주장한 사람들이다.

당나라 구담실달(瞿曇悉達)이 지은 『개원점경(開元占經)』에서 조금의 『혼천론』을 인용하여 "장형이 말하길, 해와 달의 공통 지름은 하늘 둘레의 736분의 1이고, 땅 너비의 232분의 1"이라고 했다. 이를 분석해보면, 하늘의 둘레 분모는 원주율이고, 땅의 너비 분모는 원의 지름 비율이다. 이를 8로 약분하면, 주율(周率)은 92, 경율(徑率)은 29가 된다. 장형이 어떤 방법으로 이 값을 얻었는지는 이미 알 수 없다. 다만 736과 232를 각각 2로 약분하면 $\pi = \dfrac{368}{116}$이 되는데, 이는 후대의 하승천이 말한 $\pi = \dfrac{365\frac{75}{304}}{116\frac{65}{304}}$와 유사한 점이 있다. 남극과 북극 사이의 거리가 116도라는 점에서 억지로 연관 지을 수는 있지만, 주천을 360도로 보면 차이가 매우 커서 가능성이 없다. 장형의 설은 틀린 점이 있을 것이나, 그것을 얻은 과정을 알 수 없으니 오류의 위치를 정확히 알기 어렵다.

유휘가 『구장산술』 9권을 주해하였는데, 방전(方田)을 통해 원의 면적을 구하는 부분을 주해할 때 고대의 비율에 대해 매우 불만족스럽게 여겼다. 원주를 구하는 것이 이미 잘못되었음을 알았고, 지름을 구하는 것도 역시 부정확했기에 기하학적 방법을 창안하여 새로운 참값을 구하고자 했다. 내접 정육각형부터 계산을 시작하여, 중국 산학사(算學史)에서 할원술(割圓術)의 선구를 열었다. 유휘는 내접 정육각형으로 정12각형을 구하고, 정십이각형으로 정24각형을 구했으며, 구고법(句股法)을 이용하여 정96각형(즉, 정192각형 면적의 값)까지 구했을 때, 원주율 값으로 3.14 남짓을 얻었다. 유휘는 다음과 같이 말했다.

"정192각형의 전체 면적 314촌[①]을 원의 면적의 정율(定率)로 삼고, 나머지는 버린다. 반지름 1척으로 원의 면적을 나눈 다음에 이를 두 배하면 6척 2촌 8분을 얻는데, 이것이 바로 원주이다. … 또 지름 2척과 원주 6척 2촌 8분을 서로 약분하면, 원주는 157이 되고 지름은 50이 되니, 이것이 바로 그들의 비율이다."

이는 곧 $\pi=\dfrac{157}{50}$의 값이다.

할원술(割圓術)에 대해서는 유휘가 이미 주석에서 자세히 기록해 두었다. 그 방법에 대해서는 리옌의 『중국수학대강(中國數學大綱)』과 허범방(許範舫)의 『고산법지신연구(古算法之新研究)』에 모두 상세한 분석이 있으므로 여기서는 다시 기록하지 않겠다. 다만 그 결과를 종합하여 다음과 같은 표를 얻었다.

	현(弦) r	고(勾) $\dfrac{l}{2}$	구(股) $\sqrt{r^2-\left(\dfrac{l}{2}\right)^2}$	소현(小弦)
6각형을 잘라 12각형으로 만듦	1	0.50000	$0.866025\dfrac{4}{}$	0.517638
12 24	1	$\dfrac{1}{2}(0.517638)$	$0.965925\dfrac{8}{}$	0.261052
24 48	1	$\dfrac{1}{2}(0.261052)$	$0.991444\dfrac{8}{}$	0.130806
48 96	1	$\dfrac{1}{2}(0.130806)$	$0.997858\dfrac{9}{}$	0.065438

$$\therefore \pi_{48}=S_{96}=3.13\dfrac{584}{625},$$

$$\pi_{96}=S_{192}=3.13\dfrac{64}{625}.$$

[①] '寸'자가 『학예』 인쇄본에서 잘못 '卄'으로 되어 있는 것을 지금 바로잡았다.

유휘가 다음과 같이 설명했다.

"313촌과 625분촌의 584는 96각형의 면적이다. … 314촌과 625분촌의 64는 192각형의 면적이다. 96각형의 면적을 이에서 빼면, 남는 것이 625분촌의 105인데, 이를 면적차(差冪)라 한다. 이를 두 배하면 분촌의 210①이 된다. 이는 96각형의 외부 호(弧)의 면적 96개로, 현(弦)과 시(矢)를 곱한 전체 면적이다. 이 면적을 96각형의 면적에 더하면 314촌과 625분촌의 169를 얻게 되는데, 이는 원의 바깥을 넘어선다."

이는 곧

$$S_{192} < S < S_{192} + (S_{192} - S_{96})$$로

S는 원의 면적을 나타내며, S②$_{192}$, S_{96}은 각각 192각형의 면적과 96각형의 면적을 나타낸다.

첸바오충 선생이 이를 확장하여 유휘의 제5공식을 얻었다.

$$S_{2n} < S < S_{2n} + (S_{2n} - S_n)^{[37]}.$$

유휘의 비율, 이른바 휘율은 고율(古率), 밀율(密率)과 함께 삼율을 이루어 후대 사람들이 자주 응용했다. 이는 그 이론과 방법이 정확하고 설명이 상세하며 그 비율이 정확한 값에 가깝고 계산도 비교적 편리하기 때문이다.

왕번의 비율은 『진서』와 『송서』 「천문지(天文志)」에 모두 기록되어 있다.

---

① '寸之'가 『학예』 인쇄본에서 순서가 바뀌어 있어 지금 바로잡았다.
② 『학예』 인쇄본에서 'S'가 빠져 있어 지금 보충했다.

"노강(廬江) 출신의 왕번은 수학에 능하여 혼천의를 제작하고, 이론을 세워 측정하였다. 지름이 1일 때 원주가 3을 넘었다고 하여 원주가 142일 때 지름이 45라는 비율을 제시하였다."

이는 $\pi = \frac{142}{45} = 3.155$이다. 이를 육적(陸績)의 비율로 여기는 사람도 있으나 잘못이다.

왕번이 이 비율을 얻은 방법은 명확하지 않다. 이 값이 휘율이 발표된 후에 얻어진 것이라 가정하면, 왕번의 비율은 휘율을 수정하여 얻은 것이었을 수 있다. 지금 지름이 1일 때 원주가 3을 넘었다고 가정하고, $\pi = 3 + x$로 설정한다. 유휘는 휘율도 정확하지 않다고 하여, $\pi = 3.14 + y$로 설정한다. $y = \frac{1}{10}x$로 두고 이를 풀면 다음과 같은 결과를 얻는다.

$$3 + x = 3.14 + \frac{1}{10}x,$$

$$\frac{9}{10}x = 0.14 = \frac{14}{100},$$

$$9x = \frac{14}{10},$$

$$x = \frac{14}{90} = \frac{7}{45},$$

그러므로 $\pi = 3 + \frac{7}{45} = \frac{142}{45}$이다.

왕번의 비율, 이른바 번율(蕃率)은 후대 사람들이 거의 사용하지 않았다. 명말의 주재육(朱載堉)이 원주율 값을 $\frac{\sqrt{2}}{0.45}$라고 한 것은 아마도 번율에서 변형되어 나온 것일 수 있으나, 확실하지는 않다.

피연종의 비율은 불분명하다. 정사(正史)에 피씨의 전기가 없고, 여러 서적을 두루 살펴보아도 피씨의 비율을 기록한 것이 없으니 아마도 전해지지 않았을 것이다.『송사』「역지(曆志)」에서 '원외산기랑(員外散騎郎) 피연종이 또한 하승천을 비판했다'는 것으로 미루어 보았을 때 피연종의 학문이 하승천보다 한 수 위였음을 알 수 있다. 불행히도 그의 비율이 전해지지 않아, "눈 위의 기러기 발자국처럼, 단지 후대 사람들의 아쉬움만을 자아낼 뿐이다."[38]

절충에 이르지 못하다.

각 학자들은 고율이 부정확하다는 점에 만족스럽지 못하여 새로운 방법을 창안했다. 약간의 개선은 있었으나, 여전히 오류를 피할 수 없었다. 조충지는 한때 원주율로 이를 검토하여, "입원(立圓)에 대한 옛 오류가 있었는데, 장형이 이를 그대로 서술하고 고치지 않았고 한나라 때의 동곡 명문에서, 유흠이 그 수치를 잘못 기록했다. … 왕번과 유휘는 모두 수학을 연구했으나 매번 많은 오류가 있었다"는 것을 알게 되었다.[39] 유흠의 계산에 대해서는 "모서리 부분이 1리(厘) 4호(毫) 남짓 부족한데, 이는 유흠의 수학계산이 정밀하지 못한 탓"이라고 했다.[40] 조충지의 아들 조긍이 개립원술(開立圓術)의 새로운 방법을 만들었는데, 이순풍이 이를 『구장산술』의 주석에 인용했다. 조긍은 "유휘와 장형 두 사람은 모두 원통형 곳집을 정육면체의 비율로, 구를 원의 비율로 삼았다며 … 장형은 옛 방법을 따랐기에 후대의 비웃음을 샀고 유휘는 옛 것을 답습하여 새로운 것을 검토할 겨를이 없었다"고 평하였다. 그런 까닭으로 원주율 값을 구하는 데 오류가 있었던 것이다.

완원(阮元)은 "장형이 원주의 제곱을 5, 정사각형 둘레의 제곱을 8로 본 것은 결코 정확한 비율이 아니다"라고 말했다.[41] 유휘는 "이 방법은 원주를 너무 크게 잡아 실제보다 초과했다"고 평했다.[42] 그의 '원주율 92, 지름율 29의 비율은 원주가 너무 크고 지름이 너무 작아서 문제이다.' 이를 통해 장형의 두 비율이 모두 너무 크다는 것을 알 수 있다.

『혁상신서(革象新書)』에서는 "지름이 1일 때 둘레가 3.14라면,① 여전히 지름이 너무 크고 둘레가 너무 작다"고 했다. 『방원멱적(方圓冪積)』에서는 "지름이 50이고 둘레가 157이면 부족하다"고 했다. 『양창통법(量倉通法)』에서는 "지름이 50이고 둘레가 157이면 둘레가 약간 작다"고 했다. 『신법역서(新法曆書)』에서는 "휘율이 지름 50, 둘레 157이라고 하는데, 이는 현(弦)이지 둘레가 아니다"라고 지적했다. 이를 통해 휘율이 약간 작다는 것을 알 수 있다. 휘율의 부정확함에 대해 유휘 스스로도 "정사각형의 면적이 200일 때, 그 안에 들어가는 원의 면적이 157인데, 원의 비율이 여전히 약간 작다"고 밝힌 바 있다. 이순풍 또한 이렇게 말했다. "원주와 지름을 곱하면 그 수가 정확히 맞기 어렵다. 비록 유휘가 이 방법을 고안해냈지만 결국 그 미세한 부분까지 궁구하지 못했다."

청나라의 전당개정(錢塘漑亭)이 『율려고의(律呂古義)』 6권을 저술했는데, 그 중 '명산편(明算篇)'에서 원주와 지름의 비율에 대해 논하며 할원술(割圓術)의 오류를 지적했다. 휘율이 부정확함에 대해서 다음과 같이 평가했다.

---

① '三'이 『학예』 본에서 잘못 '二'로 되어 있는 것을 지금 바로잡았다.

"후대 사람들은 고대의 방법이 부정확함을 알고 유휘의 방법이 정밀하다고 여겼다. 이를 따라 사용하면서 때때로 수정을 가하기는 했지만, 결국 이 비율에서 벗어나지 못했다. 내가 보기에도 그것이 정밀하다고는 볼 수 없다. ... 유휘의 방법은 원을 자르는 것을 기본으로 하는데, 원을 자르는 방법에는 다각형과 호(弧)와 시(矢)가 있다. 그 계산에는 반지름과 현의 반지름이 있는데, 항상 큰 현이 된다. 그리고 반복적으로 구고법을 사용하여 작은 현을 구하는데, 반지름이 작은 현이 된다. 잘라낸 호와 시에는 다각형의 시가 있어서 반지름이 다 소진되지 않고, 반지름이 다 소진되지 않으면 작은 현도 다 소진되지 않는다. 원을 잘라 호로 만드는 것이 바로 작은 현인데, 현은 직선이고 호는 곡선이어서 이를 합쳐 원주로 삼는 것은 같은 종류가 아니다. 원주라는 것은 끝이 없는 고리와 같은데, 이를 잘라 다각형으로 만들면 반드시 끝이 없게 된다. 그러나 원을 자르는 방법은 끝없이 할 수 없으므로, 이는 이름은 원주라지만 실제로는 원주가 아니며, 또한 버리는 부분이 꼭 있게 마련이다. 처음에 제곱근을 구할 때는 큰 변을 구하기 위함인데, 끝없이 구할 수 있지만 결국 다 구할 수 없어서 버리게 된다. 나중에 제곱근을 구할 때는 작은 현을 구하기 위함인데, 이 또한 끝없이 구할 수 있지만 다 구할 수 없어서 또 버리게 될 수 밖에 없다. 버리는 부분이 있으니 전체의 수가 될 수 없다. 유휘가 원을 자르는 데 96각형에서 멈추는데, 변과 시와 작은 현에 대해 모두 '나머지는 버린다'고 말한다. 이렇게 해서 지름이 2척인 원의 둘레에 대해 여전히 6분 반 남짓을 작은 현으로 삼고 있다. 고리와 같은 원을 6분 이상의 작은 현 96개로 둘레를 삼는다고 하여, 이것이 원과 일치한다고 하니 누가 이를 믿겠는가."

전당(錢塘)의 설명은 상당히 논리적이며, 그가 근거로 삼은 이유도 일리가 있는 부분이 있다. π 가 여기서 초월성 이론의 초기 형태가 어느 정도 갖추어졌다고 볼 수 있다. 안타깝게도 전당은 이를 계승해 나갈 능력이 못 되어 더는 연구하지 않았다. 그저 원주율 값을 10의 제곱근으로 보았으며 대나무 자(竹篾)①로 원을 측정하여 그 수가 우연히 일치한다고 여겼다. 세상②에 완벽히 정확한 원은 존재하지 않으므로, 전당의 방법은 틀렸다고 할 수 있다. 이 시기에 이미 두씨(杜氏)가 해석적 방법으로 원주율을 구하는 방법이 나왔는데, 전당은 아마도 이를 보지 못했을 것이다.

번율 3.155 여에 대해 완운대(阮芸台)는 이렇게 논했다. "왕번이 원주 142에 지름 45를 대응시켰고 지름을 1장으로 계산하면 원주는 3장 1척 5촌 5분 5리 5호 5초 5홀 9분홀의 5가 되어, 휘율보다 크다." 장작남(張作楠)의 『량창통법(量倉通法)』에도 같은 말이 나왔지만, 모두 번율이 실제 비율보다 더 크다는 점은 미처 언급하지 못했다.

위의 여러 비율을 종합하여, 값의 크고 작음에 대해서 다음 표와 같이 정리된다.

성명	비율 값	확률	너무 큼	백분율	너무 작음	백분율
유흠	3.1546645 3.1790247		0.0130719 0.0374321	4.16 11.91		
장형	3.1622776 3.1724137	3.14015926	0.0206850 0.0310211	6.58 9.87		
유휘	3.1400000				0.0015926	0.49
왕번	3.1555555		0.0139629	4.44		

---

① '篾'자가 『학예』 인쇄본에서 잘못 '蔑'으로 되어 있는 것을 지금 바로잡았다.
② '下'자가 『학예』 인쇄본에서 뒤에 있는 '圓' 아래에 잘못 들어가 있는 것을 지금 바로잡았다.

송나라 말기, 남서주의 종사사 조충지

『남사』 72권에는 "조충지의 자는 문원(文遠)이며, 범양(範陽) 구(遒) 사람"이라고 되어 있다. 반면 『남제서』 52권에는 "범양 기(薊) 사람"이라고 기록되어 있다. 『위서(魏書)』 「지형지(地形志)」를 살펴보면 다음 기록이 나온다.

"범양군(한 고제가 설치한 탁군(涿郡)이었으며 후한 장제(章帝)가 개명)은 7개 현을 관할한다. 탁(涿), 고안(固安), 범양(範陽), 창향(萇鄉), 방성(方城), 용성(容城), 구(遒)가 그것이다. 연군(燕郡)은 5개 현을 관할한다. 기(薊), 광양(廣陽), 양향(良鄉), 군도(軍都), 안성(安城)이 그것이다."

이로 보아 기와 구가 두 개의 다른 지역임이 분명하다. 『통지(通志)』의 『씨족략(氏族略)』에 따르면 "상나라에 조이(祖伊)가 있었고 한나라에 조기(祖沂)가 있었는데 처음으로 탁군에 정착했다"고 한다. 『증광상우록통편(增廣尚友錄統編)』에는 "조씨는 범양의 우(羽)에서 나왔다"고 기록되어 있고, 『인명대사전(人名大辭典)』에는 "조씨의 본관은 범양"이라고 되어 있다. 또한 역사서에 기록된 조적(祖逖), 조납(祖納), 조약(祖約), 조영(祖瑩), 조정(祖珽) 등 조충지와 시대가 약간 앞서거나 뒤선 인물들도 모두 범양 구 사람이라고 되어 있으므로, 조충지가 구현 사람이라는 것은 의심의 여지가 없다. 『남제서』의 기록이 무엇을 가리키는지는 알 수 없다. 아마도 연군과 범양군이 모두 유주(幽州)에 속하고, 유주의 치소가 기에 있어서 기라고 한 것이었을 수 있다. 조익(趙翼)의 『음여총고(陔餘叢考)』에 따르면 『남사』의 내용이 모두 『남제서』에서 발췌한 것이라고 하는데 이 부분은 이연수(李延壽)가 수정한 것일 수도 있다.

『역대지리지운편금석(歷代地理志韻編今釋)』 11권을 살펴보면 다음 기록이 나온다.

"구(遒): 전한 시대에는 탁군의 현이었고, 후한 시대에는 후국이었으며 유주 탁군에 속했다. 진(晉)나라 때는 유주 범양국의 현이었고, 북위 때는 유주 범양군의 현이었다. 지금의 직예(直隸) 역주(易州) 뢰수현(淶水縣) 북쪽이다."

그렇다면 『남사』에서 말하는 구는 이곳을 가리키며, '酒'를 구(遒)로 한 것은 아마도 전사(傳寫)의 오류였을 것이다.

조충지의 증조부 대지(台之)는 진나라의 시중(侍中)이었고, 조부 창(昌)은 송나라의 대장경(大匠卿)이었으며, 아버지 삭지(朔之)는 봉조청(奉朝請)이었다. 조충지는 어려서부터 고전을 탐구했고 창의적인 사고를 지녔다. 송 효무제가 그를 화림학성(華林學省)에 직접 보내 관저와 차량, 의복을 하사하고 벼슬길에 올랐으며, 남서주에서 종사사와 공부참군(公府參軍)으로 맞이했다.[43] 송 효무제 시대에 남서주의 자사(刺史)는 여러 번 바뀌었다. 원가(元嘉) 30년(453) 4월에 대장군 강하왕 의공(義恭)이 태위(太尉)①, 녹상서육조사(錄尙書六條事), 남서주(南徐州) 자사(刺史)가 되었고, 효건(孝建) 2년(455) 10월에 대장군 경릉왕 탄(誕)이 남서주 자사가 되었으며, 대명(大明) 원년(457) 8월에 태자첨사 유연손(劉延孫)이 진군장군, 남서주 자사가 되었고, 대명 5년(461) 10월에 동중랑장 신안왕 란(鸞)이 남서주 자사가 되었다. 조충지가 어느 해에 종사사 직을 맡게 되었는지는 다른 책의

---

① '太'자가 『학예』 인쇄본에서 잘못 '大'로 되어 있는 것을 지금 바로잡았다.

방증이 없어 알 수 없다. 『송서』에 따르면 대명 6년(462)에 조충지가 재직 중에 역법의 득실에 대해 상표를 올렸다고 하니[44], 이때 신안왕 란 밑에서 일하고 있었을 것으로 추정된다. 유송(劉宋)은 무제(420)부터 순제(478)까지 59년간 지속되었는데, 대명 연간(457~464)을 송말이라고 해도 무방할 것이다. 조충지는 효무제가 붕어한 후(464) 바로 누현(婁縣) 령(令)으로 나갔다. 누현은 오군(吳郡)에 속했는데, 대명 7년에 한 때 남서에 귀속되었다가 8년에 다시 원래대로 돌아갔다. 따라서 조충지가 남서주에서 일한 것은 오직 송 효무제 때뿐이었다.

남서주에 관한 기록은 『송서』「주군지(州郡志)」에서 확인할 수 있다.

"원가(元嘉) 8년(431)에 행정 구역 개편이 이루어져 강북 지역을 남연주(南兗州)로, 강남 지역을 남서주로 변경하고 치소를 경구(京口)에 설치하였다. 이때 양주의 진릉(晉陵)과 연주의 9개 군 중 강남으로 이주한 지역들을 남서주에 편입시켰다.① 결과적으로 남서주는 서(徐), 연(兗), 유(幽), 기(冀), 청(靑), 병(幷), 양(揚) 등 7개 주의 군읍(郡邑)② 을 포괄하게 되었다."

『고금지명대사전(古今地名大辭典)』은 남서주의 연원에 대해 다음과 같이 기술하고 있다.

"동진(東晉) 시기에 서주(徐州)를 경구(京口) 지역으로 이치(移置)하였고, 이후 남서로 명칭이 변경되었으며, 남조 송(宋)이 이를 계승하였다. 현재의 행정 구역으로는 강소

---

① 『학예』 인쇄본에서 '焉' 자가 오기되어 '马'로 표기된 것을 수정하였다.
② 『학예』 인쇄본에서 누락된 '郡邑' 두 글자를 보충하였다.

성 단도현(丹徒縣)의 치소에 해당한다."

종사사의 직제(職制)에 관해서는 『진서(晉書)』 「직관지(職官志)」에 상세한 기록이 남아 있다.

"주(州)에는 자사(刺史), 별가(別駕), 치중(治中), 종사(從事), 제조종사(諸曹從事) 등의 관원이 배치되었다. 또한 주부(主簿), 문정장(門亭長), 록사(錄事), 기실(記室), 서좌제조좌(書佐諸曹佐) 등과 함께 궁마종사(弓馬從事), 도수종사(都水從事)도 설치되었다."

『송서』 「백관지(百官志)」는 자사의 관속에 대해 더욱 구체적으로 기술하고 있다.

"별가종사사(別駕從事史) 1인은 자사를 수행하여 순행하며, 치중종사사(治中從事史) 1인은 재정과 문서 관리를 담당한다. 병조종사사(兵曹從事史) 1인은 군사 업무를 주관하고, 부종사사(部從事史)는 각 군(郡)마다 1인씩 배치되어 불법 행위를 조사하는 임무를 수행한다."

조충지가 구체적으로 어떤 직책을 맡았는지는 현존하는 사료만으로는 명확히 규명하기 어렵다. 다만 『남사』와 『남제서』에서 모두 조충지를 '문학열전(文學列傳)' 항목에 포함시킨 점에 주목할 필요가 있다. 이러한 기록을 근거로 그가 문학종사사(文學從事史)였다는 추정을 해볼 수 있다. 문학종사사에 대해서는 『남제서』 16권 「백관지」에서 언급하고 있는데, "수복(州牧)과 자사 아래에 별가, 치중, 의조(議曹), 문학제주(文學祭酒) 및 제조부종사사(諸曹部從事史)를 둔다"고 기록되어 있다.

『남제서』본전(本傳)의 기록에 따르면, 조충지의 평생을 종합적으로 볼 때, 그의 저작 중 역산(曆算)에 관한 것으로는 『대명력』을 창제하고, 『철술』을 저술하며, 『구장』에 주석을 달았다. 경적(經籍)①에 관한 것으로는 『역의(易義)』『효경주(孝經注)』『논어주(論語注)』『노장의석(老莊義釋)』이 있다. 『신당지(新唐志)』는 또한 조충지가 『술이기(述異記)』 10권을 저술했다고 하며, 『초학기(初學記)·인부(人部)』와 『태평어람(太平御覽)·인사부(人事部)』에서도 모두 조충지의 『술이기』를 인용하고 있다.[45] 다만 현재 전해지는 간본은 임방(任昉)이 저술한 것으로 되어 있어, 서명은 같으나 내용이 다르니 이는 당연히 별개의 저작이었을 것이다.

『사고서목(四庫書目)』의 소설가존이(小說家存二)에 동헌주인(東軒主人)의 『술이기』 3권이 있는데, 동헌이 누구인지는 알 수 없으나, 내용이 신괴(神怪)를 서술하면서도 간혹 기이한 기물(器具)에 대해 언급하고 있어, 이 또한 상당히 고려해볼 만하다. 조충지의 증조부 대지가 일찍이 지괴서(志怪書)를 저술하여 세상에 유통시켰으니[46], 이 책이 혹시 대지의 작품이 아닐까 의심되며, 아니면 조충지가 조상으로부터 유전을 받아 조상과 같은 취미를 가졌던 것이 아닐까 싶기도 하다.

그 외에 공예 기술의 교묘함에 관해서는 기기(欹器), 천리선(千里船), 수추마(水碓磨)를 만들고 지남차(指南車)를 수정하였으며, 또한 제갈량에게 목우유마(木牛流馬)가 있었다 하여 풍력이나 수력에 의존하지 않고 기계 장치로 작동시켜 스스로 움직여 인력을 들이지 않아도 되는 기구를 만들기도 하였다.

---

① '籍'자가 『학예』인쇄본에서 잘못 '藉'으로 인쇄된 것을 지금 바로잡았다.

제(齊) 동혼후(東昏侯) 영원(永元) 2년(500) 경진(庚辰)년에 조충지가 서거하였다. 향년 72세였다(429-500).[①] 아들은 긍(暅)이고, 손자는 호(皓)이다.

갱개밀법(更開密法)

갱개밀법에 대해 고금의 학자들은 모두 여전히 할원술(割圓術)이라고 여긴다. '개(開)'는 '전(展)', 즉 펼친다는 뜻이다. 정사각형을 펼쳐 원으로 만드는 것은 호(弧)와 시(矢)의 계산법에 속한다.『구장산술』의「방전(方田)」편에 대한 이순풍의 주석에는 "조충지가 그것이 정밀하지 않다고 여겨, 그 가운데서 다시 그 값을 추산했다"고 했다. 이는 당연히 유휘의 방법을 가리키는 것으로[47], 조충지가 유휘의 방법을 따라 계산하면서 더욱 정밀한 밀법(密法)을 개발한 것이니, 역시 육각형에서 시작하여 계산한 것이었다. '밀(密)'은 정밀함을 의미한다. "잘라내는 데 세밀할수록 잃는 것이 적어진다. 자르고 또 자르고 더 이상 자를 수 없을 때까지 하면, 원주와 거의 일체가 되어 차이가 없어진다."[48]

완원(阮元)이『주인전(疇人傳)·유휘전(劉徽傳)』뒤에 다음과 같이 논의를 덧붙였다.

[①] 조충지의 생년에 애대서 429년인 것이 『학예』인쇄본에서 '426'으로 오기되었다. 여기서 이를 바로잡았다.

"유휘가 육각형 면을 창안하여, 자르고 또 잘라 원주와 지름의 비율을 구했다. 그 후 조충지가 더욱 정밀한 방법을 개발했으나, 여전히 자르고 또 자르는 것일 뿐, 유휘의 방법 외에 새로운 방법을 별도로 세우지는 못했다."

그의 말은 매우 옳으나 다만 마지막 구절에서 말한 바는 그렇지 않다고 여겨진다. 조충지가 비록 원을 자르는 방법을 통해서 영뉵(盈朒)의 두 한계값을 구했지만, 약률(約率)과 밀률(密率)은 다른 방법을 통해서 얻었을 것이다. 새로운 방법 없이는 어찌 이 비율을 정했겠는가!

매문정(梅文鼎)의 『역산전서(曆算全書)·삼각법거요(三角法擧要)』 권1 「보유이(補遺二)」에서는 "조충지는 육각형부터 잘라 계산을 시작했다"고 한다. 『수리정온(數理精蘊)』 하편 권15 「면부오(面部五)」, 『취미산방수학(翠微山房數學)』의 장작남(張作楠) 「량창통법(量倉通法)」, 『백부당산학총서(白芙堂算學叢書)』의 증기홍(曾紀鴻) 「원율고진(圓率考眞)」, 진유기(陳維棋)의 『중서산학대성(中西算學大成)』 권23에서는 모두 이를 인용하여 말하기를 "유송(劉宋) 시대의 조충지는 원에 내접하는 육각형으로부터 계산을 시작했다"고 한다.

이와 관련하여 진만책(陳萬策)은 다음과 같이 논한 바 있다.

"유휘, 조충지, 조우흠이 사각형으로 계산을 시작하여 얻은 원주율이 서양의 방법과 털끝만큼의 차이도 없다는 것은[49] 오류가 있을 것이다. 『구장주(九章注)』에 따르면, 유휘는 분명히 육각형으로 계산을 시작했고, 조우흠은 사각형의 방법을 사용했다. 조충지가 육각형을 사용했는지 사각형을 사용했는지는 확실하지 않지만, 이들 관련 증거들이 있으므로 육각형이었음이 확실하다. 또한 본 제목에 '갱(更, 바꿈)'이라고 했으니, 조씨가 처음으로 사각형으로 계산을 시작했다고 보기는 어렵다."

원의 지름 1억을 1장(丈)으로 삼을 때, 원주의 영수(盈數, 상한값)는 3장 1척 4촌 1분 5리 9호 2초 7홀이며, 뉵수(朒數, 하한값)는 3장 1척 4촌 1분 5리 9호 2초 6홀이다. 정확한 수는 이 영수와 뉵수, 두 한계값 사이에 있다란.

이적(李籍)의 『구장산술음의(九章算術音義)』에는 다음과 같은 논의가 나온다.

"십만을 억이라 한다. 만이란 물건의 수이다. 사람의 생각으로 물건의 수를 이길 수 있다고 여겼기 때문이다. 혹은 만만(萬萬)을 억이라고 한다."

『시경(詩經)·위(魏)·벌탄(伐檀)』에는 "경작하지 않고 수확하지 않았는데, 어찌 삼백억의 곡식을 얻을 수 있겠는가"라는 구절이 나온다. 이에 대한 전(傳)에는 "만만을 억이라 한다"고 설명하고 있고, 전(箋)에는 "십만을 억이라 한다"고 주해하고 있으며, 소(疏)에는 "민민을 억이라 한다"고 되어 있다. 지금의 수도 그러하다. 傳은 당시의 일을 말한 것이므로, 지금의 『구장산술』에서는 모두 만만을 억으로 삼는다. 箋은 『시경』, 『서경(書經)』 중의 고대인의 말을 따른 것이므로, 옛 수에 맞추어 말한 것이다. 따라서 옛날의 억이 십만이었음을 알 수 있다. 땅의 면적이 사방 백리일 때, 지금의 계산으로는 구백만 무(畝)가 된다. 그런데 『왕제(王制)』에는 "사방 백리의 땅은

구십억 무"라고 되어 있는데, 이는 억이 십만으로 보고 계산한 것임을 말한다. 그래서 그 주석에는 "억은 지금의 십만"이라고 되어 있는 것이다. 이는 지금의 수로 옛날의 수를 설명한 것이다. 『초어(楚語)』에는 "백성은 천 부류, 관리는 억 부류"라고 하는데, 모두 수를 열 배씩 늘린 것이니 억은 십만으로 보는 것이다. 『시경』 안의 여러 억이라는 말에 대해, 모씨와 정씨는 각자의 설을 따랐다.

『유가(瑜伽)·약찬(略纂)』에는 '억'에 대한 이야기가 나와 있다.

"서방에는 네 가지 억이 있다. 첫째, 십만을 억으로 하는 것. 둘째, 백만을 억으로 하는 것. 셋째, 천만을 억으로 하는 것. 넷째, 만만을 억으로 하는 것이다. 지금 『유가·현양(顯揚)』에서는 백만을 억으로, 『화엄(華嚴)』에서는 천만을 억으로, 『지도론(智度論)』에서는 십만을 억으로 하고 있다."

『수술기유(數術紀遺)』에도 관련 논의가 보인다.

"황제가 법을 만들어 수에 열 등급을 두게 했으나, 그 쓰임에 있어서는 세 가지가 있을 뿐이다. ... 세 등급이란 상, 중, 하를 말한다. 하등수는 열 배씩 변하여, 십만을 억이라 하고, 십억을 조라 하며, 십조를 경이라 한다.[1] 중등수는 만만씩 변하여, 만만을 억이라 하고, 억억을 조라 하며, 만만조를 경이라 한다.[2] 상등수는 수가 다하면 변하여, 만

---

[1] 『학예』 인쇄본에서 '十兆曰京也 (십조를 경이라 한다)'는 5자가 빠져 있어 지금 보충했다.
[2] 『학예』 인쇄본에서 '万万兆曰京也 (만만조를 경이라 한다)'는 6자가 빠져 있어 지금 보충했다.

만을 억이라 하고, 억억을 조라 하며, 조조를 경이라 한다.① ... 하등수는 얕고 짧아 일을 계산하는 데 부족하다. 상등수는 광대하여 세상 일에 쓸 수가 없다. 그래서 그 전해지는 것으로는 오직 중등수일 뿐이다."

서양 학자 L. Leland Locke 가 중국 산학을 제대로 살펴보지 않고 하등수를 그의 History of Pure Mathematics 에 인용하였는데 곧 십만을 억으로 삼은 것이다. 십만을 억으로 하면 10^5이 되어 수가 모두 여섯 자리가 된다. 만만을 억으로 하면 10^8이 되어 수가 모두 아홉 자리가 된다.

또한 본고에서 인용한 원주율 수는 홀(忽) 자리까지만 나와 있다. 『손자산경(孫子算經)』을 살펴보면 다음 논의가 나와 있다.

"도(度)의 셈은 홀에서 시작한다. 홀을 알고자 하면, 누에가 뱉는 실이 홀이 된다. 열 홀이 한 사(絲)가 되고, 열 사가 한 호(豪)가 되며, 열 호가 한 휘(釐)가 되고, 열 휘가 한 분(分)이 되며, 열 분이 한 촌(寸)이 되고, 열 촌이 한 척(尺)이 되며, 열 척이 한 장(丈)이 된다."②

『수서·율력지』에서 『손자산술』을 인용하여 "열 홀이 한 초(秒)가 되고, 열 초가 한 호가 된다"고 기록되어 있다. 한 장이 10^7 홀임을 알 수 있다. 1억을 1장으로 삼으면, 십만을 억이라고 해도 맞지 않고, 만만을 억이라고

---

① 『학예』 인쇄본에서 '兆兆曰京也 (조조를 경이라 한다)' 5자가 빠져 있어 지금 보충했다.
② 『손자산경』의 이 인용문은 미파사(微波榭) 본을 따른 것으로, 『수서』의 인용 및 남송 본과 모두 차이가 있다.

해도 맞지 않는다. 31415926이나 31415927은 모두 여덟 자리인데, 억의 자릿수와도 맞지 않으니, 그 이유를 알 수 없다.

육조 시대에 불교가 이미 들어왔고, 인도의 역학과 산법이 수나라 이전에 전해졌는지는 자세히 고증할 수 없으므로 그 소수의 기록법도 전해졌는지 알 수 없다. 홀 아래에 미(微)가 있고, 미 아래에는 섬(纖)이 있어, 1억을 지름으로 삼으면 미 자리까지 계산하면 오류가 없을 것이다. 지금 조씨가 지름을 정할 때 이를 생각하지 않은 것인가, 아니면 『수지』에서 발췌할 때 잠시 잘못 기록한 것인가!

문제 내용은 다음과 같아야 할 것이다.

"방법은 원의 지름 천만을 1장(丈)으로 삼고, 이를 반으로 나누어 5척(尺)을 얻어, 이를 원 안에 내접하는 육각형의 각 변의 길이로 삼는다. 그리고 반지름 5척을 현(弦)으로, 육각형의 한 변인 5척을 반으로 나눈 2척 5촌을 구(句)로 삼아, 고(股) 4척 3촌 3분 0리 1호 2초 7홀(소수 0.1892)을 구한다. 이를 반지름에서 빼면, 나머지 6촌 6분 9리 8호 7초 2홀(소수 0.98107)이 되고, 이를 다시 구로 삼는다. 육각형의 한 변을 반으로 나눈 2척 5촌을 고로 삼아, 현 2척 5촌 8분 8리 1호 9초 0홀(소수 0.45102)을 구하고, 이를 원 안에 내접하는 12각형의 각 변의 길이로 삼는다. 이와 같이 계속 구하여, 24각형, 48각형, 96각형 … 의 각 변의 길이를 얻는다. 24,576각형까지 구할 때, 그 각 변의 길이는 1리 2호 7초 8홀(소수 0.31731)이 된다. 그리고 24,576 변의 수와 각 변의 길이 1리 2호 7초 8홀(소수 0.31731)을 곱하면, 3장 1척 4촌 1분 5리 9호 2초 6홀(소수 0.21056)을 얻게 되는데, 이것이 지름이 1장인 원의 둘레가 된다. 다만 할원술(원을 자르는 방법)이 아직 다하지 않아 수치를 완전히 구할 수 없으므로, 3장 1척 4촌 1분 5리 9호 2초 6홀(소수 0.21056)은 정확한 값이 아님이 분명하다. 따라서 원주의 뉵수 (朒

數[1], 하한값)를 3장 1척 4촌 1분 5리 9호 2초 6홀로, 원주의 영수(盈數, 상한값)를 3장 1척 4촌 1분 5리 9호 2초 7홀로 정하고, 정확한 수는 이 영수와 뉵수 두 한계값 사이에 있다. 즉, 3.1415926 < π < 3.1415927이다."

현대식으로 배열하면, 다음과 같은 표를 얻을 수 있다.

변의 수(6×2^n)	n	각 변의 길이 l (小餘)	원주율 $l(6 \times 2^n)$ (小餘)
6	0	500000000000	3000000000000
12	1	258819045102	3105828541224
24	2	130526192220	3132628613280
48	3	65403129230	3139350203040
96	4	32719082821	3141031950816
192	5	16361731626	3141452472192
384	6	8181139603	3141558607552
768	7	4090604026	3141583891968
1536	8	2045306291	3141590462976
3072	9	1022653680	3141592104960
6144	10	511326907	3141592516608
12288	11	255663461	3141592608768
24576	12	127831731	3141592621056

해녕(海寧) 사연서(査燕緒)는 "영수(盈數)와 뉵수(朒數) 두 한계값의 구분은 제(齊) 나라의 조충지로부터 비롯되었다"고 말했다.[50] 이는 이 단락을 가리켜 말한 것이며, 盈(남음)와 朒(부족함) 두 글자는 역법에서도 많이 사용된다.

---

[1] '朒'자가 『학예』 인쇄본에서 잘못 '盈'으로 되어 있는 것을 지금 바로잡았다.

첸바오충은 영수와 뉵수 두 값을 구하는 조충지의 방법에 대해서 이미 자세히 알 수 없다고 했다. 여기서 그의 추산 단계가 유휘의 방법과 같다고 가정하면, 원의 지름 1장(丈)을 1억 미(微)로 변환하고, 원에 내접하는 정 (正)[①] $6×2^n$ 각형의 면적을 누계 구하되 모두 단위까지만 계산하고 나머지는 버린다. 그러면 $6×2^{11}$ 각형의 면적은 314,159,251이 되고, $6×2^{12}$ 각형의 면적은 314,159,261이 되어, 두 수의 차이는 10이 된다. 유휘의 정리 (5)에 따르면, 원의 면적은 314,159,261보다 크고 314,159,261+10보다 작아야 한다. 따라서 다음을 알 수 있다.

$$3.1415926 < \pi < 3.1415927.$$

얻은 결과가 정확히 조충지의 영수(盈數), 뉵수(朒數)와 일치한다. 첸바오충 선생의 의견에 따르면, 조충지의 영수와 뉵수는 원 내부의 정[②] $6×2^{11}$ 각형의 각 변의 길이와 정[③] $6×2^{12}$ 각형의 면적을 계산하여 얻은 것이라고 했다.[51]

원의 지름을 1장으로 하고, 내접하는 육각형에서 계산하기 시작하여 24,576각형까지 구하면, 원주의 길이는 3장 1척 4촌 1분 5리 9호 2초 6홀 (소수 0.21056)이 된다. 만약 외접하는 육각형에서 시작하여 역시 24,576 각형까지 구하면, 원주의 길이는 3장 1척 4촌 1분 5리 9호 2초 6홀(소수 0.70208)이 된다. 원주의 정확한 값은 이 두 한계값 사이에 있으므로, 3장

[①] '正'자가 『학예』 인쇄본에서 잘못 '整'으로 되어 있는 것을 지금 바로잡았다.
[②] '正'자가 『학예』 인쇄본에서 잘못 '整'으로 되어 있는 것을 지금 바로잡았다.
[③] '正'자가 『학예』 인쇄본에서 잘못 '整'으로 되어 있는 것을 지금 바로잡았다.

1척 4촌 1분 5리 9호 2초 6홀(소수 0.21056)을 뉵수의 한계로, 3장 1척 4촌 1분 5리 9호 2초 6홀(소수 0.70208)을 영수의 한계로 정했다. 소수점 이하를 반올림하면, 원주의 영수는 3장 1척 4촌 1분 5리 9호 2초 7홀이 되고, 뉵수는 3장 1척 4촌 1분 5리 9호 2초 6홀이 된다. 이 내접과 외접을 함께 사용하는 방법은 분명 조충지의 원래 방법은 아니었을 것이다. 여기에 기록해 둔 것은 단지 참고를 위한 것일 뿐이다.

조충지는 원주율의 영수와 뉵수의 두 한계값을 후세에 보여주었는데, 그의 마음속에는 아마도 후대의 학자들이 계속해서 연구를 더하여 정확한 수치를 얻기를 바랐을 것이다. 그러나 후대에 이 분야를 연구한 이들은 혹은 고법(古法)에 얽매이거나, 혹은 새로운 해석을 내놓았다는 등 다른 방향으로 빗나가 선인의 뜻을 제대로 이해하지 못했다. 심지어 조씨의 비율이 부정확하다고 평가하기도 하여, 결국 조충지의 비율은 묻혀 알려지지 않게 되었다.

선인들이 들인 공과 얻은 결과가 이러하니, 한 가슴의 심혈을 흐르는 물에 던진 격이 되어 조충지가 어찌 구천(九泉)에서 눈을 감을 수 있겠는가? 그렇지 않았다면 루돌프(Ludolph)나 섕크스(Shanks) 등이 아마도 독보적인 위치를 차지하지 못했을 것이며, 원주율 값의 발명은 우리만이 독존하지 않을까.

조충지 이후 천여 년이 지난 청대에 이르러서야 점차 이 영수와 뉵수의 한계값에 대해 언급하는 사람들이 나타나기 시작했다. 그러나 그들은 모두 영수와 뉵수 두 한계값의 합을 반으로 나누어 정율(定率)로 삼았을 뿐이다. 즉, $\pi = \frac{1}{2}(3.1415926 + 3.1415927) = 3.1415265$의 값으로 정했다.

예를 들어, 매문정(梅文鼎)의 『방원멱적(方圓冪積)』에서는 "무릇 정사각형과 원의 지름이 같으면, 정사각형의 면적이 크고 원의 면적이 작으며 둘레도 마찬가지이다. 그 비율은 400,000,000 대 314,159,265와 같다"고 했다.

『수리정온(數理精蘊)』 하편 20권에서는 "그 방법은 원주와 지름의 정율 비례를 사용하여 지름의 수 100,000,000을 첫 번째 비율로 원주의 수 314,159,256을 두 번째 비율로 삼는 것"이라고 했다.

그 외에 공흥태(孔興泰), 하몽요(何夢瑤), 굴증발(屈曾發) 등의 사람들도 마찬가지였다. 장작남의 『양창통법』에 이르러서는 다음과 같이 이야기했다.

"할원술에 대해 조충지는 원에 내접하는 육각형에서 계산을 시작했고, 조우흠은 원에 내접하는 사각형에서 계산을 시작했는데, 모두 지름의 비율 1, 원주의 비율 3.1415926을 얻었다. 서양인들은 할원팔선(割圓八線), 육종(六宗), 삼요(三要) 등의 방법으로 원의 내외의 여러 선을 구하여 교차 계산한 결과, 지름의 비율 1, 원주의 비율 3.1415926을 얻었다. 이를 통해 이치의 극치는 선후가 같고, 방법의 정밀함은 중국과 서양이 같음을 알 수 있다."

전대흔의 『십가재양신록(十駕齋養新錄)』 17권에서는 다음과 같이 논의되었다.

"서양인의 할원, 육종, 삼요의 설은 극히 미묘(幽渺①)한 것을 궁구하여, 얻은 결과가 지름 1, 원주 3.1415926으로, 정확히 조충지가 정한 영수와 뉵수 두 한계값 사이에 있다. 세월이 고금을 거치고, 지역이 중국과 외국으로 나뉘었음에도 계산이 마치 발걸음을 맞춘 듯 일치하니, 이를 사용하여 천체 운행을 계산하면 확실하여 바꿀 수 없을 것이다."

이를 통해 서양의 계산법으로 들어온 원주율도 이 값임을 알 수 있다.

조충지가 5세기에 원주율의 영수와 뉵수 한계값을 얻은 것은, 우리가 이 점만 가지고도 세계 원주율 역사상 충분히 자랑할 만하다. 당시에 원주율의 소수점 이하 7자리의 정확한 비율을 얻을 수 있었다는 것은 상당한 학문이 없이는 이룰 수 없는 일이었기 때문이다.

밀률(密率): 원의 지름 113, 원주 355

지름 113, 원주 355, 즉 $\pi = \frac{355}{113}$의 이 비율은 조충지의 아들 긍지(暅之)도 사용하지 않았고, 당나라의 이순풍도 사용하지 않았으며, 송나라의 여러 산학자들도 모두 사용하지 않았다. 용량 문제에서 간혹 사용된 경우가 있었지만(후주(後周)의 옥두(玉斗)), 이 비율에 대해 논한 사람은 아무도 없었다는 사실이 놀라운 일이 아닐 수 없다. 6-7백 년 동안 거의 사라질 뻔했다가, 원나라의 조우흠에 이르러서야 비로소 그 정밀함이 증명되었다. 조우흠이 저술한 『혁상신서(革象新書)』에서 다음과 같이 말했다.

---

① '幽'자가 『학예』 인쇄본에서 잘못 '幼'로 되어 있는 것을 지금 바로잡았다.

"지름이 113이고 둘레가 355인 것이 가장 정밀하다. 지금 일주천(日周天)의 지름을 구하는 것도 이 방법을 사용하는 것이다. 그 차이점을 논하였으니, 그 추산의 방법을 말해야 할 것이다. 백 개의 눈을 가진 바둑판을 그리되, 한 눈의 너비가 1촌이고, 가로는 10촌씩 각 구(句)가 동서로 떨어져 있게 한다. 정사각형 안에 원을 그리는데, 이는 정사각형의 네 모서리를 제거한 것이다. 원의 지름은 10촌으로, 외부 정사각형의 고(股) 수와 같다. 원의 지름을 비(髀)라 하니, 원의 비는 정사각형의 고와 그 수치가 같고 글자의 뜻도 다르지 않는다. 다만 정사각형과 원이라는 차이가 있을 뿐이다. 원 그림 안에 다시 작은 정사각형을 그린다. ... 작은 정사각형을 산술로 펼쳐 원의 모양으로 만들어 정해진 원의 둘레를 채우니, 네 모서리의 정사각형에서 시작하여 팔각형으로 만들어 첫 번째 곡선이 된다. 두 번째는 16각형이 되고, 세 번째는 32각형이 되며, 네 번째는 64각형이 된다. 한 번 더할 때마다 각의 수는 반드시 두 배가 되어, 12번째에 이르면 16,384각형이 된다. 처음의 작은 정사각형이 점점 더해지고 펼쳐져 점점 가득 차고 실해지니, 각의 수가 많아질수록 정사각형이었던 것이 더 이상 정사각형이 아니라 원으로 변해간다. ... 12번째에 이르면서 차례로 서로 비슷해진다. 12번째의 작은 현을 놓고 12번째의 곡선 수 16,384를 곱하면, 3,141촌 5분 9리 2호 남짓을 얻게 되니, 이것이 바로 지름 1,000촌의 둘레이다. 이를 113으로 곱하면 과연 355를 얻게 되니, 그래서 이 방법이 정밀하다고 말하는 것이다."[52]

조씨(趙氏, 조우흠)는 할원술을 사용하여 내접 사각형에서 계산을 시작하는 방법을 사용했으며, 또한 구고술(句股術)을 활용하여 원주값을 구했는데, 마침 조씨(祖氏, 조충지)의 이 비율과 일치했다. 이에 이 비율이 가장 적절하여 바꿀 수 없다고 여겼었다.

"원주율 연구를 살펴보면, 조충지 이후로 전혀 진전이 없었다. 송원(宋元) 시대의 여러 산학가들의 계산 초고를 보면, 혹은 고율(古率) 3을 사용하거나, 혹은 형률(衡率) $\sqrt{10}$을 사용하거나, 혹은 고율, 휘율(徽率), 밀률(密率) 세 가지를 함께 사용하여 일관성이 없었다. 수시력(授時曆)의 정밀함에도 불구하고, 그 호시할원술(弧矢割圓術)에서도 여전히 고율을 채택했으니, 나머지는 짐작할 수 있을 것이다. 조씨가 홀로 나서서 조충지의 밀률을 밝힌 것은 실로 귀중하고 값진 일이다."[53] 조우흠의 방법[54]은 다음과 같다.

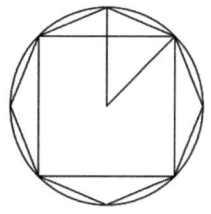

대현(大弦) = D

대구(大句) = 1

대고(大股) = $\sqrt{D^2+1^2}$

또한,

교(較) = 대현 − 대고

소구(小句) = $\frac{1}{2}(D-\sqrt{D^2+1^2})$

소고(小股) = $\frac{1}{2}$

소현(小弦) = $\sqrt{\left(\frac{D-\sqrt{D^2-1^2}}{2}\right)^2+\left(\frac{1}{2}\right)^2}$

이를 반복하여 사각형에서 팔각형을, 팔각형에서 16각형을 구하고, $4×2^{12}(=16,384)$각형까지 구하면, 소현이 0.0001917476... 이 된다. 만약 지름을 1,000촌으로 하면, $4×2^{12}$ 각형의 소현은 1분 9리 1호 남짓이 된다. 이를 곡선의 수 16,384와 곱하면,

$$16384 × 0.0001917476 = 3.141592^+$$

다시 이를 113과 곱하면,

$$3.141592 × 113 = 354.999896^+$$

즉, 355에 약간 못 미친다.

조우흠은 계산에 $π = 3.1416$을 사용했다. "태양의 원 지름 1로 산술로 그 둘레를 구하면 3도 14분 16초가 되고, 달의 원 지름도 이와 비슷하다. 적도의 주천(周天)은 365도 25분 75초인데, 산술로 그 중심 지름을 구하면 116도 26분 51초가 된다." 즉, $π = \dfrac{365.5275}{116.2651}$인 것이다. 이는 『혁상신서(革象新書)』에서 볼 수 있으며, 리옌의 『중국수학대강(中國數學大綱)』상권을 참고 바란다.

이 값은 조씨(조우흠)에 의해 한 번 제창되었으나, 그 후에는 다시 침묵 속으로 가라앉았다. 조우흠과 같은 시대의 수학자인 야율초재(耶律楚材), 잘루마정(札魯馬鼎) 등과 이겸(李謙), 허형(許衡) 등은 역법을 수정할 때도 이 비율을 기준으로 사용하지 않았다. 곽수경의 『수시력』은 고율을 사용했음을 앞서 이미 밝힌 바 있다. 이인경(李仁卿)이 저술한 『측원해경(測圓海镜)』, 『익고연단(益古演段)』과 주세걸(朱世杰)이 저술한 『사원옥감(四元玉鉴)』, 『산학계몽(算學启蒙)』은 모두 이순풍의 오류를 이어받아 조씨의 약률을 밀률 대신 사용한 잘못을 범했다.

명대의 산학은 가장 부패했으며, 중국 산학사 상의 암흑기였다고 할 수 있다. 원주율에 대해서는 각자 새로운 값을 설정했는데 모두 진리에 어긋나 눈여겨볼 만한 것이 없었다. 이 비율을 주장한 자는 더더욱 보기 드물어 말할 필요도 없다.

『주인전·조충지전』 '후론(后論)'에서 "조충지의 원주율은 지름 113, 둘레 355인데, 조연독(趙緣督)이 이가 가장 정밀하다고 말했으며 지금까지도 사용되고 있다"고 덧붙였다. 여기서 말하는 '지금'은 완원(阮元)이 사는 청대를 가리킨다. 청대의 수학자들이 이 비율을 계산에 사용하는 것은 매우 보편적이어서 특별하게 여기지 않았다. 아마도 그 값이 정확하고 계산할 때도 쉬워서 모두가 기꺼이 사용했을 것이다.

『수리정온』 하편 20권에서는 "또 원주와 지름의 비율을 정하는 비례는 지름의 수 113을 첫 번째 비율로, 원주의 수 355를 두 번째 비율로 한다"고 했다.

하몽요(何梦瑶)의 『산적(算迪)』 3권에도 관련 논의가 나온다. "정사각형의 둘레 452(정사각형의 변이 원의 지름과 같아 113이고, 변이 4개이므로 합이 452가 된다)를 첫 번째 비율로, 355를 두 번째 비율로, 현재의 원의 지름(즉, 정사각형의 변)을 세 번째 비율로 하여, 네 번째 비율을 구한 뒤 원의 지름과 곱하여 면적을 얻는다."

장형[1]양(庄亨阳, 1686-1746)의 『장씨산학(庄氏算學)』 6권에는 다음 언급이 나온다. "지름으로 원주를 구할 때, 원의 지름이 1척 2촌이라고 가정한다. 방법은 원주와 지름의 정율 비례를 사용하여, 지름의 수 113을 첫 번

---

[1] '亨'이 『학예』 인쇄본에서 잘못 '享'으로 되어 있는 것을 지금 바로잡았다.

째 비율로, 원주의 수 355를 두 번째 비율로, 현재 설정한 원의 지름 1척 2 촌을 세 번째 비율로 하여, 네 번째 비율을 구하면 3척 7촌 6분 9리 9호 남 짓이 되니, 이것이 구하고자 하는 원주이다."

이황(李潢)의 『구장산술세초도설(九章算術細草圖說)』 1권에도 유사한 논의가 보인다. "지금 살펴보니 밀률에 따르면, 마땅히 113을 원주에 곱하고 355로 나누면 지름이 된다. 355를 지름에 곱하고 113으로 나누면 원주가 된다."

장작남의 『양창통법』에도 원주로 지름을 구하는 방법이 나오는데, 역시 355를 첫 번째 비율로, 113을 두 번째 비율로 하고 있다. 그리고 얻은 지름의 수가 약간 작다고 말했다.

『방전통법보례(方田通法补例)』 2권에는 "지름이 113일 때, 원주는 354.9999969를 얻는데, 지금 355로 올리면 원주의 수가 약간 크므로, 얻은 면적도 약간 크지만, 호(毫)와 홀(忽) 사이의 차이에 불과하다"고 했다. 이는 113 × 3.14159265 = 354.99996945이기 때문이다.

여지악(厉之锷)의 『비위쇄언(毖緯瑣言)』에서는 "다시 약분하면, 지름이 113이고 원주가 355라고 하는데, 이는 3.14157에 해당하며, 여전히 부족하다"고 했다. 하지만 그가 얻은 $\frac{355}{113}=3.14157$은 오류이다.

노정(卢靖)의 『할원술집요(割圜術辑要)』에서는 "사용된 원주율 $\frac{355}{113}$은 서양 학자 오일러(L. Euler)가 정한 것으로, 중국 북제 시대 조충지가 정한 밀률과 일치한다"고 말했다. 살펴보면, 서양에서 이 비율을 처음 사용한 사람은 네덜란드인 메티우스(Adriaen Anthonisz, Adriaen Metius의 아버지)[55]로, 약 1585년에서 1625년 사이의 인물이었다. 독일인 오토

(Valentinus Otto 또는 Valentin Otto, 일명 Parthenopo Litanus)[56]가 1573년에 사용했다고도 하는 이가 있는데, 모두 조충지보다 천 년 이상 늦는 것이다. 노씨가 무슨 근거로 오일러라고 한 것인지는 알 수 없다. 오일러는 기호 π를 가장 열심히 보급한 사람으로[57], 세상 사람들이 π를 보면 바로 원주율임을 아는 것은 모두 오일러의 공이라 하겠다. 하지만 장씨의 공을 이씨에게 돌리듯이, 오일러가 이 값을 처음 사용했다고 하는 것은 매우 부적절하다. 노정이 또 조충지 사는 시대인 '남제(南齊)'를 '북제(北齊)'로 잘못 썼는데, 이 또한 바로잡아야 할 부분이다.

$\frac{355}{113}$ 은 소수점 이하 112자리에서 순환한다. 여기서 이 값의 소수점 앞 한 자리를 포함하여 총 113자리의 수치를 아래와 같이 기록한다(소수점 이하 6자리는 원주율의 참값과 같다).

$\frac{355}{113}$ = 3.141 592 920 353 982 300 884 955 752 212 389 380 530 973 451 327 433 628 318 584 070 796 460 176 991 150 442 477 876 106 194 690 265 486 725 663 716 8.[58]

『수서』 16권 「율력지」 '가량(嘉量)' 편에는 다음 기록이 나온다.

"『수례』에 따르면, 율씨(栗氏)가 용량제도를 만들었는데, 흘(䯀)의 깊이가 1척이고, 안쪽은 1척 정사각형이며 바깥은 원형으로 만들어 그 용량이 1흘이 된다. … 조충지가 산술로 이를 고찰하니, 부피가 모두 1,562촌 반이었다. 1척 정사각형이고 바깥을 원형으로 만들면, 옆면이 1리 8호 줄어들고, 그 지름은 1척 4촌 1분 4호 7초 2홀 남짓이 되며, 깊이가 1척이니, 이것이 바로 옛 곡(斛)의 형태이다."

『진지』에서 옛 곡에 대한 설명도 이와 같으나, '조충지' 세 글자가 생략되어 있다. 아마도 진(晉)과 수(隋)의 『율력지』는 모두 이순풍 등이 지었는데, 조충지가 진나라 사람이 아니어서 포함시킬 수 없다고 여겨 삭제한 것 같다.

주(周)의 홀(鬴)과 한(漢)의 곡(斛)은 모두 안쪽이 1척 정사각형이고 바깥은 원형이다. 한의 곡에 대해서도 조충지가 추산하여 검토했다. 이와 관련하여 『수지』에서는 "조충지가 원주율로 이를 고찰하니, 이 곡의 지름은 1척 4촌 3분 6리 1호 9초 2[①]홀이고, 옆면이 1분 9호 남짓 줄어든다"고 하였다. 이른바 "산술로 고찰했다"와 "원주율로 고찰했다"는 것은 모두 밀률 $\frac{355}{113}$ 을 사용하여 계산한 것이다. 이 방법으로 옆면을 계산하는 것은 앞서 말한 첫 번째 방법과 매우 유사하다. 즉, $r = 7.0710678 + 0.109 = 7.1800678$촌이 되고, 원의 면적이 $\frac{355}{113} \times (7.1800678)^2 = 161.95\cdots$가 되어 162에 매우 가깝다. 그리고 옆면의 계산 결과는 $\frac{1}{2}(14.436193 - 10\sqrt{2}) = 0.1099$가 되어 1분 9호 남짓과 일치한다. 그러나 만약 두 번째 방법으로 계산한다면, 곡의 부피는 부족하고 원주율은 초과하여, 원의 바깥으로 나가게 될 것이다.

"후주(後周) 무제(武帝) 보정(保定) 원년 신사(辛巳) 5월[②], 진국(晉國)에서 창고를 지으면서 고대의 옥승(玉升)[③]을 얻었다. …… 이를 사용하여 천하에 반포했다. 내경이 7촌

[①] '二'자가 『학예』 인쇄본에서 잘못 '三'으로 되어 있는 것을 지금 바로잡았다.
[②] 『학예』 인쇄본에서 '신사 5월' 네 글자가 빠져 있어 지금 보충했다.
[③] '升', 중화서국(中華書局) 『수서(隋書)』(1973년판)에서는 '두(斗)'로 교정했다. '升' 자 뒤에 옌 선생이 몇 글자를 생략했으며, 지금 '……'로 표시했다.

1분, 깊이가 2촌 8분, 무게가 7근 8량이다. …… 지금의 수치로 계산하면, 옥승의 부피는 옥척으로 110촌 8분 남짓이고, 곡(斛)의 부피는 1,108촌 5분 7리 3호 9초이다."[58]

근대의 여러 학자들은 모두 이 글을 밀률의 계산에 관한 것으로 여겼다. 의심의 여지가 없어 보이나 여기에도 문제가 있다.

이 글에서는 옥승의 무게가 7근 8량이라고 했지만, 『수지』 뒷부분에서는 또 다음과 같이 말했다.

"후주의 옥두(玉斗)와 부금착동두(副金錯銅斗)①, 그리고 건덕(建德) 6년의 금착제동두(金錯題銅斗)의 실제 용량이 같다. 검은 기장으로 용량을 정하고 옥으로 무게를 달았는데, 1승의 실제 무게는 모두 6근 13량이었다."

주(周)의 옥저울(玉秤) 4량은 고대의 4.5량에 해당하므로, 6근 13량을 고대의 무게 단위로 환산하면 7근 10량이 되어 7근 8량에 매우 가깝다. 그렇다면 여기서 말하는 7근 8량은 고대의 무게일 수 있으며, 내경과 깊이 또한 옥척(玉尺)이 아니었을 수 있다.

『수지』에는 또한 다음 내용이 나온다.

"또 『진란산술(甄鸞算術)』에 이르기를 "옥승(玉升) 1승은 관두(官斗) 1승 3합(合) 4작(勺)이 된다.' 이는 옥승이 크고 관두가 작다는 뜻이다. 수치로 계산하면, 진란이 근

---

① '銅', 『학예』 인쇄본에서 잘못 '鋼'으로 되어 있어 여기서 바로잡았다.

거로 삼은 후주(後周)의 관두는 부피가 옥척으로 97촌 남짓이고, 곡(斛)의 부피는 977 촌 남짓이다."

오늘날의 비례법으로 계산하면 맞지 않는 부분이 있는데,
1185.739 ÷ 1.34 ≠ 977이기 때문이다.

청초(淸初)의 진후요(陳厚耀, 1648-1722)가 황제와 천산(天算)에 대해 논할 때, 황제가 물었다. "지구의 둘레가 360도인데, 주척(周尺)으로 매 도(度)가 250리라고 한다. 지금의 척으로는 200리인데, 지구의 둘레는 얼마이며, 지구의 지름은 얼마인가?" 진후요가 다음과 같이 대답했다. "주척으로는 지구의 둘레가 9만 리이고, 지금의 척으로는 7만 2천 리입니다. 둘레가 3이고 지름이 1이라는 비율로 추산하면 지구의 지름은 2만 4천 리가 되고, 밀률로 추산하면 지구의 지름은 2만 2천 918리 남짓이 됩니다."[60] $7200 \times \frac{355}{113} = 22918.309$①이므로, "2만 2천 918리 남짓"이라고 한 것이다.

그 후로 이 비율을 사용하여 계산한 사람들이 봄날의 죽순처럼 많이 나왔는데, 이에 대해서는 앞서 간략히 서술했으므로 여기서는 더 이상 언급하지 않겠다.

밀률의 유래에 대해서는 조충지가 저술한 『철술』의 원문이 이미 유실되어 그 해법을 알 수 없게 되었고, 천여 년 동안 미해결 사건으로 남아 있다. 근대의 학자들이 그 방법을 추측한 여러 가지 설이 있다.

---

① $\frac{355}{113}$, 『학예』 인쇄본에서 잘못 $\frac{113}{355}$로 되어 있는 것을 여기서 바로잡았다.

이를 테면 연분수를 통해 얻었다는 설, 구일술에서 얻었다는 설, 즉 $\pi = \frac{157+22\times 9}{50+7\times 9}$로 보는 것이나 $\pi = \frac{3927-22}{1250-7}$라고 주장하는 설이 있고, 변율을 수정하여 얻었다는 설, 즉 $\pi = \frac{142}{45+\frac{1}{2}}$ 설 등이 있다. 이와 관련하여 『학예』 잡지 15권 5호에 게재된 졸고 「중국 산학가 조충지 및 그의 원주율 연구(中國算學家祖沖之及其圓率之硏究)」 참고 바란다.

약률: 원 지름7, 둘레22

지름이 7이고 둘레가 22인 것, 즉 $\pi = \frac{22}{7}$의 비율은 조충지가 이미 이전에 계산한 일이 있었다. 『수서·천문지』에 기록된 바에 따르면, 하승천(370-447)이 주천과 주경을 측정하여 다음과 같이 말했다. "주천은 365도 304분도의 75이고, 하늘은 항상 서쪽으로 돌아 하루 낮과 밤 동안 주천을 1도 지나간다. 남북 두 극 사이의 거리는 116도 304분도의 65강(强)인데, 이것이 바로 천경이다." $365\frac{75}{304} \times \frac{7}{22} = 116$를 계산하면 정확히 116도 304분도의 65강이 되고, 주천과 천경의 비를 약분하면 3.1428 남짓이 되어 $\frac{22}{7}$과 매우 가깝다. 조충지의 약률이 하승천의 방법을 따랐을 것이라는 추측은 바로 이에 근거한 것이다.[61]

『구장산술·소광』에서 개립원술(開立圓術)에 대한 이순풍의 주석에서 조충지의 개립원술을 인용하여 다음과 같이 말했다. "21을 적(積)에 곱하고, 11로 나눈 다음, 입방근을 구하여 나누면 입원의 지름이 된다."[①]

또 합개(合蓋)의 체적 : 구체의 부피 = 정사각형의 면적 : 원의 면적.

이라는 공식을 사용하여 구한다. d를 정사각형의 변(즉, 원의 지름)이라 하면,

$$\frac{2}{3}d^3 : \text{구체의 부피} = d^2 : \frac{\pi}{4}d^2,$$

$$\text{구체의 부피} = \frac{1}{6}\pi d^3,$$

여기서 $\pi = \frac{22}{7}$을 대입하면,

$$\text{구의 부피} = \frac{11}{21}d^3.$$

따라서 부피로 지름을 구하려면, 21을 부피에 곱하고, 11로 나눈 다음, 입방근을 구해야 한다. 조긍지는 조충지의 아들로, 약률을 사용한 계산은 아마도 그의 아버지의 방법을 따랐을 것이다.

『구장산술·방전』원전술(圓田術)에서는 여전히 고율을 사용하고 있는데, 이순풍의 주석에 이르기를 "신 순풍 등이 삼가 살펴보니 밀률에 따르면, 7을 둘레에 곱하고 22로 나누면 지름이 되고, 22를 지름에 곱하고 7로 나누면 둘레가 된다. 이 방법대로 구하면 바로 얻을 수 있다"라고 했다. 대진(戴震)이 이 오류를 바로잡아 말하기를 "지름 7, 둘레 22는 조씨의 약률이지 밀률은 아니다. 순풍 등이 이를 밀률로 여긴 것은 실수다"라고 했다. 이황

[①] 이것은 조긍의 개립원술로, 즉 "구가 입방체 2분의 1"이라는 것이다. "21을 적에 곱하고 11로 나눈 후, 개입방술로 나누면 입원의 지름이 된다"는 것은 이순풍 등의 수정이다. 이는 조긍의 계산 결과가 합개의 체적이 3분의 2에 해당함을 의미한다.

(李潢)의 『세초도설(細草圖說)』에서는 "이는 약률인데 당송(唐宋) 시대의 산학가들이 모두 지름 7, 둘레 22를 밀률로 여겼다"고 했다. 한편 매계조(梅啓照)의 『학강서재필산(學強恕齋筆算)』에서는 이순풍이 혼의(渾儀)를 개조할 때 이 값을 계산에 사용했다며 이 값이 휘율보다 정밀하기 때문에 밀률이라 불렀던 것이라고 설명하고 있다. 『수서·율력지』도 이순풍 등이 편찬한 것이다. 조충지 원주율의 참값과 밀률 $\frac{355}{113}$에 대해서는 잘 알고 있었을 텐데 부정확한 값으로 산경(算經)에 주석을 달아 후학들을 오도한 것이 못마땅하다고 하겠다. 아마도 『수서·율력지』를 저술한 것과 『구장산술』에 주석을 단 것은 이순풍이 직접 한 것이 아니라 여러 사람들이 완성한 것일 수도 있으며, 이순풍은 단지 주편자로서 검토만 했을 것이다. 산경에 주석한 사람은 아마도 당시 $\frac{22}{7}$의 값이 매우 보편적으로 사용되었기 때문에 이것이 오류가 없다고 여겨 사용했을 것이다.

『장구건산경(張丘建算經)』제20문의 내용은 다음과 같다. "지금 한 변이 1척인 정육면체 진흙이 있는데, 지름이 1촌인 탄환을 만들고자 한다. 몇 개를 만들 수 있는가?" 이 문제는 구의 부피를 구하는 것이다. 옛날에는 "16을 곱하고 9로 나누"는 방법으로 풀이했고, 유효손(劉孝孫)이 쓴 세초(細草)에도 처음에는 이를 따랐다. 이순풍 등의 주석에는 이 문제에만 '밀률에 따르면'이라는 말이 나와서, 효손이 다시 '밀률의 방법에 따르면: 진흙의 한 변의 길이를 제곱하고, 21을 곱하여 나뉨수(實)로 삼고, 11을 나눗수(法)로 삼아, 나뉨수를 나눗수로 나누면 답을 얻는다'는 구절을 추가했고, 또 여기에 밀률에 따라 풀이했다고 덧붙였다.[①] 효손의 부연 설명을 보면, 그 전후

---

① 이 부분에 대해서 옌 선생은 『장구건산경』을 위해 세초를 쓴 유효손이 이순풍 이후

맥락이 매우 억지스러워 보이며, 조긍지의 말을 인용하여 설명을 늘어놓은 것 같았다. 이렇게 된 이유는 아마도 이순풍의 주석 때문이었을 것이다.

왕효통의 『집고산경』 제10문에서 말하기를 "비율: 지름 7, 둘레 22. 문제: 정사각형의 한 변, 원의 지름, 깊이는 각각 얼마인가?"라고 했다. 여기서도 이 비율을 사용했다. 그 후 송(宋), 원(元), 명(明) 시대에 이 값을 사용한 예는 다음과 같다.

진구소 『수서구장』 8권 '측망류(測望類)' 망적원영술(望敵圓營術)에서는 다음 내용이 나온다. "연지(連枝) 세 배의 영롱(玲瓏)① 제곱근을 구하면 영의 지름이 된다. 밀률(密率) 22를 곱하고 7로 나누면 둘레가 된다."

양휘(楊輝)의 『속고적기산법(續古摘奇算法)』 '방원론(方圓論)'에는 다음 내용이 나온다. "밀률에 따르면 7을 둘레에 곱하고 22로 나눈다. 밀률로 면적을 구하려면 원의 둘레를 제곱하고 다시 7을 곱한② 뒤 88로 나눈다."

이치(李治)의 『익고연단(益古演段)』 중권 제23문의 내용은 이렇다. "밀률에 따르면 마땅히 지름을 제곱하고 다시 11을 곱한 뒤 14로 나누어야 한다."③

주세걸(朱世傑)의 『사원옥감(四元玉鑑)』 중권 「방원교착(方圓交錯)」 제3, 6, 9 세 문제에 대해서 나사림(羅士琳)은 원주에 모두 원은 밀률을 따른다는 구절이 나온다고 했다. 사림의 세초(細草)에는 다음 설명이 나온다.

의 인물이라고 생각했다. 하지만 첸바오충의 고증에 따르면 이 유효손은 북조(北朝)와 수(隋) 시대에 살던 인물로, 이순풍보다 앞선 시기의 사람이었다.
① '珑'은 『학예』 인쇄본이 잘못 '瓏'으로 인쇄된 것을 지금 바로잡았다.
② 『학예』 인쇄본에 '周' 글자가 불필요하게 들어간 것을 지금 삭제했다.
③ 이 구절은 '法'에 대한 자주(自註)에 나온 내용이다.

"입천원일(立天元一)을 원전(圓田)의 둘레로 삼고, 이를 제곱하여 원주의 면적(冪)으로 삼는다. 원의 면적 비율 7을 곱하고 둘레 면적 비율(圓周冪率) 88로 나누면 원의 면적이 된다."

정대위(程大位)의 『산법통종(算法統宗)』에는 "밀술(密術), 둘레 22척, 지름 7척"이라고 했다.

구응상(顧應祥)의 『방원론설(方圓論說)』에는 "혹은 밀률이라 하여, 지름 7, 둘레 22척이라"고 했다.

등등 위술한 바와 같이 당시 산학가들이 원주율을 언급할 때 모두 고율, 휘율, 밀률 세 가지 율을 함께 거론했으며 그들이 취한 밀률이 바로 이 값이었음을 알 수 있다.

청대 전체를 통틀어 인재가 많이 배출되었고, 이 값에 대해 논한 사람이 꽤 있었다. 어떤 이는 이것이 조씨의 약률임을 설명하였고, 또 어떤 이는 이 값이 정밀하지 않음을 증명하였으며, 또 어떤 이는 여전히 이전 사람들의 논의를 따랐다. 그 중 두드러진 예를 들면 다음과 같다.

매문정의 『기하보편(幾何補編)』 5권에는 "지름 7, 둘레 22는 조충지의 방법이라"고 하였고 『방원멱적(方圓冪積)』에는 "11과 14의 비례는 본래 조충지의 지름 7, 둘레 22란 밀률에서 비롯되었다"고 하였다.

방중통(方中通)의 『수도연(數度衍)』 9권에는 "천체를 측정할 때 지름 7, 둘레 22의 비율을 사용하는데, 지름이 7이면 둘레 22는 부족하다"고 지적하였다.

하몽요(何夢瑤)의 『산적(算迪)』 3권 하에는 "원의 지름으로 둘레를 구할 때, 7을 첫 번째 비율로, 22를 두 번째 비율로 사용하고, 지금 설정한 지름을 세 번째 비율로 하여, 네 번째 비율을 구하면 그것이 현재의 둘레가 된다"고 하였다.

『수리정온』에는 "또 둘레와 지름의 정율 비례는 지름의 수 7을 첫 번째 율로, 둘레 22를 두 번째 비율로 한다"고 했다.

완원의 『주인전』 43권에서는 "3배에 70분의 10을 더한 것이 바로 조충지의 밀률인 지름 7, 둘레 22이라며 영(盈)와 뉵(朒)의 두 한계값을 설정한 것도 조충지의 유법(遺法)"이라고 했다. 이는 그리스인 아르키메데스(Archimedes, 기원전 287-212년) 전(傳) 뒤에 언급된 내용이다. 최초로 이 $\frac{22}{7}$값을 사용한 아르키메데스는 $3\frac{10}{70} > \pi > 3\frac{10}{71}$로 정했다. 조충지는 아르키메데스보다 700여 년 후의 인물인데, 완원이 이를 '유(遺)'라고 말한 것은 이 두 사람의 시대를 제대로 살피지 않아 혼동하여 범한 오류라 하겠다. 운대(芸台, 완원의 호)의 실수이다.

장작남의 『량창통법』 "원주로 지름을 구하는 방법은 또 위(오른쪽)에서 보여주는 바와 같이 구하고자 하는 원의 지름보다 얻은 지름이 약간 작다."

1률	22 (정률)
2율	7 (정률)
3률	15척 (주어진 원의 둘레)
4율	4.7727272727...

『방전통법(方田通法)·보례(補例)』 2권에는 다음 내용이 나온다. "지름이 7일 때, 둘레는 21.9911485가 되는데, 지금 22로 올리면 둘레의 수가 약간 크므로, 얻은 면적도 약간 크다. ... 둘레가 22이면 지름은 반드시 7보다

약간 크다. 지금 7로 잘라내면 지름이 약간 작아지므로, 얻은 지름의 수와 면적의 수도 약간 작아진다."

여지악(厲之鍔)의 『비위쇄언(庀緯瑣言)·할원(割圜)』에는 "다시 약분하면, 지름 7, 둘레 22라고 하는데, 이는 3.14285에 해당하여 오차가 너무 크다"고 언급하였다.

나아곡(羅雅谷)의 『신법역서(新法曆書)·대측상(大測上)』에는 "조충지의 밀률에서 지름 7, 둘레 22라는 것은 그 외접선이지 둘레가 아니라"고 했다.

그 외에 굴증발(屈曾發)의 『구수통고(九數通考)·권수(卷首)』에는 다음과 같이 이야기하였다. "지름이 7이면, 정사각형의 둘레는 28이고, 원의 둘레는 22이다. ... 28과 22를 합하면 50이 되는데, 이는 대연(大衍)의 수이다." 이는 대연 원형(圓方)의 근원을 말하며, 역(易)의 이치로 수리(數理)를 부합시킨 것이다.

노정의 『할원술집요(割圜術輯要)』에서는 "사용된 원주율 22/7은 중국의 지율(智率)과 일치한다"고 밝혔는데 이는 이 값을 잘못 지율로 여긴 것이다.

『신법역서』에서는 "고율에서 원과 지름의 비례는 대략 22와 7"이라고 했다. 이는 이 값을 잘못 고율로 여긴 것이다. 이들은 우리가 원하지 않는 논의들이다.

약률의 유래에 대해서는 졸고「중국 산학가 조충지 및 그의 원주율 연구(中國算學家祖沖之及其圓率研究)」에서도 언급한 바 있다. 최근 미국 이타카(Ithaca) 대학의 바버(J.M. Barbour) 교수가 저술한「16세기 중국의 π 근사값(A Sixteenth Century Chinese Approximation for π)」이라는 글을 읽고, 가차산(加借算)의 방법을 사용한 것에 대해 서양의 스미스(D.E. Smith)가 이미 그 설을 제시했음을 알게 되었다. 여기서 그의 원문을 다음과 같이 인용하여 이전 글의 내용을 보충 정정하고, 감히 공을 가로채지 않음을 밝히는 바이다.

"같은 종류의 예시로, 앞서 언급한 $\pi = 10^{\frac{1}{2}}$의 값을 고려해 보자. 스미스는 '그리스의 다른 π 근사값들'에 대해 쓰면서 다음과 같이 말한다. '중세 시대에 제곱근의 일반적인 근사값 중 하나가 $(a^2+r)^{\frac{1}{2}} = a + r/(2a+1)$이었고, 이 공식이 $10^{\frac{1}{2}} = 3 + \frac{1}{7}$을 제공하기 때문에, $10^{\frac{1}{2}}$, 즉 3.1623...이 종종 π의 값으로 주어졌을 것이라고 예상하는 것은 자연스러운 일이며, 실제로 그러했다.'"[62]

3. 후기

『수지』에 기록된 조충지의 원주율에 관한 기사는 고대 원주율 역사 연구에 있어 귀중한 사료일 뿐만 아니라, 중국 산학사에 있어 중대한 의의를 지닌다. 비록 단편적인 내용에 불과하나 그 가치는 상당하다. 그러나 해당 기록이 간략하므로 그 정확한 의미를 파악하는 데 어려움이 있다. 본 연구에서는 이러한 한계에도 불구하고 주해를 시도하였으며, 이를 통해 중국 원주율 연구의 개요와 조충지의 생애 및 업적의 일면을 조명하고자 하였다. 그러나 본 연구의 해석이 원문의 의도를 왜곡했을 가능성이 있음을 인정하며, 이에 대해 학계의 수준 높은 연구자들과 수학 전문가들의 비평과 지도를 요청한다.

【부록】『수지』에서 '약률(約率) 원의 지름 7, 원주 22'라는 구절 아래에는 다음 내용이 실려 있기도 하다. "또한 개차멱(開差冪)과 개차립(開差立)을 설정하고, 아울러 정원원(正圓)을 참고하였다.① 그 요점이 정밀하여 산학자 중 최고라 할 수 있다. 그가 저술한 책 이름은 『철술』인데, 학관들이 그 심오함을 구명할 수 없어 폐기되어 다루어지지 않았다." 이는 조충지의 저술을 논하는 데 중요한 역사적 자료가 될 수 있다. 그러나 원주율과는 관련성이 적어 본 연구에서는 다루지 않았으며, 이에 대한 분석은 후속 연구의 과제로 남긴다.

주석

주석에 있는 일부 참고문헌의 내용을 수정하였다.

[1] '三'은 원문에서 잘못하여 '二'로 되어 있으나 여기서 이적(李籍)의 『구장음의(九章音義)』에 따라 교정하였다.

[2] 리옌의 『중국산학사논총(中算史論叢)』(2), 29쪽에서 인용한 것임.

[3] 손이양(孫詒讓)의 『주례정의(周禮正義)』에서 인용한 것임.

[4] 『수서(隋書)·율력지(律曆志)』의 '비수(備數)' 참조 바람.

[5] 완원(阮元)의 『주인전(疇人傳)』 권5 「유휘전(劉徽傳)」 후론 참조 바람.

[6] 손문청(孫文靑)의 「『구장산술(九章算術)』편목고(篇目考)」(『금릉학보(金陵學報)』

---

① 첸바오충은 '圓'을 '負'의 오류라고 보았다.

제2권 제2기).

[7] 제가보(諸可寶)의 『주인전삼편(疇人傳三編)』권6 「장문호전(張文虎傳)」 참조.

[8] 제가보의 『주인전삼편·장문호전』 후론 참조.

[9] 유휘(劉徽)주 『구장산술(九章算術) 서문』.

[10] [3] 과 동일.

[11] 『구장산술(九章算術) 발문』.

[12] [8] 과 동일.

[13] 『십가재양신록(十駕齋養新錄)』 권17.

[14] [7] 과 동일.

[15] 이현(李賢)의 『정현전(鄭玄傳) 주석』.

[16] 『책부원귀(冊府元龜)』에서 인용한 정현전 주석임.

[17] 홍이선(洪頤煊)의 『독서잡기(讀書雜記)』 참조.

[18] 『문헌통고(文獻通考)』 229 「경적고·잡예류(經籍考·雜藝類)」 참조.

[19] 고관광(顧觀光)의 『구수존고(九數存古)』 참조.

[20] 유조양(劉朝陽)의 「중국천문학사의 일대 중요문제 - 주비산경(周髀算經)의 시대」(『중산대학어언역사연구주간(中山大學語言歷史研究週刊)』제94, 95, 96기 합간)과 첸바오충(錢寶琮)의 「주비산경고(周髀算經考)」(『과학(科學)』제14권 제1기) 참조.

[21] 요계항(姚際恒)『고금위서고(古今偽書考)·(22)주례정의(周禮正義)』에서 인용한 손이양(孫詒讓)의 말.

[22] 『주례정의(周禮正義)』에서 손이양(孫詒讓)의 말.

[23] 미카미 요시오(三上義夫)의 「The Development of Mathematics in China and Japan」 참조.

[24] 장작남(張作楠)의 『취미산방수학(翠微山房數學)』에서 발췌한 것임.

[25] 상동.

[26] 『고금도서집성(古今圖書集成)·역법전(曆法典)』에서 인용한 나아곡(羅雅谷)의 『역서(曆書)』신주(新注) 참조.

[27] 첸바오충의 『중국산학사(中國算學史)』상권, 149쪽.

[28] 여지악(厲之鍔)의 『비위쇄언(毖緯瑣言)』참조.

[29] 『연경학보(燕京學報)』제8기 「망량함률고(莽量函率考)」참조.

[30] 『중국수학대강(中國數學大綱)』상권, 제2장 참조.

[31] 「중국산서중지주율연구(中國算書中之周率研究)」(『과학(科學)』제8권 제2기) 참조.

[32] 『중국산학사(中國算學史)』상권, 39쪽. *『학예(學藝)』에서 이 주석의 표시가 누락되었으니 해당 위치가 여기에 있을 것으로 추정됨.

[33] 『수서구장(數書九章)』권6 환전술(環田術).

[34] 『주인전(疇人傳)』권41 「왕원계전(王元啓傳)」.

[35] 『주인전(疇人傳)』권42 「전당전(錢塘傳)」.

[36] 나사림(羅士琳)의 『주인전속편(疇人傳續編)』권50 「담태전(談泰傳)」.

[37] 『중국산학사(中國算學史)』상권, 43쪽.

[38] 모이승(茅以升)의 말, 「중국원주율략사(中國圓周率略史)」(『과학(科學)』제3권 제4기).

[39] 『송서(宋書)·역지(曆志)』권13.

[40] 『수서(隋書)·율력지(律曆志)』권16.

[41] 『주인전(疇人傳)·담태전(談泰傳)』'후론'.

[42] 유휘(劉徽)의 『구장(九章) 주석』.

[43] 『남제서(南齊書)』본전 참조.

[44] 『송서(宋書)·역지(曆志)』권13.

[45] 조충지 저술과 관련하여 진술보(陳述補)의 『남제서(南齊書)·예문지(藝文志)』참조.

[46] 『진서(晉書)』권75 「열전(列傳)」제45부록 「조태지전(祖台之傳)」.

[47] 미카미 요시오(三上義夫)의 『중국산학지특색(中國算學之特色)』, 임과당(林科棠) 번역본 참조.

[48] 『구장산술(九章算術)』방전(方田) 주석, 유휘의 말.

[49] 진만책(陳萬策)의 『절문재문초(切問齋文鈔)』참조.

[50] 『중각(重刻) 주인전(疇人傳) 후발(後跋)』참조.

[51] 『중국산학사(中國算學史)』상권, 58쪽 참조.

[52] 사고전서본(四庫全書本)『혁상신서(革象新書)·건상주비편(乾象周髀篇)』, 상무인서관(商務印書館) 영인본 참조.

[53] 『중국산학사(中國算學史)』상권, 163쪽 참조.

[54] 『중국수학대강(中國數學大綱)』상권 참조.

[55] F.Cajori, *History of Mathematics*, page 73 참조.

[56] 상동, 그리고 『중국수학대강(中國數學大綱)』상권 참조.

[57] F.Cajori, *History of Mathematics*, page 158 참조.

[58] 오구라 킨노스케(小倉金之助) 서문, 코사카 마사유키(小坂正行) 저 『세계수학사(世界數學史)』.

[59] 『수서(隋書)·율력지(律曆志)』권16 '가량(嘉量)' 뒤.

[60] 『주인전(疇人傳)』권41 「진후요전(陳厚耀傳)」.

[61] 『중국산학사(中國算學史)』, 55쪽.

[62] The American Mathematical Monthly, 1933년 2월호 Barbour 씨의 글, Smith의 History of Mathematics, vol 2, 307쪽에서 인용한 것임.

부록 1

조충지 『술이기』 *

　　廬山上有康王谷,巔《事類賦注》引作北嶺有一城,號爲釗城.天每欲雨,輒聞山上鼓角笳簫之聲,聲漸至城,而風雨晦合,村人以爲常候.이상의 내용은《御覽》10《事類賦注》3에도 보이나 '無聲漸'이란 두 문장이 없다 傳云：此周康王之城,康王愛奇好異,巡歷名山,不遠而至.城中每得古器大鼎及弓弩金之屬,知非常人之所處也.而山有「康王」之號,城又以「釗」爲稱,斯言將有徵.《御覽》八十五

　　廬山上有三石梁,長數十丈,廣不盈尺,俯眄杳然無底.咸康中,江州刺史庾亮,迎吳猛,猛將弟子登山遊觀,因過此梁.見一老公,坐桂樹下,以玉杯承甘露,與猛,猛遍與弟子.又進至一處,見崇臺廣廈,玉宇金房,琳琅焜耀,輝彩炫目,多珍寶玉器,不可識名.見數人與猛共言,若舊相識.設玉膏終日.《珠林》三十一《御覽》四十一又六百六十三

　　昔有人發廬山採松,聞人語云：「此未可取.」此人尋聲而上,見一異華,形甚可愛,其香非常,知是神異,因掇而服之,得壽三百歲也.《珠林》三十六

　　南康南野有東望山,營民三人上山頂,有湖淸深,又有果林,周四里許,眾果畢植,間無雜木,行列整齊,如人功也.甘子正熟,三人共食,致飽訖,懷二枚,欲以示外人,便還.尋覓向徑,回旋半日,迷不能得；即聞空中語云：「速放雙甘,乃聽汝去.」懷甘者恐怖,放甘於地.轉眄即見歸徑,乃相與俱卻返.《御覽》九百六十六又四百

---

* 인용출처：『노신전집(魯迅全集)』 제 8 권 『고소설구침(古小說鉤沉)』, 인민문학출판사, 1973년. 원문의 쌍행협주(雙行夾注)에는 서명 부호가 없었으나 지금 보충하였다.

九十《初學記》二十八《類聚》八十六《事類賦注》二十七

南康有神,名曰「山都」,形如人,長二尺餘,黑色,赤目,髮黃被身,於深山樹中作窠,窠形如堅鳥卵,《廣記》引作形如卵而堅高三尺許,內甚澤,五色鮮明,二枚沓之,中央相連.土人云:「上者雄舍,下者雌室.」傍悉開口如規,體質虛輕,頗似木筒,中央以鳥毛為褥.此神能變化隱身,罕《廣記》에서 '卒'로 되어 있다睹其狀,蓋木客山之類也.贛縣西北十五里,有古塘,名餘公塘,上有大梓樹,可二十圍,樹老中空,有山都窠.宋元嘉元年,縣治民袁道訓、道虛兄弟二人,伐倒此樹,取窠還家.山都見形謂二人曰:「我處荒野,何豫汝事!巨木可用,豈可勝數?樹有我窠,故伐倒之.今當焚汝宇,以報汝之無道.」至二更中,內外屋上一時火起,合宅蕩盡.

《御覽》八百八十四《廣記》三百二十四

南康雩都縣沿江西出,《廣記》에서 '跨江南出'로 인용하고 있다去縣三里,名夢口,有穴,狀如石室,名夢口穴.《四字賦注》에서 '有'로 인용하고 있다舊傳:嘗有神雞,色如好金,出此穴中,奮翼迴翔,長鳴響徹,見之,輒飛入穴中,因號此石為金雞石.이상은《類聚》九十一에서 그 대략을 볼 수 있다昔有人耕此山側,望見雞出遊戲,有一長人操彈彈之,雞遙見,便飛入穴,彈丸正著穴上,丸徑六尺許,下垂蔽穴,猶有間隙,不復容人.又有人乘船從下流還縣,未至此崖數里,有一人通身黃衣,擔兩籠黃瓜,求寄載,因載 이 두 글자는《御覽》에서 '有'로 인용하고 있다之.黃衣人乞食,船主與之盤酒.二字《廣記》引有食訖,船適至崖下.船主乞瓜,此人不與,仍唾盤上,徑上崖,直入石中.船主初甚忿之,見其入石,始知神異,取向食器視,見盤上唾,悉是黃金.《珠林》二十八《廣記》四百《御覽》八百十一又三百八十七《事類賦注》九 금본 임방(任昉)의《述異記》에서도 볼 수 있으나 여기에 나오는 기술만큼 상세하지 않다

蘆塘有鮫魚,五日一化,或為美異婦人,或為男子,至於變亂尤多.郡人相戒,故不敢有害心,鮫亦不能為計.後為雷電殺之,此塘遂涸.《御覽》七十四

豫章郡有盧松村,郡人이 두 글자는《廣記》에서 '有'로 인용하고 있다 羅根生於此村傍 墾荒種瓜,又於旁立一神壇.瓜始引蔓,清晨行之,忽見壇上有新板墨書,曰:「此 是神地所遊處,不得停止,種植,可速去.」根生拜謝跪咒曰:「竊疑村人利此熟地 生苗,容或假託神旨,以見驅斥;審是神教,願更朱書賜報.」明早往看,向板猶存, 悉以朱代墨.《御覽》九百七十八 根生謝而去也.《廣記》二百九十四

章安縣西有赤城,周三十里,一峰特高,可三百餘丈.晉泰元中,有外國人白道 猷居於此山,山神屢遣狼,怪形異聲,往恐怖之,道猷自若.山神乃自詣之云:「法 師威德嚴重,今推此山相與,弟子更卜所託.」道猷曰:「君是何神?居此幾時? 今若必去,當去何所?」答云:「弟子夏王之子,居此千餘年,寒石山是家舅所住, 某且往寄憩,將來欲還會稽山廟.」臨去遺信,贈三奩香,又躬來別,執手悢然.鳴 鞞響角,凌空而逝.《廣記》二百九十四

和州歷陽淪為湖.先是有書生遇一老姥,姥待之厚,生謂姥曰:「此縣門石龜 眼血出,此地當陷為湖.」姥後數往候之.門使問姥,姥具以告.吏遂以朱點龜眼. 姥見,遂走上北山,城遂陷.《類林雜說》十

出海口北行六十里,至騰嶼之南溪,有淡水,清澈照底,有蟹焉:筐大如笠,腳 長三尺.宋元嘉中,章安縣民屠虎取此蟹食之,肥美過常.虎其夜夢一少媼語之 曰:「汝啖我,知汝尋被啖不?」屠氏明日出行,為虎所食,餘,家人殯瘞之,虎又 發棺啖之,肌體無遺.此水今猶有大蟹,莫敢復犯.《御覽》九百四十二

園客種五色香草,有五色蛾集其上;蠶時,有一女來養蠶,得繭百二十枚,大 如甕.女與客俱仙去.朱翌猗《覺寮雜記》上

漢宣城太守封邵忽化為虎,食郡民,民呼曰封使君,因去不復來.時語曰:「無 作封使君,生不治民死食民.」《海錄碎事》十二

吳黃龍年中,吳都海鹽有陸東美,妻朱氏,亦有容止,夫妻相重,寸步不相離,

時人號為「比肩人」.夫婦云皆比翼,恐不能佳也.後妻死,東美不食求死,家人哀之,乃合葬.未一歲,塚上生梓樹,同根二身,相抱而合成一樹,每有雙鴻,常宿於上.孫權聞之嗟歎,封其里曰「比肩」,墓又曰「雙梓」.後子弘與妻張氏,雖無異,亦相愛慕,吳人又呼為「小比肩」.《廣記》三百八十九

　　陸機少時,頗好遊獵,在吳豪盛,《御覽》에서 이 글자가 인용되고 있다 客獻快犬名曰黃耳；機後仕洛,常將自隨.此犬點慧,能解人語,又嘗借人三百里外,犬識路自還,一日至家.機羈旅京師,久無家問,因戲語犬曰:「我家絕無書信,汝能齎書馳取消息不？」犬喜搖尾,作聲應之.機試為書,盛以竹筒,繫之犬頸.犬出驛路,疾走向吳,飢則入草噬肉取飽.每經大水,輒依渡者,弭耳掉尾向之,其人憐愛,因呼上船.裁近岸,犬即騰上,速去如飛.徑至 이 네 글자는《類聚》에서 ‘先到’로 되어 있다 機家,口銜筒作聲示之.機家開筒取書,看畢,犬又向人作聲,如有所求；其家作答書內筒,復繫犬頸.犬既得答,仍馳還洛.計人程五旬,而犬往還裁半月.後犬死,殯之,遣送還,葬機村南,去機家二《廣記》에서 ‘五’로 되어 있다 百步,聚土為墳,村人呼為「黃耳塚.」《類聚》九十四《御覽》九百五《廣記》四百三十七《事類賦注》二十三《初學記》二十九《草堂詩箋》十四節에서 인용

　　尋陽紫桑縣城,晉永和中,有童謠呼為「平石城」.時人僉謂平滅石之徵也.後桓玄篡位,晉帝為平固王,恭帝為石陽公,俱遷於此城.《御覽》一百九十二

　　姚興永和十年,華山東界地然,廣百餘步,草木煙枯,井谷沸竭,生物皆熟,民殘之徵也.晉惠帝光熙元年五月,範陽國北,地然可爨.至九月,而驃騎範陽王司馬虓薨.十一月,惠帝因食而崩,懷帝即位.太傅東海王司馬越殺太宰河間王司馬顒,專柄朝政,又尋死,遂洎永嘉之亂.東海淪殪,越之嗣副,亦皆殄滅.石勒焚越之屍,此其應也.《開元占經》四

　　桓沖為江州刺史,乃遣人周行廬山,冀睹靈異.既涉崇有一湖,匝生桑樹；有

大群白鵝,湖中有敗艤赤鱗魚.使者渴極,欲往飲水;赤鱗張鰭向之,使者不敢飲.
《類聚》九又八十八《御覽》九百三十六 금본 任昉《述異記》에서도 이를 볼 수 있다

荊州刺史桓豁所住齋中,見一人長丈餘,夢曰:「我龍山之神,來無好意;使君既貞固,我當自去耳!」《廣記》二百七十六

晉元興末,魏郡民陳氏女名琬,家在查浦,年十六;饑疫之歲,父母相繼死沒,唯有一兄,傭賃自活.女容色甚艷,鄰中士庶,見其貧弱,競以金帛招要之.女立操貞,概未嘗有許.後值盧循之亂,賊眾將加陵逼,女厲然不回,遂以被害.《御覽》四百四十一에서 조충지가 기록한 내용을 인용

義熙四年,盧循在廣州陰規逆謀,潛遣人到南康廟祈請.既奠牲奏鼓,使者獨見一人,武冠朱衣,中筵而坐,曰:「盧征虜若起事,至此,當以水相送.」六年春,循遂率眾直造長沙;遣徐道覆踰嶺至南康,裝艦十二,艦樓十餘丈.舟裝始辦,大雨一日一夜,水起四丈.道覆凌波而下,與循會巴陵,至都而循戰敗.不意神速其誅,洪潦之降,使之自送也.《廣記》二百九十五

義熙五年,宋武帝北討鮮卑,大勝,進圍廣固,軍中將佐乃遣使奉牲薦幣,謁岱嶽廟.有女巫秦氏, 奉高人,同縣索氏之寡妻也,能降靈宣教,言無虛唱.使者設禱,因訪克捷之期.秦氏乃稱神教曰:「天授英輔,神魔所擬,有徵無戰;蕞爾小虜,不足制也.到來年二月五日當克.」如期而三齊定焉.《廣記》二百八十三

晉義熙中,有劉遁者,居江陵,忽有鬼來遁宅上.遁貧無灶,以升煮飯,飯欲熟,輒失之.尋覓於籬下草中,但得餘空.遁密市冶葛,煮以作糜,鬼復竊之,於屋北得,仍聞吐聲,從此寂絕.《御覽》九百九十

乾羅者,慕容廆 '鬼'로 하기도 하다 之十二《御覽》에서 '十一'로 되어 있다 世祖也.著金銀襦鎧,乘白馬,金銀鞍勒,自天而隆,鮮卑神之,《書鈔》一百二十九又一百二十六推為君長.《御覽》三百五十六又六百九十五

苻健皇始四年,有長人見,身長五丈,語人張靖曰:"今當太平."新平令以聞,健以為妖妄,召靖繫之.是月霖雨,河渭泛溢,滿《御覽》에서'蒲'로 되어 있다坂津監寇登於河中流得大屐一隻,長七尺三寸,足跡稱屐,指長尺餘,文深七寸.《初學記》十九《御覽》三百七十七에서 조충지를 인용한 것이다

姚萇既殺苻堅,與苻登相拒於隴東.萇夜夢堅將天帝使者,勒兵馳入萇營.以矛刺萇,正中其陰,萇驚覺,陰腫痛,明日遂死.《御覽》四百

秦周訪少時,與商人溯江俱行,夕止宮亭廟下,同侶相語:"誰能入廟中宿?"訪性膽果決,因上廟宿,竟夕宴然.晨起,廟中見有白頭老公,訪遂擒之,化為雄鴨.訪捉還船,欲烹之,因而飛去.後竟無他.《珠林》三十二

呂光永康《廣記》에서'承康'으로 되어 있다二年,有鬼叫於都衛曰:"兄弟相滅,百姓斃,兩呂絕."徽吏尋聲視之,則靡所見.是年光死,子紹立五日,紹庶兄纂紹而自立.已上亦見《廣記》三百二十一明年,其弟車騎大將軍常山公征光屢有戰功,疑贊不已,帥眾攻贊,所殺.窮酣長酗,遊走無度.明年,因醉為從弟起所殺,起推兄隆為主.姚興困民,遣叔父征西將軍隴西公碩德伐之,隆師徒撓敗,尋為姚氏所滅.《占經》一百十三

□□王子項在荊州,永光二年,所位柏折,棟椽並自濡濕,汁滴地,明年被誅.《占經》一百十四

張軌字士彥,為使持節護羌校尉涼州刺史,客相印曰:"祚傳子孫,長有西夏."關洛傾陷,而涼土獨全.在職十三年,傳國三世八主一十六載.《御覽》六百八十三

張駿有疾,夢出遊觀,不識其處,甘泉湧出,有一玄龜,向駿張口言曰:"更九日,當有嘉問好消息."忽然而覺,自書記之,封在筒中,人不知也.因寢疾,經九日而死.《御覽》四百

張駿薨,子重華嗣立,虎遣將軍王擢攻拔武御始與,進圍枹罕,重華遣宋輯《御

覽》에서 '樂輯'로 되어 있다 率眾拒之.濟河,次於金城,將決大戰.乃日有黑虹下於營中,《書鈔》一百五十一 少日輯病卒.《御覽》十四

宋高祖微時,嘗遊會稽,過孔靜宅.正晝臥,有神人衣服非常,謂之曰:"起,天子在門."既而失之.靜遽出,適與帝遇,延入,結交贈遺.臨別,執帝手曰:"卿後必當大貴,願以身嗣為託."帝許之.及定京邑,靜自山陰令擢為會稽內史.《御覽》一百二十八

甄法崇永初中為江陵令,在任嚴明.於時南平僇士為江安令,喪官,至其年歿.崇在廳事上,忽見一人從門入,云:"僇江安通法崇."法崇知士已亡,因問:"卿貌何故瘦?"答曰:"我生時所行,善不補惡,今繫苦役,窮劇理盡."《御覽》三百七十八

宋文帝世,天水梁清家在京師新亭,臘日將祀,使婢於爨室造食,忽覺空中有物,操杖打婢,婢走告清,清遂往,見甌器自運,盛飯斟羹,羅列案上,聞哺之聲.清曰:"何不形見?"乃見一人著平上幘,烏皮袴褶,云:"我京兆人,亡沒飄寄,聞卿好士,故來相從."清便席地共坐,設餚酒.鬼云:"卿有祀事"云云.清圖某郡,先以訪鬼,鬼云:"所規必諧,某月某日除出."果然.鬼云:"郡甚優閒,吾願周旋."清答甚善.後停舟石頭,待之五日,鬼不來.於是引路,達彭城,方見至.同在郡數年,還都,亦相隨而返.《廣記》三百二十三

宋軍騎大將軍 이 두 글자는 《御覽》에서 '有'로 인용하고 있다 南譙王劉義宣鎮荊州.府吏蔡鐵者其人 이 세 글자에 대해서 《御覽》에서는 '又鐵作牟'로 되어 있고 鐵이 그 음이 '尖'이라 주석을 달았다.善卜,能悉驗,時有妙見,精究如神.公嘗在內齋,見一白鼠,緣屋梁上,乃命左右射之,內置函中.時待者六人,悉驅入齋後小小戶內,別呼人召鐵.鐵至,'能悉驗'에서 여기까지는 《類聚》에서 '宜射得一白鼠置函乃召鐵'로 인용되고 있는데 지금 《御覽》에 따른다 使卜函中何物,謂曰:"中則厚賞,僻加重罰."鐵卜兆成,笑曰:"具已知矣."

公曰:"狀之."鐵為之狀 이 세 글자는《御覽》에서 인용되고 있다 曰:"兌色之鼠背明戶,彎弧射之絕左股.鼠孕五子,三雄而兩雌,若不見信,剖腹而立知."公乃使剖鼠腹,皆如鐵言,即賜錢一萬.《類聚》九十五《御覽》七百二十六又九百十一

宋元嘉中,南康平固人黃苗為州吏,受假違期.方上行,經宮亭湖,入廟下願:希免罰坐,又欲還家.若所願並遂,當上豬酒.苗至州,皆得如志,乃還.資裝既薄,遂不過廟,行至都界,與同侶並船泊宿.中夜,船忽從水自下,其疾如風,介夜四更,苗至宮亭,始醒悟.見船上有三人,並烏衣,持繩收縛苗,夜上廟階下.見神年可四十,黃白,披錦袍,梁下縣一珠,大如彈丸,光耀照屋.一人戶外白:"平固黃苗,上願豬酒,遁回家;教錄,今到."命謫三年,取三十人.遣吏送苗窮山林中,腰繫樹,日以生肉食之.苗忽忽憂思,但覺寒熱身瘡,舉體生斑毛.經一旬,毛被身,爪牙生,性欲搏噬.吏解放之,隨其行止.三年,凡得二十九人.次應取新淦一女,而此女士族,初不出外,後值與娣妹從後門出親家,女最在後,因取之.為此女難得,涉五年,人數乃充.吏送至廟,神教放遣.乃以鹽飯飲之,體毛稍落,鬢髮悉出,爪牙墮,生新者,經十五日,還如人形.意慮復常,送出大路.縣令呼苗具疏事,覆前後所取人;遍問其家,並符合焉.髀為戟所傷,創瘢尚在.苗還家八年,得時疾死.《廣記》二百九十六

南康縣營民區敬之,宋元嘉元年與息共乘舫,自縣溯流,深入小溪,幽荒險絕,人跡所未嘗至.夕登岸,停止舍中,敬之中惡猝死.其子然火守屍,忽聞遠哭聲,呼阿舅,孝子驚疑,俯仰間,哭者已至.如人長大,被髮至足,髮多被面,不見七竅,因呼孝子姓名,慰唁之.孝子恐懼,因悉薪以然火.此物言:"故來相慰,當何所畏,將須然火?"此物坐亡人頭邊哭,孝子於火光中竊窺之.見此物以面掩亡人面,亡人面須臾裂剝露骨.孝子懼,欲擊之,無兵仗.須臾,其父屍見白骨連續而皮肉都盡.竟不測此物是何鬼神.《廣記》三百二十四

宋元嘉初,鎮北將軍王仲德鎮彭城,左右出獵,遇一鶴,將二子,悉禽之歸,以獻王,王使養之.其小者口為人所裂,遂不能飲食,大者即含粟哺之,飲輒含水飲之,先令其飽,未嘗亡也.王甚愛之,令精加養視.大者羽翮先成,每翥沖天;小者尚未能飛,大者終不先去,留飲飴之.又於庭中蹇躍,教其飛揚.六十餘日,小者能飛,乃與俱去.《御覽》九百十六

青州有劉幡者,元嘉初,射得一麞,剖腹以草塞之,蹶然而起,俄而前走.幡怪而拔其塞草,須臾還臥,如此三焉.幡密錄此種,以求其類,理創多愈.《廣記》四百四十三

宋元嘉初,富陽人姓王,於窮瀆中作蟹斷,旦往視之,見一材長二尺許,在斷中,而斷裂開,蟹出都盡.乃修治斷,出材岸上.明往視之,見材復在斷中,敗如前.王又治斷出材.明晨往視,所見如初.王疑此材妖異,乃取內蟹籠中,繫擔頭歸,云至家當斧破然之.未至家三里,聞中倅倅動,轉顧見向材頭變成一物,人面猴身,一手一足,語王曰:"我性嗜蟹,比日實入水破君蟹斷,入斷食蟹,相負已爾,望君見恕,開籠出我;我是山神,當相佑助,並令斷大得蟹."王曰:"汝犯暴人,前後非一,罪自應死."此物種類專三字《廣記》에서 '轉頓'로 되어 있다 請乞放,王回頭不應,物曰:"君何姓何名?我欲知之."頻問不已,王遂不答.去家轉近,物曰:"既不放我,又不告我姓名,當復何計?但應就死耳." 王至家,熾火焚之,後寂然無復異.土俗謂之山《廣記》에서 '山魈'로 되어 있다,云知人姓名,則能中傷人,所以勤勤問王,正欲害人自免.《珠林》三十一《廣記》三百二十三

郭仲產宅在江陵批把寺南.宋元嘉中,起齋屋,以竹為窗櫺,竹遂漸生枝葉,長數丈,鬱然如林,仲產以為吉祥.及孝建中,被誅.《御覽》八百八十五《廣記》三百六十

宋元嘉《御覽》《廣記》에서 '元徽'로 되어 있다 中,吳縣中都里石玄度家,有黃狗生白雄子,母愛其子,異於常犬,銜食飴之,子成大狗.子每出獵未反,母輒門外望之.

玄度久患氣嗽,轉就危困,醫為處湯,須白狗肺,《御覽》에서 '犬牙'로 되어 있다 市索,卒不能得,乃殺所養白狗,以供湯用.母向子死處,跳踊嗥呼,倒地復起,累日不息.其家煮狗子肉,與客共食之,投骨於地,母輒銜置窟中,이상은《類聚》九十四에서도 볼 수 있다 食畢,移入後園大桑樹下,掘土埋之,日向樹嗥喚,月餘乃止.玄度漸劇,臨死屢言:《廣記》에서는 '玄度所疾不瘳以至於卒終謂左右曰'로 인용하고 있다 "湯不救我疾,恨殺此狗."其弟法度從此終身不食狗肉.《御覽》九百五《廣記》四百三十七

安國李道豫,宋元嘉中,其家犬臥於當路,豫蹴之,犬曰:"汝即死,何以踏我？"豫未幾而卒.《廣記》四百三十八

庾季隨有節概,膂力絕人.宋元嘉中,得疾晝臥,有白氣如雲,出於室內,高五尺許,有頃化為雄雞,飛集別床.季隨斫之,應手有聲,形即滅,地血滂沱.仍聞蠻嫗哭聲,但呼"阿子",自遠而來,徑至血處.季隨復斫,有物類猴,走出戶外,瞋目顧視季隨,忽然不見.至晡,有二青衣小兒,直從門入,唱云:"庾季隨殺官！"俄而有百餘人,或黑衣,或朱衣,達屋,喚云:"庾季隨殺官！"季隨揮刀大呼,鬼皆走出滅形.還步,忽投寺中；子忽失父所在,至寺,見父有鬼逐後,以皮囊收其氣.數日遂亡.《廣記》三百二十五

南康郡鄧德明嘗在豫章就雷次宗學,雷家住東郊之外,去史豫章墓半里許.元嘉十四年,德明與諸生步月逍遙,忽聞音樂諷誦之聲,即夜白雷,出聽曰:"此間去人尚遠,必鬼神也."乃相與尋之,遙至史墓,但聞墳下有管弦女歌,講誦吟詠之聲,咸嘆異焉.《御覽》五百五十九

薄紹之嘗為臧質參軍,元嘉二十四年,寄居東府之西賓別宅中,與祖法開鄰舍.開母劉,寢疾彌旬,以二十二年五月一日夜半亡.二日,紹之見群鼠大者如豚,鮮澤五色,或純或駁,或著平上幘,或著龍頭,大小百數,彌日累夜.至十九日黃昏,內屋四簷上有一白鼠,長二尺許,走入壁下,入處起火,以水灌之,火不滅,良久自

滅.其夜見人修壯赤色,身光如火,從燒壁中出,經入床下,又出壁外.雖隔一壁,當時光明洞徹,了不覺又隔障.四更,復有四人,或與紹之言相佑,或瞋目吐舌,自暮迄旦.後夕,復燒屋,有二人長九尺許,騎馬挾弓矢,賓從數十人,呼為將軍.紹之問:"汝行何向?"答云:"被使往東邊病人還."二十一日,群黨又至.家先有一白狗,自有鬼怪,暮常失之,至曉輒還.爾夕試繫之,須臾,有一女子來云:"勿繫此狗,願以見乞."答:"便以相與."投繩,竟不敢解,倏然走出.狗於是呻喚垂死,經日不能動.有一人,披錦袍,彎弧注鏃直向.紹之謂:"汝是妖邪,敢於恐人!我不畏汝,汝若不速去,令大道神尋收治汝!"鬼弛弦縱矢,策馬而去.《廣記》三百二十五

嘉興縣墨陶村朱休之,有弟朱元,元嘉二十五年十月清旦,兄弟對坐家中,有一犬來,向休蹲,遍視二人而笑,遂搖頭歌曰:"言我不能歌,聽我歌梅花;今年故復可,奈汝明年何?"《御覽》一에서 '明年當奈何'로 인용되고 있다 其家驚懼,斬犬榜首路側.至歲末梅花時,兄弟相鬥,弟奮戟傷兄,官收治,並被囚繫,經歲得免.至夏,舉家時疾,母及兄弟皆卒.《御覽》九百七十又八百八十五又九百五《類聚》八十六 금본任昉의《述異記》에서도 이 글을 실었지만 약간 소략하다

高平曹宗之,元嘉二十五年,在彭城,夜寢不寤,旦亡,晡時氣息還通,自說所見:一人單衣幘,執手板,稱北海王使者,殿下相喚.宗之隨去,殿前中庭有輕雲,去地數十丈,流蔭徘徊,帷之間,有紫煙飄飄,風吹近人,其香非常.使者曰:"君停階下,今入白之."須臾傳令:"謝曹君,君事能可稱,久懷欽遲,今欲相屈為府佐;君今年幾?嘗經鹵簿官未?"宗之答:"才幹素弱,仰慚聖恩,今年三十一,未嘗經鹵簿官."又報曰:"君年算雖少,然先有福業,應受顯要,當經鹵簿官,乃辭身,可且歸家,後當更議也."尋見向使者送出門,恍忽而醒.宗之後仕廣州,年四十七,明年職解,遂還州,病亡.《廣記》三百七十七

宋時豫章胡庇之嘗為武昌郡丞,宋元嘉二十六年,入廨中,便有鬼怪,中宵籠月,戶扉少開,有人倚立戶外,狀似小兒,戶閉,便聞人行,如著木屐聲,看則無所見,如此甚數.二十八年三月,舉家悉得時病,空中語擲瓦石,或是乾土,夏中病者皆著,而語擲之勢更猛.乃請道人齋戒,竟夜轉經,倍來如雨,唯不著道人及經卷而已.秋冬漸有音聲,瓦石擲人,內皆青黯而不甚痛.庇之有一老妳,好罵詈鬼,在邊大嚇.庇之迎祭酒上章,施符驅逐,漸復歇絕.至二十九年,鬼復來,劇於前.明年,丞廨火頻四發,狼狼澆沃,並得時死.잘못된 글자가 들어있다 鬼每有聲如犬,家人每呼為吃,後忽語,語似牛,三更叩戶,庇之問:"誰也?"答曰:"程邵陵."把火出看,了無所見.數日,二更中,復戶外叩掌,便復罵之,答云:"君勿罵我,我是善神,非前後來者,陶御史見遣報君."庇之云:"我不識陶御史."鬼云:"陶敬玄,君昔與之周旋."庇之云:"吾與之在京日,伏事衡陽,又不嘗作御史."鬼云:"陶令處福地,作天上御史 ; 前後相侵,是沈公所為.此廨本是沈宅,因來看宅,聊復語擲狡狯 ; 忽君攘卻太過,乃至罵詈,令婢使無禮向之,復令祭酒上章,苦罪狀之,事徹天曹.沈今上天言:君是佛三歸弟子,那不從佛家請福,乃使祭酒上章?自今唯願專意奉法,不須興惡,鬼當相困."'當' 뒤에 '不'字가 누락된 것으로 의심된다 庇之請諸尼讀經,仍齋訖,經一宿後,復聞戶外御史相聞,白胡丞:"見沈相訟甚苦,如其所言,君頗無禮,若能歸誠正覺,習經持戒,則群邪屏絕.依依曩情,故相白也."《珠林》四十六

燉煌索萬興,晝坐廳事.東間齋中一奴子,忽見一人著幘,牽一驄馬,直從門入,負一物,狀如烏皮隱囊,置砌下,便牽馬出門.囊自輪轉,徑入齋中,緣床腳而上,止於興膝前,皮即四處捲開,見其中周匝是眼,動瞬甚可憎惡,良久又還,更舒合,仍輪轉下床,落砌西去.興令奴子逐至廳事東頭滅,惡之,因得疾亡.《廣記》三百二十五

郭秀之寓居海陵,宋元嘉二十九年,年七十三,病止堂屋.北有大棗樹,高四丈許.小婢晨起開戶掃地,見棗樹上有一人,修壯黑色,著皂襆帽,烏韋褲褶,手操弧矢,正立南面,舉家出看□□秀之扶仗視之,此人謂秀之曰:"僕來召君,君宜速裝."日出便不復見,積五十三日如此.秀之亡後便絕.위와 같다

陶繼之元嘉末為秣陵令,殺劫,其中一人,是大樂伎,不為劫,而陶逼殺之.將死曰:"我實不作劫,遂見枉殺,若見鬼,必自訴理."少時 '殺劫'에서 여기까지는《六帖》《廣記》에서 '嘗枉殺樂伎'로 인용되고 있으나 지금《御覽》에 따라 인용하고 보충한다 夜夢伎來云:"昔枉見殺,訴天得理,今故取君."遂跳入陶口,仍落腹中,須臾復出,乃相謂云:"今直取陶秣陵,亦無所用,更議王丹陽耳!"言訖,遂沒.陶未幾而卒.王丹陽果亡.《廣記》三百二十三《御覽》四百《六帖》二十三

黃州治下有黃父鬼,出則為祟,所著衣帕皆黃,至人家,張口而笑,必得癘疫,長短無定,隨籬高下.自不出已十餘年,土俗畏怖.廬陵人郭慶之有家生婢名採薇,年少有色.宋孝建中,忽有一人,自稱山靈,裸身,長丈餘,臂腦皆有黃色,膚貌端潔,言音周正,土俗呼為黃父鬼,來通此婢.婢云意事如人.鬼遂數來,常隱其身,時或露形,形變無常,乍大乍小,或似煙氣,或為石,或作小兒,或婦人,或如鳥如獸;足跡如人,長二尺許,或似鵝跡,掌大如盤.開戶閉牖,其入如神,與婢戲笑如人.《廣記》三百二十五

宋賁慶伯者,孝建中仕為州治中,假歸至家,忽見三驄皆赤幘,同來,云:"官喚."慶伯云:"才謁歸,那得見召?且汝常黑幘,今何得皆赤幘也?"驄答云:"非此間官也."慶伯方知非生人,遂叩頭祈,三驄同詞,因許回換,言:"卻後四日,當更詣君,可辦少酒食見待,慎勿洩也."如期果至,云:"已得為力矣."慶伯欣喜拜謝,躬設酒食,見鬼飲啖,不異生人;臨去曰:"哀君故爾,乞秘隱也."慶伯妻性猜妒,謂伯云:"此必妖魅所罔也."慶伯不得已,因具告其狀.俄見向三驄,楚

撻流血,怒而立於前曰:"君何相誤也?"言訖失所在.慶伯遂得暴疾,未旦而卒.《廣記》三百二十六

潁川庾某,宋孝建中,遇疾亡,心下猶溫,經宿未殯,忽然而語,說:初死,有兩人黑衣,來收縛之,驅使前行,見一大城,門樓高峻,防衛重複,將庾入廳前,同入者甚眾,廳上一貴人南向坐,侍直數百,呼為府君,府君執筆簡問到者,次至庾曰:"此人算尚未盡."催遣之.一人階上來,引庾出,至城門,語吏差人送之,門吏云:"須復白,然後得去."門外一女子,年十五六,容色閒麗,曰:"庾君幸得歸,而留停如此,是門司求物."庾云:"向被錄,輕來,無所賫持."女脫左臂三年坐釧投庾云:"並此與之."庾問女何姓,云:"姓張,家在茅渚,昨遭亂亡."庾曰:"我臨亡,遣賣五千錢,擬市材,若再生,當送此錢相報."女曰:"不忍見君獨厄,此我私物,不煩還家中也."庾□□□□□,竟不復白,便差人送去.庾與女別,女長嘆泣下.庾既恍忽蘇,至茅渚尋求,果有張氏新亡少女云.《廣記》三百八十三

王瑤,宋大明三年,在都病亡.瑤亡後,有一鬼,細長黑色,袒著犢鼻褌,恆來其家;或歌嘯,或學人語,常以糞穢投人食中.又於東鄰庾家,犯觸人,不異王家時.庾語鬼:"以土石投我,□非所畏,若以錢見擲,此真見困."鬼便以新錢數十,正擲庾額.庾復言:"新錢不能令痛,唯畏烏錢耳!"鬼以烏錢擲之,前後六七過,合得百餘錢.《廣記》三百二十五

東平畢眾寶,家在彭城,有一驄馬甚快,常乘出入,至所愛惜.宋大明六年,眾寶夜夢見其亡兄眾慶曰:"吾有戎役,方置艱危,而無得快馬,汝可以驄馬見與."眾寶許諾.既覺,呼同宿客說所夢始畢,仍聞馬倒聲,遣人視之,裁餘氣息,狀如中惡.眾寶心知其故,為試治療,向晨馬死,眾寶還臥,如欲眠,聞眾慶語云:"向聊求馬,汝治護備至,將不惜之?今以相還,別更覓也."至曉馬活,食時復常.《御覽》八百九十七

宋驃騎大將軍河東柳元景,大明八年少帝即位.元景乘車行還,使人在中庭洗車轅,晒之,有飄風中門而入,直來衝車.明年而闔門被誅.《御覽》八百八十五

宋大明中,頓丘縣令劉順,酒酣,晨起,見床榻上有一聚凝血,如覆盆形.劉是武人,了不驚怪,乃令搗,親自切血,染食之.棄其所餘.後十許載,至元徽二年,為王道隆所害.《御覽》八百八十五《廣記》三百六十

武康徐氏,宋太元中,太元疑是大明之訛病瘴,連治不斷.有人告之曰:"可作數團飯,出道頭,呼傷死人姓名,云:'為我斷瘴,今以此團與汝.'擲之徑還,勿反顧也."病者如言,乃呼晉故車騎將軍沈充.須臾,有乘馬導從而至,問:"汝何人,而敢名官家?"因縛將去;舉家尋覓經日,乃於塚側叢棘下得之,繩猶在時,瘴遂獲痊.《御覽》七百六十六

劉德願兄子太宰從事中郎道存,景和元年五月,忽有白蚓數十,登其齋前砌上,通身白色,人所未嘗見也.蚓並張口吐舌,大赤色.其年八月,與德願並誅.《御覽》九百四十七《廣記》四百七十三

周登之家在都,宋明帝時,統諸靈廟,甚被恩寵.母謝氏,奉佛法.太始五年《廣記》에서 '三年'으로 되어 있다 夏月,暴雨,有物行隱煙霧,垂頭屬聽事前地,頭頸如大赤鳥,《廣記》에서 '馬'로 인용되어 있다 飲庭中水.登之驚駭,謂是善神降之,汲水盆之,飲百餘斛,水竭乃去.二年而謝氏亡,亡後半歲,明年《廣記》의 인용에서는 '年'가 없다 帝崩.登之自此事遂衰敗.《御覽》八百八十五《廣記》二百六十

豫章胡茲家在郡治.宋泰始四年,空中忽有故塚墓磚,青苔石灰著之,磕然擲其母前,甚數,或五三俱至,舉家驚懼;然終不中人,旬日乃止.《御覽》七百六十七

宋泰始中,有張乙者,被鞭,瘡痛不竭;人教之燒死人骨末以傅之.雇同房小兒,登山岡,取一髑髏,燒以傅瘡.其夜,戶內有爐火燒此小兒手,又空中有物,按小兒頭,內火中,罵曰:"汝何以燒我頭?今以此火償汝!"小兒大喚曰:"張乙

燒耳！"答曰："汝不取與張乙,張乙那得燒之？"按頭良久,髮然都盡,皮肉焦爛,然後捨之.乙大怖,送所餘骨埋反故處,酒肉酸之,無復災異也.《珠林》四十六

　王文明,宋太始末江安令,妻久病,女於外為母作粥,將熟變而為血,棄之更作,亦復如初,如此者再.《珠林》의 인용에서 이 문장이 있다 母尋亡.其後,兒女在靈前哭,忽見其母臥靈床上,兒如平生,諸兒號感,奄然而滅.文明先愛其妻手下《廣記》에서 '所使婢'로 인용되고 있다,妊身將產.葬其妻日,使婢守屋,餘人悉詣墓所；部伍始發,妻便見形,入戶打婢.其後,諸女為父辦食,殺雞,刳洗已竟,雞忽跳起,軒首長鳴.文明尋卒,諸男相繼喪亡.《珠林》九十五《廣記》三百二十五

　朱道珍嘗為 孱陵令,南陽劉廓為荊州參軍,每與圍棋,日夜相就,局子略無暫輟.道珍以宋元徽三年六月二十六日亡.至九月,廓坐齋中,忽見一人,以書授廓云：朱孱陵書.廓開書,看是道珍手跡,云："每思棋聚,非意致闊,方有來緣,想能近領."廓讀書畢,失信所在,失其書信(그의 서신을 잃었다) 寢疾尋亡.《御覽》七百五十三

　朱泰家在江陵,宋元徽中,病亡未殯；忽形見,還坐屍側,慰勉其母,眾皆見之.指揮送終之具,務從儉約.謂母曰："家比貧,泰又亡歿,永違侍養,殯殮何可廣費？"《廣記》三百二十三

　蜀郡成都張伯兒,年十餘歲,作道士,通靈有遠鑒,時飲醇灰汁數升,云以洗腸療疾.《御覽》八百七十一

　"獨角"者,巴郡江人也.年可數百歲,俗失其名,頂上生一角,故謂之"獨角".或忽去積載,或累旬不語,及有所說,則旨趣精微,咸莫能測焉.所居獨以德化,亦頗有訓導.一旦與家辭,因入舍前江中,變為鯉魚,角尚在首.後時時暫還,容狀如平生,與子孫飲宴,數日輒去.《珠林》三十一《廣記》四百七十一

　尹雄年九十,左鬢生角,長半寸.《類聚》十八《御覽》三百七十三又三百八十三

　逢桃杖居江夏,病疾困篤,頻上奉章.夜中有物若豕.赤色,從十餘人,皆操繩,

入門,周床一匝而去.往問道士張玄冥,冥曰:"見者祟物伏罪,烏衣入宅,里社檢護耳,疾尋當除."自是平復也.《書鈔》八十七

荀璵字叔瑋,事母孝,好屬文及道術,潛棲卻粒.嘗東遊,이상 네 문장은《類聚》一에서 '寓居江陵'으로 인용하고 있다 憩江夏黃鶴樓上,望西南有物,飄然降自霄漢,俄頃已至,乃駕鶴之賓也.鶴止戶側,仙者就席,羽衣虹裳,賓主歡對.이 두 글자는《御覽》에서도 인용되고 있다 辭去,跨鶴騰空,眇然煙滅.《類聚》六十三又九十《御覽》九百九十六《事類賦注》十八 任昉《述異記》에서도 볼 수 있다

尋陽張允,家在本郡,郡南有古城.張少貧約,屢往遊憩,忽有一老公,來與張言,因問之:"此城何名?"答曰:"吾不知,為南郡城耳!"言訖便去,不知所之.張既出宦,仕進累遷,位登元凱,後為南郡太守,即以城號,以志老父之言焉.《御覽》一百九十二

漆澄豫章人,有志幹絕倫.嘗乘船釣魚,俄頃盈舟;既而有物出水,粗鱗黑色,長如十丈,不見頭尾,闔船驚怖,澄獨色不變.《初學記》二十二에서 조충지를 인용하였다

諸葛景之亡後,宅上嘗聞語聲.當酤酒還,而無溫;鬼云:"卿無溫,那得飲酒?"見一銅從空中來.《御覽》七百五十七

夏侯祖欣 《書鈔》에서 '欣'으로 되어 있다.아래도 이와 같다 為兗州刺史,喪於官,沈僧榮代之.祖欣見形詣僧榮,床上有一織成寶飾絡帶,夏侯曰:"此帶殊好,豈能見與?"《書鈔》에서'當能與之'로 되어 있다 沈曰:"甚善."이성은《書鈔》一百二十九에서도 인용하고 있다 夏侯曰:"卿直許,終不見關,必以為施,可命焚與."沈對前燒,視此帶已在夏腰矣.《御覽》六百九十六

巴西張尋夢庭生一竹,節相似,都為一門,以問竺法度,云:"當暴貴,但不得久矣."果然,如其所言.《廣記》二百七十六

陳留周氏婢,名興進,入山取樵,倦寢; 두 글자는《廣記》에서 인용하였다 夢見一女,

語之曰："近在汝頭前,目中有刺,煩為拔之,當有厚報."乃見一朽棺,頭穿壞,髑髏墮地,草生目中,便為拔草,內著棺中,以甓塞穿；即於髑髏處《六帖》에서는 '其處'로 引用되고 있고《廣記》에서는 '路旁'으로 되어 있다得一雙金指環.《御覽》四百七十九에서 조궁조충지 기록을 인용하고, 三百九十九《六帖》二十三《廣記》二百七十六

陳敏為江夏太守,許宮亭廟神一銀杖,後以一鐵杖,銀塗之.送杖還,廟神巫宣教曰："陳敏之罪,不可容也."乃置之湖中.杖浮在水上,敏舟值風傾覆矣.《書鈔》一百三十三

庾邈與女子郭凝私通,詣社,約取為妾,二心者死.邈遂不肯婚娉.經二載,忽聞凝暴亡.邈出門瞻望,有人來,乃是凝,斂手嘆息之,凝告郎："從北村還,道遇強人,抽刃逼凝,懼死從之,未能守節,為社神所責,卒得心痛,一宿而絕."邈云："將今且停宿."凝答曰："人鬼異路,毋勞爾思."因涕泣下沾襟.《書鈔》八十七《御覽》五百三十二

清河崔基,寓居青州.朱氏女,姿容絕倫,崔傾懷招攬,約女為妾.後三更中,忽聞叩門外,崔披衣出迎,女雨淚嗚咽,云："適得暴疾喪亡,忻愛永奪,悲不自勝."女於懷中抽兩匹絹與崔,曰："近自織此絹,欲為君作褲衫,未得裁縫,今以贈離."崔以錦八尺答之,女取錦曰："從此決矣！"言畢,豁然而滅.至旦,告其家,女父曰："女昨夜忽然病,夜亡."崔曰："君家絹帛無零失耶？"答云："此女舊織餘兩匹絹,在箱中,女亡之始,婦出絹,欲裁為送終衣,轉盼失之."崔因此具說事狀.《御覽》八百十七

蕑啟之家在南鄉,有樗蒲婁廟.啟之有女,名僧因,忽□氣而寤云："樗蒲君遣婢迎僧,坐斗帳中,仍陳盛筵,以金銀為俎案,五色玉為杯碗,與僧共食,一宿而醒也."《廣記》二百九十四

太原王肇宗病亡,亡後形見,於其母劉及妻韓共語,就母索酒,舉杯與之曰：

"好酒！"語妻曰："與卿三年別耳！"及服終,妻疾,曰："同穴之義,古之所難,幸者如存,豈非至願？"遂不服藥而歿.《廣記》三百十八

汝南周義取沛國劉旦孫女為妻,義豫章艾縣令弟,路中得病,未至縣十里,義語必不濟,便留家人在後,先與弟至縣,一宿死.婦至,臨屍,義舉手別婦,婦為梳頭,因復拔婦釵.斂訖,婦房宿,義乃上床謂婦曰："與卿共事雖淺,然情相重,不幸至此,兄不仁,離隔人室家,終沒,不得執別,實為可恨！我向舉手別,又拔卿釵,因欲起,人多氣逼,不果."自此每夕來寢息,與平生無異.《廣記》三百二十二

武昌小吏吳龕得一浮石,取其 '置'로 의심된다 床頭,化成一女,端正,與龕為夫妻.《書鈔》七十七　금본 任昉의《述異記》에서도 볼 수 있다

陳留董逸少時,有鄰女梁瑩,年稚色艷,逸愛慕傾魂,貽椒獻寶,瑩亦納而未獲果.後逸鄰人鄭充在逸所宿,二更中,門前有叩掌聲,充队望之,亦識瑩,語逸曰："梁瑩今來."逸驚躍出迎,把臂入舍,遂與瑩寢,瑩仍求去,逸攬持不置,申款達旦,逸欲留之,云："為汝蒸豚作食,食竟去."逸起閉戶施帳,瑩因變形為狸,從梁上走去.《御覽》九百十二

南康營民伍考之,伐船材,忽見大社樹上有猴懷孕,考之便登木逐猴,騰赴如飛.樹既孤迥,下又有人,猴知不脫,因以左手抱樹枝,右手撫腹. 考之禽得,搖擺地殺之,割其腹,有一子,形狀垂產.是夜夢見一人稱神,以殺猴責讓之.後考之病經旬,初如狂,因漸化為虎,毛爪悉生,音聲亦變,遂逸走入山,永失蹤跡.《御覽》九百十《廣記》一百三十一

南齊馬道猷為尚書令史,永明元年坐省中,忽見鬼滿前,而傍人不見.須臾,兩鬼入其耳中,推出魂,魂落屐上,指以示人："諸君見否？"傍人並不見,問魂形狀云何,道猷曰："魂正似蝦蟆."云必無活理,鬼今猶在耳中.視其耳皆腫,明日便死.《廣記》三百二十七

廣州顯明寺道人法力,向晨詣廁,於戶中遇一鬼,狀如昆侖,兩目盡黃,裸身無衣.法力素有膂力,便縛著堂柱,以杖鞭之,終無聲.乃以鐵鎖縛之,觀其能變去否.日已昏暗,失鬼所在.위와 같다

첨부

조충지(祖冲之) 『술이기(述異記)』 일실문*

　　晉沙門竺法義,山居好學,住在始寧保山.後得病積時,攻治備至,而了不損,日就緜篤,遂不復自治,唯歸誠觀世音,如此數日.晝眠,夢見一道人來候其病,因為治之,剖出腸胃,湔洗腹臟,見有結聚不淨物甚多.洗濯畢,還內之,語義曰:"汝病已除."眠覺,眾患豁然,尋得復常.案其經云:"或現沙門梵志之像."意者義公所夢其是乎!義以太元七年亡.自竺長舒至義六事,並宋書令傅亮所撰.亮自云:"其先君與義遊處,義每悅其事,輒凜然增其肅焉."《法苑珠林》卷九五

　　宋羅璵妻費氏者,寧蜀人.父悅,宋寧州刺史.費少而敬信,誦《法華經》數年,勤至不倦.後忽得病苦,心痛守命,閻門遑懼,屬纊待時.費氏心念:"我誦經勤苦,宜有善佑,庶不於此,遂至死也."既而睡臥,食頃,如寤如夢.見佛於窗中授手,以摩其心,應時都愈.一堂男女婢僕悉睹金光,亦聞香氣.璵從妹即(王)琰外族曾祖尚書中兵郎費惛之夫人也,於時,省疾床前,亦具聞見.於是,大興信悟,虔戒至終.每以此瑞進化子侄焉.《法苑珠林》卷九五

　　梁安成王在鎮,以羅含故宅借錄事劉郎之.嘗見丈夫衣冠甚偉,斂衿而立,郎之驚問,忽然失之.未久,郎之以罪見黜,時人謂君章有神.《太平廣記》卷三二六

---

* 조충지『술이기』 일문은 이효하(李曉霞) 2011년 산동대학교 석사 논문『조충지의 '술이기' 연구』에서 인용한 것이며, 이에 대해서 학계에서는 아직 다른 견해가 있다.

豫章太守賈雍有神術,出界討賊,為賊所殺,失頭.上馬回營,胸中語曰:"戰不利,為賊所傷.諸君視有頭佳乎,無頭佳乎?"吏涕泣,曰:"有頭佳."雍曰:"不然,無頭亦佳."言畢遂死.《太平廣記》卷三二一

阮倪者,性特忍害.因醉出郭,見有放牛,直探牛舌,割之以歸,為炙,食之.其後倪生一子,無舌,人以為牛之報也.《太平廣記》卷一三一

李通卒,有客往弔之.李子方哭,便進上聽事.忽見通從閣中出,以綸巾繫頭,著袍,有怒色.《北堂書鈔》卷一二九

부록 2

조충지 고향 뢰수현(涞水縣) 방문 보고서

역현(易縣) 문화관

1995 년 9 월 28 일

조충지 고향 방문 자료

방문 결과

뢰수현에서 조(祖) 성을 가진 마을 사람은 모두 한 가구이다. 가장 오래된 마을은 조각장촌(祖各庄村)이며, 그 다음으로 주각장에서 하차정(下车亭)과 중차정촌(中车亭村)으로 이주했고, 후에 다시 하차정에서 병상촌(兵上村)으로 이주했다. 이 세 마을 외에는 조 성을 가진 가구가 극소수에 불과하다. 병상촌에는 40 여 가구로 14-15 대에 이른다. 하차정은 80 년 전에 17 가구였으나 현재는 100 여 가구로 늘어났다. 결론적으로 뢰수현에서 조 성을 가진 마을 중 하차정촌이 전체 가구의 우위를 차지한다고 말할 수 있다. 현재 조각장촌의 조 성 가구는 모두 다른 마을로 이주했다.

발견된 석적(石跡)

조각장촌에는 오래된 조씨 가문의 무덤이 있는데, 그 안의 비석은 오래 전 파괴되어 현재는 없다. 다른 유물도 전혀 남아 있지 않는다. 뢰수현 서북쪽 교외 10 리 지점에는 주가타(祖家坨)라는 땅이 있다. 하차정촌 서남쪽 2

리 거리에 조씨 무덤이 하나 있는데, 20년 전에 도굴당했다. 조적(祖逖)의 무덤이라고 전해진다.

주가타(祖家坨)의 조씨 묘전(墓田)에 백석비 한 기가 있는데, 비문은 조씨 묘지과 제사 등을 기록한 전비(田碑) 기록이다.

전설

하차정에 사는 한 조씨 의사에 따르면, 그들 조씨 가문의 전설에 의하면 고대에 조씨 가문에서 고위 관리가 많이 나왔으며 목우유마(木牛流馬)도 만들었다고 한다.

조충지는 조적의 후손이라고 전해진다. 뢰수현 성에는 조공사(祖功祠)라는 사당이 있었다는데, 이는 뢰수현보다도 더 오래되었다고 한다.

주소과 명칭

원래 뢰수현은 고추성(古遒城) 또는 추현(遒縣)이라고 불렸다. 성 서쪽에는 추정향(遒亭乡, 고대 명칭)이 있었다. 조충지는 추인(遒人)이고 또 추정향이 성 서쪽에 있었다는 점에서 현재 하차정(下车亭)의 '정(亭)' 자가 원래 추정(遒亭)의 '정(亭)'에서 유래됐을 가능성이 있어 연구해볼 만하다. 한편 하차정의 조씨 가구가 가장 오래되고 많지만, 마을 노인들과 조씨 가문의 족보를 조사해 본 결과 조충지에 대해서는 전혀 알지 못한다.

첨부

『역사를 읽으며 조충지를 기리다(讀史懷祖君沖之)』*

청(淸) 전동란(詹同瀾)

육조 시대 독보적인 재주로 홀로 빼어나
가슴 속에 천상의 문장을 품었네
역학을 배움은 고루한 계산이 아니요
원리를 통달함은 오묘한 구분에서 비롯되었네
등신의 저술은 화려한 문체로 빛나고
작은 일에서도 재주가 뽐내어 솜씨가 뛰어나
굿굿한 신념이 있으니 제도를 창제할 만하지
화림성 안에서 그대와 같은 이 누구랴

六朝鉛粉獨超群
一部胸羅天上文
學易原非膠柱算
通元正自妙區分
等身著作生花筆
小試聰明巧運斤
信是長才宜典制
華林省內孰如君

―――――――――
* 이 시는 청 전동란이 지은 것으로 『뢰수현이지(淶水縣志)』 제8권 「예문지(藝文志)·시가(詩歌)」에 실렸고 옌 선생이 초고에 기록한 것이다. 전동란은 기수(蘄水, 현재의 후베이성) 출신의 거인(擧人)으로 청나라 광서(光緒) 연간 래수 현령(縣令)을 지냈다. 이 시를 교정하는 데 장저(張澤) 선생의 도움을 받았다.

부록 3

조충지 연구 목록

이디(李迪)　궈쑤춘(郭書春)

조충지(429-500)는 중국 역사상 뛰어난 과학자로, 수학, 천문역법, 기계 제조 등 여러 분야에서 중대한 공헌을 했다. 20세기 10년대부터 국내외 학자들이 그에 대해 많은 연구를 진행해 왔으며 많은 연구 성과를 거두었다. 옌둔제(嚴敦杰) 선생의 유저인 『조충지 과학 저술 교석(祖沖之科學著作校釋)』이 출판되고 조충지 서거 1500주년을 기념하게 될 즈음에, 추후 연구의 참고 자료로 삼을 수 있도록 평소 수집한 조충지 연구 관련 논저와 과학 대중화 글 등을 분류하여 목록별로 정리하여 동호인들에게 공개하는 바이다. 누락된 부분이 많을 터이니 많은 비평과 지적을 부탁드린다.

1999년 11월

1. 독립 출판된 저술

李　迪 『大科學家祖沖之』, 上海人民出版社, 1959.

曹增祥 『祖沖之』, 中華書局, 1963.

譚一寶 『祖沖之』, 上海人民出版社, 1976. 上海少年兒童出版社出版, 1979.

李　迪 『祖沖之』, 上海人民出版社, 1977.

2. 저술에 관한 논의 및 연구[①]

2.1 종합류

2.1.1 전기

李 儼 "南齊祖沖之",『中國數學大綱』(上册),商務印書館,1931,第 42 頁;『中國數學大綱』(上册,修訂本),科學出版社,1958,第 60~61 頁;『李儼錢寶琮科學史全集』(第三卷),遼寧教育出版社,1998,第 68~69 頁.

錢寶琮 "祖沖之父子",『中國算學史』(上篇),中央研究院歷史語言研究所,1932,第 55~56 頁;『李儼錢寶琮科學史全集』(第一卷),遼寧教育出版社,1998,第 230~232 頁.

陳登原 "祖沖之——1500 年前之中國科學家",『人文』第 5 卷,第 7 期,1934,第 1~5 頁.

嚴敦杰 "中國算學家祖沖之及其圓周率之研究",『學藝』,第 16 卷,第 5 號 1936,第 37~50 頁.

王 愚 "中國古代數學家——祖沖之",『人物雜誌』(渝版),1946,第 6 期,第 33~34 頁.

燕 羽 "我國偉大的科學家祖沖之和李時珍",『解放日報』(上海),1953 年 4 月 23 日.

[①] 특정 저술 중의 관련 논의는 독립적인 편목을 이룬 장이나 절만 수록함을 밝혀둔다.

戴文賽 "我國偉大的科學家祖沖之",『北京日報』,1953年4月17日;『中國青年報』,1953年4月24日.

許莼舫 "中國偉大的科學家——祖沖之",『科學大眾』,1953年5月號,第158~159頁.

胡林超 "我國五世紀的大科學家——祖沖之",『科學畫報』,1953年6月號,第167頁.

李 儼 "祖沖之",『中國古代數學史料』,中國科學圖書儀器公司,1954,第65~67頁;『中國古代數學史料』(修訂版),上海科學技術出版社,1963,第56~61,65~68頁;『李儼錢寶琮科學史全集』(第二卷),遼寧教育出版社,1998,第88~91頁.

周清澍 "我國偉大的科學家——祖沖之",『中國科學技術發明和科學技術人物論集』,三聯書店,1955,第270~287頁.

李 迪 "南北朝時代偉大的科學家——祖沖之",『科學研究通報』(自然科學版),1955年第1期,第211~217頁.

李希泌 "偉大的科學家祖沖之",『光明日報』,1956年9月25日.

李 儼 "祖沖之",『科學大眾』,1956年9月號,第417~419頁.

李 儼 "祖沖之——傑出的中國古代數學家",『人民中國通訊』,第20號,1956年11月6日,第36~40頁.

本書編寫組 "傑出的天文數學家祖沖之和他的兒子",『歷史上敢想敢做的人』,上海人民出版社,1958,第65~70頁.

杜石然 "敢於推翻古人,大膽革新的青年科學家祖沖之",『破除迷信,敢想敢幹——中國古今科學家事蹟』,科學普及出版社,1958,第70~72頁.

杜石然 "祖沖之",『科學報』,1958年8月25日,第42期.

杜石然 "祖冲之",『中國古代科學家』,科學出版社,1959,第59～70頁.

朱仲玉 "祖冲之",『人民日報』,1961年9月10日,第6版.

友　丹、文　采 "古代的天文、數學家祖冲之",『河南日報』,1961年9月26日,第3版.

杜石然 "祖冲之",『天文愛好者』,1960年第3期,第4頁.

競　卿 "我國古代傑出的機械學家——祖冲之",『機械工業』,1962,第12期,第38頁.

李　儼、杜石然 "南北朝時代的偉大數學家祖冲之",『中國古代數學簡史』(上册),中華書局,1963,第104～115頁;『中國古代數學簡史』(繁體字本),台北九章出版社,第93～103頁.

Li Yan and Du Shirem The Outstanding Mathematician Zu Chongzhi in the Period of the North and South Dynasties, Chinese Mathematics A Concise History, Oxford Science Publication, 1987, 第80～87頁.

錢寶琮 "祖冲之、祖暅",『中國數學史』,科學出版社,1964,第83～90頁;『李儼錢寶琮科學史全集』(第五卷),遼寧教育出版社,1998,第91～98頁.

黃武雄 "南北朝時代的偉大數學家祖冲之",『中西數學簡史』,台北人間文化事業公司,1970,第230～234頁.

顯　丁 "古代優秀的科學家祖冲之",『中國古代科學家史話』,遼寧人民出版社,1974,第66～73頁.

舒　群 "偉大的進步科學家祖冲之",『數學的實踐與認識』,1974,第4期,第1～6頁.

邢　瀾 "祖沖之和他的科學成就",『復旦學報』(自然科學版),1974,第2期,第24~29頁.

舒　群 "傑出的科學家——祖沖之",『科學實驗』,1975,第1期,第13~15頁.

蘇學希、張廣成 "祖沖之",『天津日報』,1974年12月27日,第3版.

王　昱 "祖沖之",『武漢大學學報』(自然科學版),1975,第1期,第99~101頁.

李　迪 "科學家祖沖之",『中國歷史上傑出的科學家和能工巧匠』,內蒙古人民出版社,1978,第40~44頁.

Kobori Akira Tsu Chung chih, Dictionary of Scientific Biography Vol. XIII. Charles Scribner's Sons . Publishers,1976,pp.484~485.

何紹庚 "傑出的科學家祖沖之",『科學技術發明家小傳』,北京人民出版社,1978,第25~34頁.

梁宗巨 "祖沖之",『世界數學史簡編』,遼寧人民出版社,1980,第389~403頁.

Э.И. Берёкина Дзу чун-чжи,Математика древноъо Китая, Издатедъство『HayKa』,1980.269~271.

周春荔『傑出的數學家——祖沖之』『中學數學』,1982,第1期,第29~30頁.

杜石然『祖沖之及其科學成就』『中國科學技術史稿』,科學出版社,1982,第265~269頁;『中國科學文明史』,臺北木鐸出版社,1983,第265~238頁;『中國科學技術史稿』(日譯本),東京大學出版社,1997,第235~238頁.

何紹庚『祖沖之』『中國古代科學家傳記選注』,嶽麓書社,1983,第 67~76 頁.

李夢樵『我國偉大的數學家祖沖之、祖暅』『中學數學教學』,1983,第 3 期,第 34~35 頁.

無　為『祖沖之和『述異記』』『文學報』,1984 年 5 月 17 日,第 164 期.

梅榮照『劉徽與祖沖之父子』『科學史集刊』,第 11 期,地質出版社,1984,第 105~129 頁.

梁宗巨『對祖沖之的一些誤解』『數理化信息』(1),遼寧教育出版社,1985,第 81~89 頁.

北京天文館『祖沖之』『中國古代天文學成就』,北京科學技術出版社,1987,第 150~153 頁.

李心燦『東方科壇明星——祖沖之』『數壇英豪』,科學普及出版社,1989,第 18~25 頁.

郭金彬、李贊和『成績卓絕的祖氏父子』『中國數學源流』,福建教育出版社,1990,第 115~123 頁.

劉金沂、趙澄秋『祖沖之』『中國古代天文學史略』,河北科學技術出版社,1990,第 228 頁.

袁小明『祖沖之(429—500)』『世界著名數學家評傳』,江蘇教育出版社,1990,第 26~41 頁.

梁宗巨『有關祖沖之的一些問題』『數學歷史典故』,遼寧人民出版社,1992,第 236~255 頁;『數學歷史典故』(繁體字本)臺灣九章出版社,1995,第 209~226 頁.

杜石然『祖沖之傳』『中國傳統科學文化探勝』,科學出版社,1992,第 67~81 頁.

杜石然『祖沖之』『中國古代科學家傳記』(上集),科學出版社,1992,第 221~234 頁;『世界著名數學家傳』(上集),科學出版社,1995,第 231~244 頁.

杜升雲、陳久金『父子同上疇人榜』『天文曆數』,山東科學技術出版社,1992,第 235~240 頁.

[梁]蕭子顯撰、李迪譯『祖沖之傳』(『南齊書』卷五二),『科學家傳』(上),海南出版社,1996,第 221~228 頁.

鄒大海『祖沖之父子繼往開來』『中華科技五千年』,山東教育出版社,1997,第 216~217 頁.

周瀚光『數學史上的兩代英才』『數學史話』,上海古籍出版社,1997,第 58~61 頁.

杜石然『祖沖之』『中國科學技術史·人物卷』,科學出版社,1998,第 164~176 頁.

何文炯『祖沖之』『中國數學史大系』(第四卷),北京師範大學出版社,1999,第 114~164 頁.

2.1.2 사상과 '박의(駁議)'

中國科技大學物理系理論小組『我國曆法史上的一次儒法鬥爭──談祖沖之『駁議』篇』『中國科學技術大學學報』,第 4 卷,第 1、2 期合刊,1974,第 15~20 頁.

安徽大學物理系理論小組『堅持革新反對保守——談祖沖之改革曆法』『安徽大學學報』,1974,第 3 期,第 53～55 頁.

關紹斌,等『談談祖沖之的法家思想和科學成就』『河北師院』,1974,第 4 期,第 22～24 頁.

廣西民族學院數學專業批判組『祖沖之痛斥腐儒』『廣西民族學院』,1974,第 4 期,第 23～26 頁.

甘肅師大數學系三結合理論小組『祖沖之的進步思想和科學貢獻——讀『駁議』後的點滴體會』『甘肅師大學報』(自然科學版),1974,第 4 期,第 5～11 頁.

君 浩、朱思良『論天象厚今薄古 祖沖之改革曆法』『解放日報』,1974 年 9 月 24 日,第 3 版.

舒 進『學習中國數學史資料札記——『大明曆』產生時的鬥爭與祖沖之的數學成就』『數學學報』,第 11 卷,第 3 期,1974,第 153～155 頁.

廈門大學數學系寫作組『祖沖之及其『曆議』的革新精神』『廈門大學學報』(自然科學版),1974,第 1 期,第 5～9 頁;『教育革命通訊』,1974,第 11 期,第 1～5 頁.

裴 震『科學家祖沖之的尊法反儒思想』『文匯報』,1974 年 12 月 2 日,第 3 版.

張志國、孫 輝『祖沖之的法家思想及其在科學技術上的成就』『四平師院』,1974,第 2 期,第 19～21 頁;『吉林日報』,1974 年 12 月 19 日,第 3 版.

北師大天文系『從祖沖之的曆法改革看儒法鬥爭』『天文學報』,第 15 卷,第 2 期,1974,第 101～103 頁.

薛　源、李　侖『從祖沖之改曆看儒法鬥爭對科學技術發展的影響』『吉林大學學報』(自然科學版),1974,第 3 期,第 1~5 頁.

廣西大學基礎部大批判組『在曆法問題上一場儒法論戰——讀『駁議』』『廣西教育』,1974,第 11 期.

賈力行『從祖沖之改革曆法展開的一場論戰看我國古代科學技術發展中的儒法鬥爭』『中學數學參考資料』,總第 14 期,1974,第 2~4 頁,第 8 頁.

蔡克勇『批判因循守舊,敢於革新創造——從祖沖之談起』『華中工學院學報』,1975,第 1 期,第 18~21 頁.

伴　野『關於曆法改革的一場儒法鬥爭——祖沖之與反動儒生戴法興的論戰』『湖南日報』,1975 年 1 月 8 日,第 3 版.

北師大天文系『從祖沖之的曆法改革看儒法鬥爭』『北京師大學報』(自然科學版),1975,第 1 期,第 47~49 頁.

浙江師院數學系批判組『從祖沖之『大明曆』的創制和推行看自然科學領域裡的儒法鬥爭』『浙江師院』,1975,第 1 期,第 30~34 頁.

柳　冰『祖沖之和'駁議'』『蘭州大學學報』(自然科學版),1975,第 3 期,第 5~11 頁.

清華大學力學教研組、數學教研組理論小組『儒法兩條路線的一場大辯論——讀祖沖之『辯戴法興難新曆』』『物理學報』,第 24 卷,第 2 期,1975,第 79~82 頁.

辜　巍、靳　雍『祖沖之對科學的偉大貢獻及其同儒家的激烈鬥爭』『開封師院學報』(自然科學版),1976,第 1 期,第 8~13 頁.

2.2 조충지의 수학 연구

2.2.1 수학 연구 및 성취

三上義夫『關孝和の業績と京坂算家並に支那の算法との關係及び比較』『東洋學報』第 20 號,1932,第 218~566 頁,第 21 號,1934,第 45~573 頁, 第 22 號,1935,第 54~95 頁.

李 迪『祖沖之在數學方面的貢獻』『中國數學史簡編』,遼寧人民出版社,1984,第 113~120 頁.

中外數學簡史編寫組『祖沖之父子的卓越成就』『中國數學簡史』,山東教育出版社,1986,第 170~178 頁.

陳美東,等『劉徽和祖沖之的數學成就』『簡明中國科學技史話』,中國青年出版社,1990,第 174~178 頁.

徐品方『祖沖之父子的數學研究』『數學簡明史』,學苑出版社,1992,第 59~64 頁.

李兆華『祖沖之等人的數學成就』『中國數學史』,臺北文津出版社,1995,第 86~90 頁.

李 迪『曆算家何承天與祖沖之父子的數學研究』『中國數學通史』(上古到五代卷),江蘇教育出版社,1997,第 241~257 頁.

2.2.2 할원술(割圓術) 및 원주율

Y.Mikami *The Circle-measurements by Older Chinese Mathematicians,The Development of Mathematics in China and Japan*,Leipzig Teubner,1913,Chelsea Publishing Company, New York, 1974,P.50~53.

茅以升『中國圓周率略史』『科學』,第 3 卷第 4 期,1917,第 411~423 頁 ; 『東方雜誌』,第 15 卷第 4 期,1918,第 151~155 頁.

齊汝璜『圓周率考』『數理雜誌』,第 1 卷第 1 期,1919,第 69~77 頁.

錢寶琮『中國算書中之圓率研究』『科學』,第 8 卷第 2 期,1923,第 8 卷第 3 期,1923,第 254~265 頁 ;『錢寶琮科學史論文選集』,科學出版社,1983,第 50~74 頁 ;『李儼錢寶琮科學史全集』(第九卷),遼寧敎育出版社,1998,第 1~26 頁.

三上義夫『中國古代圓周率之算法』『科學』,第 12 卷第 7 期,1927,第 941~944 頁.

三上義夫『圓之算法』『中國算學之特色』,林科棠譯,商務印書館,(『萬有文庫』) 1929,第 35~38 頁 ;『中國算學之特色』(『國學小叢書』本),商務印書館,1933,第 35~38 頁.

李儼『祖沖之割圓術』『中國數學大綱』(上冊),商務印書館,1931,第 45~50 頁 ;『中國數學大綱』(上冊,修訂本),第 62~69 頁 ;『李儼錢寶琮科學史全集』(第三卷),遼寧敎育出版社,1998,第 71~78 頁.

許蒓舫『中國的圓周率』『科學世界』,第 2 卷第 10 期,1933,第 747~756 頁.

崔宏『中國隋唐前圓周率之研究』『北强月刊』(北京民友書局),第 1 卷第 5

號,1934,第 56~60 頁.

程 綸『中國圓周率值之演變』『國立武漢大學理科』,第 5 卷第 4 期,1935,第 511~550 頁.

嚴敦傑『《隋書·律曆志》祖沖之圓率記事釋』『學藝』,第 15 卷第 10 期,1936,第 27~57 頁.

李儼『祖沖之父子割圓率』『中國算學史』,商務印書館,1937,第 28~30 頁;『中國算學史』(修訂本),1955,第 27~29 頁;『李儼錢寶琮科學史全集』(第一卷),遼寧教育出版社,1998,第 385~387 頁.

程 綸『圓周率在中國的發展』『武漢數學通訊』,第 3 卷第 3 期,1951,第 3~4 頁;第 3 卷第 4 期,1957,第 2~4 頁;第 3 卷第 5 期,1951,第 3~5 頁.

餘寧生『祖國數學家在圓周率上的偉大貢獻』『近代數學概觀』第四冊(附錄四),中華書局,1953,第 170~174 頁.

錢寶琮『圓周率 3927/1250 的作者究竟是誰?它是怎樣得來的?』『數學通報』,1955 年 5 月號,第 4~5 頁;『初等數學史』,科學技術出版社,1959,第 106~109 頁;『李儼錢寶琮科學史全集』(第九卷),遼寧教育出版社,1999,第 394~398 頁.

孫熾甫『中國古代數學家關於圓周率研究的成就』『數學通報』,1955 年 5 月號,第 5~12 頁;『初等數學史』,科學技術出版社,1959,第 110~124 頁.

李 迪『$\pi \fallingdotseq 3927/1250$ 的作者和祖沖之的圓周率算法』『數學通報』,1955 年 11 月號,第 20~22 頁;『初等數學史』,科學技術出版社,1959,第 125~130 頁.

蕭而廣『關於圓周率 3927/1250 作者問題的一點意見』『東北人民大學自然科學學報』,1955,第 1 期,第 365~366 頁.

勵乃驥『《九章算經》圓田題和劉徽注的今釋』『數學教學』,1957,第 6 期,第 1~11 頁.

洪萬生『中國π的一頁滄桑』『科學月刊』(臺灣),第 8 卷,第 5 期,1977,第 35~38 頁.『中國π的一頁滄桑』,臺北自然科學文化事業公司印行,1981,第 18~26 頁.

何紹庚『祖沖之圓周率』『中國古代科技成就』,中國青年出版社,1978,第 104~106 頁;『中國古代科技成就』(修訂版),1995,第 100~102 頁.

解延年、尹斌庸『研究圓周率的世界冠軍祖沖之』『數學家傳』,湖南教育出版社,1987,第 119~125 頁.

Lam Lay Yong and Ang Tianse *Circle Measurement in Anciem China. Historia Mathematica*,13,1986,pp.325~340.

梁宗巨『祖沖之密率的優越性』『遼寧師大學報』(自然科學版,1986 年增刊『數學史專輯』),第 5~12 頁.

Zha You-Liang 查有梁 *Research on Tsu Chung-chih's* 祖沖之 *Approximate Metheod for* π, *Science and Technology in Chinese Civilization,* World Scientific Publishing Co.PteLtd,1987,pp.77~86.

陳良佐『《九章算術》圓田術祖沖之注』『漢學研究』,第 5 卷,第 1 期,1987,第 193~228 頁.

李 強『祖沖之圓周率產生的歷史條件』『中國歷史博物館館刊』,總第 10 期,1987,第 47~52 頁.

錢克仁『祖沖之的圓周率』『數學史選講』,江蘇教育出版社,1989,第 131~135 頁.

胡炳生『關於祖沖之"盈朒"二數算法的研究』『數學史研究文集』(第五輯),內蒙古大學出版社、九章出版社,1993,第 26~31 頁.

Alexei Volkov *Supplementary Date on the Values of π in the History of Chinese Mathematics*,Philosophy and the History of Science, Vol.3 No.2(1994),Yuan-Liou Publishing Co.,Ltd,pp.95~110.

Alexei Volkov *Calculation of π in Ancient China*：*from Liu Hui to Zu Chongzhi*,Historia Scientiorum,Vol. 4~2 (1994),pp. 139~157.

王渝生『創造圓周率世界紀錄』『數學大師』,龍門書局,1995,第 10~15 頁.

孫宏安『祖沖之與圓周率計算』『數學通報』,1996,第 8 期,第 45~46 頁.

李信明『圓周率的計算』『中國數學五千年』,臺灣書店,1998,第 123~143 頁.

2.2.3 철술과『철술』

錢寶琮『《綴術》內容推測』『中國算學史』(上編),中央研究院歷史語言研究所,1932,第 50~54 頁;『李儼錢寶琮科學史全集』(第一卷),遼寧教育出版社,1998,第 232~235 頁.

李　儼『南朝祖沖之著『綴術』』『中國古代數學史料』,中國科學圖書儀器公司,1954,第 56~58 頁,『中國古代數學史料』(修訂本),上海科學技術出版社,1962;『李儼錢寶琮科學史全集』(第二卷),遼寧教育出版社,1998,第 78~80 頁.

李贊和『綴術索隱』『數學通訊』,總第 85 期,1958 年 5 月號,第 13~16 頁.

李　迪『綴術的失傳時代問題』『數學通訊』,總第 91 期,1958 年 11 月號,第 33~34 頁.

王守義『祖冲之氏綴術求 π 的我見』『甘肅師範大學學報』(自然科學版),1962 第 1 期,第 46~61 頁.

查有梁『綴術求 π 新解』『大自然探索』,1986,第 4 期,第 133~140 頁.

郭書春『祖冲之父子及其『綴術』』『古代世界數學泰斗劉徽』,山東科學技術出版社,1992,第 370~378 頁;『古代世界數學泰斗劉徽』(繁體字修訂本),臺北明文書局,1995,第 372~380 頁.

金虎俊『《九章算術》,『綴術』與朝鮮半島古代數學教育』『數學史研究文集』(第四輯),內蒙古大學出版社、九章出版社,1993,第 64~67 頁.

李迪『通過《數學九章》探討'綴術'』『中國數學史論文集』(四),山東教育出版社,1996,第 68~72 頁.

徐澤林『試論中日'綴術'之異同』,[1]『西北大學學報』(自然科學版),第 27 卷第 4 期(1997),第 277~282 頁.

2.3 조충지의 천문 역법에 대한 연구

『祖冲之創造的『大明曆』』『文匯報』,1974 年 5 月 5 日,第 2 版.

陳遵媯『大明曆』『中國天文學史』(第三冊),上海人民出版社,1984,第 1449~1451 頁.

中外數學簡史編寫組『『元嘉曆』、『大明曆』中的數學』『中國數學簡史』,山東教育出版社,1986,第 178~181 頁.

---

[1] 여기서 말하는 중국과 일본의 "철술(綴術)"은 주로 18 세기와 19 세기의 연구를 가리키지만, "철술"이라는 명칭은 아마도 조충지(祖冲之)에서 유래했을 가능성이 있어 포함시켰다.

Jochi Shigeru(城地茂) *Zu Chong-Zhi's* (祖冲之) *Da Ming Li*(大明曆)*and Computing* π,paper of the Vth International Conference on the History of Science in China, San Diego, USA, 1988.

城地茂『祖冲之的『大明曆』與圓周率計算』『北京師範大學學報』(自然科學版),1989,第 4 期,第 85~89 頁.

曲安京『『大明曆』的上元積年計算』『數學史硏究文集』(第二輯),內蒙古大學出版社、九章出版社,1991,第 51~57 頁.

王應偉『大明曆』『中國古曆通解』,遼寧敎育出版社,1998,第 338~350 頁.

城地茂『祖冲之之法の日本傳來』『第四屆漢字文化圈及鄰近地區數學史與數學敎育國際會議論文集』,日本前橋,1999.

2.4 조긍지(祖暅之)와 구적술(球積術)

2.4.1 조긍 전기

李　儼『梁祖暅之』『中國數學大綱』(上冊),商務印書館,1931,第 42~43 頁,『中國數學大綱』(上冊,修訂本)科學出版社,1958,第 61~62 頁;『李儼錢寶琮科學史全集』(第三卷),遼寧敎育出版社,1998,第 69~70 頁.

李　儼『祖暅之』『中國古代數學史料』,中國科學圖書儀器公司,1954,第 67~69 頁;『中國古代數學史料』(修訂版)上海科學技術出版社,1962;『李儼錢寶琮科學史全集』(第二卷),遼寧敎育出版社,1998,第 91~94 頁.

嚴敦傑『祖暅別傳』『科學』,第25卷,第7、8期合刊,1941,第460~467頁.

錢寶琮『關於祖暅和他的綴術』『數學通報』,1954年3月號,12;『初等數學史』,科學技術出版社,1959,第135~136頁;『李儼錢寶琮科學史全集』(第九卷),遼寧教育出版社,1999,第387~388頁.

李 迪『南北朝時代卓越科學家祖暅』『内蒙古教育』,1978,第2期,第47~48頁,第45頁.

梁宗巨『祖暅』『世界數學史簡編』,遼寧人民出版社,1980,第403~407頁.

解延年、尹斌庸『繼承祖沖之事業的數學家祖暅』『數學家傳』,湖南教育出版社,1987,第126~128頁.

孔國平『祖暅』『中國古代科學家傳記』(上集),科學出版社,1992,第235~239頁.

王渝生『繼承父業的曆算家祖暅』『數學大師』,龍門書局,1995,第11~19頁.

何文炯『祖暅』『中國數學史大系』第四卷,北京師範大學出版社,1999,第143~164頁.

2.4.2 구적술(球積術)과 '조긍지 공리(公理)'

李 儼『祖暅開立圓術』『中國數學大綱』(上編),商務印書館,1931;『中國數學大綱』(上册,修訂本)科學出版社,1958,第70~73頁;『李儼錢寶琮科學史全集』(第三卷),遼寧教育出版社,1998,第79~81頁.

李　儼『祖暅之開立圓術』『中國算學史』,商務印書館,1937,第 28~30 頁；
『中國算學史』(修訂本),1955,第 29~31 頁；『李儼錢寶琮科學史全集』
(第二卷),遼寧教育出版社,1998,第 78~80 頁.

劉操南『釋球積術』『圖書展望』(科學專號),復刊第 9 號,1948,第 9~10 頁.

劉操南『梁祖暅之偉大科學成就』『文史哲』,總第 6 期,1952,第 24~30 頁.

杜石然『祖暅之公理』『數學通報』,1954 年 3 月號,第 9~11 頁；『初等數學
史』,科學技術出版社,1959,第 131~135 頁.

李　儼『梁祖暅之開立圓術』『中國古代數學史料』,中國科學圖書儀器公司,1954,第 59~62 頁；『中國古代數學史料』(修訂本)上海科學技術出版社,1962;『李儼錢寶琮科學史全集』(第二卷),遼寧教育出版社,1998,第 81~84 頁.

陸慧英『祖暅原理的應用』『數學教學』,1956,第 2 期,第 5~10 頁.

嚴敦傑『開立圓術』(祖暅),『中學數學課程中的中算史材料』,人民教育出版社,1957,第 78~83 頁.

錢寶琮『球的體積』『中國數學史話』,中國青年出版社,1957,第 84~87 頁；
『李儼錢寶琮科學史全集』(第二卷),遼寧教育出版社,1998,第 576~578 頁.

李志昌『圓球體積計算公式的一種古算法』『數學教學』,1957,第 4 期,第 32~33 頁.

『祖暅公理』『數學通訊』,總第 86 期,1958,6 月號,第 37~39 頁.

魏詩其『祖暅原理及其應用』『上海師範學院學報』,1959,第 2 期,第 71~90 頁.

賴觀模『談祖暅定理』『數學教學』月刊,1960,第 4 期,第 27 頁.

Donald B. Wagner *Liu Hui and Tsu Ken-chih on the Volume of a Sphere*,Chinese Science 3,1978,第 59~79 頁.

藪內清『円と球に関する算法』『中國中世紀科學技術史の研究』,東京角川書店,1966,第 114~122 頁.

蔣術亮『球體積』『中國在數學上的貢獻』,山西人民出版社,1984,第 165~170 頁.

王宗儒『祖暅的球體積公式』『古算今談』,華中工學院出版社,1986,第 101~109 頁.

郭書春『從劉徽『九章算術注』看我國對祖暅公理的認識過程』『遼寧師大學報』(自然科學版,1986 增刊,『數學史專輯』),第 16~21 頁.

商世平『試論劉徽對'祖暅公理'的認識』『河北師範大學學報』(自然科學版),1987,第 2 期,第 204~208 頁.

劉操南『祖沖之、祖暅父子球積術釋義』『文史新探』,上海社會科學院出版社,1983;『古文史新探』(『北方論叢』叢書),1990,第 254~273 頁.

郭書春『祖暅之原理與球體積』『中國古代數學』,山東教育出版社,1991,第 165~169 頁;『中國古代數學』(繁體字本),臺北商務印書館,1994、1995,第 178~183 頁;『中國古代數學』(修訂本)北京商務印書館,1997,第 174~178 頁.

羅見今『關於劉、祖原理的對話』『劉徽研究』,陝西人民教育出版社,1993,第 219~243 頁.

郭書春『祖暅原理和球體積』『中國古代科技成就』(修訂版),中國青年出版社,1995,第 139~140 頁.

郭書春、田 淼、鄒大海『祖暅之原理』『成就卓著的中國數學』,遼寧古籍出版社,1995,第 92~97 頁.

郭書春『球體積公式與祖暅原理』『數學珍寶』,科學出版社,1998,第 42~44 頁.

2.4.3 조긍지의 천문학 연구

李 迪『祖暅之是怎樣測出紐星距北赤極不動處有一度多的？』『科學史通訊』第 18 期,1998,第 14~17 頁.

첨부

조충지 연구 목록 보충[*]

鄒大海　夏慶卓　郭書春

20세기 이래 출판된 조충지 부자와 관련된 문헌들

阮元等 『疇人傳·祖沖之』,商務印書館,1955,第 91~105 頁.

阮元等 『疇人傳·祖暅之』,商務印書館,1955,第 107~109 頁.

『永樂大典』卷 16344 中華書局,1960,第二十四葉.

『九章算術』錢寶琮校點,錢寶琮校點 『算經十書』上冊,中華書局,1963,第 157~158 頁.

蕭子顯 『南齊書·祖沖之』,中華書局,1972,第 903~906 頁.

魏　徵 『隋書·律曆志』,中華書局,1973,第 388 頁.

沈　約 『宋書·曆志』,中華書局,1974,第 289~325 頁.

李延壽 『南史·祖沖之』,中華書局,1975,第 1773~1775 頁.

黃胤錫 『算學本源·理藪新編』『頤齋全書』,[韓]景仁出版社,1976,第 527~528 頁.

『九章筭經』卷四 『宋刻算經六種』,文物出版社,1980,第十七葉下~十八葉下.

---

[*] 이 정리 작업을 하는 동안 홍성사(洪性士), 홍만생(洪萬生), 린리나(林力娜, K. Chemla) 등 여러 선생님의 도움을 받았다. 이 자리를 빌어 특별히 감사의 뜻을 전한다.

『九章算術』卷四『四庫全書』文淵閣本,據臺灣商務印書館影印,1983,第二十五葉上~二十七葉.

趙泰耉『籌書管見』,金容云編『韓國科學技術史數據大系·數學篇』卷二,[韓]驪江出版社,1985,第130~138頁.

『九章算術』卷四 郭書春匯校,遼寧教育出版社,1990,第265~266頁.

『九章算術』郭書春主編,『中國科學技術典籍通匯·數學卷』第一冊,河南教育出版社,1993,2002,第137~138,1425頁.

『九章算術』 李繼閔校證,『九章算術校證』,陝西科學技術出版社,1993；九章出版社(臺北),2002,第263~264頁.

『九章算術』卷四(武英殿本) 郭書春校點,『傳世藏書』,海南國際新聞出版中心,1997,第57頁.

『九章算術』卷四 郭書春點校,郭書春、劉鈍點校『算經十書』,遼寧教育出版社,1998,第40~42頁.

『九章算術』卷四 郭書春點校,郭書春、劉鈍點校『算經十書』修訂本,九章出版社(臺北),2001,第127頁.

『九章筭術』卷四 郭書春匯校,『匯校九章筭術(增補版)』,遼寧教育出版社、九章出版社(臺北),2004,第143~144頁.

『九章算術』卷四『四庫全書』文津閣本,商務印書館,2006,第二十五葉上~二十七葉.

『九章算術』卷四(武英殿本) 郭書春點校,『國學備覽』,首都師範大學出版社,2007,第220頁.

彭衛國、王原華點校『疇人傳匯編·祖沖之』,廣陵書局,2009,第84~97頁.

彭衛國、王原華點校『疇人傳匯編·祖沖之』,廣陵書局,2009,第 98~100 頁.

『九章算術』卷四　郭書春匯校,『九章筭術新校』,中國科學技術大學出版社,2014,第 133~134 頁.

독립 출판된 조충지와 관련된 출판물

華羅庚『從祖沖之的圓周率談起』,北京：中國青年出版社,1962,全書 42 頁.

陳　峰『祖沖之的故事』,鄭州：河南人民出版社,1980,全書 90 頁.

葉　蘇『祖沖之』,北京：人民美術出版社,1985.02,全書 118 頁.

阮中紅『祖沖之』,北京：中國和平出版社,1990,全書 75 頁.

吳振奎『祖沖之』,天津：新蕾出版社,1993.05,全書 131 頁.

蔡迎麗,曾景祥『歷算巨匠——祖沖之』,海口：海南國際新聞出版中心,1996,全書共 1 冊.

李　朋『祖沖之』,北京：中國國際廣播出版社,1996,全書 46 頁.

許慶龍,勞　斌『祖沖之』,北京：團結出版社,1996,全書 113 頁.

叢　燕『π之父祖沖之』,杭州：浙江少年兒童出版社,1998,全書 117 頁.

劉宗華,李　珂『祖沖之』(中外科學家發明家叢書),北京：中國國際廣播出版社,1998,全書 28 頁.

嚴敦傑『祖沖之科學著作校釋』,瀋陽：遼寧教育出版社,2000,全書 190 頁.

光復編輯部『祖沖之』,臺北：光復網際網路企業股份有限公司,2001.

趙松坤『祖沖之紀念文集』,昆山市科學技術協會,2001.12,全書 184 頁.

虞言林,虞　琪『祖沖之算 π 之謎』,北京：科學出版社,2002.

劉希俊『曠世神算──不畏權貴的祖沖之』,武漢：湖北少年兒童出版社,2004.04,全書 230 頁.

郭　蕊『數學泰斗──祖沖之』,長春：吉林文史出版社,2011,全書 136 頁.

喬玉川,鄒洪根『祖沖之』,西安：陝西人民美術出版社,2012,全書 70 頁.

王　芳『博學多才祖沖之』,北京：中國社會出版社,2012,全書 161 頁.

管成學『圓周率計算拉力賽──祖沖之的故事』,長春：吉林科學技術出版社,2012,全書 118 頁.

芊　里,宋豐光『祖沖之的故事』,北京：新世界出版社,2016.

조충지 부자와 관련된 연구 목록 보충(1946-1999)

王　愚『中國古代數學家祖沖之』『人物』,1946,第 1 卷第 5/6 期,第 33～34 頁.

王堂堂『祖沖之在派論上的地位』『客觀』(廣州),1949,第 2 卷第 2 期,第 10、4 頁.

林雲香『祖沖之先生：一位古代的數學家兼發明家』『小朋友』,1949,第 944 期,第 17～20 頁.

Mikami, Y. The development of mathematics in China and Japan. New York: Chelsea Pub. Co.,1961, pp.50～53,57,80,135～138,230～231.

Juschkewitsch (Youschkevitch), Adolf P. Geschichte der Mathematik im Mittelalter.Leipzig: Teubner,1961,1964, pp.10,22,51,58,64, 160.

錢寶琮『校點『算經十書』序』,錢寶琮校點『算經十書』上冊,中華書局,1963,第 3~4 頁.

『劉徽注九章算術』卷四,川原秀城日譯,日本朝日出版社,1980,第 146~147 頁.

何紹庚『祖沖之父子』『中國大百科全書·天文卷』,中國大百科全書出版社,1980,第 588~589 頁.

胡學海『搜揀古今,博採沉奧――祖沖之的天文學、數學研究』『科學家成功之路』, 南京:江蘇人民出版社,1982,第 12~23 頁.

白尚恕『九章算術注釋』卷四,科學出版社,1983,第 51,129~135 頁.

陳萬鼐『祖沖之『綴術』內容的探討』『書目季刊』,1984,第 18 卷第 2 期,第 3~21 頁.

Lam Lay Yong(蘭麗蓉,싱가포르), Shen Kangsheng(沈康身) "The Chinese concept of Cavalieri's principle and its applications", Historia Mathematica, 1985, Vo.12, pp.219~228.

羅繼祖『祖暅之』『社會科學輯刊』,1987,第 6 期,第 33 頁.

樂嗣康『劉徽、祖沖之和圓周率』,樂嗣康編『數學與數學家的故事』,石家莊:河北教育出版社,1987 年 8 月,第 116~123 頁.

杜石然,何紹庚『祖沖之』『中國大百科全書·數學卷』第一版,中國大百科全書出版社,1988,第 867~868 頁.

Martzloff,Jean‐Claude[(프랑스) 馬若安] Histoire des mathématiques chinoises(中算史導論). Paris: Maaon,1988, pp. 16, 39, 78, 264, 270. 英譯本: A History of Chinese Mathematics. Berlin, New York: Springer,1997, p.33.

郭書春『關於『九章算術』及其劉徽注』,郭書春匯校『九章算術』,遼寧教育出版社,1990,第 75~77 頁.

李繼閔『『九章筭術』及其劉徽注研究』,陝西人民教育出版社,1990,第 342~350 頁.

王貽梁『祖沖之』,黃道靜、周瀚光主編『十大科學家』,上海古籍出版社,1991,第 24~45 頁.

郭書春『中國古代數學』,山東教育出版社,1991,第 9~10,159~160,165~169 頁.

郭書春『古代世界數學泰斗劉徽』,山東科學技術出版社,1992,第 370~378 頁.

杜石然『祖沖之傳』,薄樹人主編『中國傳統科技文化探勝』,科學出版社,1992,第 67~81 頁.

杜石然『祖沖之』,杜石然主編『中國古代科學家傳記』上册,科學出版社,1992,第 221~234 頁.

谷超豪主編『數學辭典』,上海辭書出版社,1992,第 644,652,661 頁.

張彤『祖沖之』,張彤編譯『中國歷代科學家傳』,北京:國際文化出版公司,1992,第 65~69 頁.

何紹庚『祖沖之』『中國大百科全書·中國歷史卷』,中國大百科全書出版社,1994,第 1035~1036 頁.

沈康身、何文炯『祖沖之父子』,解恩澤、徐本順主編『世界數學家思想方法』,山東教育出版社,1995,第 149~168 頁.

郭書春『古代世界數學泰斗劉徽』(修訂本),明文書局(臺北),1995,第 372~380 頁.

郭書春『中國古代的無窮小分割思想』『中國古代科技成就』(修訂本),中國青年出版社,1995,第 139~140 頁.

杜石然『祖沖之』,吳文俊主編『世界著名數學家傳記』(上冊),科學出版社,1995,第 231~244 頁.

沈康身『九章算術導讀』,湖北教育出版社,1996,第 311~334 頁.

曹增祥『祖沖之』『古代科學家傳記』合訂本,中華書局,1996,第 45~62 頁.

盧開文『祖暅模型的構造』『內江師範學院學報』,1996,第 11 卷第 2 期,第 50~51 頁.

盧海鳴『科壇巨星祖沖之及其家族考』『南京史志』,1996,第 2 期,第 4~6 頁.

李　迪『中國數學通史・上古到五代卷』,江蘇教育出版社,1997,第 244~257 頁.

郭書春『中國古代數學』(修訂本),商務印書館,1997,2004,2007,2009,2010,第 11,168~169,174~178 頁.

郭書春『祖氏父子繼往開來』,華覺明主編、郭書春總統稿『中華科技五千年』,山東教育出版社,1997,第 216~217 頁；繁體字本,五南圖書出版股份有限公司(臺北),2004,第 345~348 頁.

周瀚光『周瀚光文集』,上海社會科學院出版社,1997,第 56~58 頁.

李文林主編『數學珍寶——歷史文獻精選』,科學出版社,1998,第 42~44 頁；繁體字本,臺灣九章出版社,2000,第 42~44 頁.

李繼閔『『九章算術』導讀與譯注』,陝西科學技術出版社,1998,第 412~434 頁.

元　夕『歷算巨匠──祖沖之』『中國科技月報』,1998,第 1 期,第 63 頁.

杜石然『祖沖之』,金秋鵬主編『中國科學技術史·人物卷』,科學出版社,1998, 第 164~176 頁.

郭書春、劉鈍點校『算經十書·本書說明』,遼寧教育出版社,1998,第 26~27 頁.

郭書春譯注『九章算術』卷四,遼寧教育出版社,1998,第 38,279~287 頁.

李信明『中國數學五千年』,臺灣書店,1998,第 128~131 頁.

沈康身主編『中國數學史大系』卷四『兩晉到五代』,北京師範大學出版 社,1999,第 114~164 頁.

Shen Kangshen,John N. Crossley, Anthony W. C. Lun The Nine Chapters on the Art of Mathematics. Oxford University Press and Science Press, 1999, pp.231~240.

盧海鳴『科壇巨星祖沖之新考』『科技與經濟』,1999,第 5 期,第 42~45 頁.

조충지 부자와 관련된 연구 목록(2000 년 이후)

李文林『數學史教程』,高等教育出版社,施普林格出版社,2000,第 83~88 頁.

『中國歷史大辭典』卷下『祖暅』『祖沖之』,上海辭書出版社,2000,第 2310 ~2311 頁.

湯彬如『試析祖沖之父子的數學思想』『南昌教育學院學報』,2000,第 15 卷 第 3 期,第 34~37 頁.

盧海鳴『科學巨星祖沖之』『江蘇地方志』,2000,第1期,第37~39頁.

王忠華『博學多才的古代科學家祖沖之——紀念祖沖之逝世1500周年』『江漢大學學報』,2000年6月,第17卷第3期,第95~101頁.

席澤宗『《祖沖之科學著作校釋》序』,嚴敦傑著『祖沖之科學著作校釋』,遼寧教育出版社,2000,第1~5頁.

郭書春『《祖沖之科學著作校釋》後記』,嚴敦傑著『祖沖之科學著作校釋』,遼寧教育出版社,2000,第182~190頁.『郭書春數學史自選集』,山東科學技術出版社,2018.

郭書春、劉鈍點校『算經十書·關於算經十書』修訂本,九章出版社(台北),2001,第27~28頁.

郭書春『是《綴術》全錯不通還是王孝通莫能究其深奧』『數學史研究』第7期,內蒙古大學出版社、九章出版社,2001,第20~25頁.『郭書春數學史自選集』,山東科學技術出版社,2018.

王開帥『祖沖之父子的數學成就』『現代技能開發』,2001,第9期,第47~48頁.

王汝發『祖沖之與劉徽在國內外影響之比較』『哈爾濱學院學報』,2001年11月,第22卷第6期,第129~132頁.

高紅成,王瑞『祖暅原理的形成及其現實教育意義』『商洛師範專科學校學報』,2001年12月,第15卷第4期,第28~30頁.

陳美東『祖沖之的天文曆法工作——紀念祖沖之逝世1500周年』『自然辯證法通訊』,2002,第24卷第2期,第68~73頁.

甘向陽『祖沖之科學精神芻論』『雲夢學刊』,2002年9月,第5期,第48~50頁.

曲安京 『祖沖之是如何得到圓周率 π=355/113 的？』『自然辯證法通訊』,2002,第 24 卷第 3 期,第 72~77 頁.

宋丹,莊建宏『運用祖暅原理求任意橢球之體積——中國數學史中一個成就的應用』『遼寧省交通高等專科學校學報』,2002 年 12 月,第 4 卷第 4 期,第 41~42 頁.

張柏春『祖沖之設計製造的幾種機械及其復原問題』『哈爾濱工業大學學報(社會科學版)』,2002 年 6 月,第 4 卷第 2 期,第 13~14 頁.

張惠民『祖沖之家族的天文曆算研究及其貢獻』『陝西師範大學學報(自然科學版)』,2002 年 12 月,第 30 卷第 4 期,第 28~34 頁.

『數學泰斗——祖沖之』,趙志遠主編『中華巨人百傳十大科學家』,中央民族大學出版社,2002,第 67~82 頁.

尤明慶『割圓術確定圓周率方法的改進——祖沖之確定圓周率過程之猜測』『安陽師範學院學報』,2003,第 2 期,第 11~14 頁.

K. Chemla, Guo Shuchun(林力娜,郭書春) LES NEUF CHAPITRES：Le Classique mathématique de la Chine ancienne et ses commentaires (中法對照本『九章算術』),DUNOD Editeur(巴黎),2004.10, 2005. 8, 2005 訂正版, pp.63~65,378~385,402~403.

特古斯『關於綴術求 π 的另外一種推測』『內蒙古師範大學學報·自然科學(漢文)版』,2004 年 3 月,第 33 卷第 1 期,第 92~95 頁.

關增建『中國古代計量史上的祖沖之』『中國計量』,2004,第 12 期, 第 45~48 頁.

關增建『祖沖之對計量科學的貢獻』『自然辯證法通訊』,2004,第 26 卷第 1 期,第 68~73 頁.

郭書春匯校『匯校九章筭術增補版·關於〈九章筭術〉及其劉徽注』,遼寧教育出版社、台灣九章出版社,2004,第 550～552 頁.

JiHuan He, "ZuGeng's axiom vs Cavalieri's theory", Applied Mathematics and Computation,2004, vol.152, pp.9～15.

郭書春『祖沖之』『大辭海·數理化力學卷』,上海辭書出版社,2005,第 8 頁.

郭書春『祖暅之』『大辭海·數理化力學卷』,上海辭書出版社,2005,第 8 頁.

郭書春『綴術』『大辭海·數理化力學卷』,上海辭書出版社,2005,第 43 頁.

郭書春『牟合方蓋』『大辭海·數理化力學卷』,上海辭書出版社,2005,第 48～49 頁.

郭書春『祖暅之原理』『大辭海·數理化力學卷』,上海辭書出版社,2005,第 49 頁.

陳仁政『說不盡的 π』,科學出版社,2005,第 14～22 頁.

徐品方,張紅,寧銳『中學數學簡史』,科學出版社,2005,第 128～134 頁.

汪曉勤『祖沖之圓周率在西方的歷史境遇——紀念祖沖之逝世 1500 周年』『自然』,2005,第 22 卷第 5 期,第 300～304 頁.

『數學家祖沖之』,北京未來新世紀教育科學發展中心編『探索未知——中國數學家故事』,烏魯木齊:新疆青少年出版社;喀什:喀什維吾爾文出版社,2006,第 7～9 頁.

李勝成『對祖沖之的密率推算方法的猜想』『孝感學院學報』,2007 年 6 月,第 141～143 頁.

孫小兵『中國古文化遺產——圓周率』『科教文匯』,2007 年 12 月下旬刊,第 246、248 頁.

di Giacinto,L. 'By chance of history: The apocrypha during the Han', Ruhr-Universitaet Bochum, Fakultaet fuer Ostasienwissenschaften. 2007,pp.24~25,273,382.

方美玲『歷史知識分類與歷史教學本質——從'祖沖之和圓周率'的教學談起』『課程·教材·教法』,2008年7月,第28卷第7期,第67~72頁.

王玉民『祖沖之——圓周率精密計算第一人』『新湘評論』,2008,第5期,第47頁.

郭書春『祖沖之』『辭海』,上海辭書出版社,2009,第3084頁.

郭書春『祖暅之原理』『辭海』,上海辭書出版社,2009,第3084頁.

郭書春『九章筭術譯注』卷四,上海古籍出版社,2009,2010,2013,2014,2015,2017,第162~166頁.

侯亞琦『中國數學史上的一支(注:『支』應為『枝』)艷麗的奇葩——π值的發明』『才智』,2009,第31期,第123頁.

『推陳出新的科學巨匠——祖沖之』,紀江紅主編『中國100傑出名人傳記』,華夏出版社,2009.

郭書春『重溫吳文俊先生關於現代畫家對古代數學家造像問題的教誨—慶祝吳文俊先生90華誕』『內蒙古師範大學學報(自然科學漢文版)』,2009年9月,第38卷5期,第491~495頁;台灣師範大學『HPM通訊』,2009,第12卷第10期,第1~6版;『郭書春數學史自選集』,山東科學技術出版社,2018.

李樹君,張紅霞『古代科學家祖沖之的傑出貢獻』『蘭台世界』,2009年11月上半月刊,第39頁.

孫劍『祖沖之』,孫劍著『數學家的故事』,四川大學出版社,2009.

王英『牟合方蓋』『硅谷』,2009,第 23 期,第 3、65 頁.

郭書春主編『中國科學技術史·數學卷』,科學出版社,2010,第 191~194,263~267,270~271 頁.

李兆華主編『中國數學史基礎』,天津教育出版社,2010,第 6,26~27,37~42 頁.

洪萬生『士族門第如何看待數學？』『中華科技史學會學刊』,2010 年 12 月,第 15 期,第 20~25 頁；洪萬生主編『窺探天機：你所不知道的數學家』,三民書局(台北),2018.

王振東『祖沖之與圓周率日——建議設立祖沖之紀念日』『自然雜誌』,2010,第 32 卷第 2 期,第 116~117 頁.

左銓如,朱家生『祖沖之大衍法新解』『揚州大學學報(自然科學版)』,2010 年 8 月,第 13 卷第 3 期,第 39~45 頁.

張偉『祖暅原理的由來及證明』『重慶教育學院學報』,2010 年 5 月,第 23 卷第 3 期,第 113~115 頁.

李曉霞『祖沖之《述異記》研究』,山東大學碩士學位論文,2011 年 5 月 10 日.

劉志彬『從劉徽到祖沖之』『蘭台世界』,2011 年 2 月上,第 19~20 頁.

郭書春『密率』,郭書春、李家明主編『中國科學技術史·辭典卷』,科學出版社,2011,第 248 頁.

郭書春『牟合方蓋與球體積』,郭書春、李家明主編『中國科學技術史·辭典卷』,科學出版社,2011,第 255~256 頁.

郭書春『祖率』,郭書春、李家明主編『中國科學技術史·辭典卷』,科學出版社,2011,第 475 頁.

郭書春『祖暅之原理』,郭書春、李家明主編『中國科學技術史·辭典卷』,科學出版社,2011,第 476 頁.

『祖沖之』,田戰省主編『影響世界的大數學家』,北方婦女兒童出版社,2011,第 75~96 頁.

邱靖嘉『《遼史》所見祖沖之《大明曆》的文獻價值發覆』『文獻季刊』,2012 年 4 月,第 2 期,第 162~167 頁.

馮立昇、鄧亮、張俊峰校注點校『疇人傳全編校注·祖沖之』,中州古籍出版社,2012,第 90~98 頁.

馮立昇、鄧亮、張俊峰校注點校『疇人傳全編校注·祖暅之』,中州古籍出版社,2012,第 99~101 頁.

蘇化明,潘傑『劉徽不等式與祖沖之不等式的註記』『數學的實踐與認識』,2012 年 4 月,第 42 卷第 8 期,第 197~199 頁.

郭書春『中國傳統數學史話』,中國國際廣播出版社,2012,第 83~85,139~144,148~149 頁.

邊欣『關於祖沖之的密率 355/113 的一點註記』『數學教學』,2012,第 12 期,第 12~13 頁.

郭書春(Guo Shuchun),周道本(Dauben, Joseph W),徐義保(Xu Yibao)『漢英對照九章筭術』卷四,Nine Chapters on the Art of Mathematics, Chapt.4,遼寧教育出版社,2013,第 472~489 頁.

郭書春『古代世界數學泰斗劉徽』(再修訂本),山東科學技術出版社,2013,第 359~367 頁.

王寧紅『中國古代數學史上的標誌性人物——祖沖之』『蘭台世界』,2013 年 8 月下旬,第 24 期,第 77~78 頁.

郭書春匯校『九章筭術新校·序跋』,中國科學技術大學出版社,2014,第 129～130 頁.

『祖沖之』,李元秀著『感動學生的科學家故事』,台海出版社,2014,第 15～17 頁.

羅見今『中國曆法中的閏周與'諧月'』『咸陽師範學院學報』,2014 年 7 月,第 29 卷第 4 期,第 54～58 頁.

『數學泰斗——祖沖之』,徐潛『中國古代科學巨匠』,吉林文史出版社,2014,第 1～46 頁.

楊靜,潘麗雲,劉獻軍,郭書春『大眾數學史』,山東科學技術出版社,2015,第 32,36～37 頁.

郭世榮『祖沖之《述異記》內容分析』『自然辯證法研究』,2015 年 10 月,第 31 卷第 10 期,第 96～101 頁.

顧愷『祖沖之:通才科學家』『人才資源開發』,2015,第 11 期,第 106 頁.

『祖沖之』,何曉波主編『數學家的故事』,四川大學出版社,2015,第 11～13 頁.

楊文興『再現朒數和盈數』『邯鄲職業技術學院學報』,2015,第 28 卷第 2 期,第 42～49 頁.

楊文興『K＝12,y＝15 時,盈數、朒數的計算過程』『邯鄲職業技術學院學報』,2015 年 12 月,第 28 卷第 4 期,第 35～44 頁.

王夢瑗『祖暅原理的教學設計初探』『黑河學刊』,2015 年 6 月,第 6 期,第 101、113 頁.

吳朝陽『祖沖之密率的來源』『中國科技教育』,2015,第 6 期,第 72～73 頁.

王振東『祖沖之與圓周率』『力學與實踐』,2015,第37卷第3期,第404~408頁.

郭書春『中國古典數學的發展路徑、方法論和價值取向』,汝信、李惠國主編『中國古代科技文化及其現代啟示』第三章,中國社會科學出版社,2016,第113~114頁.

『圓周率π,祖沖之計算方法的推測』,鍾思勰、吳鋒著『力－功－能－辛－離散:祖沖之方法論』,大連理工大學出版社,2016,第142~147頁.

[日]薮內清著,杜石然譯『中國的天文曆法』,北京大學出版社,2017,第63~64頁.

郭書春『祖沖之、祖暅之』,數學セミナ編集部『100人の數學者—古代キリツャから現代まご』,日本評論社,2017.8.

郭書春『在紀念祖沖之逝世1500周年國際學術研討會閉幕式上的閉幕辭』『郭書春數學史自選集』,山東科學技術出版社,2018.

黃俊瑋『數學家的歷史定位:以祖沖之、李淳風傳記為例』,洪萬生主編『窺探天機:你所不知道的數學家』,三民書局(台北),2018.

첨부 2

조충지 연구 목록 재보충 (2017—2020)

하경탁

논문

古　樹,王　海『祖沖之和圓周率』『新少年』,2017,第 6 期,第 38~39 頁.

侯美玲『'笨蛋'祖沖之』『小學教學研究』,2017,第 18 期,第 20~21 頁.

王洪鵬『目盡毫厘,心窮籌策──圓周率之父祖沖之』『少先隊小幹部』,2017,第 4 期,第 56~59 頁.

趙忠心『隔代教育哪都不好？請看祖沖之他們家』『祝你幸福(下旬刊)』,2017,第 3 期,第 56 頁.

佚　名『祖沖之：指要精密,算氏之最者也』『月讀』,2017,第 9 期,第 11~19 頁.

佚　名『祖沖之是數學界的蒲松齡』『語數外學習(高中版下旬)』,2017,第 4 期,第 62~64 頁.

劉黎平『祖沖之,這個數學家愛寫神話』『課外閱讀』,2018,第 20 期,第 30~31 頁.

王洪鵬『詮釋傳統科技,提高文化自信──讀『祖沖之科學著作校釋』有感』『科技導報』,2018,第 36 期,第 211~212 頁.

佚　名『為世界讚譽的祖沖之何故被批'大逆不道'？』『數理天地(初中版)』,2

018,第 3 期,第 1～2 頁.

佚　名『為世界讚譽的祖沖之何故被批'大逆不道'?』『數理天地(高中版)』,2018,第 3 期,第 1～2,47 頁.

佚　名『中國古代科學家——祖沖之』『數理天地(初中版)』,2018,第 3 期,第 1 頁.

吳國和『祖沖之與圓周率』『數學小靈通(5～6 年級)』,2018,第 1 期,第 68～69 頁.

鄒暢根,鄒源清『小孩和我偶遇祖沖之計算圓周率之謎』『數學通報』,2018,第 57 期,第 14～17,22 頁.

劉黎平『祖沖之是數學界的蒲松齡』『金秋』,2019,第 2 期,第 31～32 頁.

向陽花『酷愛數學的祖沖之』『小學生之友(高)』,2019,第 3 期,第 16～17 頁.

鞠實兒,張一傑『劉徽和祖沖之曾計算圓周率的近似值嗎?』『中國科技史雜誌』,2019,第 40 期,第 389～401 頁.

魏雋如,湯　倩『享譽古今中外的科學家祖沖之評述』『河北軟件職業技術學院學報』,2019,第 21 期,第 69～72 頁.

佚　名『中國古代數學家祖沖之的故事』『語數外學習(高中版中旬)』,2019,第 11 期,第 64～65 頁.

佚　名『祖沖之觀測日影』『新教育』,2019,第 21 期,第 29 頁.

佚　名『祖沖之』『小學教學設計』,2019,第 2 期,第 3～4 頁.

王振東,姜　楠『3.14 日(國際 π 日)談——祖沖之與圓周率』『計量與測試技術』,2019,第 46 期,第 109～112 頁.

郭書春『繼承劉徽、祖沖之的科學精神』呂變庭主編『科學史研究論叢』,第 5 輯,科學出版社,2019.12.

王雁斌『百年戰亂之後的祖沖之父子』『語數外學習(高中版下旬)』,2020,第1期,第59~61頁.

拜　波『祖沖之』『青少年書法』,2020,第10期,第54頁.

陳鴻昊『祖沖之的成就』『中國科技獎勵』,2020,第4期,第78~79頁.

勾煥茹,張靜『祖沖之科學成就探因及啟示』『河北軟件職業技術學院學報』,2020,第22期,第77~80頁.

何銳,春光『算無窮盡的祖沖之』『課堂內外(小學智慧數學)』,2020,第2期,第44~47頁.

梁衡『圓周率是怎樣算出來的』『視野』,2020,第1期,第52~53頁.

孔伊南『設法以遂情――祖沖之與戴法興關於『大明曆』的論辯』[碩士論文],中國人民大學,2016.

간행본

張俊紅主編『數學名師祖沖之』(『二十五史』故事系列),烏魯木齊：新疆美術攝影出版社,2016,全書46頁.

陳沫,顏梅華,顏志強『祖沖之』,天津：天津人民美術出版社,2017,全書70頁.

毛永煌,宗靜草『祖沖之』,石家莊：河北美術出版社,2017,全書77頁.

童石雲『祖沖之』,北京：連環畫出版社,2017、2019,全書54頁.

嚴敦傑著,郭書春整理『祖沖之科學著作校釋』(修訂版),濟南：山東科學技術出版社,2017,全書210頁.

芊　里,宋豐光『祖沖之』,北京：新世界出版社,2018.

童石雲『祖沖之』,北京：人民美術出版社,2018,全書54頁.

梁艷芳『祖沖之』,北京：國際文化出版公司,2019,全書154頁.

부록 4

옌둔제 선생 저술 목록 (증정고)

왕위썽(王渝生) 정리　정청(鄭誠) 증정

설명

　왕위썽 선생이 정리한 「옌둔제 선생 저술 목록」은 박수인(薄樹人) 주편의 『중국전통과기문화탐승 – 과기사학자 옌둔제 선생 기념(中國傳統科技文化探勝——紀念科技史學家嚴敦杰先生)』(과학출판 1992년판, 161~168쪽)에 수록되었다. 이를 바탕으로 수정 증보한 것이다. 원래의 목록은 165개 항목을 나열했으나 실제로는 164개 항목이 기록되어 있었다. 이번에 8개 항목(60, 64, 144, 158, 169, 170, 171, 172)을 추가하고 번호를 다시 매겨 총 172개의 항목이 되었다. 원 목록의 오류는 직접 수정하였고, 형식을 통일하여 조정하였으며, 일부 항목에 간단한 설명을 추가하였다. 출판 정보가 의심스러운 경우 별표(*)를 표시하였다.

정청　2020년 10월 14일

1935年

1. 立體反形的研究 『秀州鐘』,第14期,1935年.1936年

2. 中國算學家祖沖之及其圓周率之研究 『學藝』,第十五卷第五號,1936年 6月,第37~50頁.

3. 『隋書·律曆志』祖沖之圓率記事釋『學藝』,第十五卷第十號,1936年12月,第27~57頁.

1937年

4. 『孫子算經』研究『學藝』,第十六卷第三號,1937年7月,第15~32頁.

1939年

5. 上海算學文獻述略——為紀念上海文獻展覽會而作『科學』,第二十三卷第二期,1939年2月,第72~78頁.

6. 珠盤雜考『新世界』,第十四卷第八期,1939年4月20日,第8~10頁;第十四卷第九期,1939年4月30日,第5~7頁.

1940年

7. 四川天算藝文志略『時事新報·學燈』,第六十六期,1940年1月2日;第六十七期,1940年1月8日.

8. 南北朝算學書志『圖書季刊』,新二卷第二期,1940年6月,第196~212頁. 嚴敦傑著,李儼注로 서명되었음.

1941年

9. 祖暅別傳『科學』,第二十五卷第七、八期合刊,1941年8月,第460~467頁.

10. 漢規矩磚考『時事新報·學燈』,第一四三期,1941年9月8日;互見『說文月刊』,第三卷第四期,1941年10月15日,第63~65頁;常任俠編

著,『民俗藝術考古論集』에 수록,重慶：正中書局,1943年9月,第55～59頁.

11. 四川算學著述記『圖書季刊』,新三卷第三、四期合刊,1941年12月,第227～244頁.

1943年

12. 宋燕肅蓮花漏刻補證『益世報·文史副刊』,第二十七期,1943年2月18日. 徐秀芳(嚴敦傑의 부인)로 서명되었음.

13. 清光緒年蜀刻算書『圖書月刊』,第二卷第七期,1943年2月,第19～22頁.

14. 稿本『中算斠』序目『益世報·文史副刊』,第二十九期,1943年3月16日.

15. 耶律楚材之歷算學(附耶律履乙未歷考)『益世報·文史副刊』,第三十五期,1943年6月17日.

16. 論『紅樓夢』及其它小說中之科學史料『東方雜誌』,第三十九卷第九期,1943年7月15日,第59～61頁.

17. 宋元算書與信用貨幣史料『益世報·文史副刊』,第三十八期,1943年7月29日.

18. 『宋史·歷志』之校算『讀書通訊』,第七十二期,1943年8月16日,第6～9頁.

19. 四川通俗算術考『時事新報·學燈』,第二四二期,1943年9月7日；第二四三期,1943年9月16日；第二四四期,1943年9月23日.

20. 歐幾里得『幾何原本』元代輸入中國說『東方雜誌』,第三十九卷第十三期,1943年9月15日,第35～36頁.

21. 回回曆法書目『益世報·文史副刊』,第四十四期,1943年10月7日.

22. 『清代學者著述表』算家著述校補『益世報·文史副刊』,第四十六期,1943年11月18日.

23. 蜀賢算學著述記『圖書季刊』,新四卷第三、四期合刊,1943年12月,第71～75頁.

1944年

24. 算盤探源『東方雜誌』,第四十卷第二期,1944年1月15日,第33～36頁.

25. 蜀中疇人傳『真理雜誌』,第一卷第一期,1944年2月,第97～105頁.

26. 居延漢簡算書『真理雜誌』,第一卷第三期,1944年6月,第315～319頁.

27. 跋『紅樓夢新考』內西洋時刻與中國時刻之比較『東方雜誌』,第四十卷第十六期,1944年8月30日,第27～30頁.

28. 抗戰以來中算史論文目錄(附『二十八年來中算史論文目錄』補遺)李儼、嚴敦傑合撰,『圖書季刊』,新五卷第四期,1944年12月,第51～56頁.

1945年

29.『紅樓夢新考』別編『東方雜誌』,第四十一卷第一號,1945年1月15日,第70～75頁.

30. 宋『乾興曆』積年日法朔餘考申考『東方雜誌』,第四十一卷第七號,1945年4月15日,第43~44頁.

31. 『算學啟蒙』流傳考『東方雜誌』,第四十一卷第九號,1945年5月15日,第31~32頁.

32. 籌算算盤論『東方雜誌』,第四十一卷十五號,1945年8月15日,第33~35頁.

33. 北齊董峻鄭元偉『甲寅元曆』積年考『志學』,第二十三期,1945年8月,第14~19頁;互見『東方雜誌』,第四十二卷第十八號,1946年9月15日,第29~32頁.

34. 金『乙未元曆』斗分考『東方雜誌』,第四十一卷第二十二號,1945年11月30日,第30~32頁.

35. 敦煌本"大曆序"跋『圖書月刊』,第三卷第五、六期合刊,1945年12月,第37~38頁.

1946年

36. 張炳濤『山居詠和』與算盤史料『中央日報·文史週刊』,第四期,1946年6月11日.

37. 『西鏡錄』冥求『中央日報·文史週刊』,第六期,1946年6月25日.

38. 飛九宮考『東方雜誌』,第四十二卷第十四號,1946年7月15日,第25~27頁.

39. 北齊張孟賓曆積年考『東方雜誌』,第四十二卷第十六號,1946年8月15日,第23~25頁.

1947 年

40. 遼曆志疑『讀書通訊』,第一二七期,1947 年 2 月,第 12~13 頁.

41. 宋元算學叢考『科學』,第二十九卷第四期,1947 年 4 月,第 109~114 頁.1948 年

42. 羅雅谷『比例規解』之藍本『上智編譯館館刊』,第三卷第三、四期合刊,1948 年 4 月,第 130~133 頁.

43. 跋康熙甲午瞻禮齋期表『上智編譯館館刊』,第三卷第三、四期合刊,1948 年 4 月,第 133~136 頁.

44. 讀『方豪文錄』『國民日報·圖書』(天津),第九十六期,1948 年 6 月 18 日. 方豪著,『方豪六十自定稿補編』에 수록,台北:台灣學生書局,1969 年,第 2840~2843 頁.

45. 古希臘譯著之介紹『上智編譯館館刊』,第三卷第六期,1948 年 6 月,第 229~233 頁.

46. 社友著作目錄(7)·嚴敦傑『學藝通訊』,第十五卷第二期,1948 年 6 月,第 14~16 頁.按:本文開列 1936~1948 年間嚴敦傑已刊論著 40 種,未刊稿 6 種.

47. 關於王曇二三事『大公報』(上海),1948 年 8 月 19 日.

1949 年

48. 回曆甲子考『科學』,第三十一卷第十期,1949 年 10 月,第 291~296 頁.1951 年

49. 近年來中算珍籍之發現『科學通報』,第二卷第七期,1951 年 7 月,第 719~721 頁.

1951 年

49. 近年來中算珍籍之發現『科學通報』,第二卷第七期,1951 年 7 月,第 719~721 頁.

1954 年

50. 中算家的素數論『數學通報』,1954 年 4 月號,第 6~10 頁；1954 年 5 月號,第 12~15 頁.

51. 『緝古算術』佚文校補 李儼,『中國古代數學史料』『中國科學史料叢書·古代之部』에 수록. 上海：中國科學圖書儀器公司,1954 年,第 136~138 頁.

52. 對展開中國數學史研究的建議『科學通報』,1954 年 10 月號,第 96 頁.

1955 年

53. 中算家的招差術『數學通報』,1955 年 1 月號,第 4~13 頁；1955 年 2 月號,第 12~15 頁.

54. 中國古代數學的發展『天津科聯資料』,第 416 號,1955 年 5 月 26 日,第 1~15 頁. 설명：中國數學會天津分會 발표 원고, 天津科聯印發, 油印本.*

55. 修訂本中國算學史介紹『圖書簡介』,1955年7月號.北京：高等教育出版社,1955年7月,第23～26頁.

1956年

56. 中國古代數學的成就　北京：中華全國科學技術普及協會,1956年7月,第1～42頁.

57. 高中代數第一冊第一頁底注的解釋『教師報』,1956年7月4日第3版.

58. 珠算的簡單歷史　商業部教育局出版,1956年9月.*

1957年

59. 中學數學課程中的中算史材料 北京：人民教育出版社,1957年4月,第1～88頁.按：1984年新一版.

60. 有關秦九韶『數學九章』"綴術推星"題對內插法的應用　嚴敦傑 집필,李儼,『中算家的內插法研究』에 수록,北京：科學出版社,1957年4月,第58～61頁；『李儼錢寶琮科學史全集』第二卷에도 보임,瀋陽：遼寧教育出版社,1998年12月,第353～356頁.

61. 介紹『中算史論叢』『數學進展』,第三卷第二期,1957年6月,第335～339頁.

62. 明清數學史中的兩個論題——程大位和梅文鼎『安徽歷史學報』,創刊號,1957年10月,第48～52頁.

421

63. 阿拉伯數碼字傳到中國來的歷史『數學通報』,1957年10月號,第1~4頁.

64. 從結繩到計算機『農村青年』,1957年第4期,第14~15頁. 설명: 본문 내용은 嚴敦傑 집필하여 錢寶琮과 동공저자로 발표.

1958年

65. 『九章算術』俄譯本已在蘇聯出版『數學通報』,1958年1月號,第41頁.

66. 早期輸入中國的歐拉學說(歐拉誕生250周年紀念)『科學史集刊』,第一期,1958年4月,第20~28頁.

67. 中國古代的黃赤道差計算法『科學史集刊』,第一期,1958年4月,第47~58頁.

68. 偉大出於平凡(五則)

"奇器"家黃履莊『人民日報』第八版,1958年5月29日;

錄音機的發明者『人民日報』第八版,1958年6月2日;

數學理論家汪萊『人民日報』第八版,1958年6月2日;

修建太和殿的巧匠『人民日報』第八版,1958年7月5日;

通天塔是誰創造的『人民日報』第八版,1958年7月5日.

69. 跋六壬式盤『文物參考資料』,1958年第7期,1958年7月,第20~22頁.

70. 科學並非神秘——歷史的證明 嚴敦傑編.保定:河北人民出版社,1958年9月,第1~38頁.

1959年

71. 清代數學家梅毂成在數學史上的貢獻『安徽史學通訊』,1959年第3期,1959年9月,第1~5頁.

72. 明安圖『科學報』,第48期,1959年9月25日.

73. 徐光啟 收入中國科學院中國自然科學史研究室編,『中國古代科學家』.北京：科學出版社,1959年9月,第169~175頁.

74. 明安圖 中國科學院中國自然科學史研究室編,『中國古代科學家』에 수록. 北京：科學出版社,1959年9月,第197~200頁.

75. 幾何不是Geo的譯音『數學通報』,1959年11月號,第31頁.

1960年

76. 我國正負術歷史『數學通報』,1960年1月號,第4~5頁.

77. 方中通『數度衍』評述『安徽史學』,1960年第1期,第52~57頁.

78. 中國古代自然科學的發展及其成就『科學史集刊』,第三期,1960年3月,第6~34頁.

79. 代數的譯名來源『數學通報』,1960年4月號,1960年4月,第40頁.

80. 我國第一本概率論的著作『數學通報』,1960年5月號,第42頁.

81. 古代一些近似計算方法『數學通報』,1960年6月號,第41頁.

1961年

82. 木匠寫書──記宋代木匠喻皓『工人日報』,1961年5月20日第3版.

423

83. 科學史研究話今昔『科學報』,第 151 期,1961 年 6 月 23 日.

84. 古代樸素運籌學的故事『科學大眾』,1961 年第 8 期,第 271 頁.

1962 年

85. 故宮所藏清代計算儀器『文物』,1962 年第 3 期,1962 年 3 月,第 19~22 頁.

86. "方程"二字的來歷『數學通報』,1962 年 3 月號,第 30 頁.

87. 珠算的來歷『大公報』(北京),1962 年 3 月 20 日第 3 版.

88. 中國古代科學家語錄『科學報』,第 177 期,1962 年 3 月 27 日.

89. 珠算小說『北京晚報』,1962 年 4 月 1 日.

1963 年

90. 我國古代的科學創造和發明 中央人民廣播電台第二套節目星期演講會,1963 年 3 月 17 日.

91. 數學史家李儼先生逝世『數學通報』,1963 年 3 月號,第 2 頁.

92. 珠算史話 中央人民廣播電台文教科學編輯部編,『歷史故事』第四集에 수록. 北京: 北京出版社,1963 年 7 月,第 29~33 頁. 설명: 이 책은 中央人民廣播電台 방송 원고 선집임.

1964 年

93. 明清之際傳入我國的伽利略天文學說『天文愛好者』,1964 年第 2 期,1964 年 2 月 8 日,第 6~7 頁.

94. 伽利略的工作早期在中國的傳布『科學史集刊』,第七期,1964 年 7 月,第 8~27 頁.

1965 年

95. 中國數學教育簡史『數學通報』,1965 年第 8 期,1965 年 8 月,第 44~48 頁;1965 年第 9 期,1965 年 9 月,第 46~50 頁.

1966 年

96. 宋楊輝算書考 錢寶琮等著,『宋元數學史論文集』에 수록. 北京:科學出版社,1966 年 2 月,第 149~165 頁.

97. 宋金元曆法中的數學知識 錢寶琮等著,『宋元數學史論文集』에 수록. 北京:科學出版社,1966 年 2 月,第 210~224 頁.

98. 牽星術——我國明代航海天文知識一瞥『科學史集刊』,第九期,1966 年 4 月,第 77~88 頁.

1973 年

99. 日心地動說在中國 席澤宗、嚴敦傑、薄樹人,『人民日報』,1973 年 7 月 21 日第 3 版;互見『新華月報』,1973 年第 7 期,第 194~196 頁.

100. 日心地動說在中國——紀念哥白尼誕生五百周年 席澤宗、嚴敦傑、薄樹人、王健民、陳久金、陳美東撰.『中國科學』,1973 年第 3 期,1973 年 8 月,第 270~279 頁.

101. Heliocentric Theory in China—In Commemoration of the Quincentenary of the Birth of Nicolaus Copernicus, by Hsi Tse-tsung, Yen Tun-chieh, Po Shu-jen, Wang Chien-ming, Chen Chiu-chin, Chen Mei-tung, Scientia Sinica, Vol.XVI, No.3 (Aug 1973): pp.364~376.

1976年

102. 科技"小人物"列傳(一)『南開大學學報』(哲學社會科學版),1976年第4期,1976年7月19日,第81~83頁. 서명은 "史通"임.

103. 我國古代對地震的認識和地震史上兩條路線的鬥爭『歷史研究』,1976年第5期,1976年10月20日,第85~94頁.

1977年

104. 最近國外研究中國數學史的一些情況『科學史研究動態』,第六期,1977年7月,第11~17頁.

1978年

105. 中國古代航海技術上的成就 自然科學史研究所主編,『中國古代科技成就』에 수록,北京:中國青年出版社,1978年3月,第624~631頁.

106. 關於西漢初期的式盤和占盤『考古』,1978年第5期,1978年9月25日,第334~337頁.

107. 中國古代數理天文學的特點 收入中國天文學史整理研究小組編,『科技史文集』第一輯(天文學史專輯).上海:上海科學技術出版社,1978年11月,第1~4頁.

1979年

108. 秦漢時期的科學技術成就·傑出的科學家張衡 郭沫若主編,『中國史稿』第二冊第八章第三節에 수록. 北京: 人民出版社, 1979年 2月, 第370~387頁. 설명: 제 8 장의 제목은 "秦漢時期的思想文化與中外經濟文化交流"임.

109. 明代珠算家程大位簡介(附程大位畫像)『珠算』, 試刊號, 1979年 6月 26日, 第31頁.

110. 國外科學史研究動態『科學史研究動態』, 第十期, 1979年 7月, 第1~22頁.

111. 國外科學史研究情況『科學史研究動態』, 第十期, 1979年 7月, 第23~32頁.

112. 開展中國標準化史的研究工作 中國標準化協會編,『中國標準化協會第一次全國代表大會學術報告選集』에 수록, 1979年 9月, 第149~152頁.*

113. 科學技術的重大成就·祖冲之的傑出貢獻 郭沫若主編,『中國史稿』第三冊第六章第三節에 수록. 北京: 人民出版社, 1979年 10月, 第317~328頁. 설명: 제 6 장 제목은 "魏晉南北朝時期的思想文化與中外經濟文化交流"임.

1980年

114. 中國標準化史的研究『標準化通訊』, 1980年第 2 期, 1980年 4月, 第8~10頁.

115. 國外科學史研究的情況介紹『中國科技史料』,第一輯,1980年5月,第71~102頁.

116. 『中國歷史大辭典』辭條選登·科學技術十三條『歷史教學』,1980年第8期,1980年8月,第57~58頁.

117. 數學史的研究概況『中國科技史料』,第二輯,1980年10月,第121~126頁.

118. 中國古代曆法、印度古代曆法、伊斯蘭曆法、瑪雅天文學等條目 中國大百科全書出版社編輯部編,『中國大百科全書·天文學』에 수록. 北京：中國大百科全書出版社,1980年12月.

1981年

119. 關於中國數學史二三事『讀書』,1981年第8期,1981年8月10日,第15~18頁.

120. Some Remarks on Ancient Chinese Mathematical Astronomy, Proceedings of the 16th International Congress of the History of Science, Vol.C.Meetings on Specialized Topics, Bucharest, Romania, August 26~September 3, 1981, pp.210~219.

121. 歷史自然科學與自然科學歷史 中國歷史學年鑑編輯組編輯,『中國歷史學年鑑』(一九八一年)簡本에 수록. 北京：人民出版社,1981年9月,第173~176頁.

122. 紀念郭守敬 收入北京天文學會等編,『紀念元代卓越科學家郭守敬誕生750周年學術論文集』,1981年10月31日,第1頁.

123. 北京第一座"天文館"設在圓明園　中國圓明園學會籌委會主編,『圓明園』第一集에 수록. 北京：中國建築工業出版社,1981年11月,第204～206頁；互見『天文愛好者』,1983年第9號,第27頁.

124. 李儼的珠算史研究工作——我國珠算史研究的歷史之一『中國珠算史第一次學術研究會專刊』,1981年12月30日,第7～12頁.互見『珠算教育經驗交流』,第七期增刊,1982年3月,第8～12頁.

125. 歷史天文學與天文學歷史『自然辯證法學術研究』,第八輯,1981年,第14～28頁.

126. 『北京科技掌故集』選錄(四則)　第1～12頁,1981年. 설명：이 항목의 출판정보미상.*

汽車汽船的始祖在北京

北京大白菜

北京的經緯度

宛平陳家

1982年

127. 科學技術的成就　中國史稿編寫組,『中國史稿』第四冊第八章第五節에 수록. 北京：人民出版社,1982年2月,第469～486頁. 설명：제8장 제목은 "隋唐時期的思想文化和科學技術"임.

128　波斯古曆甲子考『自然科學史研究』,第一卷第三期,1982年7月,第237～241頁.

129. 中國使用數碼字的歷史 自然科學史研究所數學史組編,『科技史文集』第8輯(數學史專輯).上海：上海科學技術出版社,1982年9月,第31~50頁.

130. 式盤綜述(日文) 橋本敬造、坂出祥伸訳,藪内清先生頌壽記念論文集出版委員會編,『東洋の科學と技術：藪内清先生頌壽記念論文集』에 수록. 京都：同朋舍,1982年11月,第62~95頁.

1983年

131. The Technique of Maritime Navigation,in Ancient China's Technology and Science, compiled by the Institute of the History of Natural Sciences, Chinese Academy of Sciences, Beijing：Foreign Languages Press, 1983,pp. 494~503.

132. 宋、遼、金、元時期的科學技術 中國史稿編寫組,『中國史稿』第五冊第十章第四節에 수록. 北京：人民出版社,1983年6月,第619~636頁. 설명：제10장 제목은 "宋、遼、金、元時期的思想文化與中外關係"임.

133. 宋金元時代的文化概況·科學技術 蔡美彪等著,『中國通史』第7冊에 수록. 北京：人民出版社,1983年7月,第536~568頁.

134. 『舊唐書·曆志』戊寅曆、麟德曆校算記 上海圖書館編,『上海圖書館建館三十周年紀念論文集』(1952—1982)에 수록,1983年8月,第139~158頁.

1984 年

135. 李儼與數學史——紀念李儼先生誕辰九十周年『科學史集刊』,第十一期.北京:地質出版社,1984 年 1 月,第 1~5 頁.

136. 錢寶琮遺著"汪萊『衡齋算學』的一個注記"識語『科學史集刊』,第十一期. 北京:地質出版社,1984 年 1 月,第 12 頁.

137. 劉徽簡傳,『科學史集刊』,第十一期.北京:地質出版社,1984 年 1 月,第 14~20 頁.

138. 一行禪師年譜——紀念唐代天文學家張遂誕生一千三百周年『自然科學史研究』,第三卷第一期,1984 年 1 月,第 35~42 頁.

139. 中國印刷術的發明與外傳『中國對外貿易』,1984 年第 5 期,1984 年 5 月,第 49~51 頁. 서명은 嚴敦傑、王渝生으로 되어있음.

140. The Invention and Spread of the Art of Printing, China's Foreign Trade, by Yan DunJie and Wang YuSheng, 5 (1984): pp. 49~51. *

141. 十九世紀後半期的科學和文化·自然科學的介紹和學習 中國社會科學院近代史研究所編,『中國近代史稿』第三冊第二編第九章第一節에 수록. 北京:人民出版社,1984 年 6 月,第 284~295 頁.

142. 補『北齊書·曆志』『自然科學史研究』,第三卷第三期,1984 年 7 月,第 236~244 頁.

1985 年

143. 『數學史話』序 袁小明編著,『數學史話』.濟南:山東教育出版社,1985 年 3 月,第 1~2 頁.

144. 有關華蘅芳『數根求解』中的素數論 注釋의 形式으로 王渝生,『華蘅芳:中國近代科學的先行者和傳播者』『自然辯證法通訊』에 발표되었음,1985年第2期,第72頁.

145. 讀『授時曆』札記『自然科學史研究』,第四卷第四期,1985年10月,第312~320頁.

146. 式盤綜述『考古學報』,1985年第4期,1985年12月,第445~464頁.

1986年

147. 釋『鄭和航海圖』引言『自然科學史研究』,第五卷第一期,1986年1月,第61~63頁.

148. 宋元數學書錄『科學史與博物館——荊三林教授執教五十年及七十壽辰紀念論文集』에 수록. 鄭州大學,1986年,第2~29頁.

149. 張衡、張仲景、華佗等條目 中國大百科全書出版社編輯部編,『中國大百科全書·中國歷史·秦漢史』에 수록.北京:中國大百科全書出版社,1986年8月.

150. 中國古代科技史論文索引(一九○○——一九八二) 嚴敦傑主編,姜麗蓉、趙澄秋、趙慧芝編纂. 南京:江蘇科學技術出版社,1986年10月,第1~1006頁.

151. 數學史的歷史(提要)『遼寧師範大學學報』(自然科學版),1986年增刊(總第三十五期),1986年12月,第3~4頁.

1987 年

152. 跋重新發現之『永樂大典』算書『自然科學史研究』,第六卷第一期,1987 年 1 月,第 1～19 頁.

153. 秦九韶年譜初稿 收入吳文俊主編,『秦九韶與〈數書九章〉』.北京:北京師範大學出版社,1987 年 4 月,第 12～24 頁.

154. 七政儀(Orrery)目錄 方勵之主編,『科學史論集』에 수록. 合肥:中國科學技術大學出版社,1987 年 10 月,第 127～156 頁.

1988 年

155. 隋唐時代我國藏族人民對科學技術的貢獻『自然科學史研究』,第七卷第一期,1988 年 1 月,第 1～12 頁.

156. 『西鏡錄』跋『自然科學史研究』,第七卷第三期,1988 年 7 月,第 214～217 頁.

157. 『自然科學史導論』序 郭金彬、王渝生著,『自然科學史導論』에 수록. 福州:福建教育出版社,1988 年 8 月,第 1～2 頁.

1989 年

158. 敦煌殘曆芻議『中華文史論叢』,1989 年第 1 期.上海:上海古籍出版社,1989 年 3 月,第 133～138 頁.

159. 梅文鼎的數學和天文學工作『自然科學史研究』,第八卷第二期,1989 年 4 月,第 99～107 頁.

1990 年

160. 關於明初刊本的『通原算法』 收入梅榮照主編,『明清數學史論文集』.南京:江蘇教育出版社,1990 年 8 月,第 21~25 頁.

161. 程大位及其數學著作 與梅榮照合撰,梅榮照主編,『明清數學史論文集』에 수록.南京:江蘇教育出版社,1990 年 8 月,第 26~52 頁.

162. 中算家之 Prosthaphaeresis 術 梅榮照主編,『明清數學史論文集』에 수록. 南京:江蘇教育出版社,1990 年 8 月,第 84~96 頁.

163. 明清之際西方傳入我國之曆算記錄 梅榮照主編,『明清數學史論文集』에 수록. 南京:江蘇教育出版社,1990 年 8 月,第 114~181 頁.

164. 李善蘭恆等式 梅榮照主編,『明清數學史論文集』에 수록. 南京:江蘇教育出版社,1990 年 8 月,第 409~420 頁.

165. 跋『決疑數學』十卷 梅榮照主編,『明清數學史論文集』에 수록. 南京:江蘇教育出版社,1990 年 8 月,第 421~444 頁.

166. 李尚之年譜 梅榮照主編,『明清數學史論文集』에 수록. 南京:江蘇教育出版社,1990 年 8 月,445~472 頁. 설명,다른 조기 원고가 있음:嚴敦傑編,『李尚之年譜一卷』,一九五〇年三月謄抄本,上海圖書館藏一冊,索書號:線普長 740379.

167. 李善蘭年譜訂正及補遺 梅榮照主編,『明清數學史論文集』에 수록. 南京:江蘇教育出版社,1990 年 8 月,第 473~479 頁.

168. 九章算術匯校本序言 郭書春,『九章算術』匯校本에 수록,瀋陽:遼寧教育出版社,1990 年.又載郭書春,匯校『九章筭術』增補版,瀋陽:遼寧教育出版社;台北:九章出版社,2004 年 8 月.又載郭書春,九章筭術新校,合肥:中國科學技術大學出版社,2014 年 1 月.

2000 年

169. 祖沖之科學著作校釋　嚴敦傑著,郭書春整理. 瀋陽：遼寧教育出版社,2000 年 10 月,第 1~5 頁,第 1~190 頁.

2010 年

170a. 李儼、嚴敦傑往來書信(1940—1941 年)(一),韓琦、鄒大海整理.『自然科學史研究』,第二十九卷第一期,2010 年 3 月,第 104~126 頁.

170b. 李儼、嚴敦傑往來書信(1940—1941 年)(二),韓琦、鄒大海整理.『自然科學史研究』,第二十九卷第二期,2010 年 6 月,第 232~258 頁.

170c. 李儼、嚴敦傑往來書信(1940—1941 年)(三),鄒大海、韓琦整理.『自然科學史研究』,第二十九卷第三期,2010 年 9 月,第 361~388 頁.2017 年

171. 祖沖之科學著作校釋(修訂版)　嚴敦傑著,郭書春整理. 濟南：山東科學技術出版社,2017 年 11 月,第 1~4 頁,第 1~4 頁,第 1~210 頁.2018 年

172. 王錫闡年譜『自然科學史研究』,第三十七卷第四期,2018 年 12 月,第 517~529 頁.

主要參考文獻

王渝生,『筆耕半個世紀,著述三百萬言——紀念嚴敦傑先生』薄樹人主編,『中國傳統科技文化探勝——紀念科技史學家嚴敦傑先生』에 수록. 北京：科學出版社,1992 年 5 月,第 1~18 頁.

王渝生,『嚴敦傑先生著述目錄』薄樹人主編,『中國傳統科技文化探勝──紀念科技史學家嚴敦傑先生』에 수록. 北京:科學出版社,1992年5月,第161~168頁.

정리 후기

궈쑤춘

　　1998년 12월 중국과학원 자연과학사연구소에서 열린 옌둔졔 선생 서거 10주년 기념 학술토론회에서 우원쥔(吳文俊), 순커딩(孫克定) 등 선생들이 옌 선생의 유고를 신속히 정리하여 출판할 것을 촉구하였다. 1999년 5월, 우원쥔 선생의 80세 생신을 축하하기 위해 중국과학원 계통(系統)과학연구소 수학기계화센터에서 수학 및 수학기계화 학술토론회를 개최하였고, 일부 수학사(數學史) 관련 동료들이 이 자리에 모였다. 이 자리에서 리디(李迪) 선생이 『조충지 과학전집(祖沖之科學全集)』을 편찬하여 조충지 서거 1500주년을 기념하는 것을 제안하였다. 나는 즉시 참석자들에게 옌 선생이 생전에 『조충지 과학전집』을 편찬했다는 말을 들었다고 보고하였다. 모두가 나에게 옌 선생의 해당 저작 상황을 알아보고, 사용 가능하다면 이 책을 신속히 출판할 방법을 찾아보라고 하였으며, 새로 편찬할 필요가 없다고 하였다. 연구소로 돌아온 후, 나는 즉시 연구소 지도부에 이 일을 보고하고, 옌 선생의 아들 옌쟈룬(嚴家倫) 선생에게도 모두의 의도를 전달하고 설명하였다. 쟈룬 선생은 원고를 빨리 찾아 연구소로 보내겠다고 약속하였다.

　　나는 이미 환갑에 가까워졌고, 겪어온 즐겁고 비장한 일들이 적지 않았다. 옌 선생도 생전에 『조충지 과학 전집』을 편찬했다고 나에게 말씀하신 적이 있었다. 그러나 1999년 6월, 쟈룬 선생이 옌 선생의 이 저작 원고를 류둔(劉鈍) 소장과 나에게 보여주었을 때, 나는 여전히 깊은 충격을 받았고, 감격하여 내 감정을 적절히 표현할 말을 찾지 못했다. 원고는 너무나 정갈했고, 출판사에서 요구하는 "정돈되고, 깨끗하고, 확정된" 상태 요구를 100% 충족시켰다. 나는 옌 선생의 한 치의 오차도 없는 학문적 태도에 깊은 경의를 표했다. 그러나 원고 표지에 "1957년"이라고 쓰여 있었고, 옌 선생이 이렇게 정제된 원고를 30년 동안이나 서랍 속에 넣어두고 출판하려 하지 않아 원고지까지 누렇게 변한 것을 보고 이 책이 일찍 세상에 나오지 못해 학계가 옌 선생의 조충지 연구 성과를 일찍 알지 못한 것에 대해 무한한 아쉬움을 느꼈다.

옌 선생의 이 저작을 정리하는 책임은 불가피하게 내게 맡겨졌다. 쟈룬 선생이 나에게 전해준 원고는 세 가지로 분류할 수 있다. 첫 번째 부류는 1957년에 완성된 『조충지 과학전집(祖沖之科學全集)』 상·하권으로, 앞에는 표지, 목차, 책 디자인이 있었다. 총 126 페이지로, 각 페이지에 510자가 적혀 있었다. 상권의 내용은 『대명력법교석(大明曆法校釋)』이었고, 하권의 내용의 내용으로는 『상대명력표(上大明曆表)』『대명력의(大明曆議)』『조충지구지중법(祖沖之求地中法)』『조충지 원주율과 개립원(祖沖之圓周率和開立圓)』, 그리고 옌 선생이 쓴 『철술에 관하여(關於綴術)』『조충지전(祖沖之傳)』『조충지 저술목록(祖沖之著述目)』『조긍별전(祖暅別傳)』이 포함되어 있었다. 두 번째 부류는 1974년에 완성된 『대명력의 번역(大明曆議翻譯)』으로, 원문과 번역문이 단락별로 대치 배열되어 있었다. 세 번째 부류는 초고로, 『대명력법』 연산, 원주율과 개립원술 등의 계산 초고, 『철술』 및 조충지의 다른 저작에 관한 자료들로 『대명 6년 천문연력(大明六年天文年曆)』, 그리고 1955년 역현(易縣) 문화관에서 작성한 조충지 고향 자료 종합 보고서, 첨동란(詹同瀾)의 시, 『강녕부지(江寧府志)』에서 발췌한 악유원(樂游苑)에 관한 내용, 『진서(晉書)』의 조태지(祖台之)에 관한 내용, 『건상통감(乾象通鑑)』『개원점경(開元占經)』『태평어람(太平御覽)』등에서 『천문록(天文錄)』『천문별록(天文別錄)』등에 관한 기록 등이 포함되어 있었다.

『대명력』은 현재까지 전해지는 조충지의 가장 완전한 과학 저작으로, 『대명력법』『상대명력표』『대명력의』세 부분으로 구성되어 있다. 세차(歲差)를 처음으로 역법에 도입하고, 윤주(閏周)를 개혁하며, 비교적 정확한 회귀년 길이를 제시하고, 동지 시각 계산 방법을 최초로 창안하며, 중국 역법사상 최초의 교점월일수(交點月日數)를 제시하는 등, 조충지의 중대한 천문역법학 성과를 담고 있다. 그의 『대명력의』(현재 통칭『박의(駁議)』)는 과학 정신을 표명하고 과학적 진리를 수호한 것으로, 중국 과학사에서 과학자가 직접 쓴 이렇게 뛰어난 과학 비평문은 드물다. 옌 선생의『대명력법』과『대명력의』에 대한 교석 분량은 원문의 몇 배에 달하며, 지금까지 보이는, 조충지의『대명력』에 대한 가장 상세하고 정확한 해석이다. 옌 선생과 같이 깊이 있는 전통 수학과 천문, 역법학 소양을 갖춘 학자만이『대명력』에 대한 교석을 할 수 있다고 하겠다. 동시에 옌 선생의 교석을 통해서야만 우리는 조충지가『대명력』에서 이룬 창조에 대해 정확하고 깊이 있게 이해할 수 있다.『대명력법교석』은 옌 선생이 초고에서 '대명력 산법 초고(大明曆算法草稿)'라고 불렀고, 그 아래에는 '1955년 11월 시작'이라고 적혀 있었다. 후에 '대명력 해석 초고(大明曆解釋草稿)'로 바뀌었다가 다시 '대명력 해석(大明曆解釋)'으로 바뀌었고, 최종 원고에서야 현재의 제목으로 변경되었다.

『대명력의 번역(大明曆議翻譯)』은 옌 선생이 1974 년 9 월 21 일에 초고를 완성한 것이다. 당시는 10 년 동란 후기로, '법가 평가와 유가 비판(評法批儒)' 운동이 전개되고 있었으며, 조충지는 법가의 대표로 추앙받았고, 『대명력의』는 유가를 비판하는 강력한 무기로 여겨졌다. 많은 학자들이 이 기회를 이용해 틈새에서 학술 연구를 시작했고, 1-2 년 내에 『박의(駁議)』에 관한 약 20 편의 논문을 발표했다. 그 중 일부 견해가 불가피하게 시대의 낙인을 지니고 왜곡된 산물이었지만, 그들의 노력은 귀중한 것이다. 그러나 이러한 왜곡된 학술 연구의 권리조차 옌 선생과 우리가 당시 소속되어 있던 중국과학원 철학사회과학부(현 중국사회과학원)에서는 완전히 박탈당했다. 옌 선생은 아마도 당시 일부 논문들이 『박의』를 편향되게 해석하고 있다고 느꼈을 것이며, 정직한 과학사 연구자의 양심과 책임감에 이끌려 『대명력』의 번역 작업을 시작했을 것이다. 이는 가능한 때에 사람들에게 조충지의 정확한 사상을 제공하기 위함이었다. 그러나 당시 철학사회과학부(哲學社會科學部)에서는 학식이 풍부한 학자들을 포함해 모두가 신문에 발표된 '법가 평가와 유가 비판'과 관련 글을 '학습'하는 임무만 있었을 뿐, 글을 발표할 권리는 없었기에 이 번역 원고를 언론 매체에 전할 수 없었다. 옌 선생은 번역 원고의 표지에 여전히 『조충지 과학전집(祖沖之科學全集)』(1974 년)이라고 썼는데, 이를 그것의 보충 자료로 여겼던 것으로 추정된다. 그러나 이는 완성된 원고는 아니었고, 번역이 누락된 부분도 있었으며, 일부 번역문이 충분히 다듬어지지 않아 초고로 보인다. 누락되거나 정확하지 않은 부분에 대해서는 우리가 보충 번역 또는 수정 번역을 했다. 우리는 독자들이 읽기 쉽도록 『대명력의 번역』을 『대명력의교석(大明曆議校釋)』 뒤에 첨부하였고, 『대명력의』의 원문은 중복을 피하기 위해 제

외시켰다.

동시에 우리는 『대명력의교석』의 원문을 『대명력의 번역』 원고 중의 원문에 따라 교감하고, 교감 기록을 덧붙여 설명했다. 이는 옌 선생이 1957년부터 1974년까지 약 20년 동안 『대명력의』에 대한 인식의 발전과 새로운 연구 성과를 반영하기 위함이다. 옌 선생의 1974년 원고에 인용된 『대명력의』 원문과 1957년 원고에 인용된 원문의 차이점 중 일부는 1974년 중화서국 교점본 『송서·율력지』의 『대명력의』 교감과 일치하고, 일부는 다르다. 옌 선생은 중화서국 교점본 『이십사사(二十四史)』의 '율력지(律曆志)' 교점 작업에 참여한 적이 있지만, 『송서·율력지』의 교점에 참여했는지는 불분명하다. 나는 1999년 11월 8일 이 일에 대해 부쉬안충(傅璇琮) 선생에게 편지를 보내 상황을 물어봤다. 만약 옌 선생이 중화서국 1974년 교점본 『송서·율력지』의 교감 작업에 참여했는지는 알 수 없다면, 옌 선생의 1957년, 1974년 원고와 중화서국 교점본 『송서·율력지』 관련 부분의 차이점을 교감 기록을 낼 것을 제안했다. 당시 대만에서 일하고 있던 부 선생은 11월 22일에 팩스를 보내 다음과 같이 말했다:

'중화서국 교점본 『송서』는 산동대학의 왕중뢰(王仲犖) 선생이 정리한 것으로, 내가 1973년 5월에 책임 편집 직업을 맡았을 때 본 것은 왕 선생의 완성 원고였습니다. 옌 선생의 원고를 본 적이 없고, 왕 선생이 『송서·율력지』의 교감 상황에 대해 언급하지도 않았습니다. 왕중뢰 선생은 이미 돌아가셨기 때문에 이 일을 구체적으로 확인하기 어렵습니다만 옌 선생이 『송서·율력지』 교감의 초기 작업을 맡았다는 점은 확신합니다. 따라서 저는 개인적으로 편지에서 제안한 방식에 동의합니다.'

이에 따라 우리는 해당 교감 기록을 작성했다. 우리가 작성한 모든 교감 기록은 로마 숫자로 순서를 매겨 선생님의 자주(自註)와 구별했으며, 선생님의 자주에 대한 설명과 각 편의 제해(題解)는 *표로 표시했다.

조충지의 수학적 성과 중 오늘날까지 정확히 전해지는 것은 원주율과 개립원술(開立圓術) 두 가지뿐이다. 전자는 『수서·율력지』의 기록에서 볼 수 있다. 조충지는 원주율을 8자리 유효숫자까지 정확히 계산했으며, 밀율(密率) $\pi = \frac{355}{113}$을 제시하여 세계를 천여 년이나 앞섰다. 후자는 『구장산술·소광』에 대한 이순풍 등의 주석에서 인용된 '조긍지 개립원술(祖暅之開立圓術)'에서 볼 수 있는데, 이는 조충지와 그의 아들 조긍지가 함께 완성한 것으로 보인다. 조충지 부자는 유휘의 절면적(截面積) 원리와 모합방개(牟合方蓋)의 설계를 바탕으로 조긍지 원리를 제시하여 구의 체적에 대한 정확한 공식을 구해냈다. 옌 선생의 원고에서는 이 두 가지를 한 절로 합쳐 '조충지의 원주율과 개립원'이라고 불렀다. 우리는 옌 선생이 『대명력』을 『대명력법』『상대명력표』『대명력의』세 절로 나눈 것을 고려하여, 이를 '조충지 원주율 교석'과 '개립원술 교석' 두 절로 나누어 배치하였다.

옌 선생의 원주율에 관한 초고에는 『구장산술』권1 방전장(方田章) 원전술(圓田術) 주석 중 '진무고(晉武庫)' 이하의 문구에 대한 문언문(文言文, 고대 중국어)과 백화문(白話文, 현대 중국어)로 나열 배치한 대조 해석이 있으며, 이에 '조충지『구장산술주』에 이르기를'이라는 제목을 얹혔다. 그러나 이 대목은 붉은 선의 편지지에 쓰여 있어 다른 부분의 초고 용지와 다르다. $\pi = \frac{3927}{1250}$의 구하는 방법을 포함한 이 단락은 현존하는 『구장산술』 판본에서 모두 유휘의 주로 되어 있다. 청대의 이황(李潢, ?-1812) 이후부터 이 단락이 조충지가 쓴 것이라는 의심이 시작되었다. 이후 학계에서는 계속 다른 견해가 있었고, 20세기 50년대 중국 수학사계에서는 이에 대해 한 차례 논쟁이 벌어졌다. 쳰바오충, 쉬춘팡(許蒓舫) 등 대다수 학자들은 여전히 이 단락이 유휘의 주석이며, $\pi = \frac{3927}{1250}$가 유휘가 창안한 것이라고 주장하고 있다. 위제시(餘余石), 리디(李迪) 등 학자들은 이황의 주장에 동의하여 이 비율이 조충지가 창안한 것이라고 보았다. 반면 리옌, 옌둔제, 두시란(杜石然) 등 학자들은 이 비율이 누구의 창안인지에 대해 언급하지 않았다.① 옌 선생의 초고에서는 이 단락을 조충지의 주석이라고 했지만, 최종 원고에는 이를 포함시키지 않았다. 이는 옌 선생이 $\frac{3927}{1250}$가 누구의 창안인지에 대해 신중한 태도를 취했음을 반영한다. 그는 『구장산술·방전』 원전술 주석 '지름을 제곱하여 정사각형 면적 400촌을 얻는다(置徑自乘之方冪四百寸)'의 왼쪽에 '1958-7-25 기록: 이하는 포함시키지 않음'이라고 적었다. 『구장산술주』 이 단락의 저자에 대해 수학사계에서는 여전히 의견이 분분하다. 필자를 포함한 대다수 학자들은 쳰바오충 선생의 견해에 동의하지만, 일부 학자들은 이황의 주장에 동의한다. 이 단락에 대한 옌 선생의 해석이 오늘날에도 여전히 참고 가치가 있다고 판단하여, 우리는 이 단락을 '조충지 원주율'이란 절 뒤에 첨부했다. 이러한 편집 때문에 옌 선생의 신중한 과학 태도에 대한 오해를 불러일으키지 않았으면 한다.

옌 선생이 『보완지리신서(補完地理新書)』에서 발췌한 '조충지구지중법(祖沖之求地中法)'은 과거에 사람들이 간과했던 문제로 모두 원래대로 두

---

① 李迪, 『구장산술』爭鳴問題의 槪述, 『〈구장산술〉與劉徽』, 35-44쪽 참조. 북경사범대학출판사, 1982.

었다.

이상의 여섯 절은 옌 선생이 조충지의 원저에 대해 교석하고 번역한 것으로, 우리는 이를 통틀어 『조충지 과학저작 교석(祖沖之科學著作校釋)』이라 총칭하며, 본서의 제 1 부로 삼는다.

원고의 하권인 제 2 부는 옌 선생이 조충지 부자에 대해서 쓴 논문들이다. 그 중 『철술에 관하여(關於綴術)』『조충지전(祖沖之傳)』『조충지 저술 목록(祖沖之著述目)』은 새로 쓴 것이고, 『조긍별전(祖暅別傳)』은 이미 1941 년 8 월 『과학(科學)』 제 25 권 제 7, 8 기 합본에 게재되었으며, 1957 년 2 월에 다시 수정되기도 하였다. 『조충지전』은 『남사·조충지전』에 대한 해석으로, 우리는 이를 『조충지전교석(祖沖之傳校釋)』으로 명명했다. 또한, 우리는 옌 선생의 초고에서 『대명 6 년 천문 연력(大明六年天文年曆)』을 발견했는데, 이는 옌 선생이 정리한 것으로 보여 이 부분에 함께 포함시켰다. 이상의 5 편을 통틀어 『조충지 부자론(論祖沖之父子)』이라 총칭하며, 본서의 제 2 부로 삼는다.

앞서 언급했듯이, 옌 선생은 본서를 『조충지 과학전집(祖沖之科學全集)』상·하권으로 명명했다. 그러나 조충지의 가장 중요한 수학 저작인 『철술(綴術)』이 수·당대에 '학관(오늘날의 대학 수학과 교수에 해당)들이 그 심오함을 이해하지 못해 폐기되어 다루지 않게 되었다'[1]는 까닭으로 이미 실전되었으니 실제로 '과학전집'으로 삼기 어렵다는 점, 그리고 옌 선생의 교석 내용이 조충지의 원문을 훨씬 초과한다는 점을 감안하여, 우리는 본서를 『조충지 과학 저술 교석(祖沖之科學著作校釋)』으로 개명했다. 이는 본서

---

[1] 『수서·율력지』, 388 쪽, 중화서국, 1973.

의 제 1 부, 즉 본서의 핵심 부분의 제목과 일치한 것이다. 이렇게 함으로써 본서의 저자가 '옌둔제"가 될 수 있다고 하겠다. 그렇지 않으면 저자가 '조충지(祖沖之)'가 마땅해야 할 것이다.

옌 선생은 본서의 교석과 논술 과정에서 광범위한 인용과 고증을 통해 방대한 역사 자료를 두루 다루었는데, 이는 매우 드문 일이다. 우리는 가능한 한 원문을 대조 확인했다.

이상으로는 본서의 편집 상황이었다. 마지막에 옌 선생의 생애에 대해 간단히 소개하겠다.

옌둔제의 자는 지융(季勇)이며, 1917년 절강성 가흥(嘉興) 출신이다. 어릴 때 부모를 여의었다. 1931년 수주중학(秀州中學)에 입학했다. 고등학교 시절부터 이미 중국 수학사 연구를 시작했다. 1935년에 첫 수학사 논문 『중국 산학가 조충지 및 그의 원주율 연구(中國算學家祖沖之及其圓周率之硏究)』를 완성하여 이듬해 『학예(學藝)』에 게재됐다. 고등학교 졸업 후 생계 때문에 어쩔 수 없이 학업을 중단하고 중화서국에서 교정의 일을 했다. 얼마 지나지 않아 일본이 전면적인 중국 침략 전쟁을 일으켜 민생이 도탄에 빠지자, 옌 선생은 중경(重慶)으로 가서 민생실업공사(民生實業公司), 성도서남인쇄공장(成都西南印刷廠), 중경감숙유광국(重慶甘肅油礦局) 등에서 회계 업무를 맡았다. 그 사이 중앙대학 수학과에서 1년 남짓 시간제로 공부했다. 항전 승리 후 상해 중국석유공사 회계처에서 부관리사로 일했다. 중화인민공화국 수립 후 석유부 등에서 재무과장 등의 직책을 맡아 1956년까지 근무했다. 이 20년 동안 옌 선생은 본업을 훌륭히 수행하면서도 아침, 점심, 저녁 및 휴일 등의 여가 시간을 이용해 겨울의 혹독한 눈보라나 여름의 뜨거운 태양도 아랑곳하지 않고 도서관을 다니고 고서점을 방문하며 중국 수학사, 천문역법사의 고서와 자료를 수집하고 계산, 분석, 연구하여 60여 편의 과학사 논문을 완성했다. 그는 당시 리옌, 첸바오충에 이어 남북을 아우르는 저명한 수학사 학자가 되었다.

이언이 소장한 고대 산학서는 천하제일로, 그가 사망한 후 자연과학사연구소 도서관에 기증되었다. 자연과학사연구소 도서관에 이 같은 귀중한 고서들이 잘 보존될 수 있었고 오늘날 우리의 연구에 굉장히 유리한 조건을 제공했다. 이들 고대 산학서 중에서 이 시기에 옌 선생이 대신 구입하거나 구한 것이 꽤 많았다.

1956년 8월, 주가진(竺可楨), 리옌, 첸바오충 등 선배들의 노력으로 옌 선생은 중국과학원 역사연구소에 전임되었다. 얼마 지나지 않아 리옌, 첸바오충 등과 함께 중국과학원 중국자연과학사연구실(현 자연과학사연구소)을 설립하는 데 협력하여 학술부 비서로 일하며 과학사 사업 업무에 참여했다. 옌 선생은 수학사, 천문역법사, 항해기술사 등의 연구를 계속하는 것 외에도 『과학사집간(科學史集刊)』(『자연과학사연구』의 전신)과 도서관의 기본 건설에 탁월한 공헌을 기여했다. 과장 없이 말해서, 20세기 80년대 초까지 자연과학사연구소 도서관의 모든 책에는 옌 선생의 손길이 닿지 않은 것이 없었다.

10년간의 동란 중에 옌 선생은 당시 대부분의 정직하고 업적 있는 학자들과 마찬가지로 부당한 대우를 받아 일할 권리를 박탈당했다. '문화대혁명' 이후 옌 선생은 자연과학사연구소의 관리 업무를 맡았고, 중국과학기술사학회 설립에 참여하여 관리자 업무를 담당하며 '문화대혁명' 이후 전국 과학기술사 사업의 번영에 탁월한 공헌을 했다.

그는 수학사계의 당연한 지도자로서 우윈퀀 선생과 함께 수학사 연구를 제창하고, 전국의 수학사 연구자들을 이끌어 리옌, 첸바오충의 사망과 10년 동란으로 인한 수학사 연구의 침체 상태를 신속히 극복해 나갔다. 그는 스스로 모범을 보이며 부지런히 일하고 끊임없이 새로운 문제를 탐구했다. 1976년부터 1988년 사이에 절반 이상의 시간 동안 중병을 앓아 행동이 불편했음에도 불구하고, 60여 편의 학술 논문을 저술 정고(定稿)했으며(일부는 그의 사후에 발표됨), 때로는 1년에 7-8편씩이나 써냈다. 환갑을 넘긴 나이에도 그의 창작량은 전혀 정력이 왕성한 중년에 뒤지지 않았다.

그는 자신이 원래 전문성을 가진 학문 분야를 계속 개척하는 것 외에도 과학사학사, 역사자연과학 등 새로운 분야를 개척하여 과학기술사계에 큰 영향을 미쳤다. 그는 과학기술사 연구 동향에 대한 연구를 중시하여, 20세기 80년대 초 이전에 거의 모든 전국적인 과학기술사 종합 또는 분과 학술회의에서 그에게 동향 보고를 요청했다. 포부에 찬 중국 수학사, 중국 천문사, 중국 항해기술사, 중국 과학기술통사 등에 대한 연구의 거대한 구상을 실현하기 위해 분투하던 때, 그는 과로로 인해 1982년 12월 21일 광주 전국지리학사회의에서 갑자기 뇌혈전이 발생하여 반신불수가 되었다. 그는 질병과 치열하게 싸워 완전한 실어증에서 말하기 능력을 회복하고, 글을 쓸 수 없는 상태에서 글쓰기 능력을 되찾아 계속해서 과학사 연구와 저술에 몰두하여 약 20편의 논문을 정리하여 발표했다. 1988년 12월 23일, 옌 선생은 뇌혈전이 재발하여 응급 처치에도 불구하고 세상을 떠났다.

십여 년 동안 우운쥔 선생은 여러 자리에서 같은 말을 반복한다. '옌둔제 선생은 내가 평소 가장 존경하는 학자 중 한 분이시다.[1] 시저중(席澤宗)

---

[1] 우운쥔은 『중국전통과기문화탐승(中國傳統科技文化探勝)』 서문(과학출판사, 199

선생은 1985년 12월 중국과학원 자연과학사연구소에서 열린 옌 선생 과학사 연구 50주년 기념 대회에서 옌 선생에 대해서 다음과 같이 평했다.

'첫째, 독학으로 성공했으며, 학력과 학위는 없지만 부지런히 노력하고 학습을 잘해 중요한 성과를 이뤄냈다. 둘째, 과학을 사랑하고, 조국을 사랑하며, 노동을 사랑하는 고귀한 품성을 지녔다. 셋째, 근면하고 성실하며, 명예와 이익을 추구하지 않고 오직 과학 사업에만 헌신했다. 넷째, 인재 양성에 전력을 다하고 가르치는 일에 지치지 않아 과학 사업 발전에 크게 기여했다.'[1]

이는 옌 선생의 인품과 학문 태도를 정확히 평가한 것이다.

후배로서, 필자는 옌 선생과의 교류를 통해 그의 깊은 학식, 고귀한 품성, 엄격한 학풍, 후학에 대한 관심, 그리고 생활과 명예에 있어서 세상과 다투지 않으면서도 학문적으로는 끊임없이 정진하여 과학사 사업의 번영을 위해 전심전력을 다하는 숭고한 그의 정신에 깊이 탐복하지 않을 수 없다. 1978년 여름, 필자가 리지민(李繼閔) 선생의 유휘(劉徽) 정수(整數) 구고형(句股形) 연구 논문에 대해 옌 선생께 보고했을 때의 그의 감격스러운 모습을 지금도 생생한다. 그는 흥분해서 말했다. '이것은 새로운 발견이다!' 그는 건물 위아래 층을 오가며 만나는 사람에게 계속 '이계민이 새로운 발견을 했다!'고 말했다. 이는 후학에 대한 칭찬일 뿐만 아니라, 10여 년간 침

2년)에서 이를 언급하였다. 우 선생은 국가자연과학기금위원회에 옌 선생의 업적을 추천할 때, 그리고 옌 선생 서거 10주년 기념 학술토론회에서 모두 이 말을 했다.
 [1] 왕위성(王渝生)에서 재인용한 것이다. 원문은 '반세기 동안 붓을 들어 삼백만 자를 저술하다(筆耕半個世紀,著述三百萬言)'이다.

체되고 '빈약한 광산'으로 여겨졌던 중국 수학사 연구에 새로운 돌파구가 생겼다는 것에 대한 진심 어린 기쁨의 표현이었다.

필자 역시 수학사 연구에서 지속적으로 옌 선생의 관심과 지도를 받았다. 1988년 이전, 필자가 『구장산술』과 유휘에 관해 쓴 논문 수십 편과 연구 저서는 구상 단계에서 연구 구상, 논점, 논거를 옌 선생께 보고드렸고, 완성 후에 옌 선생께 검토를 받았다. 그는 항상 바쁜 중에도 꼼꼼히 검토하시고 수정 의견을 제시하며 새로운 자료를 보충해 주셨다. 1985년 말, 필자는 원저를 비교 분석하여 양휘(楊輝)의 『상해구장산법(詳解九章算法)』 중 과거에 양휘가 쓴 것으로 여겨졌던 것 중의 상당 부분은 사실 가헌(賈憲)의 연구이며, 가헌의 『황제구장산경세초(黃帝九章算經細草)』가 완전히 실전된 것이 아니라 약 3분의 2가 남아 있다는 결론에 이르렀다. 이는 옌 선생이 1966년에 발표한 『송 양휘 산서 고찰(宋楊輝算書考)』의 관점과는 다소 달랐다. 필자가 이 생각을 옌 선생께 보고드리자, 그는 필자의 논거를 자세히 물어본 후 깊이 동의하시며 논문을 쓰라고 격려해 주셨다. 그러나 논문을 쓴 후, 필자는 150년 동안의 고정 관념을 뒤집는 것이 꽤나 중대한 일이며 또한 옌 선생의 관점과 다르다는 점 때문에 주저하며 투고하지 못했었다. 옌 선생은 여러 차례 이 일에 대해 물어보시며 빨리 발표하라고 하셨다. 옌 선생의 독려 덕분에 필자의 졸작은 그가 돌아가시기 두 달 전에 마침내 발표되었다. 자신의 이전 관점과 다른 글을 발표하도록 후배를 격려하는 것, 이는 정말 바다처럼 넓은 아량이 없어서는 할 수 없는 일이다. 지금 생각해도 여전히 선생님으로부터 따뜻함을 느낀다.

옌 선생은 일생 동안 160여 편의 논문을 발표하였다. 이는 그의 방대한 연구 성과의 일부에 불과하다. 아직 정리되지 않고 발표되지 않은 완성작과 미완성작이 많이 남아있다. 특히 안타까운 점은 옌 선생의 학식과 학술적 지위에 걸맞은 전문 저서가 세상에 나오지 못했다는 것이다. 이는 과학사계의 중대한 손실이 아닐 수 없다. 옌 선생은 자신의 건강 상태와 체력을 과대평가하여 병으로 쓰러지기 전까지 새로운 주제와 영역을 개척하는 데 주력하고 계셨다. 20세기 80년대 초, 우리는 그에게 기존 연구 성과를 정리하는 데 주력하라고 계속 권했고, 옌 선생도 그 필요성을 인정했지만 이미 때가 늦어 얼마 지나지 않아 병으로 쓰러지셨다. 이후 그는 부분적으로 작업 능력이 회복되셨지만 이미 힘에 부치신 상태였다.

국가자연과학기금위원회는 옌 선생의 작업을 매우 중요하게 여겨 1988년 우윈쥔 선생의 추천으로 옌 선생의 저작을 정리하기 위한 특별 지원금을 설립하였다. 여러 가지 이유로 이 작업은 이상(理想)적으로 완성되지 못했고, 이제 조충지 서거 1500주년을 기념하는 기회에 정리되는 옌 선생의 전문 저서 『조충지 과학 저술 교석』은 그저 만분의 일에 불과하다. 옌 선생의 다른 논문과 전문 저서의 정리는 후일을 기약할 수밖에 없다.

본서의 정리 작업은 우윈쥔, 시저중 두 원사의 관심과 자연과학사연구소 지도부의 지원을 받았으며, 본 연구소의 천미둥(陳美東), 류둔(劉鈍), 왕위성(王渝生), 저우다이해(鄒大海) 선생들과 내몽골사범대학의 리디(李迪) 선생, 중화서국의 부쉬안충(傅璇琮) 선생, 하북 조충지중학(뢰수현)의 장저(張澤) 교장 등의 도움, 그리고 옌 선생의 아들 옌쟈룬(嚴家倫) 선생의 협조를 받았다. 류둔 소장과 요녕교육출판사의 위샤오쥔(俞曉群) 사장이 이를 '신세기 과학사 시리즈'에 포함시켜 첫 번째로 출판하기로 결정했고, 쉬수퀴(許蘇葵) 박사가 세심한 편집 작업을 맡았으며, 본 연구소의 리안핑(李安平) 선생이 사진 촬영을 도왔다. 이에 깊은 감사의 마음을 표한다.

필자는 학식이 얕고 재주가 부족하며 천문역법사에 대해서는 문외한이다. 수학사에 대해 대략 알고 있지만 옌 선생 앞에서는 새발의 피에 불과하다. 옌 선생이 교석한 조충지의 저작을 정리하는 것은 실로 마음은 있으나 능력이 부족하다. 정리 과정에서의 실수가 분명 적지 않았으므로, 동료 여러분의 지적을 간곡히 부탁드리며 이를 통해 옌 선생의 영전을 위로하고자 한다.

경진년 춘절, 북경 화엄북리 거소에서

증보 재판 후기

궈쑤춘

    제가 정리한 옌둔제 선생의 유저인 『조충지 과학 저술 교석(祖沖之科學著作校釋)』은 2000년 조충지 서거 1500주년을 기념하여 요녕교육출판사에서 출판되었다. 그 수정판은 2017년 옌둔제 탄생 100주년을 기념하기 위해 산동과학기술출판사에서 출판되었고, 2019년에는 중국출판협회가 주관한 제7회 중화우수출판물상 도서상을 수상했다. 수정판에는 주로 조충지의 『술이기(述異記)』가 부록 1로 추가되었다.

    수상 직후, 코로나19 방역 기간 중에 연구소 과학연구처의 차오시징(曹希敬) 선생은 많은 독자들로부터 서점에서 이 책을 구할 수 없어 구매 방법을 문의하는 전화를 받았다. 즉시 책임 편집자인 후밍(胡明) 선생에게 문의했더니 출판사에 재고가 없다는 답변을 받았다. 당연히 이 책의 재인쇄를 원했고, 마침내 연구소와 산동과학기술출판사의 지원을 받았다.

    사실, 수정판 출판 직후 옌 선생이 1936년 고등학교 졸업 시 당시 유명 간행물인 『학예』에 발표한 조충지에 관한 두 편의 글을 추가하지 못한 것에 대해 유감스럽다못해 죄책감까지 느꼈다. 말할 필요도 없이, 이 책의 재인쇄는 이 두 편의 글을 추가할 수 있는 좋은 기회를 제공했다.

    20세기 80년대에 옌 선생의 이 두 편의 글을 읽은 후, 저는 선생의 실력에 깊이 감탄하지 않을 수 없었다. 그래서 저는 종종 '귀에 거슬리는' 말을 한다. '현재의 석사 논문이 옌 선생이 고등학교 졸업 시 발표한 그 두 편의 글 수준에 도달한다면 제법 괜찮은 것이다'라고 늘 말하곤 한다. 최근 보름 동안 이 두 편의 글을 읽으면서, 옌 선생의 깊은 학술적 조예에 더욱 감탄하게 되었고, 제가 앞서 한 말이 틀리지 않았다는 느낌 새삼 든다.

저는 이 두 편의 글을 해당 책의 제2부 '조충지 부자론'에 각각 증보 1과 증보 2로 추가했다. 이렇게 하여 옌 선생의 조충지에 관한 주요 논문들이 한데 모아 완전해졌다.

이번 재인쇄에서는 샤칭줘에게 '조충지 연구 목록 재보충(2017-2020)'을 부록 3의 첨부 2로 추가해 줄 것을 도움을 요청했고, 원래의 '조충지 연구 목록 보유(補遺)'는 부록 1로 처리되었다.

이와 동시에, 독자들이 옌 선생의 과학기술사에 대한 탁월한 공헌을 이해할 수 있도록, 이번 재인쇄에는 왕위성 정리, 정청 증정의 '옌둔제 선생 저술 목록(증정고)'을 부록 4로 추가했다.

이에 기록한다.

2020년 국경절과 중추절이 함께 찾아온 때에
중국과학원 화엄북리 숙소에서

중국학총서
19

조충지祖衝之 과학 저술 교석

초판 1쇄 발행 2025년 7월 10일

지은이 옌둔제嚴敦杰
정　리 궈수춘郭書春
옮긴이 장건위張建偉·유효려劉曉麗

주간 조승연
편집·디자인 오경희·조정화·오성현
　　　　　신나래·박선주·정성희
관리 박정대

펴낸이 홍종화
펴낸곳 민속원
창업 홍기원
출판등록 제1990-000045호
주소 서울시 마포구 토정로 25길 41(대흥동 337-25)
전화 02) 804-3320, 805-3320, 806-3320(代)
팩스 02) 802-3346
이메일 minsokwon@naver.com
홈페이지 www.minsokwon.com

ISBN 978-89-285-2157-9 94820
SET 978-89-285-1595-0

ⓒ 장건위·유효려, 2025
ⓒ 민속원, 2025, Printed in Seoul, Korea

이 책은 저작권법에 따라 보호를 받는 저작물이므로 무단전재와 복제를 금지하며,
이 책의 전부 또는 일부를 이용하려면 반드시 저작권자와 출판사의 서면동의를 받아야 합니다.